2024年版全国二级建造师执业资格考试辅导

建设工程法规及相关知识

复习题集

全国二级建造师执业资格考试辅导编写委员会　编写

中国建筑工业出版社
中国城市出版社

图书在版编目（CIP）数据

建设工程法规及相关知识复习题集/全国二级建造
师执业资格考试辅导编写委员会编写．—北京：中国城
市出版社，2024.2
2024年版全国二级建造师执业资格考试辅导
ISBN 978-7-5074-3681-5

Ⅰ．①建…　Ⅱ．①全…　Ⅲ．①建筑法—中国—资格考
试—习题集　Ⅳ．①D922.297-44

中国国家版本馆 CIP 数据核字（2024）第 013332 号

责任编辑：李　璇
责任校对：赵　力

2024年版全国二级建造师执业资格考试辅导

建设工程法规及相关知识复习题集
全国二级建造师执业资格考试辅导编写委员会　编写

*

中国建筑工业出版社、中国城市出版社出版、发行（北京海淀三里河路9号）
各地新华书店、建筑书店经销
建工社（河北）印刷有限公司印刷

*

开本：787毫米×1092毫米　1/16　印张：$23\frac{1}{2}$　字数：570千字
2024年2月第一版　　2024年2月第一次印刷
定价：**65.00**元（含增值服务）
ISBN 978-7-5074-3681-5
（904695）

如有内容及印装质量问题，请联系本社读者服务中心退换
电话：（010）58337283　QQ：2885381756
（地址：北京海淀三里河路9号中国建筑工业出版社604室　邮政编码：100037）

出 版 说 明

　　为了满足广大考生的应试复习需要，便于考生准确理解考试大纲的要求，尽快掌握复习要点，更好地适应考试，中国建筑工业出版社继出版"二级建造师执业资格考试大纲"（2024年版）（以下简称"考试大纲"）和"2024年版全国二级建造师执业资格考试用书"（以下简称"考试用书"）之后，组织全国著名院校和企业以及行业协会的有关专家教授编写了"2024年版全国二级建造师执业资格考试辅导——复习题集"（以下简称"复习题集"）。推出的复习题集共8册，涵盖所有的综合科目和专业科目，分别为：

- 《建设工程施工管理复习题集》
- 《建设工程法规及相关知识复习题集》
- 《建筑工程管理与实务复习题集》
- 《公路工程管理与实务复习题集》
- 《水利水电工程管理与实务复习题集》
- 《矿业工程管理与实务复习题集》
- 《机电工程管理与实务复习题集》
- 《市政公用工程管理与实务复习题集》

　　《建设工程施工管理复习题集》《建设工程法规及相关知识复习题集》包括单选题和多选题，专业工程管理与实务复习题集包括单选题、多选题、实务操作和案例分析题。题集中附有参考答案、难点解析、案例分析以及综合测试等。考生也可通过中国建筑出版在线（wkc.cabplink.com）了解二级建造师执业资格考试的相关信息，参加在线辅导课程学习。

　　为了给广大应试考生提供更优质、持续的服务，我社对上述8册图书提供网上增值服务，包括在线答疑、在线课程、在线测试等内容。

　　复习题集紧扣考试大纲，参考考试用书，全面覆盖所有知识点要求，力求突出重点，解释难点。题型参照历年真题的格式和要求，力求练习题的难易、大小、长短、宽窄适中。各科目考试时间、分值见下表：

序 号	科 目 名 称	考试时间（小时）	满 分
1	建设工程法规及相关知识	2	100
2	建设工程施工管理	2	100
3	专业工程管理与实务	2.5	120

本套复习题集力求在短时间内切实帮助考生理解知识点，掌握难点和重点，提高应试水平及解决实际工作问题的能力。希望这套题集能有效地帮助二级建造师应试人员提高复习效果。本套复习题集在编写过程中，难免有不妥之处，欢迎广大读者提出批评和建议，以便我们修订再版时完善，使之成为建造师考试人员的好帮手。

中国建筑工业出版社

中国城市出版社

购正版图书　享超值服务

凡购买我社复习题集的读者，均可凭封面上的增值服务码，免费享受网上增值服务。增值服务包括在线答疑、在线视频、在线测试等内容，使用方法如下：

1. 计算机用户

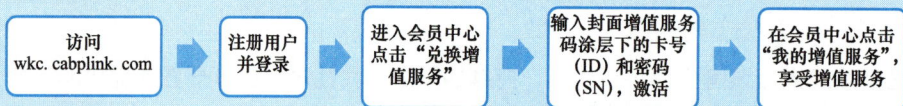

访问 wkc.cabplink.com → 注册用户并登录 → 进入会员中心点击"兑换增值服务" → 输入封面增值服务码涂层下的卡号（ID）和密码（SN），激活 → 在会员中心点击"我的增值服务"，享受增值服务

2. 移动端用户

微信扫描封面二维码 → 关注"建工社微课程"服务号 → 刮开封面增值服务码涂层，扫描涂层下条形码验证 → 通过验证，享受增值服务

读者如果对图书中的内容有疑问或问题，可关注微信公众号【建造师应试与执业】，与图书编辑团队直接交流。

建造师应试与执业

目　　录

第1章 建设工程基本法律知识

1.1 建设工程法律基础

复习要点

1. 法律部门和法律体系

法律体系通常指由一个国家现行的各个部门法构成的有机联系的统一整体。在我国，根据所调整的社会关系性质不同，法律体系的基本框架由宪法及宪法相关法、民法商法、行政法、经济法、社会法、刑法、诉讼与非诉讼程序法等构成（为行文简洁，本书在引用《中华人民共和国建筑法》《中华人民共和国招标投标法》等法律时，均简称为《建筑法》《招标投标法》等）。

2. 法的形式和效力层级

法的形式是指法律创制方式和外部表现形式。它包括四层含义：（1）法律规范创制机关的性质及级别；（2）法律规范的外部表现形式；（3）法律规范的效力等级；（4）法律规范的地域效力。我国法的形式是制定法形式，具体分为七类：宪法、法律、行政法规、地方性法规、自治条例和单行条例、部门规章、地方政府规章、国际条约。这七类法的形式，由于制定的主体、程序、时间、适用范围等的不同，具有不同的效力，形成法的效力等级体系。

1）法的效力层级

宪法至上	宪法是具有最高法律效力的根本大法，具有最高法律效力
上位法优于下位法	效力等级：宪法——法律——行政法规——地方性法规和部门规章——地方政府规章
特别法优于一般法	同一机关制定的法律、行政法规、地方性法规、自治条例和单行条例、规章，特别规定与一般规定不一致的，适用特别规定
新法优于旧法	同一机关制定的法律、行政法规、地方性法规、自治条例和单行条例、规章，新的规定与旧的规定不一致的，适用新的规定

2）需要由有关机关裁决适用的特殊情况

同一机关制定的新的一般规定与旧的特别规定不一致时	制定机关裁决
地方性法规与部门规章之间对同一事项的规定不一致	由国务院提出意见，国务院认为应当适用地方性法规的，应当决定在该地方适用地方性法规的规定；认为应当适用部门规章的，应当提请全国人民代表大会常务委员会裁决
部门规章之间、部门规章与地方政府规章之间对同一事项的规定不一致	国务院裁决

3）法律的备案和审查

国务院、中央军事委员会、最高人民法院、最高人民检察院和各省、自治区、直辖市的人民代表大会常务委员会认为行政法规、地方性法规、自治条例和单行条例同宪法或者法律相抵触的，可以向全国人民代表大会常务委员会书面提出进行审查的要求，由常务委员会工作机构分送有关的专门委员会进行审查、提出意见。其他国家机关和社会团体、企业事业组织以及公民认为行政法规、地方性法规、自治条例和单行条例同宪法或者法律相抵触的，可以向全国人民代表大会常务委员会书面提出进行审查的建议，由常务委员会工作机构进行研究，必要时，送有关的专门委员会进行审查、提出意见。有关的专门委员会和常务委员会工作机构可以对报送备案的规范性文件进行主动审查。

全国人民代表大会专门委员会、常务委员会工作机构可以对报送备案的行政法规、地方性法规、自治条例和单行条例等进行主动审查，并可以根据需要进行专项审查。国务院备案审查工作机构可以对报送备案的地方性法规、自治条例和单行条例，部门规章和省、自治区、直辖市的人民政府制定的规章进行主动审查，并可以根据需要进行专项审查。

一 单项选择题

1. 在法律体系中，根据一定的标准和原则所制定的同类法律规范总称是（   ）。
   A．法律形式   B．法律体系
   C．法律规范   D．法律部门

2. 下列各项文件中，属于经济法的是（   ）。
   A．商标法   B．招标投标法
   C．劳动合同法   D．政府采购法

3. 下列可由行政法规规定的事项是（   ）。
   A．非国有财产的征收、征用   B．诉讼制度
   C．建设工程质量管理规定   D．行政拘留

4. 下列各项文件中，属于部门规章的是（   ）。
   A．《北京市建筑市场管理条例》
   B．《市政公用设施抗灾设防管理规定》
   C．《城市房地产管理法》
   D．《重庆市建设工程造价管理规定》

5. 下列有关法的效力的说法，正确的是（   ）。
   A．特别规定与一般规定不一致时，应适用一般规定
   B．根据授权制定的法规与法律规定不一致，不能确定如何适用时，由全国人民代表大会裁决
   C．部门规章的效力高于地方政府规章
   D．新法、旧法对同一事项有不同规定时，新法的效力优于旧法

6. 下列有关地方性法规和地方规章效力的说法，正确的是（   ）。

A. 同一机关制定的新的一般规定与旧的特别规定不一致时，由制定机关裁决

B. 地方性法规与部门规章之间对同一事项的规定不一致，国务院认为应适用地方性法规的，应提请全国人民代表大会裁决

C. 地方性法规与部门规章之间对同一事项的规定不一致，国务院认为应适用部门规章的，应提请全国人民代表大会常务委员会裁决

D. 部门规章之间、部门规章与地方政府规章之间对同一事项的规定不一致时，由地方人民代表大会裁决

7. 下列有关行政法规、地方性法规、自治条例和单行条例备案的说法，正确的是（　　）。

A. 行政法规、地方性法规、自治条例和单行条例应当在公布后的 60 日内报有关机关备案

B. 省、自治区、直辖市的人民代表大会及其常务委员会制定的地方性法规，只需报全国人民代表大会常务委员会备案

C. 地方政府规章应同时报国务院和上一级人民代表大会常务委员会备案

D. 设区的市、自治州的人民政府制定的规章应当同时报省、自治区的人民代表大会常务委员会和人民政府备案

8. 下列有关行政法规、地方性法规、自治条例和单行条例、规章的审查的说法，正确的是（　　）。

A. 国家监察委员会认为行政法规、地方性法规、自治条例和单行条例同宪法或者法律相抵触，可向全国人民代表大会常务委员会书面提出审查建议

B. 最高人民法院、最高人民检察院认为行政法规、地方性法规、自治条例和单行条例同宪法或者法律相抵触，可向全国人民代表大会书面提出审查建议

C. 地方政府认为行政法规同宪法或者法律相抵触，可向国务院书面提出进行审查建议

D. 某社会团体认为地方性法规同宪法或者法律相抵触，可以向省、自治区、直辖市的人民代表大会常务委员会提出审查建议

二　多项选择题

1. 下列法的形式中，属于我国法的形式的有（　　）。

A. 风俗　　　　　　　　　B. 判例
C. 地方性法规　　　　　　D. 宗教法
E. 国际条约

2. 下列事项中，只能由法律规定的有（　　）。

A. 民事基本制度

B. 基层群众自治制度

C. 限制人身自由的强制性措施

D. 生态文明建设事项

E. 历史文化建设事项

【答案与解析】

一、单项选择题（有答案解析的题号前加 *，以下同）

1. D;　　2. D;　　*3. C;　　4. B;　　5. D;　　6. A;　　7. D;　　8. C

【解析】

3.【答案】C

依照《立法法》第 11 条的规定："下列事项只能制定法律：（一）国家主权的事项；（二）各级人民代表大会、人民政府、监察委员会、人民法院和人民检察院的产生、组织和职权；（三）民族区域自治制度、特别行政区制度、基层群众自治制度；（四）犯罪和刑罚；（五）对公民政治权利的剥夺、限制人身自由的强制措施和处罚；（六）税种的设立、税率的确定和税收征收管理等税收基本制度；（七）对非国有财产的征收、征用；（八）民事基本制度；（九）基本经济制度以及财政、海关、金融和外贸的基本制度；（十）诉讼制度和仲裁基本制度；（十一）必须由全国人民代表大会及其常务委员会制定法律的其他事项。"A、B、D 选项均需由法律规定，C 选项正确。

二、多项选择题（有答案解析的题号前加 *，以下同）

*1. C、E;　　　　2. A、B、C

【解析】

1.【答案】C、E

我国的法的形式是制定法形式，具体可以分为宪法、法律、行政法规、地方性法规、自治条例和单行条例、部门规章、地方政府规章和国际条约七类。因而 C、E 选项正确。

1.2　建设工程物权制度

复习要点

1. 物权的特征和种类以及设立、变更、转让、消灭和保护

物权是指权利人依法对特定的物享有直接支配和排他的权利，包括所有权、用益物权和担保物权。

所有民事主体都能够成为物权权利人，包括法人、非法人组织、自然人。物权的客体一般是物，包括不动产和动产。不动产，是指土地以及房屋、林木等地上定着物，动产是指不动产以外的物。

	物权是支配权。物权是权利人直接支配的权利，即物权人可以依自己的意思就标的物直接行使权利，无须他人的意思或义务人的行为介入
	物权是绝对权。物权的权利人可以对抗一切不特定的人。物权的权利人是特定的，义务人是不特定的，且义务内容是不作为，即只要不侵犯物权人行使权利就履行义务
物权的特征	物权是财产权。物权是一种具有物质内容的、直接体现为财产利益的权利。财产利益包括对物的利用、物的归属和就物的价值设立的担保
	物权具有排他性。物权人有权排除他人对于他行使物权的干涉。而且同一物上不许有内容不相容的物权并存，即"一物一权"

续表

	所有权包括占有权、使用权、收益权、处分权
物权的种类	用益物权：权利人对他人所有的不动产或者动产，依法享有占有、使用和收益的权利。用益物权包括土地承包经营权、建设用地使用权、宅基地使用权、地役权和居住权
	担保物权：权利人在债务人不履行到期债务或者发生当事人约定的实现担保物权的情形，依法享有就担保财产优先受偿的权利
物权的设立、变更、转让、消灭	不动产物权的设立、变更、转让和消灭，应当依照法律规定登记，自记载于不动产登记簿时发生效力。经依法登记，发生效力；未经登记，不发生效力，但法律另有规定的除外
	动产物权以占有和交付为公示手段。动产物权的设立和转让，应当依照法律规定交付。动产物权的设立和转让，自交付时发生效力，但法律另有规定的除外

一　单项选择题

1. 下列权利中，属于用益物权的是（　　）。

　　A. 留置权　　　　　　　　　　B. 居住权

　　C. 抵押权　　　　　　　　　　D. 质权

2. 物权人可以依自己的意志就标的物直接行使权利，无须他人的意思或义务人的行为介入，体现了物权的（　　）。

　　A. 绝对性　　　　　　　　　　B. 排他性

　　C. 支配性　　　　　　　　　　D. 财产性

3. 权利人依法对自己财产（包括不动产和动产）所享有的占有、使用、收益和处分的权利是（　　）。

　　A. 所有权　　　　　　　　　　B. 留置权

　　C. 抵押权　　　　　　　　　　D. 地役权

4. 动产物权的权利变动，通常以（　　）为公示方法。

　　A. 交付　　　　　　　　　　　B. 占有

　　C. 登记　　　　　　　　　　　D. 合意

5. 下列有关不动产登记的说法，正确的是（　　）。

　　A. 当事人之间订立有关设立、变更、转让和消灭不动产物权的合同，除法律另有规定或者当事人另有约定外，自合同成立时生效

　　B. 预告登记后，未经预告登记的权利人同意，处分该不动产的，不发生法律效力

　　C. 不动产权属证书记载的事项，应当与不动产登记簿一致；记载不一致的，应以权属证书为准

　　D. 预告登记后，债权消灭或者自能够进行不动产登记之日起60日内未申请登记的，预告登记失效

6. 下列有关占有的说法，正确的是（　　）。

　　A. 占有，是指占有人对不动产或者动产享有的权利

　　B. 占有的不动产或者动产被侵占的，占有人有权请求返还原物

  C．占有物返还请求权，自侵占发生之日起 3 年内未行使的消灭

  D．占有的不动产或者动产毁损、灭失的，产生的保险金、赔偿金或者补偿金无法弥补权利人的损害的，善意占有人还应当赔偿损失

7．土地承包经营权自（ ）设立。

  A．土地承包经营权合同成立时

  B．土地承包经营权合同生效时

  C．土地承包经营权登记时

  D．取得土地承包经营权证时

8．依据《民法典》的规定，林地的承包期是（ ）年。

  A．30　　　　　　　　　　　　B．30～50

  C．30～70　　　　　　　　　　D．20～50

9．下列有关地役权的说法，正确的是（ ）。

  A．设立地役权，当事人应采取书面形式

  B．地役权自办理登记时设立

  C．地役权是所有权的延伸与限制

  D．地役权以不动产毗邻为条件

10．下列有关居住权的说法，正确的是（ ）。

  A．设立居住权的，当事人应当采用书面形式订立居住权合同

  B．设立居住权的住宅不得出租，但是当事人另有约定的除外

  C．居住权人死亡的，居住权可由其继承人继承

  D．居住权自居住权合同生效时设立

11．下列有关我国土地法律制度的说法，正确的是（ ）。

  A．我国实行土地的社会主义公有制是指全民所有制

  B．全民所有即国家所有土地的所有权由国务院和各级地方政府代表国家行使

  C．根据土地用途，可以将土地分为农用地、工业用地、建设用地和未利用地

  D．我国严格限制农用地转为建设用地，控制建设用地总量，对耕地实行特殊保护

12．下列有关建设用地使用权的说法，正确的是（ ）。

  A．建设用地使用权存在于国家所有和集体所有的土地上

  B．国家严格限制以出让和划拨方式设立建设用地使用权

  C．设立建设用地使用权的，应当向登记机构申请建设用地使用权登记

  D．以划拨方式取得建设用地使用权的，不得将建设用地使用权转让

13．下列财产中，可以抵押的是（ ）。

  A．宅基地使用权　　　　　　　B．正在建造的房屋

  C．被查封的财产　　　　　　　D．公立学校的设备

14．担保物权人在其全部债权受清偿前，可以就担保物的全部行使权利，这体现出担保物权的（ ）。

  A．优先受偿性　　　　　　　　B．物上代位性

  C．不可分性　　　　　　　　　D．从属性

15. 张三为担保对李四的债务，于 2023 年 8 月 1 日与李四签订质押合同，承诺将自己的电视机质押给李四。同年 9 月 1 日张三交付电视机，但未将遥控器交付给李四。对此，下列说法正确的是（　　　）。

A. 李四于 8 月 1 日取得质权

B. 李四对遥控器享有质权

C. 质押合同于 8 月 1 日生效

D. 质押合同于 9 月 1 日成立

16. 张三向银行贷款，以其一处房产为银行设立抵押权。此后，甲在房产院内建造了独立车库。贷款到期，张三无力偿还银行贷款。银行（　　　）。

A. 仅能就房产进行拍卖，并就所得价款优先受偿

B. 能就房产和建设用地使用权进行拍卖，并就所得价款优先受偿

C. 能就房产、车库及建设用地使用权进行拍卖，并就所得价款优先受偿

D. 能就房产、车库及建设用地使用权进行拍卖，但仅能就房产和建设用地使用权的价款优先受偿

二 多项选择题

1. 下列各项中，属于物权的保护方法的有（　　　）。

A. 返还原物　　　　　　　　B. 排除妨害

C. 消除危险　　　　　　　　D. 恢复原状

E. 损害赔偿

2. 下列权利中，其客体既可以是动产也以是权利的有（　　　）。

A. 所有权　　　　　　　　　B. 抵押权

C. 地役权　　　　　　　　　D. 留置权

E. 质权

3. 下列有关所有权的说法，正确的有（　　　）。

A. 财产所有权的权能包括占有权、使用权、收益权、处分权

B. 占有权只能由物的所有权人享有

C. 收益因为使用而产生，因此要享有收益权必须享有使用权

D. 处分权是所有人的最基本的权利，是所有权内容的核心

E. 使用权是所有人所享有的一项独立权能

4. 建设用地使用权的取得方式有（　　　）。

A. 出让　　　　　　　　　　B. 转让

C. 划拨　　　　　　　　　　D. 先占

E. 添附

5. 下列担保方式中属于约定担保的有（　　　）。

A. 抵押　　　　　　　　　　B. 质押

C. 定金　　　　　　　　　　D. 留置

E. 保证

6. 下列有关留置权的说法，正确的有（　　　）。
   A. 留置权人有权获得留置财产的孳息
   B. 留置权的标的物包括不动产和动产
   C. 留置权不具有追及力，留置权人丧失对留置财产的占有即丧失留置权
   D. 债权人留置的动产，应当与债权属于同一法律关系
   E. 同一动产设立抵押权或质权后，又被留置的，留置权优先

【答案与解析】

一、单项选择题
1. B；　2. C；　3. A；　4. A；　　5. A；　6. B；　7. B；　8. C；
*9. A；　10. B；　11. D；　12. C；　*13. B；　14. C；　15. C；　16. D
【解析】
9.【答案】A
地役权，是指为使用自己不动产的便利或提高其效益而按照合同约定利用他人不动产的权利。设立地役权，当事人应当采取书面形式订立地役权合同。所以 A 选项正确。地役权自地役权合同生效时设立。当事人要求登记的，可以向登记机构申请地役权登记；未经登记，不得对抗善意第三人。所以 B 选项错误。地役权与相邻关系存在相似之处，但地役权是一项独立的用益物权；相邻关系体现的是所有权的延伸与限制，且地役权不以不动产相邻为条件，相邻关系则以此为条件。所以 C、D 选项错误。
13.【答案】B
《民法典》第 399 条：下列财产不得抵押：（1）土地所有权；（2）宅基地、自留地、自留山等集体所有土地的使用权，但是法律规定可以抵押的除外；（3）学校、幼儿园、医疗机构等为公益目的成立的非营利法人的教育设施、医疗卫生设施和其他公益设施；（4）所有权、使用权不明或者有争议的财产；（5）依法被查封、扣押、监管的财产；（6）法律、行政法规规定不得抵押的其他财产。故 B 选项正确。

二、多项选择题
1. A、B、C、D、E；　2. A、B、E；　　3. A、C、D、E；　　4. A、B、C；
5. A、B、C、E；　　6. B、C、D、E

1.3　建设工程知识产权制度

复习要点

1. 著作权制度
著作权，是指作者及其他著作权人依法对文学、艺术和科学作品所享有的专有权。在我国，著作权等同于版权。

著作权主体及权利归属	单位作品	由法人或者其他组织主持,代表法人或者其他组织意志创作,并由法人或者其他组织承担责任的作品,法人或者其他组织视为作者。如招标文件、投标文件,往往就是单位作品	单位作品的著作权完全归单位所有
	职务作品	公民为完成法人或者其他组织工作任务所创作的作品是职务作品	一般情况下,职务作品的著作权由作者享有,但法人或者其他组织有权在其业务范围内优先使用。作品完成两年内,未经单位同意,作者不得许可第三人以与单位使用的相同方式使用该作品。 下列情形之一的职务作品,作者享有署名权,著作权的其他权利由法人或者非法人组织享有,法人或者非法人组织可以给予作者奖励:(1)主要是利用法人或者非法人组织的物质技术条件创作,并由法人或者非法人组织承担责任的工程设计图、产品设计图、地图、示意图、计算机软件等职务作品;(2)报社、期刊社、通讯社、广播电台、电视台的工作人员创作的职务作品;(3)法律、行政法规规定或者合同约定著作权由法人或者非法人组织享有的职务作品
	委托作品	委托人向作者支付约定的创作报酬,由作者按照他人的意志和具体要求而创作的特定作品	受委托创作的作品,著作权的归属由委托人和受托人通过合同约定。合同未作明确约定或者没有订立合同的,著作权属于受托人
著作权的保护期		著作权的保护期由于权利内容以及主体的不同而有所不同:(1)作者的署名权、修改权、保护作品完整权的保护期不受限制;(2)自然人的作品,其发表权、使用权和获得报酬权的保护期,为作者终生及其死后50年,截止于作者死亡后第50年的12月31日。如果是合作作品,截止于最后死亡的作者死亡后第50年的12月31日;(3)法人或者非法人组织的作品、著作权(署名权除外)由法人或者非法人组织享有的职务作品,其发表权、使用权和获得报酬权的保护期为50年,截止于作品首次发表后第50年的12月31日,但作品自创作完成后50年内未发表的,不再受《著作权法》保护	

2. 专利权制度

专利权是指权利人在法律规定的期限内,对其发明创造所享有的制造、使用和销售的专有权。

专利权的保护对象	发明	应当具备以下条件:(1)必须是一种能够解决特定技术问题作出的创造性构思;(2)必须是具体的技术方案;(3)必须是利用自然规律的结果
	实用新型	必须具有一定的形状或者结构,或者两者的结合
	外观设计	必须具备以下条件:(1)是形状、图案、色彩或者其结合的设计;(2)是对产品的外表所作的设计;(3)具有美感;(4)是适合于工业上应用的新设计
授予专利权的条件	授予发明和实用新型专利权的条件	新颖性是指该发明或者实用新型不属于现有技术,也没有任何单位或者个人就同样的发明或者实用新型在申请日以前向国务院专利行政主管部门提出过申请,并记载在申请日以后公布的专利申请文件或者公告的专利文件中。但是,申请专利的发明创造在申请日前6个月内,有下列情形之一的,不丧失新颖性:(1)在中国政府主办或者承认的国际展览会上首次展出的;(2)在规定的学术会议或者技术会议上首次发表的;(3)他人未经申请人同意而泄露其内容的

授予专利权的条件	授予发明和实用新型专利权的条件	创造性是指与现有技术相比，该发明或该实用新型具有突出的实质性特点和显著的进步。所谓现有技术，是指申请日以前在国内外为公众所知的技术
		实用性是指该发明或者实用新型能够制造或者使用，并且能够产生积极效果。取得专利权的发明或者实用新型必须是能够应用于生产领域的，而不能是纯理论的。需要注意的是，实用性并不要求发明或者实用新型已经产生积极效果，而只要求将来有产生积极效果的可能性
	授予外观设计专利权的条件	授予专利权的外观设计，应当同申请日以前在国内外出版物上公开发表过或者国内公开使用过的外观设计不相同和不相近似，并不得与他人在先取得的合法权利相冲突。除了新颖性外，外观设计还应当具备富有美感和适于工业应用两个条件
专利权人的权利和期限、终止、无效	专利权人的权利	发明和实用新型专利权被授予后，除《专利法》另有规定的以外，任何单位或者个人未经专利权人许可，都不得实施其专利，即不得为生产经营目的制造、使用、许诺销售、销售、进口其专利产品，或者使用其专利方法以及使用、许诺销售、销售、进口依照该专利方法直接获得的产品。 外观设计专利权被授予后，任何单位或者个人未经专利权人许可，都不得实施其专利，即不得为生产经营目的制造、销售、进口其外观设计专利产品
	专利权的期限	发明专利权的期限为20年，实用新型专利权的期限为10年，外观设计专利权的期限为15年，均自申请日起计算
	专利的申请和审批	申请专利应当提交的文件 申请发明或者实用新型专利的，应当提交请求书、说明书及其摘要和权利要求书等文件
		专利申请日 国务院专利行政主管部门收到专利申请文件之日为申请日。 如果申请文件是邮寄的，以寄出的邮戳日为申请日
		专利审批制度

3．商标权制度

商标是指用来区别一个经营者的品牌或服务和其他经营者的商品或服务的标记。任何能够将自然人、法人或者其他组织的商品与他人的商品区别开的标志，包括文字、图形、字母、数字、三维标志、颜色组合和声音等，以及上述要素的组合，均可以作为商标申请注册。经商标局核准注册的商标为注册商标，包括商品商标、服务商标和集体商标、证明商标；商标注册人享有商标专用权，受法律保护。

商标专用权是指自然人、法人或者其他组织对其注册的商标依法享有的专用权。由于商标有表示质量和信誉的作用，他人使用商标所有人的商标，有可能对商标所有人的信誉造成损害，必须严格禁止。

《商标法》规定，自然人、法人或者其他组织在生产经营活动中，对其商品或者服务需要取得商标专用权的，应当向商标局申请商标注册。不以使用为目的的恶意商标注册申请，应当予以驳回。

商标专用权的内容		同其他知识产权不同，商标专用权的内容只包括财产权，商标设计者的人身权受著作权法保护
商标专用权的保护对象		经过国家商标管理机关核准注册的商标，未经核准注册的商标不受商标法保护。商标注册人有权标明"注册商标"或者注册标记。任何能够将自然人、法人或者其他组织的商品与他人的商品区别开的标志，包括文字、图形、字母、数字、三维标志、颜色组合和声音等，以及上述要素的组合，均可以作为商标申请注册
注册商标的有效期		有效期为 10 年，自核准注册之日起计算。但是，商标与其他知识产权的客体不同，往往使用时间越长越有价值。商标的知名度较高往往也是长期使用的结果。因此，注册商标可以无数次办理续展手续，其理论上的有效期是无限的。注册商标有效期满，需要继续使用的，应当在期满前 12 个月内办理续展手续；在此期间未能办理的，可以给予 6 个月的宽展期。每次续展注册的有效期为 10 年，自该商标上一届有效期满次日起计算。期满未办理续展手续的，注销其注册商标
注册商标的转让		指商标专用人将其所有的注册商标依法转移给他人所有并由其专用的法律行为。转让注册商标的，转让人和受让人应当共同向商标局提出申请。受让人应当保证使用该注册商标的商品或服务的质量。转让注册商标的，商标注册人对其在同一种商品上注册的近似的商标，或者在类似商品上注册的相同或者近似的商标，应当一并转让
注册商标的使用许可		是指商标注册人通过签订商标使用许可合同，许可他人使用其注册商标的法律行为。许可人应当监督被许可人使用其注册商标的商品或者服务的质量。被许可人应当保证使用注册商标的商品或服务的质量。经许可使用他人注册商标的，必须在使用该注册商标的商品上标明被许可人的名称和商品产地
建设工程专利权保护	保护范围	专利权的保护范围以其权利要求的内容为准，说明书及附图可以用于解释权利要求的内容。外观设计专利权的保护范围以表示在图片或者照片中的该产品的外观设计为准，简要说明可以用于解释图片或者照片所表示的该产品的外观设计
	保护措施	专利权人或者利害关系人有证据证明他人正在实施或者即将实施侵犯专利权的行为，如不及时制止将会使其合法权益受到难以弥补的损害的，可以在起诉前向人民法院申请采取责令停止有关行为的措施。申请人提出申请时，应当提供担保；不提供担保的，驳回申请。 人民法院应当自接受申请之时起 48 小时内作出裁定；有特殊情况需要延长的，可以延长 48 小时。裁定责令停止有关行为的，应当立即执行。当事人对裁定不服的，可以申请复议一次；复议期间不停止裁定的执行
建设工程商标权的保护	保护范围	按照《商标法》的规定，注册商标的专用权，以核准注册的商标和核定使用的商品为限
	侵权行为	（1）未经商标注册人的许可，在同一种商品上使用与其注册商标相同的商标的；（2）未经商标注册人的许可，在同一种商品上使用与其注册商标近似的商标，或者在类似商品上使用与其注册商标相同或者近似的商标，容易导致混淆的；（3）销售侵犯注册商标专用权的商品的；（4）伪造、擅自制造他人注册商标标识或者销售伪造、擅自制造的注册商标标识的；（5）未经商标注册人同意，更换其注册商标并将该更换商标的商品又投入市场的；（6）故意为侵犯他人商标专用权行为提供便利条件，帮助他人实施侵犯商标专用权行为的；（7）给他人的注册商标专用权造成其他损害的
	保护措施	县级以上工商行政管理部门根据已经取得的违法嫌疑证据或者举报，对涉嫌侵犯他人注册商标专用权的行为进行查处时，可以行使下列职权：（1）询问有关当事人，调查与侵犯他人注册商标专用权有关的情况。（2）查阅、复制当事人与侵权活动有关的合同、发票、账簿以及其他有关资料。（3）对当事人涉嫌从事侵犯他人注册商标专用权活动的场所实施现场检查。（4）检查与侵权活动有关的物品；对有证据证明是侵犯他人注册商标专用权的物品，可以查封或者扣押

一 单项选择题

1. 下列有关知识产权的说法，正确的是（   ）。
   A. 知识产权为权利人所专有，不能随意转让
   B. 知识产权具有财产权和人身权的双重属性
   C. 知识产权如无设定期限，则永久有效
   D. 企业的注册商标不属于其知识产权

2. 下列有关商标及商标专用权的说法，正确的是（   ）。
   A. 商标专用权的内容只包括财产权
   B. 未经核准注册的商标也可以受商标法保护
   C. 商标专用权即商标注册人对其注册商标充分支配和完全使用的权利
   D. 注册商标的有效期为 10 年，自申请之日起计算

3. 受委托创作的作品，著作权应当归属（   ）。
   A. 委托者   B. 受托者
   C. 委托者和受托者共同享有   D. 委托者和受托者合同约定

4. 下列有关注册商标的说法，正确的是（   ）。
   A. 注册商标的有效期为 20 年
   B. 注册商标的有效期自申请之日起计算
   C. 注册商标有效期满，需要继续使用的，应当在期满前 12 个月内申请续展注册
   D. 未在期满前 12 个月申请续展注册，可给予 3 个月宽展期

5. 下列有关著作权的保护期限的说法，正确的是（   ）。
   A. 作者的署名权、修改权、保护作品完整权的保护期不受限制
   B. 公民的作品，其发表权、使用权和获得报酬权的保护期，为作者终生
   C. 如果是合作作品，截止于最先死的作者死亡后第 50 年的 12 月 31 日
   D. 法人或者其他组织的作品，其署名权的保护期为 50 年

6. 下列有关实用新型的说法，正确的是（   ）。
   A. 实用新型专利审查实行实质审查
   B. 对液态产品可以授予实用新型专利权
   C. 实用新型专利的期限为 10 年，自授权公告之日起计算
   D. 授予专利权的实用新型应当具备新颖性、创造性、实用性

二 多项选择题

1. 下列有关商标的说法，正确的有（   ）。
   A. 声音也可被注册为商标
   B. 商标注册申请人通过一份申请只能就一个类别的商品申请注册同一商标
   C. 同中央国家机关的名称、标志相同的，不得作为商标使用
   D. 经营者不得将驰名商标字样用于商品的广告宣传当中

2. 根据著作权法及相关规定，著作权人对其下列作品享有出租权的有（　　）。

  A．电影作品   B．以类似摄制电影的方法创作的作品

  C．美术作品   D．摄影作品

3. 甲电视台获得了某明星演唱会的现场直播权，乙电视台未经许可将甲电视台播放的节目录制在音像载体上以备将来播放，并复制该音像载体。观众安某未经许可将甲电视台的该节目复制一份供其儿子观看。根据著作权法及相关规定，下列说法正确的有（　　）。

  A．乙电视台侵犯了该歌星的作为表演者的权利

  B．甲电视台有权禁止乙电视台的录制复制行为

  C．安某的行为侵犯了甲电视台的复制权

  D．安某的行为侵犯了该歌星的作为表演者的权利

4. 下列有关授予专利权的条件的说法，正确的有（　　）。

  A．授予专利权的发明和实用新型，应当具备新颖性、创造性和实用性

  B．申请专利的发明创造在申请日前 6 个月内，在中国政府主办或者承认的国际展览会上首次展出的，丧失新颖性

  C．实用性要求发明或者实用新型已经产生积极效果

  D．创造性是指与现有技术相比，该发明或该实用新型具有突出的实质性特点和显著的进步

  E．授予专利权的外观设计，只要同申请日以前在国内外出版物上公开发表过或者国内公开使用过的外观设计不相同和不相近似即可

【答案与解析】

一、单项选择题

1. B； 2. A； 3. D； *4. C； *5. A； 6. D

【解析】

4.【答案】C

  注册商标的有效期为 10 年，自核准注册之日起计算。但是，商标与其他知识产权的客体不同，往往使用时间越长越有价值。商标的知名度较高往往也是长期使用的结果。因此，注册商标可以无数次提出续展申请，理论上的有效期是无限的。注册商标有效期满，需要继续使用的，应当在期满前 12 个月内申请续展注册；在此期间未能提出申请的，可以给予 6 个月的宽展期。宽展期满仍未提出申请的，注销其注册商标。每次续展注册的有效期为 10 年。故 C 选项正确。

5.【答案】A

  著作权的保护期由于权利内容以及主体的不同而有所不同：（1）作者的署名权、修改权、保护作品完整权的保护期不受限制。（2）公民的作品，其发表权、使用权和获得报酬权的保护期，为作者终生及其死后 50 年。如果是合作作品，截止于最后死亡的作者死亡后第 50 年的 12 月 31 日。（3）法人或者其他组织的作品、著作权（署名权除外）由法人或者其他组织享有的职务作品，其发表权、使用权和获得报酬权的保护期为 50

年，截止于作品首次发表后第 50 年的 12 月 31 日，但作品自创作完成后 50 年内未发表的，不再受著作权法保护。故 A 选项正确。

二、多项选择题

*1. A、C、D；   2. A、B；   3. A、B；   4. A、D

【解析】

1.【答案】A、C、D

根据《商标法》第 8 条的规定，任何能够将自然人、法人或者其他组织的商品与他人的商品区别开的标志，包括文字、图形、字母、数字、三维标志、颜色组合和声音等，以及上述要素的组合，均可以作为商标申请注册。因此，声音也可以作为商标注册。A 选项正确。根据《商标法》第 22 条第 2 款规定，商标注册申请人可以通过一份申请就多个类别的商品申请注册同一商标。因此，B 选项错误。根据《商标法》第 10 条规定，下列标志不得作为商标使用：同中华人民共和国的国家名称、国旗、国徽、国歌、军旗、军徽、军歌、勋章等相同或者近似的，以及同中央国家机关的名称、标志、所在地特定地点的名称或者标志性建筑物的名称、图形相同的。因此，C 选项正确。根据《商标法》第 14 条第 5 款规定，生产、经营者不得将"驰名商标"字样用于商品、商品包装或者容器上，或者用于广告宣传、展览以及其他商业活动中。因此，D 选项正确。

1.4 建设工程侵权责任制度

复习要点

1. 侵权责任主体和损害赔偿

侵权，是指公民或法人没有法律依据而侵害他人的财产权利或人身权利的行为。

归责原则	（1）过错责任原则，是指行为人因过错侵害他人民事权益造成损害的，应当承担侵权责任。（2）无过错责任原则，是指行为人造成他人民事权益损害，不论行为人有无过错，法律规定应当承担侵权责任的，依照其规定。（3）过错推定责任，是指一旦行为人的行为致人损害就推定其主观上有过错，除非其能证明自己没有过错，否则应承担民事责任。（4）公平责任原则，是指损害双方的当事人对损害结果的发生都没有过错，但如果受害人的损失得不到补偿又显失公平的情况下，由人民法院根据具体情况和公平的观念，要求当事人分担损害后果
承担方式	侵权行为危及他人人身、财产安全的，被侵权人有权请求侵权人承担停止侵害、排除妨碍、消除危险等侵权责任
共同侵权	二人以上共同实施侵权行为，造成他人损害的，应当承担连带责任
教唆侵权、帮助侵权	教唆、帮助他人实施侵权行为的，应当与行为人承担连带责任。教唆、帮助无民事行为能力人、限制民事行为能力人实施侵权行为的，应当承担侵权责任；该无民事行为能力人、限制民事行为能力人的监护人未尽到监护职责的，应当承担相应的责任
共同危险行为	二人以上实施危及他人人身、财产安全的行为，其中一人或者数人的行为造成他人损害，能够确定具体侵权人的，由侵权人承担责任；不能确定具体侵权人的，行为人承担连带责任
分别侵权	分别侵权承担连带责任，二人以上分别实施侵权行为造成同一损害，每个人的侵权行为都足以造成全部损害的，行为人承担连带责任。分别侵权承担按份责任，二人以上分别实施侵权行为造成同一损害，能够确定责任大小的，各自承担相应的责任；难以确定责任大小的，平均承担责任

受害人有过错或故意	被侵权人对同一损害的发生或者扩大有过错的，可以减轻侵权人的责任。损害是因受害人故意造成的，行为人不承担责任
第三人过错	损害是因第三人造成的，第三人应当承担侵权责任
自甘风险	自愿参加具有一定风险的文体活动，因其他参加者的行为受到损害的，受害人不得请求其他参加者承担侵权责任；但是，其他参加者对损害的发生有故意或者重大过失的除外
自助行为	合法权益受到侵害，情况紧急且不能及时获得国家机关保护，不立即采取措施将使其合法权益受到难以弥补的损害的，受害人可以在保护自己合法权益的必要范围内采取扣留侵权人的财物等合理措施；但是，应当立即请求有关国家机关处理。受害人采取的措施不当造成他人损害的，应当承担侵权责任

2．产品责任

因产品存在缺陷造成他人损害的，生产者应当承担侵权责任。

被侵权人请求损害赔偿的途径	因产品存在缺陷造成他人损害的，被侵权人可以向产品的生产者请求赔偿，也可以向产品的销售者请求赔偿。产品缺陷由生产者造成的，销售者赔偿后，有权向生产者追偿。因销售者的过错使产品存在缺陷的，生产者赔偿后，有权向销售者追偿。因运输者、仓储者等第三人的过错使产品存在缺陷，造成他人损害的，产品的生产者、销售者赔偿后，有权向第三人追偿
流通后发现有缺陷的补救措施	产品投入流通后发现存在缺陷的，生产者、销售者应当及时采取停止销售、警示、召回等补救措施；未及时采取补救措施或者补救措施不力造成损害扩大的，对扩大的损害也应当承担侵权责任。依据规定采取召回措施的，生产者、销售者应当负担被侵权人因此支出的必要费用
产品责任惩罚性赔偿	明知产品存在缺陷仍然生产、销售，或者没有依据前述规定采取有效补救措施，造成他人死亡或者健康严重损害的，被侵权人有权请求相应的惩罚性赔偿

3．建筑物和物件损害责任

1）建筑物、构筑物或者其他设施倒塌、塌陷致害责任

建筑物、构筑物或者其他设施倒塌、塌陷造成他人损害的，由建设单位与施工单位承担连带责任，但是建设单位与施工单位能够证明不存在质量缺陷的除外。建设单位、施工单位赔偿后，有其他责任人的，有权向其他责任人追偿。因所有人、管理人、使用人或者第三人的原因，建筑物、构筑物或者其他设施倒塌、塌陷造成他人损害的，由所有人、管理人、使用人或者第三人承担侵权责任。

2）建筑物、构筑物或者其他设施脱落、坠落致害责任

建筑物、构筑物或者其他设施及其搁置物、悬挂物发生脱落、坠落造成他人损害，所有人、管理人或者使用人不能证明自己没有过错的，应当承担侵权责任。所有人、管理人或者使用人赔偿后，有其他责任人的，有权向其他责任人追偿。

3）不明抛掷物、坠落物致害责任

禁止从建筑物中抛掷物品。从建筑物中抛掷物品或者从建筑物上坠落的物品造成他人损害的，由侵权人依法承担侵权责任；经调查难以确定具体侵权人的，除能够证明自己不是侵权人的外，由可能加害的建筑物使用人给予补偿。可能加害的建筑物使用人补偿后，有权向侵权人追偿。物业服务企业等建筑物管理人应当采取必要的安全保障措施防止前款规定情形的发生；未采取必要的安全保障措施的，应当依法承担未履行安全保障义务

的侵权责任。发生上述规定的情形的，公安等机关应当依法及时调查，查清责任人。

4）堆放物倒塌、滚落或者滑落致害责任

堆放物倒塌、滚落或者滑落造成他人损害，堆放人不能证明自己没有过错的，应当承担侵权责任。在公共道路上堆放、倾倒、遗撒妨碍通行的物品造成他人损害的，由行为人承担侵权责任。公共道路管理人不能证明已经尽到清理、防护、警示等义务的，应当承担相应的责任。

5）公共场所或者道路上施工致害责任和窨井等地下设施致害责任

在公共场所或者道路上挖掘、修缮安装地下设施等造成他人损害，施工人不能证明已经设置明显标志和采取安全措施的，应当承担侵权责任。窨井等地下设施造成他人损害，管理人不能证明尽到管理职责的，应当承担侵权责任。

一　单项选择题

1. 承担侵权责任的方式不包括（　　）。
   - A. 排除妨碍
   - B. 消除危险
   - C. 返还财产
   - D. 查封场所

2. 民事责任分为违约责任和（　　）。
   - A. 侵权责任
   - B. 行政责任
   - C. 刑事责任
   - D. 财产责任

3. 下列有关损害赔偿的说法，正确的是（　　）。
   - A. 侵害他人造成他人死亡的，只需要支付死亡赔偿金即可
   - B. 被侵权人死亡的，其近亲属和朋友有权请求侵权人承担侵权责任
   - C. 赔偿费用只能一次性支付
   - D. 因同一侵权行为造成多人死亡的，可以以相同数额确定死亡赔偿金

4. 下列有关侵权损害赔偿的说法，正确的是（　　）。
   - A. 甲的房屋发生大火，乙在救火中被烧伤，甲应赔偿乙的损失
   - B. 甲在登机时往发动机投掷硬币致航班延误，应赔偿乘客的损失
   - C. 乙在与甲争吵打闹中猝死，甲对乙的死亡应承担损害赔偿责任
   - D. 甲将乙的照片制作成表情包供大家娱乐，侵害了乙的名誉权，应承担损害赔偿责任

二　多项选择题

1. 甲由于侵害人的行为而致双腿截肢，失去工作，下列费用中应由侵害人承担的有（　　）。
   - A. 医院检查费3000元
   - B. 购得残疾人轮椅一辆1000元
   - C. 护理人员雇佣费1000元
   - D. 残疾赔偿金10000元

2. 下列可以解决民事纠纷的途径有（　　）。
   - A. 调解
   - B. 仲裁

C．诉讼　　　　　　　　D．和解

E．复议

3．甲是乙装饰公司的员工，负责外出购买装饰材料，某日骑电动车购买材料途中，路上不慎将行人丙撞伤，受害人丙将甲及乙公司一同告到法院，对此下列说法正确的有（　　　）。

A．甲侵害了丙的健康权　　　B．甲的行为系违法行为

C．乙公司应承担赔偿责任　　D．丙是诉讼中的被告

【答案与解析】

一、单项选择题

1．D；　　2．A；　　3．D；　　4．C

二、多项选择题

*1．A、B、C、D；　　2．A、B、C、D；　　*3．A、C

【解析】

1．【答案】A、B、C、D

《民法典》第1179条规定，侵害他人造成人身损害的，应当赔偿医疗费、护理费、交通费、营养费、住院伙食补助费等为治疗和康复支出的合理费用，以及因误工减少的收入。造成残疾的，还应当赔偿辅助器具费和残疾赔偿金；造成死亡的，还应当赔偿丧葬费和死亡赔偿金。甲由于侵害人的行为而致双腿截肢，失去工作，故行为人应依法承担医疗、营养、护理、误工及残疾补助费、残疾用具费等。因此本题正确答案为A、B、C、D。

3．【答案】A、C

甲将丙撞伤，侵犯了丙的健康权，A选项正确。甲的行为系侵权行为，B选项错误。《民法典》第1191条规定，用人单位的工作人员因执行工作任务造成他人损害的，由用人单位承担侵权责任。C选项正确。丙是诉讼中的原告，D选项错误。故选A、C。

1.5　建设工程税收制度

复习要点

1．企业增值税

1）增值税的概念和特点

概念	增值税是以商品和劳务在流转过程中产生的增值额作为征税对象而征收的一种流转税
特点	增值税只对商品在生产流通过程中的价值增值额征收
	实行价外税制度
	征税范围具有普遍性

2）增值税的纳税人

在中华人民共和国境内销售货物或者加工、修理修配劳务，销售服务、无形资产、不动产以及进口货物的单位和个人，为增值税的纳税人。根据纳税人的经营规模以及会计核算的健全程度，我国将增值税的纳税人分为一般纳税人和小规模纳税人。

3）增值税的征税范围

征税范围的一般规定	销售货物
	提供加工和修理修配服务
	销售服务
	销售无形资产
	销售不动产
	进口货物
视同销售的行为	单位或者个体工商户的下列行为，视同销售货物：（1）将货物交付其他单位或者个人代销；（2）销售代销货物；（3）设有两个以上机构并实行统一核算的纳税人，将货物从一个机构移送其他机构用于销售，但相关机构设在同一县（市）的除外；（4）将自产或者委托加工的货物用于非增值税应税项目；（5）将自产、委托加工的货物用于集体福利或者个人消费；（6）将自产、委托加工或者购进的货物作为投资，提供给其他单位或者个体工商户；（7）将自产、委托加工或者购进的货物分配给股东或者投资者；（8）将自产、委托加工或者购进的货物无偿赠送其他单位或者个人

4）增值税的税率

一般纳税人的增值税税率	（1）纳税人销售货物、劳务、有形动产租赁服务或者进口货物，除下述第（2）项、第（4）项、第（5）项另有规定外，税率为13%。（2）纳税人销售交通运输、邮政、基础电信、建筑、不动产租赁服务，销售不动产，转让土地使用权，销售或者进口下列货物，税率为9%：① 粮食等农产品、食用植物油、食用盐；② 自来水、暖气、冷气、热水、煤气、石油液化气、天然气、二甲醚、沼气、居民用煤炭制品；③图书、报纸、杂志、音像制品、电子出版物；④ 饲料、化肥、农药、农机、农膜；⑤ 国务院规定的其他货物。（3）纳税人销售服务、无形资产，除上述第（1）项、第（2）项、下述第（5）项另有规定外，税率为6%。（4）纳税人出口货物，税率为零；但是，国务院另有规定的除外。（5）境内单位和个人跨境销售国务院规定范围内的服务、无形资产，税率为零
小规模纳税人适用的征收率	小规模纳税人增值税征收率为3%

5）应纳税额的计算

小规模纳税人应纳税额的计算	应纳税额＝销售额 × 征收率
一般纳税人应纳税额的计算	应纳税额＝当期销项税额－当期进项税额
下列进项税额准予从销项税额中抵扣	（1）从销售方取得的增值税专用发票上注明的增值税额。（2）从海关取得的海关进口增值税专用缴款书上注明的增值税额。（3）购进农产品，除取得增值税专用发票或者海关进口增值税专用缴款书外，按照农产品收购发票或者销售发票上注明的农产品买价和11%的扣除率计算的进项税额，国务院另有规定的除外。进项税额计算公式：进项税额＝买价×扣除率。（4）自境外单位或者个人购进劳务、服务、无形资产或者境内的不动产，从税务机关或者扣缴义务人取得的代扣代缴税款的完税凭证上注明的增值税额

续表

增值税的减免	下列项目免征增值税:(1)农业生产者销售的自产农产品;(2)避孕药品和用具;(3)古旧图书;(4)直接用于科学研究、科学试验和教学的进口仪器、设备;(5)外国政府、国际组织无偿援助的进口物资和设备;(6)由残疾人的组织直接进口供残疾人专用的物品;(7)销售的自己使用过的物品

2. 环境保护税

1)环境保护税的概念和特点

概念	环境保护税是以在中华人民共和国领域和中华人民共和国管辖的其他海域,直接向环境排放应税污染物的企业、事业单位和其他生产经营者为纳税人征收的一种税
特点	"费改税",实现税负平移
	需要多部门配合,实现制度转换
	税款用于治理环境和生态文明建设

2)纳税人与征税范围

纳税人	在中华人民共和国领域和中华人民共和国管辖的其他海域,直接向环境排放应税污染物的企业事业单位和其他生产经营者为环境保护税的纳税人
计税依据	应税污染物的计税依据,按照下列方法确定:(1)应税大气污染物按照污染物排放量折合的污染当量数确定;(2)应税水污染物按照污染物排放量折合的污染当量数确定;(3)应税固体废物按照固体废物的排放量确定;(4)应税噪声按照超过国家规定标准的分贝数确定
应纳税额	环境保护税应纳税额按照下列方法计算:(1)应税大气污染物的应纳税额为污染当量数乘以具体适用税额;(2)应税水污染物的应纳税额为污染当量数乘以具体适用税额;(3)应税固体废物的应纳税额为固体废物排放量乘以具体适用税额;(4)应税噪声的应纳税额为超过国家规定标准的分贝数对应的具体适用税额
税收减免	下列情形,暂予免征环境保护税:(1)农业生产(不包括规模化养殖)排放应税污染物的;(2)机动车、铁路机车、非道路移动机械、船舶和航空器等流动污染源排放应税污染物的;(3)依法设立的城乡污水集中处理、生活垃圾集中处理场所排放相应应税污染物,不超过国家和地方规定的排放标准的;(4)纳税人综合利用的固体废物,符合国家和地方环境保护标准的;(5)国务院批准免税的其他情形

一　单项选择题

1. 下列关于增值税应纳税额计算的说法,正确的是(　　　)。

　　A. 纳税人兼营不同税率的项目,应当分别核算不同税率项目的销售额;未分别核算销售额的,从低适用税率

　　B. 小规模纳税人发生应税销售行为,实行按照销售额和征收率计算应纳税额的简易办法,可以抵扣进项税额

　　C. 纳税人销售货物、劳务、服务、无形资产、不动产,应纳税额为当期销项税额抵扣当期进项税额后的余额

　　D. 当期销项税额小于当期进项税额不足抵扣时,其不足部分不得结转下期继续抵扣

2. 根据财政部、税务总局《关于建筑服务等营改增试点政策的通知》（财税〔2017〕58号），下列关于建筑施工企业缴纳增值税的说法，正确的是（　　）。

  A. 建筑工程总承包单位为房屋建筑的地基与基础、主体结构提供工程服务，建设单位自行采购全部或部分钢材、混凝土、砌体材料、预制构件的，不得适用简易计税方法计税

  B. 按照现行规定无需在建筑服务发生地预缴增值税的项目，纳税人收到预收款时在机构所在地预缴增值税

  C. 适用一般计税方法计税的项目预征率为3%

  D. 适用简易计税方法计税的项目预征率为2%

3. 下列进项税额中，不得从销项税额中抵扣的是（　　）。

  A. 非正常损失的在产品、产成品所耗用的购进交通运输服务

  B. 自境外单位购进无形资产，从税务机关或者扣缴义务人取得的代扣代缴税款的完税凭证上注明的增值税额

  C. 从海关取得的海关进口增值税专用缴款书上注明的增值税额

  D. 从销售方取得的增值税专用发票上注明的增值税额

4. 境内单位和个人跨境销售国务院规定范围内的服务、无形资产，税率是（　　）。

  A. 0   B. 17%

  C. 11%   D. 6%

5. 增值税纳税人从事下列应税销售行为中，适用11%税率的是（　　）。

  A. 境内单位跨境销售国务院规定范围内的服务、无形资产

  B. 销售不动产

  C. 纳税人出口货物

  D. 销售货物

6. 下列有关环境保护税的纳税人的说法，正确的是（　　）。

  A. 在中华人民共和国领域，直接向环境排放应税污染物的企业环境保护税的纳税人

  B. 在中华人民共和国管辖的其他海域，直接向环境排放应税污染物的事业单位不是环境保护税的纳税人

  C. 企业向依法设立的污水集中处理、生活垃圾集中处理场所排放应税污染物，仍需缴纳环境保护税

  D. 依法设立的城乡污水集中处理、生活垃圾集中处理场所超过国家和地方规定的排放标准向环境排放应税污染物的，无需缴纳环境保护税

7. 下列有关环境保护税应税污染物计税依据的确定方法，正确的是（　　）。

  A. 应税大气污染物按照大气污染物的排放量确定

  B. 应税水污染物按照水污染物的排放量确定

  C. 应税固体废物按照污染物排放量折合的污染当量数确定

  D. 应税噪声按照超过国家规定标准的分贝数确定

8. 关于环境保护税应纳税额的确定方法，正确的是（　　）。

  A. 应税大气污染物的应纳税额为污染排放量乘以具体适用税额

B．应税水污染物的应纳税额为污染排放量乘以具体适用税额

C．应税固体废物的应纳税额为固体废物当量数乘以具体适用税额

D．应税噪声的应纳税额为超过国家规定标准的分贝数对应的具体适用税额

9．根据《环境保护税法》，下列情形中，减征环境保护税的是（　　）。

A．纳税人排放应税大气污染物或者水污染物的浓度值低于国家和地方规定的污染物排放标准30%的

B．机动车、铁路机车、非道路移动机械、船舶和航空器等流动污染源排放应税污染物的

C．依法设立的城乡污水集中处理、生活垃圾集中处理场所排放相应应税污染物，不超过国家和地方规定的排放标准的

D．纳税人综合利用的固体废物，符合国家和地方环境保护标准的

10．纳税人排放应税大气污染物或者水污染物的浓度值低于国家和地方规定的污染物排放标准30%的，减按（　　）征收环境保护税。

A．45%　　　　　　　　　　B．55%

C．65%　　　　　　　　　　D．75%

11．根据财政部　税务总局《关于建筑服务等营改增试点政策的通知》（财税〔2017〕58号），纳税人提供建筑服务取得预收款，应当在收到预收款时，以取得的预收款扣除支付的分包款后的余额，按规定的预征率预缴增值税。适用一般计税方法的项目预征率为（　　）。

A．1%　　　　　　　　　　　B．2%

C．3%　　　　　　　　　　　D．5%

12．纳税人销售建筑、不动产租赁服务，销售不动产，转让土地使用权的增值税税率为（　　）。

A．13%　　　　　　　　　　B．11%

C．9%　　　　　　　　　　　D．6%

13．小规模纳税人增值税征收率为（　　）。

A．3%　　　　　　　　　　　B．11%

C．9%　　　　　　　　　　　D．6%

14．下列项目免征增值税的是（　　）。

A．农业生产者销售的自产农产品

B．提供加工和修理修配服务

C．销售服务

D．销售无形资产

二　多项选择题

1．下列中华人民共和国境内的主体中，属于增值税的纳税人的有（　　）。

A．销售货物的单位　　　　　B．销售服务的单位

C．销售无形资产的个人　　　D．进口货物的个人

E．从事房屋租赁业务的个人

2．下列有关增值税纳税人的说法，正确的有（　　　）。

A．在中华人民共和国境内销售无形资产的单位为增值税的纳税人

B．纳税人分为一般纳税人和小规模纳税人

C．小规模纳税人应当向主管税务机关办理登记

D．小规模纳税人会计核算健全，能够提供准确税务资料的，可以向主管税务机关办理登记，不作为小规模纳税人计算应纳税额

E．在中华人民共和国境内销售不动产的个人，无需缴纳增值税

3．下列有关增值税应纳税额计算的说法，正确的有（　　　）。

A．纳税人进口货物，按照组成计税价格和《增值税暂行条例》规定的税率计算应纳税额

B．纳税人发生应税销售行为，按照销售额和《增值税暂行条例》规定的税率计算收取的增值税额，为销项税额

C．纳税人发生应税销售行为的价格明显偏低并无正当理由的，由主管税务机关核定其销售额

D．纳税人购进货物、劳务、服务、无形资产、不动产支付或者负担的增值税额，为进项税额

E．纳税人发生应税销售行为，应当向索取增值税专用发票的购买方开具增值税专用发票，应税销售行为的购买方为消费者个人的，也必须开具增值税专用发票

4．下列进项税额中，准予从销项税额中抵扣的有（　　　）。

A．从销售方取得的增值税专用发票上注明的增值税额

B．从海关取得的海关进口增值税专用缴款书上注明的增值税额

C．自境外单位或者个人购进劳务、服务、无形资产或者境内的不动产，从税务机关或者扣缴义务人取得的代扣代缴税款的完税凭证上注明的增值税额

D．非正常损失的在产品、产成品所耗用的购进货物

E．非正常损失的购进货物，以及相关的劳务和交通运输服务

5．下列有关增值税税率的说法，正确的有（　　　）。

A．纳税人销售交通运输、邮政、基础电信，税率为13%

B．纳税人销售建筑，转让土地使用权，税率为19%

C．纳税人进口饲料、农机，税率为6%

D．纳税人出口货物，税率为零；但是，国务院另有规定的除外

E．境内单位和个人跨境销售国务院规定范围内的服务、无形资产，税率为0

6．下列企业事业单位中，应当缴纳环境保护税的有（　　　）。

A．依法设立的城乡污水集中处理、生活垃圾集中处理场所超过国家和地方规定的排放标准向环境排放应税污染物的

B．贮存或者处置固体废物不符合国家和地方环境保护标准的

C．在中华人民共和国管辖的其他海域，直接向环境排放应税污染物的

D．向依法设立的污水集中处理、生活垃圾集中处理场所排放应税污染物的

E．在符合国家和地方环境保护标准的设施、场所贮存或者处置固体废物的

7．根据《环境保护税法》，下列情形中，暂予免征环境保护税的有（　　）。

A．农业生产（不包括规模化养殖）排放应税污染物的

B．机动车排放应税污染物的

C．依法设立的城乡污水集中处理、生活垃圾集中处理场所排放相应应税污染物，不超过国家和地方规定的排放标准的

D．纳税人综合利用的固体废物，符合国家和地方环境保护标准的

E．纳税人排放应税大气污染物或者水污染物的浓度值低于国家和地方规定的污染物排放标准50%的

8．下列有关增值税应纳税额计算的说法，正确的有（　　）。

A．纳税人兼营不同税率的项目，未分别核算销售额的，从低适用税率

B．当期销项税额小于当期进项税额不足抵扣时，其不足部分可以结转下期继续抵扣

C．当期销项税额抵扣当期进项税额后的余额是应纳税额

D．应税销售行为适用于免税规定的，不得开具增值税专用发票

E．应税销售行为的购买方为消费者个人的，可以开具增值税专用发票

9．增值税的特点有（　　）。

A．增值税只对商品在生产流通过程中的价值增值额征收

B．实行价内税制度

C．增值税是以不含税的销售额为计税依据

D．增值税的征税范围具有普遍性

E．增值税计税时，有利于税负转嫁

【答案与解析】

一、单项选择题

*1．C；　　*2．B；　　3．A；　　4．A；　　5．B；　　6．A；　　7．D；　　8．D；
9．A；　　10．D；　11．B；　12．C；　13．A；　　*14．A

【解析】

1．【答案】C

纳税人兼营不同税率的项目，应当分别核算不同税率项目的销售额；未分别核算销售额的，从高适用税率，故A选项错误。纳税人销售货物、劳务、服务、无形资产、不动产，应纳税额为当期销项税额抵扣当期进项税额后的余额，故C选项正确。当期销项税额小于当期进项税额不足抵扣时，其不足部分可以结转下期继续抵扣，故D选项错误。小规模纳税人发生应税销售行为，实行按照销售额和征收率计算应纳税额的简易办法，并不得抵扣进项税额，故B选项错误。

2．【答案】B

建筑工程总承包单位为房屋建筑的地基与基础、主体结构提供工程服务，建设单位自行采购全部或部分钢材、混凝土、砌体材料、预制构件的，适用简易计税方法计

税，故 A 选项错误。按照现行规定应在建筑服务发生地预缴增值税的项目，纳税人收到预收款时在建筑服务发生地预缴增值税，按照现行规定无需在建筑服务发生地预缴增值税的项目，纳税人收到预收款时在机构所在地预缴增值税，故 B 选项正确。适用一般计税方法计税的项目预征率为 2%，故 C 选项错误。适用简易计税方法计税的项目预征率为 3%，故 D 选项错误。

14.【答案】A

下列项目免征增值税：（1）农业生产者销售的自产农产品；（2）避孕药品和用具；（3）古旧图书；（4）直接用于科学研究、科学试验和教学的进口仪器、设备；（5）外国政府、国际组织无偿援助的进口物资和设备；（6）由残疾人的组织直接进口供残疾人专用的物品；（7）销售的自己使用过的物品。除上述规定外，增值税的免税、减税项目由国务院规定。

二、多项选择题

1. A、B、C、D;　　*2. A、B、D;　　*3. A、B、C、D;　　4. A、B、C;
5. B、D、E;　　　6. A、B、C;　　　7. A、B、C、D;　　*8. B、C、D;
*9. A、C、D、E

【解析】

2.【答案】A、B、D

在中华人民共和国境内销售货物或者加工、修理修配劳务，销售服务、无形资产、不动产以及进口货物的单位和个人，为增值税的纳税人。纳税人分为一般纳税人和小规模纳税人。小规模纳税人以外的纳税人应当向主管税务机关办理登记。小规模纳税人会计核算健全，能够提供准确税务资料的，可以向主管税务机关办理登记，不作为小规模纳税人计算应纳税额。

3.【答案】A、B、C、D

纳税人进口货物，按照组成计税价格和《增值税暂行条例》规定的税率计算应纳税额。

纳税人发生应税销售行为，按照销售额和《增值税暂行条例》规定的税率计算收取的增值税额，为销项税额。纳税人发生应税销售行为的价格明显偏低并无正当理由的，由主管税务机关核定其销售额。纳税人购进货物、劳务、服务、无形资产、不动产支付或者负担的增值税额，为进项税额。纳税人发生应税销售行为，应当向索取增值税专用发票的购买方开具增值税专用发票，并在增值税专用发票上分别注明销售额和销项税额。属于下列情形之一的，不得开具增值税专用发票：（1）应税销售行为的购买方为消费者个人的；（2）发生应税销售行为适用免税规定的。

8.【答案】B、C、D

纳税人兼营不同税率的项目，应当分别核算不同税率项目的销售额；未分别核算销售额的，从高适用税率，选项 A 错误。纳税人销售货物、劳务、服务、无形资产、不动产，应纳税额为当期销项税额抵扣当期进项税额后的余额。当期销项税额小于当期进项税额不足抵扣时，其不足部分可以结转下期继续抵扣。选项 B 和选项 C 正确。纳税人发生应税销售行为，应当向索取增值税专用发票的购买方开具增值税专用发票，并在增值税专用发票上分别注明销售额和销项税额。属于下列情形之一的，不得开具增值税专用发票：（1）应税销售行为的购买方为消费者个人的；（2）发生应税销售行为适用免税规定的。因此选项 D 正确，选项 E 错误。

9.【答案】A、C、D、E

增值税具有以下特点：（1）增值税只对商品在生产流通过程中的价值增值额征收，不会重复计税，这是增值税最本质的特征，也是增值税区别于其他间接税的显著特点。（2）实行价外税制度。增值税是以不含税的销售额为计税依据的，增值税专用发票的开具都会分别注明商品的价格和增值税税额部分。在计税时，作为计税依据的销售额中不包含增值税税额，这样有利于形成均衡的生产价格，并有利于税负转嫁。（3）从增值税的征税范围看，对从事应税交易的所有单位和个人，在货物、服务、无形资产、不动产和金融商品增值的各个生产流通环节向纳税人普遍征收，具有普遍性。

1.6　建设工程行政法律制度

复习要点

1．行政法的特征和基本原则
1）行政法的基本原则

依法行政原则	职权法定，是指国家行政机关以及其他组织的行政职权必须由法律予以规定或授予
	法律优先，是指行政机关在实施行政行为的过程中，坚持以宪法和法律为最高的行为准则，一切行政决定都要服从宪法和法律
	法律保留，是指行政机关的行为必须有明确的法律授权，法律无明文授权即无行政
行政合理性原则	比例原则，是指行政机关实施行政行为应兼顾行政目标的实现和适当性手段的选择，保障公共利益和相对人权益的均衡
	平等对待的具体要求：一是行政主体在行政权的行使过程中，行政主体应平等地、无偏私地行使行政权，平等地对待一切当事人。二是国家应平等对待行政主体与行政相对人
程序正当原则	行政公开的要求：行政立法和行政政策公开、行政执法行为公开、行政裁决和行政复议行为公开、行政信息公开以及行政诉讼及裁判结果公开
	程序公正在于规范行政主体适用法律作出对利害关系人合法权益至关重要的行政决定的行为
	公众参与，是指作为行政相对人的公民、法人或其他组织有权参与行政过程，有权对行政主体即将作出的行为表达意见，而且该等意见应当获得行政主体的尊重
诚信原则	诚实守信
	信赖保护是指人民基于对国家公权力行使结果的合理信赖而有所规划或举措，由此而产生的信赖利益应受保护
高效便民原则	高效便民原则，是指行政机关应依法高效率、高效益地行使职权，最大程度地方便人民群众，从而更好地服务于人民和实现行政管理的目标
监督与救济原则	监督与救济原则，即监督行政的原则，是指有权国家机关、公民、法人或者其他组织对行政机关或其他组织的行政活动有权进行监督与问责，以及处于行政相对人地位的公民、法人或其他组织的救济权利，主要包括申请行政复议权、提起行政诉讼权、要求赔偿权或补偿权以及救济过程中的相应权利等

2．行政许可、行政处罚和行政强制

1）行政许可

概念	行政许可，是指行政机关根据公民、法人或者其他组织的申请，经依法审查，准予其从事特定活动的行为
行政许可的设定	下列事项可以设定行政许可：（1）直接涉及国家安全、公共安全、经济宏观调控、生态环境保护以及直接关系人身健康、生命财产安全等特定活动，需要按照法定条件予以批准的事项；（2）有限自然资源开发利用、公共资源配置以及直接关系公共利益的特定行业的市场准入等，需要赋予特定权利的事项；（3）提供公众服务并且直接关系公共利益的职业、行业，需要确定具备特殊信誉、特殊条件或者特殊技能等资格、资质的事项；（4）直接关系公共安全、人身健康、生命财产安全的重要设备、设施、产品、物品，需要按照技术标准、技术规范，通过检验、检测、检疫等方式进行审定的事项；（5）企业或者其他组织的设立等，需要确定主体资格的事项；（6）法律、行政法规规定可以设定行政许可的其他事项
	以上所列事项，通过下列方式能够予以规范的，可以不设行政许可：（1）公民、法人或者其他组织能够自主决定的；（2）市场竞争机制能够有效调节的；（3）行业组织或者中介机构能够自律管理的；（4）行政机关采用事后监督等其他行政管理方式能够解决的
行政许可的设定权限	法律可以设定行政许可。尚未制定法律的，行政法规可以设定行政许可。必要时，国务院可以采用发布决定的方式设定行政许可。 尚未制定法律、行政法规的，地方性法规可以设定行政许可；尚未制定法律、行政法规和地方性法规的，因行政管理的需要，确需立即实施行政许可的，省、自治区、直辖市人民政府规章可以设定临时性的行政许可。 地方性法规和省、自治区、直辖市人民政府规章，不得设定应当由国家统一确定的公民、法人或者其他组织的资格、资质的行政许可；不得设定企业或者其他组织的设立登记及其前置性行政许可

2）行政处罚

概念	行政处罚是指行政机关依法对违反行政管理秩序的公民、法人或者其他组织，以减损权益或者增加义务的方式予以惩戒的行为
行政处罚的种类	（1）警告、通报批评；（2）罚款、没收违法所得、没收非法财物；（3）暂扣许可证件、降低资质等级、吊销许可证件；（4）限制开展生产经营活动、责令停产停业、责令关闭、限制从业；（5）行政拘留；（6）法律、行政法规规定的其他行政处罚
行政处罚的设定	法律可以设定各种行政处罚。限制人身自由的行政处罚，只能由法律设定。行政法规可以设定除限制人身自由以外的行政处罚。地方性法规可以设定除限制人身自由、吊销营业执照以外的行政处罚。 国务院部门规章可以在法律、行政法规规定的给予行政处罚的行为、种类和幅度的范围内作出具体规定。尚未制定法律、行政法规的，国务院部门规章对违反行政管理秩序的行为，可以设定警告、通报批评或者一定数额罚款的行政处罚。罚款的限额由国务院规定。地方政府规章可以在法律、法规规定的给予行政处罚的行为、种类和幅度的范围内作出具体规定
行政处罚的管辖	行政处罚由违法行为发生地的行政机关管辖。法律、行政法规、部门规章另有规定的，从其规定。行政处罚由县级以上地方人民政府具有行政处罚权的行政机关管辖
行政处罚的适用	行政机关实施行政处罚时，应当责令当事人改正或者限期改正违法行为。当事人有违法所得，除依法应当退赔的外，应当予以没收。对当事人的同一个违法行为，不得给予两次以上罚款的行政处罚。同一个违法行为违反多个法律规范应当给予罚款处罚的，按照罚款数额高的规定处罚。不满14周岁的未成年人有违法行为的，不予行政处罚，责令监护人加以管教

续表

行政处罚的决定	简易程序。违法事实确凿并有法定依据，对公民处以 200 元以下、对法人或者其他组织处以 3000 元以下罚款或者警告的行政处罚的，可以当场作出行政处罚决定。法律另有规定的，从其规定
	普通程序。除可以当场作出的行政处罚外，行政机关发现公民、法人或者其他组织有依法应当给予行政处罚的行为的，必须全面、客观、公正地调查，收集有关证据；必要时，依照法律、法规的规定，可以进行检查。符合立案标准的，行政机关应当及时立案。调查终结，行政机关负责人应当对调查结果进行审查，根据不同情况，分别作出如下决定：(1) 确有应受行政处罚的违法行为的，根据情节轻重及具体情况，作出行政处罚决定；(2) 违法行为轻微，依法可以不予行政处罚的，不予行政处罚；(3) 违法事实不能成立的，不予行政处罚；(4) 违法行为涉嫌犯罪的，移送司法机关。对情节复杂或者重大违法行为给予行政处罚，行政机关负责人应当集体讨论决定。行政机关依照规定给予行政处罚，应当制作行政处罚决定书。行政机关应当自行政处罚案件立案之日起 90 日内作出行政处罚决定。法律、法规、规章另有规定的，从其规定
	听证程序。行政机关拟作出下列行政处罚决定，应当告知当事人有要求听证的权利，当事人要求听证的，行政机关应当组织听证：(1) 较大数额罚款；(2) 没收较大数额违法所得、没收较大价值非法财物；(3) 降低资质等级、吊销许可证件；(4) 责令停产停业、责令关闭、限制从业；(5) 其他较重的行政处罚；(6) 法律、法规、规章规定的其他情形
行政处罚的执行	行政处罚决定依法作出后，当事人应当在行政处罚决定书载明的期限内，予以履行。作出罚款决定的行政机关应当与收缴罚款的机构分离

3）行政强制

概念	行政强制，包括行政强制措施和行政强制执行。行政强制措施，是指行政机关在行政管理过程中，为制止违法行为、防止证据损毁、避免危害发生、控制危险扩大等情形，依法对公民的人身自由实施暂时性限制，或者对公民、法人或者其他组织的财物实施暂时性控制的行为。行政强制执行，是指行政机关或者行政机关申请人民法院，对不履行行政决定的公民、法人或者其他组织，依法强制履行义务的行为
行政强制措施的种类	(1) 限制公民人身自由；(2) 查封场所、设施或者财物；(3) 扣押财物；(4) 冻结存款、汇款；(5) 其他行政强制措施
行政强制执行的方式	(1) 加处罚款或者滞纳金；(2) 划拨存款、汇款；(3) 拍卖或者依法处理查封、扣押的场所、设施或者财物；(4) 排除妨碍、恢复原状；(5) 代履行；(6) 其他强制执行方式
行政机关强制执行程序	行政机关依法作出行政决定后，当事人在行政机关决定的期限内不履行义务的，具有行政强制执行权的行政机关依照规定强制执行。行政机关作出强制执行决定前，应当事先催告当事人履行义务。经催告，当事人逾期仍不履行行政决定，且无正当理由的，行政机关可以作出强制执行决定
	有下列情形之一的，中止执行：(1) 当事人履行行政决定确有困难或者暂无履行能力的；(2) 第三人对执行标的主张权利，确有理由的；(3) 执行可能造成难以弥补的损失，且中止执行不损害公共利益的；(4) 行政机关认为需要中止执行的其他情形。中止执行的情形消失后，行政机关应当恢复执行。对没有明显社会危害，当事人确无能力履行，中止执行满三年未恢复执行的，行政机关不再执行
	有下列情形之一的，终结执行：(1) 公民死亡，无遗产可供执行，又无义务承受人的；(2) 法人或者其他组织终止，无财产可供执行，又无义务承受人的；(3) 执行标的灭失的；(4) 据以执行的行政决定被撤销的；(5) 行政机关认为需要终结执行的其他情形

一 单项选择题

1. 下列有关行政强制的说法，正确的是（　　　）。
    A. 法律、法规以外的其他规范性文件不得设定行政强制措施
    B. 尚未制定法律、行政法规，且属于地方性事务的，地方性法规可以设定冻结存款、汇款的行政强制措施
    C. 查封场所、设施或者财物属于行政强制执行
    D. 排除妨碍、恢复原状属于行政强制措施

2. 下列有关行政强制的说法，正确的是（　　　）。
    A. 行政法规不得设定行政强制措施
    B. 地方性法规可以设定冻结存款的行政强制措施
    C. 查封场所属于行政强制措施
    D. 加处罚款属于行政强制措施

3. 下列有关行政机关实施行政强制执行的说法，正确的是（　　　）。
    A. 执行标的灭失的，中止执行
    B. 执行可能造成难以弥补损失的，终结执行
    C. 一律不得在夜间或者法定节假日实施行政强制执行
    D. 执行完毕后，据以执行的行政决定被撤销的，应当恢复原状或者退还财物

4. 根据《行政强制法》，法律没有规定行政机关强制执行的，作出行政决定的行政机关应当申请强制执行的机关是（　　　）。
    A. 人民政府   B. 人民法院
    C. 公安机关   D. 监察机关

5. 下列有关行政许可设定权限的说法，正确的是（　　　）。
    A. 尚未制定法律的，行政法规可以设定行政许可
    B. 国务院不得采用发布决定的方式设定行政许可
    C. 尚未制定法律、行政法规的，地方性法规不得设定行政许可
    D. 省、自治区、直辖市人民政府规章，可以设定企业设立登记的前置性行政许可

6. 下列有关具有行政强制执行权的行政机关实施行政强制执行的说法，正确的是（　　　）。
    A. 执行标的灭失的中止执行
    B. 执行可能造成难以弥补损失的终结执行
    C. 行政机关一律不得在夜间或者法定节假日实施行政强制执行
    D. 执行完毕后，据以执行的行政决定被撤销的，应当恢复原状或者退还财物

7. 下列承担法律责任的方式中，属于行政处罚的是（　　　）。
    A. 消除危险   B. 没收违法所得
    C. 返还财产   D. 罚金

8. 下列事项中，可以不设行政许可的是（　　　）。

A. 行业组织或者中介机构能够自律管理的

B. 企业或者其他组织的设立等，需要确定主体资格的

C. 直接涉及生态环境保护活动，需要按照法定条件予以批准的

D. 有限自然资源开发利用，需要赋予特定权利的事项

9. 除可以当场作出行政许可决定的外，行政机关应当自受理行政许可申请之日起（　　）内作出行政许可决定。

A. 5 日　　　　　　　　　　　B. 10 日

C. 15 日　　　　　　　　　　 D. 20 日

10. 限制人身自由的行政处罚，只能由（　　）法律设定。

A. 法律　　　　　　　　　　　B. 行政法规

C. 地方性法规　　　　　　　　D. 法律和行政法规

11. 尚未制定法律、行政法规的，国务院部门规章对违反行政管理秩序的行为，可以设定的行政处罚是（　　）。

A. 拘留

B. 劳动教养

C. 警告或者一定数量罚款的行政处罚

D. 没收非法所得

12. 当场作出行政处罚决定的是（　　）。

A. 拘留

B. 罚款

C. 当事人承认有违法行为的

D. 违法事实确凿并有法定依据，对公民处以 200 元以下罚款的行政处罚

13. 限制人身自由的行政处罚权只能由（　　）行使。

A. 人民法院　　　　　　　　　B. 公安机关

C. 国务院　　　　　　　　　　D. 人大常委会

14. 下列有关行政处罚中"一事不再罚原则"的说法，正确的是（　　）。

A. 一个违法行为不能进行多种行政处罚

B. 两个行政机关分别依据不同的法律规范给予当事人两个罚款的处罚

C. 对一个违法行为已由一个行政机关依法进行了罚款，其他行政机关不能再对其进行罚款

D. 一个违法行为，多个处罚主体不能根据不同的法律规范作出不同种类的处罚

15. 某市欲制定一项地方性法规，对某项行为进行行政处罚。根据有关法律规定，该法规不得创设的行政处罚措施是（　　）。

A. 罚款　　　　　　　　　　　B. 没收违法所得

C. 责令停产、停业　　　　　　D. 吊销企业营业执照

16. 地方政府规章可以设定的行政处罚是（　　）。

A. 限制人身自由的人身罚　　　B. 暂扣或者吊销许可证

C. 警告　　　　　　　　　　　D. 没收违法所得

17. 下列各项措施中，属于行政处罚的是（　　）。

A．撤职 　　　　　　　　　　B．扣押

C．责令停产停业 　　　　　　D．开除

二　多项选择题

1．下列事项中，可以设定行政许可的有（　　　　）。

  A．有限自然资源开发利用，需要赋予特定权利的

  B．企业或者其他组织的设立，需要确定主体资格的

  C．市场竞争机制能够有效调节的

  D．行业组织能够自律管理的

  E．行政机关采用事后监督等其他行政管理方式能够解决的

2．下列有关行政许可设定权限的说法，正确的有（　　　　）。

  A．地方性法规一般情况不得设定行政许可

  B．省、自治区、直辖市人民政府规章不得设定行政许可

  C．国务院可以采用发布决定的方式设定行政许可

  D．部门规章可以设定临时性行政许可

  E．地方性法规不得设定企业或者其他组织的设立登记及其前置性行政许可

3．下列有关行政强制的说法，正确的有（　　　　）。

  A．行政强制包括行政强制措施和行政强制执行

  B．排除妨碍、恢复原状属于行政强制措施

  C．尚未制定法律，且属于国务院行政管理职权事项的，行政法规可以设定限制公民人身自由的行政强制措施

  D．尚未制定法律、行政法规，且属于地方性事务的，地方性法规可以设定冻结存款、汇款的行政强制措施

  E．法律、法规以外的其他规范性文件不得设定行政强制措施

4．下列属于行政处罚的是（　　　　）。

  A．警告 　　　　　　　　　B．罚金

  C．排除妨碍 　　　　　　　D．行政拘留

  E．没收财产

5．依法行政原则是行政法的首要原则，其基本内涵有（　　　　）。

  A．职权法定 　　　　　　　B．法律优先

  C．法律保留 　　　　　　　D．公众参与

  E．平等对待

6．行政法的程序正当原则有（　　　　）。

  A．比例原则 　　　　　　　B．行政公开

  C．程序公正 　　　　　　　D．公众参与

  E．平等对待

7．下列有关行政处罚设定的说法，正确的是（　　　　）。

  A．法律可以设定各种行政处罚

B．限制人身自由的行政处罚，只能由法律设定

C．行政法规可以设定除限制人身自由以外的行政处罚

D．法律对违法行为未作出行政处罚规定，行政法规为实施法律，可以补充设定行政处罚

E．地方性法规可以设定吊销营业执照的行政处罚

【答案与解析】

一、单项选择题

1．A；　2．C；　3．D；　*4．B；　5．A；　6．D；　7．B；　*8．A；
9．D；　10．A；　11．C；　12．D；　13．B；　14．C；　15．D；　16．C；
17．C

【解析】

4．【答案】B

《行政强制法》规定，行政强制执行由法律设定。法律没有规定行政机关强制执行的，作出行政决定的行政机关应当申请人民法院强制执行。

8．【答案】A

《行政许可法》规定，下列事项可以设定行政许可：（1）直接涉及国家安全、公共安全、经济宏观调控、生态环境保护以及直接关系人身健康、生命财产安全等特定活动，需要按照法定条件予以批准的事项；（2）有限自然资源开发利用、公共资源配置以及直接关系公共利益的特定行业的市场准入等，需要赋予特定权利的事项；（3）提供公众服务并且直接关系公共利益的职业、行业，需要确定具备特殊信誉、特殊条件或者特殊技能等资格、资质的事项；（4）直接关系公共安全、人身健康、生命财产安全的重要设备、设施、产品、物品，需要按照技术标准、技术规范，通过检验、检测、检疫等方式进行审定的事项；（5）企业或者其他组织的设立等，需要确定主体资格的事项；（6）法律、行政法规规定可以设定行政许可的其他事项。以上所列事项，通过下列方式能够予以规范的，可以不设行政许可：（1）公民、法人或者其他组织能够自主决定的；（2）市场竞争机制能够有效调节的；（3）行业组织或者中介机构能够自律管理的；（4）行政机关采用事后监督等其他行政管理方式能够解决的。

二、多项选择题

1．A、B；　*2．A、C、E；　3．A、C、E；　4．A、D；
5．A、B、C；　6．B、C、D；　*7．A、B、C、D

【解析】

2．【答案】A、C、E

尚未制定法律、行政法规和地方性法规的，因行政管理的需要，确需立即实施行政许可的，省、自治区、直辖市人民政府规章可以设定临时性的行政许可。B、D选项错误。

7．【答案】A、B、C、D

法律可以设定各种行政处罚。限制人身自由的行政处罚，只能由法律设定。行政

法规可以设定除限制人身自由以外的行政处罚。法律对违法行为已经作出行政处罚规定，行政法规需要作出具体规定的，必须在法律规定的给予行政处罚的行为、种类和幅度的范围内规定。法律对违法行为未作出行政处罚规定，行政法规为实施法律，可以补充设定行政处罚。地方性法规可以设定除限制人身自由、吊销营业执照以外的行政处罚。法律、行政法规对违法行为已经作出行政处罚规定，地方性法规需要作出具体规定的，必须在法律、行政法规规定的给予行政处罚的行为、种类和幅度的范围内规定。法律、行政法规对违法行为未作出行政处罚规定，地方性法规为实施法律、行政法规，可以补充设定行政处罚。

1.7 建设工程刑事法律制度

复习要点

1. 刑法的特征和基本原则

刑法的基本原则是指贯穿全部刑法规范，具有指导和制约全部刑事立法和刑事司法的意义，并体现我国刑事法治基本精神的准则。

罪刑法定原则	法无明文规定不为罪，法无明文规定不处罚
适用刑法人人平等原则	对任何人犯罪，不论犯罪人的民族身份家庭出身、社会地位、职业性质、财产状况、政治面貌、才能业绩如何，都应究刑事责任，一律平等地适用刑法，依法定罪、量刑和行刑，不允许任何人有超越法律的特权
罪责相适应原则	为确定刑罚的轻重，应当结合犯罪行为的社会危害性和犯罪人的主观恶性及人身危险性来进行综合评价，以此确定行为人应当承担的刑事责任，并适用相应轻重的刑罚

2. 犯罪概念、犯罪构成、刑罚种类和刑罚裁量
1）犯罪概念和刑罚种类

犯罪概念	严重危害我国社会，触犯刑法并应受刑罚处罚的行为
刑罚种类	刑罚分为主刑和附加刑。主刑的种类如下：（1）管制；（2）拘役；（3）有期徒刑；（4）无期徒刑；（5）死刑。附加刑的种类如下：（1）罚金；（2）剥夺政治权利；（3）没收财产。附加刑也可以独立适用。对于犯罪的外国人，可以独立适用或者附加适用驱逐出境

2）刑罚裁量

刑罚裁量，是指人民法院在依法认定行为人的行为构成犯罪的基础上，依据行为人的犯罪事实、各种量刑情节与规则，依法决定对行为人是否判处刑罚、判处什么刑罚以及如何执行刑罚的刑事审判活动。

累犯	被判处有期徒刑以上刑罚的犯罪分子，刑罚执行完毕或者赦免以后，在5年以内再犯应当判处有期徒刑以上刑罚之罪的，是累犯，应当从重处罚，但是过失犯罪和不满18周岁的人犯罪的除外。危害国家安全犯罪、恐怖活动犯罪、黑社会性质的组织犯罪的犯罪分子，在刑罚执行完毕或者赦免以后，在任何时候再犯上述任一类罪的，都以累犯论处

自首和立功	犯罪以后自动投案，如实供述自己的罪行的，是自首。对于自首的犯罪分子，可以从轻或者减轻处罚。其中，犯罪较轻的，可以免除处罚。被采取强制措施的犯罪嫌疑人、被告人和正在服刑的罪犯，如实供述司法机关还未掌握的本人其他罪行的，以自首论。犯罪嫌疑人虽不具有上述规定的自首情节，但是如实供述自己罪行的，可以从轻处罚；因其如实供述自己罪行，避免特别严重后果发生的，可以减轻处罚。 犯罪分子有揭发他人犯罪行为，查证属实的，或者提供重要线索，从而得以侦破其他案件等立功表现的，可以从轻或减轻处罚；有重大立功表现的，可以减轻或者免除处罚
数罪并罚	判决宣告以前一人犯数罪的，除判处死刑和无期徒刑的以外，应当在总和刑期以下、数刑中最高刑期以上，酌情决定执行的刑期，但是管制最高不能超过3年，拘役最高不能超过1年，有期徒刑总和刑期不满35年的，最高不能超过20年，总和刑期在35年以上的，最高不能超过25年。数罪中有判处有期徒刑和拘役的，执行有期徒刑。数罪中有判处有期徒刑和管制，或者拘役和管制的，有期徒刑、拘役执行完毕后，管制仍须执行。数罪中有判处附加刑的，附加刑仍须执行，其中附加刑种类相同的，合并执行，种类不同的，分别执行
缓刑	对于被判处拘役、3年以下有期徒刑的犯罪分子，同时符合下列条件的，可以宣告缓刑，对其中不满18周岁的人、怀孕的妇女和已满75周岁的人，应当宣告缓刑：(1)犯罪情节较轻；(2)有悔罪表现；(3)没有再犯罪的危险；(4)宣告缓刑对所居住社区没有重大不良影响。宣告缓刑，可以根据犯罪情况，同时禁止犯罪分子在缓刑考验期限内从事特定活动，进入特定区域、场所，接触特定的人。被宣告缓刑的犯罪分子，如果被判处附加刑，附加刑仍须执行。拘役的缓刑考验期限为原判刑期以上1年以下，但是不能少于2个月。有期徒刑的缓刑考验期限为原判刑期以上5年以下，但是不能少于1年。缓刑考验期限，从判决确定之日起计算。对于累犯和犯罪集团的首要分子，不适用缓刑
减刑	被判处管制、拘役、有期徒刑、无期徒刑的犯罪分子，在执行期间，如果认真遵守监规，接受教育改造，确有悔改表现的，或者有立功表现的，可以减刑；有下列重大立功表现之一的，应当减刑：(1)阻止他人重大犯罪活动的；(2)检举监狱内外重大犯罪活动，经查证属实的；(3)有发明创造或者重大技术革新的；(4)在日常生产、生活中舍己救人的；(5)在抗御自然灾害或者排除重大事故中，有突出表现的；(6)对国家和社会有其他重大贡献的
假释	被判处有期徒刑的犯罪分子，执行原判刑期1/2以上，被判处无期徒刑的犯罪分子，实际执行13年以上，如果认真遵守监规，接受教育改造，确有悔改表现，没有再犯罪的危险的，可以假释。如果有特殊情况，经最高人民法院核准，可以不受上述执行刑期的限制。对累犯以及因故意杀人、强奸、抢劫、绑架、放火、爆炸、投放危险物质或者有组织的暴力性犯罪被判处10年以上有期徒刑、无期徒刑的犯罪分子，不得假释。对犯罪分子决定假释时，应当考虑其假释后对所居住社区的影响。有期徒刑的假释考验期限，为没有执行完毕的刑期；无期徒刑的假释考验期限为10年。假释考验期限，从假释之日起计算

3. 建设工程常见犯罪行为及罪名

罪名，即具体犯罪的称谓，是对某种具体犯罪本质特征的简明概括。在建设工程领域，常见的犯罪行为及罪名如下：

重大责任事故罪	《刑法》第134条第1款规定，在生产、作业中违反有关安全管理的规定，因而发生重大伤亡事故或者造成其他严重后果的，处3年以下有期徒刑或者拘役；情节特别恶劣的，处3年以上7年以下有期徒刑
强令、组织他人违章冒险作业罪	《刑法》第134条第2款规定，强令他人违章冒险作业，或者明知存在重大事故隐患而不排除，仍冒险组织作业，因而发生重大伤亡事故或者造成其他严重后果的，处5年以下有期徒刑或者拘役；情节特别恶劣的，处5年以上有期徒刑。强令、组织他人违章冒险作业罪的犯罪主体，包括对生产、作业负有组织、指挥或者管理职责的负责人、管理人员、实际控制人、投资人等人员

续表

工程重大安全事故罪	《刑法》第137条规定，建设单位、设计单位、施工单位、工程监理单位违反国家规定，降低工程质量标准，造成重大安全事故的，对直接责任人员处5年以下有期徒刑或者拘役，并处罚金；后果特别严重的，处5年以上10年以下有期徒刑，并处罚金
重大劳动安全事故罪	《刑法》第135条规定，安全生产设施或者安全生产条件不符合国家规定，因而发生重大伤亡事故或者造成其他严重后果的，对直接负责的主管人员和其他直接责任人员，处3年以下有期徒刑或者拘役；情节特别恶劣的，处3年以上7年以下有期徒刑
虚开增值税专用发票、用于骗取出口退税、抵扣税款发票罪	《刑法》第205条规定，虚开增值税专用发票或者虚开用于骗取出口退税、抵扣税款的其他发票的，处3年以下有期徒刑或者拘役，并处2万元以上20万元以下罚金；虚开的税款数额较大或者有其他严重情节的，处3年以上10年以下有期徒刑，并处5万元以上50万元以下罚金；虚开的税款数额巨大或者有其他特别严重情节的，处10年以上有期徒刑或者无期徒刑，并处5万元以上50万元以下罚金或者没收财产。单位犯上述规定之罪的，对单位判处罚金，并对其直接负责的主管人员和其他直接责任人员，处3年以下有期徒刑或者拘役；虚开的税款数额较大或者有其他严重情节的，处3年以上10年以下有期徒刑；虚开的税款数额巨大或者有其他特别严重情节的，处10年以上有期徒刑或者无期徒刑
串通投标罪	《刑法》第223条规定，投标人相互串通投标报价，损害招标人或者其他投标人利益，情节严重的，处3年以下有期徒刑或者拘役，并处或者单处罚金。投标人与招标人串通投标，损害国家、集体、公民的合法利益的，依照以上规定处罚

一 单项选择题

1. 下列法律责任中，属于刑事责任的是（   ）。
   A. 罚款
   B. 没收违法所得
   C. 没收财产
   D. 拘留

2. 下列有关建设工程刑事责任的说法，正确的是（   ）。
   A. 刑事责任是法律责任中最严重的一种，不包括没收财产
   B. 造成直接经济损失50万元，应当追究刑事责任
   C. 强令他人违章冒险作业，造成重大伤亡事故的，应当承担刑事责任
   D. 投标人相互串通投标报价，损害招标人利益的，应当单处罚金

3. 在生产、作业中违反有关安全管理的规定，因而发生重大伤亡事故或者造成其他严重后果，应受刑罚处罚的，构成（   ）。
   A. 工程重大安全事故罪
   B. 重大责任事故罪
   C. 重大劳动安全事故罪
   D. 以危险方法危害公共安全罪

4. 某施工企业的安全生产设施不符合国家规定，经行政主管部门提出后，对事故隐患仍不采取措施，因而发生重大伤亡事故，该行为构成的罪名是（   ）。
   A. 危险作业罪
   B. 工程重大安全事故罪
   C. 重大责任事故罪
   D. 重大劳动安全事故罪

5. 下列有关刑事责任的说法，正确的是（   ）。
   A. 工程重大安全事故罪是单位犯罪，不会对直接责任人进行刑罚
   B. 重大劳动安全事故罪是只处罚直接负责的主管人员，不对其他责任人员进行刑罚

C. 串通投标行为属于《招标投标法》和《反不正当竞争法》中规定的经济责任，串通投标行为不构成犯罪

D. 刑事责任是法律责任中最强烈的一种，其承担方式主要是刑罚，也包括一些非刑罚的处罚方法

6. 下列有关重大责任事故罪的说法，正确的是（　　　）。

A. 建设单位、设计单位、施工单位、工程监理单位违反国家规定，降低工程质量标准，造成重大安全事故的，属于本罪

B. 所有犯此罪的，都处 3 年以下有期徒刑或者拘役

C. 强令他人违章冒险作业，因而发生重大伤亡事故或者造成其他严重后果的，属于本罪

D. 安全生产设施或者安全生产条件不符合国家规定，因而发生重大伤亡事故或者造成其他严重后果的，属于本罪

7. 下列有关刑事责任的说法，正确的是（　　　）。

A. 拘役是刑罚主刑的一种

B. 罚款是刑罚附加刑的一种

C. 主刑和附加刑可以合并适用、不得独立适用

D. 没收财产是刑罚主刑的一种

8. 根据《刑法》，下列刑事责任中，属于主刑的是（　　　）。

A. 罚金
B. 没收财产

C. 拘役
D. 驱除出境

9. 下列法律责任中，属于刑事处罚的是（　　　）。

A. 处分
B. 暂扣执照

C. 恢复原状
D. 罚金

10. 下列法律责任的承担方式中，属于刑罚中附加刑的是（　　　）。

A. 罚款
B. 拘役

C. 管制
D. 没收财产

11. 某施工企业违反有关安全管理的规定，在未满足安全开工条件的情况下进行施工，导致在建工程坍塌，致使多人重伤、死亡。该施工企业的行为已经构成（　　　）。

A. 重大劳动安全事故罪
B. 强令违章冒险作业罪

C. 重大责任事故罪
D. 工程重大安全事故罪

12. 某施工企业为降低造价，在施工中偷工减料，故意使用不合格的建筑材料、构配件和设备，降低工程质量标准，导致建筑工程坍塌，致使多人重伤、死亡。该施工企业的行为已经构成（　　　）。

A. 重大劳动安全事故罪
B. 强令违章冒险作业罪

C. 重大责任事故罪
D. 工程重大安全事故罪

13. 某建设单位在一大型商场项目的开发建设中，违反国家规定，擅自降低工程质量标准，因而造成重大安全事故。该建设单位的行为已经构成（　　　）。

A. 重大责任事故罪
B. 重大劳动安全事故罪

C. 工程重大安全事故罪
D. 危害公共安全罪

14. 在施工过程中，某施工企业的安全生产条件不符合国家规定，致使多人重伤、死亡。该施工企业的行为构成（   ）。

    A．重大责任事故罪   B．重大劳动安全事故罪

    C．强令违章冒险作业罪   D．工程重大安全事故罪

15. 甲施工企业与乙施工企业在某建设工程项目的投标过程中，相互串通投标报价，损害招标人或者其他投标人利益，情节严重。甲、乙施工企业的行为构成（   ）。

    A．重大责任事故罪   B．重大劳动安全事故罪

    C．串通投标罪   D．工程重大安全事故罪

16. 施工企业违反国家规定，降低工程质量标准，造成重大安全事故，后果特别严重的法定最高刑为（   ）。

    A．3年   B．5年

    C．7年   D．10年

17. 施工企业的安全生产设施或者安全生产条件不符合国家规定，因而发生重大伤亡事故或者造成其他严重后果，情节特别恶劣的法定最高刑为（   ）。

    A．3年   B．5年

    C．7年   D．10年

18. 两家施工企业协商后同时参加一个项目的投标，给建设单位造成重大损失，则该两家施工企业直接责任人应承担的刑事责任是（   ）。

    A．徇私舞弊罪   B．重大责任事故罪

    C．玩忽职守罪   D．串通投标罪

19. 判决宣告以前一人犯数罪的，除判处死刑和无期徒刑的以外，应当在总和刑期以下、数刑中最高刑期以上，酌情决定执行的刑期，但是拘役最高不能超过（   ）。

    A．1年   B．3年

    C．2年   D．5年

20. 下列有关假释的说法，正确的是（   ）。

    A．被判处有期徒刑的犯罪分子，执行原判刑期1/2以上，如果认真遵守监规，接受教育改造，确有悔改表现，没有再犯罪的危险的，应当假释

    B．对有组织的暴力性犯罪被判处10年以上有期徒刑、无期徒刑的犯罪分子，不得假释

    C．无期徒刑的假释考验期限为20年。假释考验期限，从假释之日起计算

    D．假释考验期限，从申请假释之日起计算

二 多项选择题

1. 刑罚中附加刑的种类有（   ）。

    A．罚款   B．剥夺政治权利

    C．管制   D．没收财产

    E．拘役

2. 下列选项中，属于行政处罚的种类的有（   ）。

A. 警告　　　　　　　　　　B. 罚款

C. 没收违法所得　　　　　　D. 降级

E. 撤职

3. 下列属于《刑法》中主刑的有（　　　）。

　A. 有期徒刑　　　　　　　B. 没收财产

　C. 罚金　　　　　　　　　D. 管制

　E. 拘役

4. 下列有关累犯的说法，正确的有（　　　）。

　A. 被判处有期徒刑以上刑罚的犯罪分子，刑罚执行完毕2年以内再犯应当判
　　 处有期徒刑以上刑罚之罪的，是累犯

　B. 累犯，应当从重处罚

　C. 过失犯罪的累犯，应当从重处罚

　D. 对于累犯，如假释后对所居住的社区无不良影响的，法院可决定假释

　E. 因恐怖活动犯罪被判处有期徒刑5年，刑罚执行完毕后的第6年又犯黑社
　　 会性质的组织犯罪的，成立累犯

5. 对于被判处拘役的犯罪分子，可以宣告缓刑时应当同时符合的条件有（　　　）。

　A. 犯罪情节较轻

　B. 有悔罪表现

　C. 没有再犯罪的危险

　D. 宣告缓刑对所居住社区没有重大不良影响

　E. 已满75周岁的人

6. 被判处管制、拘役、有期徒刑、无期徒刑的犯罪分子，在执行期间有下列重大
立功表现中，应当减刑的有（　　　）。

　A. 阻止他人重大犯罪活动的

　B. 检举监狱内外重大犯罪活动，经查证属实的

　C. 有发明创造或者重大技术革新的

　D. 在日常生产、生活中舍己救人的

　E. 有悔罪表现的

7. 下列关于假释的说法，正确的有（　　　）。

　A. 假释应当由最高人民法院核准

　B. 对犯罪分子决定假释时，应当考虑其假释后对所居住的社区的影响

　C. 有期徒刑的假释考验期限，为没有执行完毕的刑期

　D. 无期徒刑的假释考验期限为10年

　E. 假释考验期限，从假释之日起计算

8. 下列关于缓刑的说法，正确的有（　　　）。

　A. 被宣告缓刑的犯罪分子，如果被判处附加刑，附加刑仍须执行

　B. 不满18周岁的人，应当宣告缓刑

　C. 拘役的缓刑考验期限为原判刑期以上1年以下，但是不能少于2个月

　D. 有期徒刑的缓刑考验期限为原判刑期以上5年以下，但是不能少于1年

　　E．对于累犯和犯罪集团的首要分子，不适用缓刑

【答案与解析】

一、单项选择题

1．C；　　2．C；　　3．B；　　4．D；　　5．D；　　6．C；　　7．A；　　*8．C；

9．D；　　10．D；　11．C；　*12．D；　13．C；　14．B；　15．C；　16．D；

17．C；　18．D；　19．A；　*20．B

【解析】

8．【答案】C

　　刑罚分为主刑和附加刑。主刑的种类如下：（1）管制；（2）拘役；（3）有期徒刑；（4）无期徒刑；（5）死刑。附加刑的种类如下：（1）罚金；（2）剥夺政治权利；（3）没收财产。附加刑也可以独立适用。

12．【答案】D

　　工程重大安全事故罪。《刑法》第137条规定，建设单位、设计单位、施工单位、工程监理单位违反国家规定，降低工程质量标准，造成重大安全事故的，对直接责任人员处5年以下有期徒刑或者拘役，并处罚金；后果特别严重的，处5年以上10年以下有期徒刑，并处罚金。

20．【答案】B

　　被判处有期徒刑的犯罪分子，执行原判刑期1/2以上，被判处无期徒刑的犯罪分子，实际执行13年以上，如果认真遵守监规，接受教育改造，确有悔改表现，没有再犯罪的危险的，可以假释。如果有特殊情况，经最高人民法院核准，可以不受上述执行刑期的限制。对累犯以及因故意杀人、强奸、抢劫、绑架、放火、爆炸、投放危险物质或者有组织的暴力性犯罪被判处10年以上有期徒刑、无期徒刑的犯罪分子，不得假释。对犯罪分子决定假释时，应当考虑其假释后对所居住社区的影响。有期徒刑的假释考验期限，为没有执行完毕的刑期；无期徒刑的假释考验期限为10年。假释考验期限，从假释之日起计算。

二、多项选择题

1．B、D；　　　2．A、B、C；　　　3．A、D、E；　　　*4．B、E；

*5．A、B、C、D；　*6．A、B、C、D；　7．B、C、D、E；　*8．A、C、D、E

【解析】

4．【答案】B、E

　　被判处有期徒刑以上刑罚的犯罪分子，刑罚执行完毕或者赦免以后，在5年以内再犯应当判处有期徒刑以上刑罚之罪的，是累犯，应当从重处罚，但是过失犯罪和不满18周岁的人犯罪的除外。上述规定的期限，对于被假释的犯罪分子，从假释期满之日起计算。危害国家安全犯罪、恐怖活动犯罪、黑社会性质的组织犯罪的犯罪分子，在刑罚执行完毕或者赦免以后，在任何时候再犯上述任一类罪的，都以累犯论处。

5．【答案】A、B、C、D

　　对于被判处拘役、3年以下有期徒刑的犯罪分子，同时符合下列条件的，可以宣

告缓刑，对其中不满 18 周岁的人、怀孕的妇女和已满 75 周岁的人，应当宣告缓刑：（1）犯罪情节较轻；（2）有悔罪表现；（3）没有再犯罪的危险；（4）宣告缓刑对所居住社区没有重大不良影响。

6.【答案】A、B、C、D

被判处管制、拘役、有期徒刑、无期徒刑的犯罪分子，在执行期间，如果认真遵守监规，接受教育改造，确有悔改表现的，或者有立功表现的，可以减刑；有下列重大立功表现之一的，应当减刑：（1）阻止他人重大犯罪活动的；（2）检举监狱内外重大犯罪活动，经查证属实的；（3）有发明创造或者重大技术革新的；（4）在日常生产、生活中舍己救人的；（5）在抗御自然灾害或者排除重大事故中，有突出表现的；（6）对国家和社会有其他重大贡献的。

8.【答案】A、C、D、E

对于被判处拘役、3 年以下有期徒刑的犯罪分子，同时符合下列条件的，可以宣告缓刑，对其中不满 18 周岁的人、怀孕的妇女和已满 75 周岁的人，应当宣告缓刑：（1）犯罪情节较轻；（2）有悔罪表现；（3）没有再犯罪的危险；（4）宣告缓刑对所居住社区没有重大不良影响。宣告缓刑，可以根据犯罪情况，同时禁止犯罪分子在缓刑考验期限内从事特定活动，进入特定区域、场所，接触特定的人。被宣告缓刑的犯罪分子，如果被判处附加刑，附加刑仍须执行。拘役的缓刑考验期限为原判刑期以上 1 年以下，但是不能少于 2 个月。有期徒刑的缓刑考验期限为原判刑期以上 5 年以下，但是不能少于 1 年。缓刑考验期限，从判决确定之日起计算。对于累犯和犯罪集团的首要分子，不适用缓刑。

第2章 建筑市场主体制度

2.1 建筑市场主体的一般规定

复习要点

微信扫一扫
在线做题+答疑

1. 自然人、法人和非法人组织

建筑市场主体主要包括自然人、法人和非法人组织三种类型。

自然人、法人和非法人组织

类型	事项	内容
自然人	民事权利能力和民事行为能力	民事权利能力是指民事主体参与民事法律关系，享有民事权利、承担民事义务的法律资格
		民事行为能力是指民事主体以自己的行为去取得民事权利、承担民事义务的能力
	个体工商户和农村承包经营户	自然人从事工商业经营，经依法登记，为个体工商户。个体工商户可以起字号
		农村承包经营户的债务，以从事农村土地承包经营的农户财产承担；事实上由农户部分成员经营的，以该部分成员的财产承担
	自然人在建设工程中的地位	禁止建筑施工企业以任何形式允许其他单位或者个人使用本企业的资质证书、营业执照，以本企业的名义承揽工程
		自然人不具有工程承包的资质，不能承包建筑工程
法人	法人应当具备的条件	依法成立：法人应当依法成立。法人的设立目的和方式必须符合法律的规定
		能够独立承担民事责任：法人以其全部财产独立承担民事责任
		有法定代表人：依照法律或者法人章程的规定，代表法人从事民事活动的负责人，为法人的法定代表人。法定代表人以法人名义从事的民事活动，其法律后果由法人承受
	法人的分类	营利法人：以取得利润并分配给股东等出资人为目的成立的法人，为营利法人
		非营利法人：为公益目的或者其他非营利目的成立，不向出资人、设立人或者会员分配所取得利润的法人，为非营利法人
		特别法人：机关法人、基层群众性自治组织、农村集体经济组织、城镇农村的合作经济组织等属于特别法人
	企业法人与项目经理部的法律关系	项目经理部是施工企业为了完成某项建设工程施工任务而设立的组织
		项目经理是企业法人授权在建设工程施工项目上的管理者
		项目经理部行为的法律后果由企业法人承担

续表

类型	事项	内容
非法人组织	非法人组织的类别	个人独资企业
		合伙企业
		不具有法人资格的专业服务机构
	非法人组织的相关规定	非法人组织不具有法人资格,不能独立承担民事责任

2. 建设工程委托代理

代理的法律特征和主要种类

	事项	内容
建设工程委托代理	代理的法律特征	代理人必须在代理权限范围内实施代理行为
		代理人一般应该以被代理人的名义实施代理行为
		代理行为必须是具有法律意义的行为
		代理行为的法律后果归属于被代理人
	代理的种类	委托代理:委托代理人按照被代理人的委托行使代理权
		法定代理:法定代理是指根据法律的规定而发生的代理

建设工程代理行为及其法律关系

	要求	内容
建设工程代理行为的设立	不得委托代理的建设工程活动	依照法律规定、当事人约定或者民事法律行为的性质,应当由本人亲自实施的民事法律行为,不得代理
		禁止承包单位将其承包的全部建筑工程转包给他人,禁止承包单位将其承包的全部建筑工程肢解以后以分包的名义分别转包给他人。施工总承包的,建筑工程主体结构的施工必须由总承包单位自行完成
	一般代理行为无法定的资格要求	一般的代理行为可以由自然人、法人担任代理人,对其资格并无法定的严格要求
		特殊代理行为:下列人员可以被委托为诉讼代理人:(1)律师、基层法律服务工作者;(2)当事人的近亲属或者工作人员;(3)当事人所在社区、单位以及有关社会团体推荐的公民
	民事法律行为的委托代理	可以用书面形式,也可以用口头形式。但是,法律规定用书面形式的,应当用书面形式
		书面委托代理的授权委托书应当载明代理人的姓名或者名称、代理事项、权限和期间,并由委托人签名或者盖章。委托书授权不明的,被代理人应当向第三人承担民事责任,代理人负连带责任
建设工程代理行为的终止	委托代理终止情形	代理期限届满或者代理事务完成
		被代理人取消委托或者代理人辞去委托
		代理人丧失民事行为能力
		代理人或者被代理人死亡
		作为被代理人或者代理人的法人、非法人组织终止

续表

要求		内容
建设工程代理法律关系	代理人在代理权限内以被代理人的名义实施代理行为	代理人在代理权限内
		以被代理人名义实施的民事法律行为
		对被代理人发生效力
	转托他人代理应当事先取得被代理人的同意	转委托代理经被代理人同意或者追认的，被代理人可以就代理事务直接指示转委托的第三人，代理人仅就第三人的选任以及对第三人的指示承担责任
		转委托代理未经被代理人同意或者追认的，代理人应当对转委托的第三人的行为承担责任
		在紧急情况下代理人为了维护被代理人的利益需要转委托第三人代理的除外
无权代理与表见代理	无权代理	是指行为人没有代理权仍以被代理人名义实施民事法律行为：（1）自始未经授权；（2）超越代理权；（3）代理权已终止
	表见代理	是指行为人虽无权代理，但由于行为人的某些行为，造成了足以使善意相对人相信其有代理权的表象，而与善意相对人进行的、由本人承担法律后果的代理行为
		行为人没有代理权、超越代理权或者代理权终止后，仍然实施代理行为，相对人有理由相信行为人有代理权的，代理行为有效
	默示方式的特殊授权	知道他人以本人名义实施民事行为不作否认表示的视为同意
代理中不当或违法行为应承担的法律责任	损害被代理人利益	代理人不履行职责而给被代理人造成损害的，应当承担民事责任。代理人和相对人串通，损害被代理人的利益的，由代理人和相对人负连带责任
	相对人故意行为	相对人知道行为人没有代理权、超越代理权或者代理权已终止还与行为人实施民事行为给他人造成损害的，由相对人和行为人负连带责任
	违法代理行为	代理人知道被委托代理的事项违法仍然进行代理活动的，或者被代理人知道代理人的代理行为违法不表示反对的，由被代理人和代理人负连带责任

一　单项选择题

1. 下列主体中，属于市场主体的是（　　　）。
   A. 公司内设部门　　　　　　B. 个体工商户
   C. 事业单位　　　　　　　　D. 行政机关

2. 关于民事权利能力的说法，正确的是（　　　）。
   A. 民事权利能力是权利　　　B. 仅自然人可以享有
   C. 包括承担民事义务的法律资格　　D. 民事权利能力一律相等

3. 关于个体户的说法，正确的是（　　　）。
   A. 个体工商户不得起字号　　B. 个体工商户属于特殊类型企业

C．个体工商户可以设分支机构　　D．应当经依法登记

4．关于法人应当具备的条件的说法，正确的是（　　）。

　　A．能够独立承担责任　　　　　　B．有具体工作人员

　　C．有相应业绩　　　　　　　　　D．应当依法成立

5．下列单位中，属于非营利法人的是（　　）。

　　A．有限责任公司　　　　　　　　B．城镇农村的合作经济组织

　　C．基金会　　　　　　　　　　　D．机关法人

6．有独立经费的机关和承担行政职能的法定机构具有机关法人资格的时间是（　　）。

　　A．从成立之日起　　　　　　　　B．从登记之日起

　　C．从有经费之日起　　　　　　　D．从承担行政职能之日起

7．项目经理部的法律性质是（　　）。

　　A．分支机构　　　　　　　　　　B．独立法人

　　C．非常设下属机构　　　　　　　D．自然人

8．关于代理人"必须在代理权限范围内"实施代理的说法，正确的是（　　）。

　　A．代理人不具有意思表示能力　　B．代理人可以独立进行意思表示

　　C．代理权限由代理人确定　　　　D．代理人超出代理权限必然无效

9．根据《民法典》，下列情形中，委托代理终止的是（　　）。

　　A．被代理人丧失民事行为能力　　B．代理期限届满

　　C．代理事务部分完成　　　　　　D．作为代理人的法人重整

10．本人知道他人以本人名义实施民事行为而不作否认表示的，关于法律后果的说法，正确的是（　　）。

　　A．代理无效　　　　　　　　　　B．本人同意

　　C．效力待定　　　　　　　　　　D．视为同意

二 多项选择题

1．根据《民法典》，属于法人基本分类的有（　　）。

　　A．营利法人　　　　　　　　　　B．非营利法人

　　C．特别法人　　　　　　　　　　D．社会团体

　　E．非法人组织

2．下列情形中，非法人组织解散的有（　　）。

　　A．章程规定的存续期间届满　　　B．章程规定的其他解散事由出现

　　C．债权人请求解散　　　　　　　D．出资人或者设立人拟解散

　　E．组织的员工要求解散

3．根据《民法典》，代理的种类包括（　　）。

　　A．无权代理　　　　　　　　　　B．越权代理

　　C．委托代理　　　　　　　　　　D．指定代理

　　E．法定代理

4．根据《民事诉讼法》，下列人员中，可以被委托为诉讼代理人的有（　　）。

　　A．律师　　　　　　　　　　B．基层法律服务工作者

　　C．主审法官推荐的公民　　　D．当事人的近亲属

　　E．当事人的工作人员

5．无权代理的主要表现形式有（　　　）。

　　A．自始未经授权　　　　　　B．代理人独立进行意思表示

　　C．代理权已终止　　　　　　D．不当代理

　　E．重大过失代理

【答案与解析】

一、单项选择题

1．B；　　2．C；　　3．D；　　4．D；　　5．C；　　6．A；　　7．C；　　8．B；

9．B；　　*10．D

【解析】

10．【答案】D

　　根据《民法典》，本人知道他人以本人名义实施民事行为而不作否认表示的，视为同意。该规定是一种默示方式的特殊授权。即使本人没有授予他人代理权，但事后并未作否认的意思表示，应视为授予了代理权。由此，他人以其名义实施法律行为的后果应由本人承担，立法本意重在保护交易中的第三人。

二、多项选择题

1．A、B、C；　　　　*2．A、B；　　　　3．C、E；　　　　4．A、B、D、E；

5．A、C

【解析】

2．【答案】A、B

　　根据《民法典》，有下列情形之一的，非法人组织解散：（1）章程规定的存续期间届满或者章程规定的其他解散事由出现；（2）出资人或者设立人决定解散；（3）法律规定的其他情形。非法人组织解散的，应当依法进行清算。D选项中拟解散只是意向，未至决定环节，不能发生解散的法律效果。C、E选项往往发生于一般纠纷环节，不足以导致组织解散。

2.2　建筑业企业资质制度

复习要点

1．建筑业企业资质条件和等级

　　我国目前基于建设工程质量和安全生产保障的角度，要求从事工程建设活动的单位必须符合相应的资质条件。建筑业企业是指从事土木工程、建筑工程、线路管道设备安装工程的新建、扩建、改建等施工活动的企业。建筑业企业应当依法取得相应等级的资质证书并在其资质等级许可的范围内承揽工程。

施工企业资质的法定条件

条件	法律文件	规定
有符合规定的净资产	《建筑法》《建筑业企业资质管理规定》等	企业资产是指企业拥有或控制的能以货币计量的经济资源，包括各种财产、债权和其他权利。企业净资产是指企业的资产总额减去负债以后的净额，是属于企业所有并可以自由支配的资产
		企业净资产以企业申请资质前一年度或当期合法的财务报表中净资产指标为准考核
有符合规定的主要人员	《关于简化建筑业企业资质标准部分指标的通知》《关于加快培育新时代建筑产业工人队伍的指导意见》	除各类别最低等级资质外，取消关于注册建造师、中级以上职称人员、持有岗位证书的现场管理人员、技术工人的指标考核
		取消通信工程施工总承包三级资质标准中关于注册建造师的指标考核
		加快自有建筑工人队伍建设。引导建筑企业加强对装配式建筑、机器人建造等新型建造方式和建造科技的探索和应用，提升智能建造水平，通过技术升级推动建筑工人从传统建造方式向新型建造方式转变
有符合规定的已完成工程业绩	《关于简化建筑业企业资质标准部分指标的通知》	建筑工程施工总承包的一级企业：近5年承担过下列4类中的2类工程的施工总承包或主体工程承包，工程质量合格。（1）地上25层以上的民用建筑工程1项或地上18～24层的民用建筑工程2项；（2）高度100m以上的构筑物工程1项或高度80～100m（不含）的构筑物工程2项；（3）建筑面积12万 m^2 以上的建筑工程1项或建筑面积10万 m^2 以上的建筑工程2项；（4）钢筋混凝土结构单跨30m以上（或钢结构单跨36m以上）的建筑工程1项或钢筋混凝土结构单跨27～30m（不含）（或钢结构单跨30～36m（不含））的建筑工程2项
		二级企业：近5年承担过下列4类中的2类工程的施工总承包或主体工程承包，工程质量合格。（1）地上12层以上的民用建筑工程1项或地上8～11层的民用建筑工程2项；（2）高度50m以上的构筑物工程1项或高度35～50m（不含）的构筑物工程2项；（3）建筑面积6万 m^2 以上的建筑工程1项或建筑面积5万 m^2 以上的建筑工程2项；（4）钢筋混凝土结构单跨21m以上（或钢结构单跨24m以上）的建筑工程1项或钢筋混凝土结构单跨18～21m（不含）（或钢结构单跨21～24m（不含））的建筑工程2项
		三级企业不再要求已完成的工程业绩
		申请建筑工程、市政公用工程施工总承包特级、一级资质的企业，未进入全国建筑市场监管与诚信信息发布平台的企业业绩，不作为有效业绩认定
有符合规定的技术装备	《建筑法》	施工单位必须使用与其从事施工活动相适应的技术装备
		可以采用租赁或融资租赁的方式取得

《建筑业企业资质管理规定》的资质序列、类别和等级

资质序列	资质类别	资质等级
施工总承包资质	建筑工程施工总承包	特级、一级、二级和三级
	公路工程施工总承包	
	铁路工程施工总承包	
	港口与航道工程施工总承包	

续表

资质序列	资质类别	资质等级
施工总承包资质	水利水电工程施工总承包	特级、一级、二级和三级
	电力工程施工总承包	
	矿山工程施工总承包	
	冶金工程施工总承包	
	石油化工工程施工总承包	
	市政公用工程施工总承包	
	通信工程施工总承包	
	机电工程施工总承包	
专业承包资质	地基基础工程专业承包	一级、二级、三级
	起重设备安装工程专业承包	
	预拌混凝土专业承包	
	电子与智能化工程专业承包	
	消防设施工程专业承包	
	防水防腐保温工程专业承包	
	桥梁工程专业承包	
	隧道工程专业承包	
	钢结构工程专业承包	
	模板脚手架专业承包	
	建筑装修装饰工程专业承包	
	建筑机电安装工程专业承包	
	建筑幕墙工程专业承包	
	古建筑工程专业承包	
	城市及道路照明工程专业承包	
	公路路面工程专业承包	
	公路路基工程专业承包	
	公路交通工程专业承包	
	铁路电务工程专业承包	
	铁路铺轨架梁工程专业承包	
	铁路电气化工程专业承包	
	机场场道工程专业承包	
	民航空管工程及机场弱电系统工程专业承包	
	机场目视助航工程专业承包	
	港口与海岸工程专业承包	
	航道工程专业承包	

续表

资质序列	资质类别	资质等级
专业承包资质	通航建筑物工程专业承包	一级、二级、三级
	港航设备安装及水上交管工程专业承包	
	水工金属结构制作与安装工程专业承包	
	水利水电机电安装工程专业承包	
	河湖整治工程专业承包	
	输变电工程专业承包	
	核工程专业承包	
	海洋石油工程专业承包	
	环保工程专业承包	
	特种工程专业承包	
施工劳务资质	—	—

《建设工程企业资质管理制度改革方案》的资质序列、类别和等级

资质序列	资质类别	资质等级
施工综合资质	可承担各行业、各等级施工总承包业务	—
施工总承包资质	建筑工程施工总承包	原则上压减为甲、乙两级
	公路工程施工总承包	
	铁路工程施工总承包	
	港口与航道工程施工总承包	
	水利水电工程施工总承包	
	电力工程施工总承包	
	矿山工程施工总承包	
	冶金工程施工总承包	
	石油化工工程施工总承包	
	市政公用工程施工总承包	
	通信工程施工总承包	
	机电工程施工总承包	
	民航工程施工总承包	
专业承包资质	地基基础工程专业承包	原则上压减为甲、乙两级（部分专业承包资质不分等级）
	起重设备安装工程专业承包	
	预拌混凝土专业承包	
	模板脚手架专业承包	
	桥梁工程专业承包	
	隧道工程专业承包	

续表

资质序列	资质类别	资质等级
专业承包资质	通用专业承包	原则上压减为甲、乙两级（部分专业承包资质不分等级）
	建筑装修装饰工程专业承包	
	防水防腐保温工程专业承包	
	建筑机电工程专业承包	
	消防设施工程专业承包	
	古建筑工程专业承包	
	公路工程类专业承包	
	铁路电务电气化工程专业承包	
	港口与航道工程类专业承包	
	水利水电工程类专业承包	
	输变电工程专业承包	
	核工程专业承包	
专业作业资质	—	—

施工企业资质管理体制

职责定位 / 区域	统一监督管理	配合实施监管
全国	国务院住房和城乡建设主管部门	国务院交通运输、水利、工业信息化等有关部门
地方	省、自治区、直辖市人民政府住房和城乡建设主管部门	省、自治区、直辖市人民政府交通运输、水利、通信等有关部门

《建筑业企业资质管理规定》的资质许可权限

资质序列	资质类别	资质等级	许可部门
施工总承包资质序列	—	特级、一级	国务院住房和城乡建设主管部门
	铁路工程	二级	
	其他工程	二级	企业工商注册所在地省、自治区、直辖市人民政府住房和城乡建设主管部门
	铁路、通信工程	三级	
	其他工程	三级	企业工商注册所在地设区的市人民政府住房和城乡建设主管部门
专业承包资质序列	公路、水运、水利、铁路、民航工程	一级	国务院住房和城乡建设主管部门
	涉及多个专业		
	其他工程	一级	企业工商注册所在地省、自治区、直辖市人民政府住房和城乡建设主管部门
	铁路、民航工程	二级	国务院住房和城乡建设主管部门

资质序列	资质类别	资质等级	许可部门
专业承包资质序列	其他工程	二级	企业工商注册所在地省、自治区、直辖市人民政府住房和城乡建设主管部门
	铁路工程	三级	
	特种工程	—	
	其他工程	三级	企业工商注册所在地设区的市人民政府住房和城乡建设主管部门
劳务分包序列	预拌混凝土、模板脚手架	—	
	—	—	
—	燃气燃烧器具安装、维修	—	
备注	《建设工程企业资质管理制度改革方案》规定，进一步加大放权力度，选择工作基础较好的地方和部分资质类别，开展企业资质审批权下放试点，将除综合资质外的其他等级资质，下放至省级及以下有关主管部门审批（其中，涉及公路、水运、水利、通信、铁路、民航等资质的审批权限由国务院住房和城乡建设主管部门会同国务院有关部门根据实际情况决定），方便企业就近办理		

2. 建筑业企业资质的申请、许可、延续和变更

建筑业企业资质证书的申请、延续和变更

办理事项	基本要求	要件与程序
资质申请	可以申请一项或多项建筑业企业资质	在资质许可机关的网站或审批平台提出申请事项，提交资金、专业技术人员、技术装备和已完成业绩等电子材料
	具有法人资格的企业可直接申请施工总承包、专业承包二级资质	企业主要人员证明文件复印件
		企业资质标准要求的技术装备的相应证明文件复印件
		企业安全生产条件有关材料复印件
		按照国家有关规定应提交的其他材料
		企业按照新申请或增项提交相关材料，企业资产、技术负责人需满足《建筑业企业资质标准》（建市〔2014〕159号）规定的相应类别二级资质标准要求，其他指标需满足相应类别三级资质标准要求
		持有施工总承包、专业承包三级资质的企业，可按照现行二级资质标准要求申请升级，也可按照上述要求直接申请二级资质
企业资质告知承诺制审批	申请	企业通过建设工程企业资质申报软件或本地区省级住房和城乡建设主管部门资质申报系统，按要求填报企业资质申请信息生成电子数据包（须包含企业法定代表人承诺书），由省级住房和城乡建设主管部门上传至住房和城乡建设部企业资质审批系统
	受理	住房和城乡建设部行政审批集中受理办公室通过资质审批系统在线受理企业告知承诺申请事项，并出具受理凭证
	公示	企业告知承诺申请事项及填报的人员、业绩项目等信息在住房和城乡建设部门户网站公示，接受社会监督，公示期10个工作日
	审批	住房和城乡建设部依据企业填报的资质申请信息和全国建筑市场监管公共服务平台人员、项目信息进行审批

续表

办理事项	基本要求	要件与程序
企业资质告知承诺制审批	公告	对企业填报信息符合资质标准要求且在公示期内未被投诉举报的企业，住房和城乡建设部按规定办理资质核准公告
	核查	对企业申报业绩项目通过遥感卫星照片比对、组织实地核查、委托省级住房和城乡建设主管部门抽查等方式进行核查
证书延续	资质证书有效期为5年	资质证书有效期届满3个月前，向原资质许可机关提出延续申请
		资质许可机关应当在建筑业企业资质证书有效期届满前作出是否准予延续的决定
		逾期未做出决定的，视为准予延续
		地方各级住房和城乡建设主管部门核发的工程勘察、工程设计、建筑业企业、工程监理企业资质，资质延续有关政策由各省级住房和城乡建设主管部门确定，相关企业资质证书信息应及时报送至全国建筑市场监管公共服务平台
证书变更	适用于名称、地址、注册资本、法定代表人等基本信息	在工商部门办理变更手续后1个月内办理资质证书变更手续
		由国务院住房和城乡建设主管部门颁发的建筑业企业资质证书的变更，企业应当向企业工商注册所在地省、自治区、直辖市人民政府住房和城乡建设主管部门提出变更申请，省、自治区、直辖市人民政府住房和城乡建设主管部门应当自受理申请之日起2日内将有关变更证明材料报国务院住房和城乡建设主管部门，由国务院住房和城乡建设主管部门在2日内办理变更手续
		前款规定以外的资质证书的变更，由企业工商注册所在地的省、自治区、直辖市人民政府住房和城乡建设主管部门或者设区的市人民政府住房和城乡建设主管部门依法另行规定。变更结果应当在资质证书变更后15日内，报国务院住房和城乡建设主管部门备案
		涉及公路、水运、水利、通信、铁路、民航等方面的建筑业企业资质证书的变更，办理变更手续的住房和城乡建设主管部门应当将建筑业企业资质证书变更情况告知同级有关部门
		企业需更换建筑业企业资质证书的，应当持建筑业企业资质证书更换申请等材料向资质许可机关申请办理。资质许可机关应当在2个工作日内办理完毕。建筑业企业资质证书遗失补办，由申请人告知资质许可机关由资质许可机关在官网发布信息
		企业发生合并、分立、重组以及改制等事项，需承继原建筑业企业资质的，应当申请重新核定建筑业企业资质等级
不予批准资质升级申请和增项申请	在申请之日起前1年至资质许可决定作出前存在违法行为	超越本企业资质等级或以其他企业的名义承揽工程，或允许其他企业或个人以本企业的名义承揽工程的
		与建设单位或企业之间相互串通投标，或以行贿等不正当手段谋取中标的
		未取得施工许可证擅自施工的
		将承包的工程转包或违法分包的
		违反国家工程建设强制性标准施工的

续表

办理事项	基本要求	要件与程序
不予批准资质升级申请和增项申请	在申请之日起前1年至资质许可决定作出前存在违法行为	恶意拖欠分包企业工程款或者劳务人员工资的
		隐瞒或谎报、拖延报告工程质量安全事故，破坏事故现场、阻碍对事故调查的
		按照国家法律、法规和标准规定需要持证上岗的现场管理人员和技术工种作业人员未取得证书上岗的
		未依法履行工程质量保修义务或拖延履行保修义务的
		伪造、变造、倒卖、出租、出借或者以其他形式非法转让建筑业企业资质证书的
		发生过较大以上质量安全事故或者发生过两起以上一般质量安全事故的
		其他违反法律、法规的行为
资质证书消灭	撤回	企业不再符合相应建筑业企业资质标准要求条件的，县级以上地方人民政府住房和城乡建设主管部门、其他有关部门，应当责令其限期改正并向社会公告，整改期限最长不超过3个月
		企业整改期间不得申请建筑业企业资质的升级、增项，不能承揽新的工程
		逾期仍未达到建筑业企业资质标准要求条件的，资质许可机关可以撤回其建筑业企业资质证书
		被撤回建筑业企业资质证书的企业，可以在资质被撤回后3个月内，向资质许可机关提出核定低于原等级同类别资质的申请
	撤销	资质许可机关工作人员滥用职权、玩忽职守准予资质许可的
		超越法定职权准予资质许可的
		违反法定程序准予资质许可的
		对不符合资质标准条件的申请企业准予资质许可的
		以欺骗、贿赂等不正当手段取得资质许可的
		依法可以撤销资质许可的其他情形
	注销	资质证书有效期届满，未依法申请延续的
		企业依法终止的
		资质证书依法被撤回、撤销或吊销的
		企业提出注销申请的
		法律、法规规定的应当注销建筑业企业资质的其他情形
实行开工报告制度的建设工程	《建筑法》《关于严格限制新开工项目，加强固定资产投资源头控制的通知》	—

禁止无资质或越级承揽工程

违法事项	法律文件	具体规定
无资质承揽工程	《建筑法》	承包建筑工程的单位应当持有依法取得的资质证书,并在其资质等级许可的业务范围内承揽工程
	《建设工程质量管理条例》	施工单位应当依法取得相应等级的资质证书,并在其资质等级许可的范围内承揽工程
	《建设工程安全生产管理条例》	施工单位从事建设工程的新建、扩建、改建和拆除等活动,应当具备国家规定的注册资本、专业技术人员、技术装备和安全生产等条件,依法取得相应等级的资质证书,并在其资质等级许可的范围内承揽工程
	《房屋建筑和市政基础设施工程施工分包管理办法》	分包工程承包人必须具有相应的资质,并在其资质等级许可的范围内承揽业务。严禁个人承揽分包工程业务
越级承揽工程	《建筑法》	两个以上不同资质等级的单位实行联合共同承包的,应当按照资质等级低的单位的业务许可范围承揽工程
	《房屋建筑和市政基础设施工程施工分包管理办法》	分包工程承包人必须具有相应的资质,并在其资质等级许可的范围内承揽业务

3. 禁止以他企业或他企业以本企业名义承揽工程的规定

禁止非本企业名义承揽工程

违法事项	法律文件	具体规定
以他企业或他企业以本企业名义承揽工程	《建筑法》	建筑施工企业以任何形式用其他建筑施工企业的名义承揽工程
		建筑施工企业以任何形式允许其他单位或者个人使用本企业的资质证书、营业执照,以本企业的名义承揽工程
	《建设工程质量管理条例》	施工单位以其他施工单位的名义承揽工程
		施工单位允许其他单位或者个人以本单位的名义承揽工程
	《房屋建筑和市政基础设施工程施工分包管理办法》	分包工程发包人没有将其承包的工程进行分包,在施工现场所设项目管理机构的项目负责人、技术负责人、项目核算负责人、质量管理人员、安全管理人员不是工程承包人本单位人员的,视同允许他人以本企业名义承揽工程

4. 违法行为应承担的法律责任

违法行为应承担的法律责任

违法事项	法律文件	具体规定
申请办理资质违法行为	《建筑法》	以欺骗手段取得资质证书的,吊销资质证书,处以罚款
		构成犯罪的,依法追究刑事责任
	《建筑业企业资质管理规定》	申请人隐瞒有关情况或者提供虚假材料申请建筑业企业资质的,不予受理或者不予行政许可,并给予警告,申请人在1年内不得再次申请建筑业企业资质
		以欺骗、贿赂等不正当手段取得建筑业企业资质证书的,由县级以上地方人民政府建设主管部门或者有关部门给予警告,并依法处以罚款,申请人3年内不得再次申请建筑业企业资质

续表

违法事项	法律文件	具体规定
申请办理资质违法行为	《建筑业企业资质管理规定》	建筑业企业未按照规定及时办理资质证书变更手续的，由县级以上地方人民政府建设主管部门责令限期办理；逾期不办理的，可处以1000元以上1万元以下的罚款
无资质承揽工程违法行为	《建筑法》	发包单位将工程发包给不具有相应资质条件的承包单位的，责令改正，处以罚款
		未取得资质证书承揽工程的，予以取缔，并处罚款；有违法所得的，予以没收
	《建设工程质量管理条例》	建设单位将建设工程发包给不具有相应资质等级的勘察、设计、施工单位或者委托给不具有相应资质等级的工程监理单位的，责令改正，处50万元以上100万元以下的罚款
		未取得资质证书承揽工程的，予以取缔，对施工单位处工程合同价款2%以上4%以下的罚款；有违法所得的，予以没收
	《住宅室内装饰装修管理办法》	装修人违反本办法规定，将住宅室内装饰装修工程委托给不具有相应资质等级企业的，由城市房地产行政主管部门责令改正，处500元以上1000元以下的罚款
超越资质等级承揽工程违法行为	《建筑法》	超越本单位资质等级承揽工程的，责令停止违法行为，处以罚款，可以责令停业整顿，降低资质等级；情节严重的，吊销资质证书；有违法所得的，予以没收
	《建设工程质量管理条例》	勘察、设计、施工、工程监理单位超越本单位资质等级承揽工程的，责令停止违法行为……；对施工单位处工程合同价款2%以上4%以下的罚款，可以责令停业整顿，降低资质等级；情节严重的，吊销资质证书；有违法所得的，予以没收
允许其他单位或者个人以本单位名义承揽工程违法行为	《建筑法》	建筑施工企业转让、出借资质证书或者以其他方式允许他人以本企业的名义承揽工程的，责令改正，没收违法所得，并处罚款，可以责令停业整顿，降低资质等级；情节严重的，吊销资质证书
		对因该项承揽工程不符合规定的质量标准造成的损失，建筑施工企业与使用本企业名义的单位或者个人承担连带赔偿责任
	《建设工程质量管理条例》	勘察、设计、施工、工程监理单位允许其他单位或者个人以本单位名义承揽工程的，责令改正，没收违法所得……；对施工单位处工程合同价款2%以上4%以下的罚款；可以责令停业整顿，降低资质等级；情节严重的，吊销资质证书
违法分包行为	《建筑法》	违反规定进行分包的，责令改正，没收违法所得，并处罚款，可以责令停业整顿，降低资质等级；情节严重的，吊销资质证书
		对因违法分包的工程不符合规定的质量标准造成的损失，与接受分包的单位承担连带赔偿责任
	《建设工程质量管理条例》	承包单位将承包的工程违法分包的，责令改正，没收违法所得……；对施工单位处工程合同价款0.5%以上1%以下的罚款；可以责令停业整顿，降低资质等级；情节严重的，吊销资质证书
	《房屋建筑和市政基础设施工程施工分包管理办法》	违法分包或者允许他人以本企业名义承揽工程的，按照《建筑法》《招标投标法》和《建设工程质量管理条例》的规定予以处罚；对于接受转包、违法分包和用他人名义承揽工程的，处1万元以上3万元以下的罚款
以欺骗手段取得资质证书行为	《建设工程质量管理条例》	以欺骗手段取得资质证书承揽工程的，吊销资质证书，处工程合同价款2%以上4%以下的罚款；有违法所得的，予以没收

一 单项选择题

1. 下列各项中，关于各序列资质的企业说法不正确的是（   ）。

　　A. 获得施工总承包资质的企业，可以对工程实行施工总承包或者对主体工程实行施工承包

　　B. 获得施工总承包资质的企业，也可以将主体工程或者劳务作业分包给具有相应专业承包资质或者劳务分包资质的其他建筑业企业

　　C. 获得专业承包资质的企业，可以承接施工总承包企业分包的专业工程或者建设单位按照规定发包的专业工程。专业承包企业可以对所承接的工程全部自行施工，也可以将劳务作业分包给具有相应劳务分包资质的劳务分包企业

　　D. 获得劳务分包资质的企业，可以承接施工总承包企业或者专业承包企业分包的劳务作业

2. 承包建筑工程的单位应当持有依法取得的资质证书，并在（   ）的业务范围内承揽工程。

　　A. 企业授权   B. 其资质等级许可

　　C. 工商登记   D. 公司章程规定

3. 根据《关于进一步做好建设工程企业资质告知承诺制审批有关工作的通知》，企业告知承诺申请的公示期为（   ）个工作日。

　　A. 3   B. 5

　　C. 10   D. 15

4. 下列各项中，关于施工总承包资质的申请说法正确的是（   ）。

　　A. 申请施工总承包资质的建筑业企业应当在总承包序列内选择一类资质作为本企业的主项资质

　　B. 施工总承包企业可以在总承包序列内再申请其他主项资质

　　C. 施工总承包企业可以申请专业作业资质

　　D. 施工总承包企业承担总承包项目范围内的专业工程必须再申请相应专业承包资质

5. 施工承包企业资质的升级、降级实行资质公告制度，二级及其以下施工承包企业的资质公告由（   ）发布。

　　A. 国务院建设行政主管部门

　　B. 国家技术监督局

　　C. 各省、自治区、直辖市建设行政主管部门

　　D. 市场管理部门

6. 建筑业企业申请资质升级，除向建设行政主管部门提供设立时申请资质所需资料外，还应当提供的资料不包括（   ）。

　　A. 企业原资质证书正、副本

　　B. 企业的财务决算年报表

C. 企业近三年承揽工程一览表

D. 企业完成的具有代表性工程的合同及质量验收、安全评估资料

7. 由于企业改制，或者企业分立、合并后组建设立的建筑业企业，其资质等级根据（　　）按照规定的审批程序核定。

A. 原企业的资质等级　　　　　　B. 实际达到的资质条件

C. 降低一级原企业的资质等级　　D. 合并前较低的企业资质等级

8. 联合体共同承包时，责任承担应遵循的原则为（　　）。

A. 共同承包的各方对承包合同的履行各自承担相应的责任

B. 共同承包的各方对承包合同的履行承担连带责任

C. 两个以上不同资质等级的单位实行联合共同承包的，可以按照资质等级高的单位的业务许可范围承揽工程

D. 两个以上不同资质等级的单位实行联合共同承包的，可以按照任意一个资质等级的业务许可范围承揽工程

9. 有关总分包的责任承担说法不正确的是（　　）。

A. 总承包单位按照总承包合同的约定对建设单位负责

B. 分包单位按照分包合同的约定对总承包单位负责

C. 总承包单位和分包单位就分包工程对建设单位承担连带责任

D. 总承包单位和分包单位就分包工程对建设单位承担各自的责任

10. 发包单位将工程发包给不具有相应资质条件的承包单位的，或者违反规定将建筑工程肢解发包的，责令改正，处以（　　）。

A. 罚款　　　　　　　　　　　　B. 吊销资质证书

C. 停业整顿　　　　　　　　　　D. 降低资质等级

11. 施工总承包的，建筑工程钢结构的施工（　　）。

A. 可以由分包单位完成　　　　　B. 应当由总承包单位与分包单位共同完成

C. 应当由总承包单位自行完成　　D. 应当由联合体共同完成

12. 根据《建筑法》规定，建筑工程主体结构的施工（　　）。

A. 必须由总承包单位自行完成

B. 可以由总承包单位分包给具有相应资质的其他施工单位

C. 经总监理工程师批准，可以由总承包单位分包给具有相应资质的其他施工单位

D. 经业主批准，可以由总承包单位分包给具有相应资质的其他施工单位

13. 两个以上不同资质等级的单位实行联合共同承包的，应当按照（　　）的单位的业务许可范围承揽工程。

A. 资质等级低　　　　　　　　　B. 资质等级高

C. 任一资质等级　　　　　　　　D. 中间等级

14. 禁止承包单位将其承包的全部建筑工程转包给他人，（　　）承包单位将其承包的全部建筑工程肢解以后以分包的名义分别转包给他人。

A. 禁止　　　　　　　　　　　　B. 允许

C. 有条件允许　　　　　　　　　D. 特定情况禁止

15．建筑工程总承包单位可以将承包工程中的部分工程发包给具有相应资质条件的分包单位；但是，除（　　）中约定的分包外，必须经建设单位认可。

A．分包合同　　　　　　　　　B．总承包合同

C．发包合同　　　　　　　　　D．转包合同

16．工程合同中，在发包人同意下总承包人将其承担的工程转包给第三人，就完成的工作成果，应向发包人负责的有（　　）。

A．总承包人　　　　　　　　　B．第三人

C．第三人或者总承包人　　　　D．第三人与总承包人

17．根据《建设工程企业资质管理制度改革方案》，施工综合资质（　　）。

A．不分等级　　　　　　　　　B．分为A级、B级、C级、D级

C．分为一级、二级和三级　　　D．原则上压减为甲、乙两级

18．根据《建设工程企业资质管理制度改革方案》，关于施工总承包甲级资质的说法，正确的是（　　）。

A．可承担各行业、各等级施工总承包业务

B．由审批制改为备案制

C．在本行业内承揽业务规模不受限制

D．不再区分专业

19．甲施工企业违反行政法规规定，行政机关拟对其作出吊销资质证书的处罚，下列说法正确的是（　　）。

A．行政机关应当告知甲有要求举行听证的权利

B．即使甲不要求听证，为保证处罚决定的公正性，行政机关也应该组织听证

C．因为处罚关系到甲切身利益，甲法定代表人应该自己参加听证，而不能委托他人代理参加听证

D．甲应当承担行政机关组织听证的费用

20．可以认定或视同允许他人以本企业名义承揽工程的是（　　）。

A．施工企业与本企业项目经理签订内部承包合同

B．分包人将全部劳务作业交由他人完成

C．将工程主体交由他人完成

D．在施工现场所设项目管理机构的人员不是本企业人员

二　多项选择题

1．禁止建筑施工企业以任何形式允许其他单位或者个人使用本企业的（　　），以本企业的名义承揽工程。

A．资质证书　　　　　　　　　B．商标名称

C．营业执照　　　　　　　　　D．企业技术

E．专有设备

2．企业申请建筑业企业资质升级、资质增项，在申请之日起前一年至资质许可决定作出前，有（　　）的，资质许可机关不予批准其建筑业企业资质升级申请和增项申请。

A. 与建设单位或者企业之间相互串通投标，或者以行贿等不正当手段谋取中标的

B. 将承包的工程转包或者违法分包的

C. 发生过二级以上工程建设重大质量安全事故或者发生过两起以上三级工程建设质量安全事故的

D. 未依法履行工程质量保修义务的

E. 未取得施工许可证擅自施工的

3. 根据《关于建设工程企业资质有关事宜的通知》，关于申请施工总承包资质的说法，正确的有（　　）。

A. 企业首次申请资质，应当自最低级开始

B. 具有法人资格的企业可直接申请二级资质

C. 已经持有施工总承包三级资质的企业，应当按照现行二级资质标准要求申请升级

D. 企业资产、技术负责人之外的其他指标需满足相应类别三级资质标准要求

E. 审批部门应当场办理审批手续

4. 《建设工程质量管理条例》所称违法分包，是指（　　）的行为。

A. 总承包合同中未有约定，又未经建设单位认可，承包单位将其所承包的部分工程交由其他单位完成

B. 施工总承包单位将建设工程主体结构的施工分包给其他单位

C. 施工总承包单位将建设工程半数以上工程内容的施工分包给其他单位

D. 分包单位将其承包的建设工程再分包

E. 承包单位将其承包的全部工程肢解以后以分包的名义转给其他单位承包

5. 关于我国建设工程企业资质等级管理的说法，正确的有（　　）。

A. 建筑业企业资质分为工程总承包、专业分包、劳务分包三个序列

B. 我国建筑业企业、建设工程勘察、设计、工程监理企业资质的归口管理部门是国务院建设行政主管部门

C. 取得工程设计综合资质的企业，可以承接各行业、各等级的建设工程设计业务

D. 取得事务所资质的工程监理企业可以承担我国所有三级建设工程项目的工程监理业务

E. 专业承包企业可以将劳务作业分包给具有相应资质的劳务分包企业

6. 根据《建筑法》，关于发承包法律责任的说法，正确的有（　　）。

A. 发包单位将工程发包给不具有相应资质条件的承包单位的，责令改正，处以罚款

B. 超越本单位资质等级承揽工程的，责令停止违法行为，处以罚款，可以责令停业整顿，降低资质等级；情节严重的，吊销资质证书；有违法所得的，予以没收

C. 未取得资质证书承揽工程的，予以取缔，并处罚款；有违法所得的，予以没收

　　D. 以欺骗手段取得资质证书的，吊销资质证书，处以罚款；构成犯罪的，依法追究刑事责任

　　E. 总承包单位与分包单位就分包工程对建设单位按相应过错承担相应责任

7. 根据《建筑法》，超越本单位资质等级承揽工程的，法律责任的承担方式有（　　）。

　　A. 责令停止违法行为，处以罚款

　　B. 可以责令停业整顿，降低资质等级

　　C. 情节严重的，吊销资质证书

　　D. 有违法所得的，予以没收

　　E. 情节特别严重的，依法追究刑事责任

【答案与解析】

一、单项选择题

1. B;　2. B;　3. C;　4. A;　5. C;　6. B;　*7. B;　8. B;
9. D;　10. A;　11. A;　12. A;　13. A;　14. A;　15. B;　16. D;
17. A;　18. C;　*19. A;　*20. D

【解析】

7.【答案】B

建筑业企业实施企业改制，或者企业分立、合并的，可能会引起业绩、人员、资金等条件的变化。这些变化对建筑业企业的影响不能一概而论，既可能使得该建筑业企业实力更强，也可能削弱该企业实力。因此，其新的资质等级，应当按照实际达到的资质条件重新核定。

19.【答案】A

行政机关在拟作出吊销资质证书行政处罚决定前，应当告知行政相对人有要求举行听证的权利。A选项正确。《行政处罚法》中，听证属于依申请而非依职权启动的程序。则B选项不正确。听证由非本案调查人员主持，听取调查人员提出当事人违法的事实、证据和行政处罚建议与法律依据，并听取当事人的陈述、举证、质证和申辩及意见。当事人可以亲自参加听证，也可以委托一至二人代理，则C选项不正确。当事人不承担行政机关组织听证的费用，故D选项不正确。

20.【答案】D

施工企业与本企业项目经理签订内部承包合同，是施工企业内部调动员工积极性，提高管理水平的一种合法方式。总包人、分包人均可将全部工程的劳务作业分给具有相应劳务分包资质的施工企业。将工程主体交由他人完成，属于违法分包情形。故A、B、C选项均非正确选项。"在施工现场所设项目管理机构的人员不是本企业人员"，虽不能完全确定是该施工企业允许他人以本企业的名义承揽了工程，但从证据法的角度看，表面证据已经成立，若无足够相反证据推翻，则可以视同为该施工企业允许他人以本企业的名义承揽了工程。故D选项为正确选项。

二、多项选择题

1. A、C；　　　　2. A、B、D、E；　　3. B、D；　　　　4. A、B、D；
*5. B、C、E；　　*6. A、B、C、D；　　7. A、B、C、D

【解析】

5.【答案】B、C、E

依据《建筑业企业资质管理规定》第 5 条，建筑业企业资质分为施工总承包、专业承包和劳务分包三个序列。工程总承包与施工总承包不同，专业分包也与专业承包不同。故 A 选项不正确。依据《工程监理企业资质管理规定》第 8 条，取得工程监理事务所资质，可承担三级建设工程项目的工程监理业务，但国家规定必须实行强制监理的工程除外。故 D 选项不正确。B、C、E 为正确选项。

6.【答案】A、B、C、D

建筑工程总承包单位按照总承包合同的约定对建设单位负责；分包单位按照分包合同的约定对总承包单位负责。总承包单位和分包单位就分包工程对建设单位承担连带责任。因此，E 选项是错误的。

2.3 建造师注册执业制度

复习要点

1. 建造师考试

注册建造师是指通过考核认定或考试合格取得中华人民共和国建造师资格证书，并按照规定注册，取得中华人民共和国建造师注册证书和执业印章，担任施工单位项目负责人及从事相关活动的专业技术人员。《建造师执业资格制度暂行规定》规定，建造师分为一级建造师和二级建造师。二级建造师执业资格实行全国统一大纲，各省、自治区、直辖市命题并组织考试的制度。住房和城乡建设部负责拟定二级建造师执业资格考试大纲，人力资源和社会保障部负责审定考试大纲。各省、自治区、直辖市人事厅（局）建设厅（委）按照国家确定的考试大纲和有关规定，在本地区组织实施二级建造师执业资格考试。

二级建造师考试科目设置

属性	科目	专业类别
公共课	《建设工程法规及相关知识》	—
	《建设工程施工管理》	—
专业课	《专业工程管理与实务》	建筑工程
		公路工程
		水利水电工程
		市政公用工程
		矿业工程
		机电工程

二级建造师考试报名资格与程序

条件	程序
凡遵纪守法并具备工程类或工程经济类中等专科以上学历并从事建设工程项目施工管理工作满 2 年,可报名参加二级建造师资格考试	参加考试由本人提出申请,携带所在单位出具的有关证明及相关材料到当地考试管理机构报名。考试管理机构按规定程序和报名条件审查合格后,发给准考证。考生凭准考证在指定的时间、地点参加考试。中央管理的企业和国务院各部门及其所属单位的人员按属地原则报名参加考试
经国务院有关部门同意,获准在中华人民共和国境内从事建设工程项目施工管理的外籍及港、澳、台地区的专业人员,符合本规定要求的,也可报名参加建造师执业资格考试	

2. 建造师注册、受聘和执业范围

二级建造师的注册

类型		程序与材料
初始注册	注册条件	经考核认定或考试合格取得资格证书
		受聘于一个相关单位
		达到继续教育要求
		没有《注册建造师管理规定》中规定不予注册的情形
	注册程序	应当通过聘用单位提出注册申请
		向单位工商注册所在地的省、自治区、直辖市人民政府住房和城乡建设主管部门提交申请材料
		省、自治区、直辖市人民政府住房和城乡建设主管部门收到申请材料后,应当在 5 日内将全部申请材料报国务院住房和城乡建设主管部门审批
		国务院住房和城乡建设主管部门在收到申请材料后,应当依法作出是否受理的决定,并出具凭证
		申请材料不齐全或者不符合法定形式的,应当在 5 日内一次性告知申请人需要补正的全部内容
		逾期不告知的,自收到申请材料之日起即为受理
		符合条件的,由国务院住房和城乡建设主管部门核发《中华人民共和国一级建造师注册证书》,并核定执业印章编号
		对申请初始注册的,国务院住房和城乡建设主管部门应当自受理之日起 20 日内作出审批决定
		自作出决定之日起 10 日内公告审批结果
	提交材料	注册建造师初始注册申请表
		资格证书、学历证书和身份证明复印件
		申请人与聘用单位签订的聘用劳动合同复印件或其他有效证明文件
		逾期申请初始注册的,应当提供达到继续教育要求的证明材料
延续注册	注册程序	注册证书与执业印章有效期为 3 年
		注册有效期满需继续执业的,应当在注册有效期届满 30 日前,按照规定申请延续注册
		自受理之日起 10 日内作出审批决定。自作出决定之日起 10 日内公告审批结果

续表

类型		程序与材料
延续注册	注册程序	延续注册的，有效期为 3 年
		多专业注册的注册建造师，其中一个专业注册期满仍需以该专业继续执业和以其他专业执业的，应当及时办理续期注册
	提交材料	注册建造师延续注册申请表
		原注册证书
		申请人与聘用单位签订的聘用劳动合同复印件或其他有效证明文件
		申请人注册有效期内达到继续教育要求的证明材料
变更注册	注册程序	变更执业单位，应当与原聘用单位解除劳动关系
		应当在与新聘用企业签订聘用合同后的 1 个月内，通过新聘用企业申请办理变更手续
		自受理之日起 10 日内作出审批决定。自作出决定之日起 10 日内公告审批结果
		变更注册后仍延续原注册有效期
		因变更注册申报不及时影响注册建造师执业、导致工程项目出现损失的，由注册建造师所在聘用企业承担责任，并作为不良行为记入企业信用档案
		聘用企业与注册建造师解除劳动合同关系后无故不办理注销注册或变更注册的，注册建造师可向省级建设主管部门申请注销注册证和执业印章。注册建造师要求注销注册或变更注册的，应当提供与原聘用企业解除劳动关系的有效证明材料。建设主管部门经向原聘用企业核实，聘用企业在 7 日内没有提供书面反对意见和相关证明材料的，应予办理注销注册或变更注册
	提交材料	注册建造师变更注册申请表
		注册证书和执业印章
		申请人与新聘用单位签订的聘用合同复印件或有效证明文件
		工作调动证明（与原聘用单位解除聘用合同或聘用合同到期的证明文件、退休人员的退休证明）
增项注册	注册程序	通过聘用单位向单位工商注册所在地的省、自治区、直辖市人民政府建设主管部门提出注册申请
		省、自治区、直辖市人民政府建设主管部门受理后提出初审意见，并将初审意见和全部申报材料报国务院建设主管部门审批
		涉及铁路、公路、港口与航道、水利水电、通信与广电、民航专业的，国务院建设主管部门应当将全部申报材料送同级有关部门审核
		符合条件的，由国务院建设主管部门核发《中华人民共和国一级建造师注册证书》，并核定执业印章编号
	提交材料	提供相应的资格证明
否决注册	不予注册情形	不具有完全民事行为能力的
		申请在两个或者两个以上单位注册的
		未达到注册建造师继续教育要求的
		受到刑事处罚，刑事处罚尚未执行完毕的

续表

类型		程序与材料
否决注册	不予注册情形	因执业活动受到刑事处罚,自刑事处罚执行完毕之日起至申请注册之日止不满 5 年的
		因前项规定以外的原因受到刑事处罚,自处罚决定之日起至申请注册之日止不满 3 年的
		被吊销注册证书,自处罚决定之日起至申请注册之日止不满 2 年的
		在申请注册之日前 3 年内担任项目经理期间,所负责项目发生过重大质量和安全事故的
		申请人的聘用单位不符合注册单位要求的
		年龄超过 65 周岁的
		法律、法规规定不予注册的其他情形
	注册证书和执业印章失效	聘用单位破产的
		聘用单位被吊销营业执照的
		聘用单位被吊销或者撤回资质证书的
		已与聘用单位解除聘用合同关系的
		注册有效期满且未延续注册的
		年龄超过 65 周岁的
		死亡或不具有完全民事行为能力的
		其他导致注册失效的情形
	注销	有以上规定的注册证书和执业印章失效情形发生的
		依法被撤销注册的
		依法被吊销注册证书的
		受到刑事处罚的
		法律、法规规定应当注销注册的其他情形

二级建造师的受聘

事项	具体规定
受聘单位	取得资格证书的人员应当受聘于一个具有建设工程勘察、设计、施工、监理、招标代理、造价咨询等单位或具有一项或者多项资质的单位,经注册后方可从事相应的执业活动
	担任施工单位项目负责人的,应当受聘并注册于一个具有施工资质的企业
	建造师不仅可以在施工单位担任建设工程施工项目的项目经理,也可以在勘察、设计、监理、招标代理、造价咨询等单位或具有多项上述资质的单位执业
变更聘用	注册建造师应当通过企业按规定及时申请办理变更注册、续期注册等相关手续
	注册建造师变更聘用企业的,应当在与新聘用企业签订聘用合同后的 1 个月内,通过新聘用企业申请办理变更手续
	因变更注册申报不及时影响注册建造师执业、导致工程项目出现损失的,由注册建造师所在聘用企业承担责任,并作为不良行为记入企业信用档案

续表

事项	具体规定
聘用解除	聘用企业与注册建造师解除劳动关系的，应当及时申请办理注销注册或变更注册
	聘用企业与注册建造师解除劳动合同关系后无故不办理注销注册或变更注册的，注册建造师可向省级建设主管部门申请注销注册证书和执业印章
	注册建造师要求注销注册或变更注册的，应当提供与原聘用企业解除劳动关系的有效证明材料
	建设主管部门经向原聘用企业核实，聘用企业在 7 日内没有提供书面反对意见和相关证明材料的，应予办理注销注册或变更注册

二级建造师的执业范围

事项		具体规定
区域范围		二级注册建造师可在全国范围内以二级注册建造师名义执业
		工程所在地各级建设主管部门和有关部门不得增设或者变相设置跨地区承揽工程项目执业准入条件
岗位范围	一般规定	大中型工程施工项目负责人必须由本专业注册建造师担任
		二级注册建造师可以承担中、小型工程施工项目负责人
		可以从事建设工程项目总承包管理或施工管理，建设工程项目管理服务，建设工程技术经济咨询，以及法律、行政法规和国务院建设主管部门规定的其他业务
	注册建造师不得同时担任两个及以上建设工程施工项目负责人的例外情形	同一工程相邻分段发包或分期施工的
		合同约定的工程验收合格的
		因非承包方原因致使工程项目停工超过 120 天（含），经建设单位同意的
	注册建造师担任施工项目负责人期间不得更换的例外情形	发包方与注册建造师受聘企业已解除承包合同的
		发包方同意更换项目负责人的
		因不可抗力等特殊情况必须更换项目负责人的
工程范围	建筑工程专业	房屋建筑、装饰装修、地基与基础、土石方、建筑装修装饰、建筑幕墙、预拌商品混凝土、混凝土预制构件、园林古建筑、钢结构、高耸建筑物、电梯安装、消防设施、建筑防水、防腐保温、附着升降脚手架、金属门窗、预应力、爆破与拆除、建筑智能化、特种专业
	公路工程专业	公路，地基与基础、土石方、预拌商品混凝土、混凝土预制构件、钢结构、消防设施、建筑防水、防腐保温、预应力、爆破与拆除、公路路面、公路路基、公路交通、桥梁、隧道、附着升降脚手架、起重设备安装、特种专业
	水利水电工程专业	水利水电，土石方、地基与基础、预拌商品混凝土、混凝土预制构件、钢结构、建筑防水、消防设施、起重设备安装、爆破与拆除、水工建筑物基础处理、水利水电金属结构制作与安装、水利水电机电设备安装、河湖整治、堤防、水工大坝、水工隧洞、送变电、管道、无损检测、特种专业
	矿业工程专业	矿山，地基与基础、土石方、高耸构筑物、消防设施、防腐保温、环保、起重设备安装、管道、预拌商品混凝土、混凝土预制构件、钢结构、建筑防水、爆破与拆除、隧道、窑炉、特种专业

续表

事项		具体规定
工程范围	市政公用工程专业	市政公用，土石方、地基与基础、预拌商品混凝土、混凝土预制构件、预应力、爆破与拆除、环保、桥梁、隧道、道路路面、道路路基、道路交通、城市轨道交通、城市及道路照明、体育场地设施、给水排水、燃气、供热、垃圾处理、园林绿化、管道、特种专业
	机电工程专业	机电、石油化工、电力、冶炼、钢结构、电梯安装、消防设施、防腐保温、起重设备安装、机电设备安装、建筑智能化、环保、电子、仪表安装、火电设备安装、送变电、核工业、炉窑、冶炼机电设备安装、化工石油设备、管道安装、管道、无损检测、海洋石油、体育场地设施、净化、旅游设施、特种专业

二级建造师的监督与管理

事项	具体规定
监督检查措施	要求被检查人员出示注册证书和执业印章
	要求被检查人员所在聘用企业提供有关人员签署的文件及相关业务文档
	就有关问题询问签署文件的人员
	纠正违反有关法律、法规、本规定及工程标准规范的行为
	提出依法处理的意见和建议
禁止行为	不得妨碍被检查单位的正常生产经营活动
	不得索取或者收受财物，谋取任何利益
	有关单位和个人对依法进行的监督检查应当协助与配合，不得拒绝或者阻挠
	任何单位（发证机关除外）和个人不得扣押注册建造师注册证书或执业印章
监督分工	国务院建设主管部门对全国注册建造师的执业活动实施统一监督管理
	国务院铁路、交通、水利、信息产业、民航等有关部门按照国务院规定的职责分工，对全国相关专业注册建造师执业活动实施监督管理
	县级以上地方人民政府建设主管部门对本行政区域内注册建造师执业活动实施监督管理
	县级以上地方人民政府交通、水利、通信等有关部门在各自职责范围内，对本行政区域内相关专业注册建造师执业活动实施监督管理

3. 建造师基本权利和义务

建造师经注册后，有权以建造师名义担任建设工程项目施工的项目经理及从事其他施工活动的管理，同时必须严格遵守法律、法规和行业管理的各项规定，恪守职业道德。

建造师的基本权利、义务与禁止行为

事项	具体规定
基本权利	使用注册建造师名称
	在规定范围内从事执业活动
	在本人执业活动中形成的文件上签字并加盖执业印章

续表

事项	具体规定
基本权利	保管和使用本人注册证书、执业印章
	对本人执业活动进行解释和辩护
	接受继续教育
	获得相应的劳动报酬
	对侵犯本人权利的行为进行申述
基本义务	遵守法律、法规和有关管理规定，恪守职业道德
	执行技术标准、规范和规程
	保证执业成果的质量，并承担相应责任
	接受继续教育，努力提高执业水准
	保守在执业中知悉的国家秘密和他人的商业、技术等秘密
	与当事人有利害关系的，应当主动回避
	协助注册管理机关完成相关工作
禁止行为	不履行注册建造师义务
	在执业过程中，索贿、受贿或者谋取合同约定费用外的其他利益
	在执业过程中实施商业贿赂
	签署有虚假记载等不合格的文件
	允许他人以自己的名义从事执业活动
	同时在两个或者两个以上单位受聘或者执业
	涂改、倒卖、出租、出借、复制或以其他形式非法转让资格证书、注册证书和执业印章
	超出执业范围和聘用单位业务范围内从事执业活动
	不按设计图纸施工
	不按设计图纸施工
	使用不合格设备、建筑构配件
	违反工程质量、安全、环保和用工方面的规定
	在执业过程中，索贿、行贿、受贿或者谋取合同约定费用外的其他不法利益
	签署弄虚作假或在不合格文件上签章的
	以他人名义或允许他人以自己的名义从事执业活动
	同时在两个或者两个以上企业受聘并执业
	超出执业范围和聘用企业业务范围从事执业活动
	未变更注册单位，而在另一家企业从事执业活动
	所负责工程未办理竣工验收或移交手续前，变更注册到另一企业
	伪造、涂改、倒卖、出租、出借或以其他形式非法转让资格证书、注册证书和执业印章
	不履行注册建造师义务和法律、法规、规章禁止的其他行为

行政、刑事法律责任

违法类型	具体法律责任	
注册违法行为	隐瞒有关情况或者提供虚假材料申请注册的，住房和城乡建设主管部门不予受理或者不予注册，并给予警告，申请人 1 年内不得再次申请注册	
	以欺骗、贿赂等不正当手段取得注册证书的，由注册机关撤销其注册，3 年内不得再次申请注册，并由县级以上地方人民政府住房和城乡建设主管部门处以罚款。其中没有违法所得的，处以 1 万元以下的罚款；有违法所得的，处以违法所得 3 倍以下且不超过 3 万元的罚款	
	聘用单位为申请人提供虚假注册材料的，由县级以上地方人民政府住房和城乡建设主管部门或者其他有关部门给予警告，责令限期改正；逾期未改正的，可处以 1 万元以上 3 万元以下的罚款	
继续教育违法行为	不参加继续教育或继续教育不合格的不予注册	
	对于采取弄虚作假等手段取得《注册建造师继续教育证书》的，一经发现，立即取消其继续教育记录，并记入不良信用记录，对社会公布	
无证或未办理变更注册执业	未取得注册证书和执业印章，其所签署的工程文件无效，由县级以上地方人民政府住房和城乡建设主管部门或者其他有关部门给予警告，责令停止违法活动，并可处以 1 万元以上 3 万元以下的罚款	
	未办理变更注册而继续执业的，由县级以上地方人民政府住房和城乡建设主管部门或者其他有关部门责令限期改正；逾期不改正的，可处以 5000 元以下的罚款	
执业活动中违法行为	由县级以上地方人民政府住房和城乡建设主管部门或者其他有关部门给予警告，责令改正，没有违法所得的，处以 1 万元以下的罚款；有违法所得的，处以违法所得 3 倍以下且不超过 3 万元的罚款	不履行注册建造师义务
		在执业过程中，索贿、受贿或者谋取合同约定费用外的其他利益
		在执业过程中实施商业贿赂
		签署有虚假记载等不合格的文件
		签署有虚假记载等不合格的文件
		同时在两个或者两个以上单位受聘或者执业
		涂改、倒卖、出租、出借或以其他形式非法转让资格证书、注册证书和执业印章
		超出执业范围和聘用单位业务范围内从事执业活动
		法律、法规、规章禁止的其他行为
未提供注册建造师信用档案信息	县级以上地方人民政府住房和城乡建设主管部门或者其他有关部门责令限期改正；逾期未改正的，可处以 1000 元以上 1 万元以下的罚款	
未执行法律法规及因过错造成质量事故	未执行法律法规的，责令其停止执业 3 个月以上 1 年以下；情节严重的，吊销执业资格证书，5 年内不予注册；造成重大安全事故的，终身不予注册；构成犯罪的，依照刑法有关规定追究刑事责任	
	因过错造成质量事故的，依据《建设工程质量管理条例》第 72 条规定，责令停止执业 1 年；造成重大质量事故的，吊销执业资格证书，5 年内不予注册；情节特别恶劣的，终身不予注册	
	在认定有转包行为的项目中担任施工单位项目负责人的，吊销其执业资格证书，5 年内不予注册，且不得再担任施工单位项目负责人	
	对认定有挂靠行为的个人，不得再担任该项目施工单位项目负责人；有执业资格证书的吊销其执业资格证书，5 年内不予执业资格注册；造成重大质量安全事故的，吊销其执业资格证书，终身不予注册	

一 单项选择题

1. 下列情形中，符合注册建造师申请条件的是（   ）。

   A．甲因执业活动违法受到刑事处罚，2年前刑罚已执行完毕

   B．乙患有精神疾病，经鉴定为限制行为能力人

   C．丙因犯故意伤害罪被判刑，尚在缓刑期间

   D．丁60周岁

2. 取得建造师执业资格证书的人员，必须经过（   ）方可以建造师的名义从事建设工程项目的管理工作。

   A．登记   B．注册

   C．批准   D．核准

3. 下列各项中，关于建造师的执业，说法错误的是（   ）。

   A．取得建造师执业资格，即能以建造师名义从事建设工程施工项目的管理工作

   B．国家鼓励和提倡注册建造师"一师多岗"，从事国家规定的其他业务

   C．二级建造师执业划分为6个专业

   D．二级建造师应具有一定的工程技术、工程管理理论

4. 我国二级建造师执业资格的注册管理机构是（   ）。

   A．国家发展和改革委员会

   B．省、自治区、直辖市建设行政主管部门

   C．住房和城乡建设部及其授权机构

   D．国务院

5. 从事建筑工程活动的人员，要通过国家任职资格考试、考核，由（   ）注册并颁发资格证书。

   A．工商行政管理部门   B．劳动人事部门

   C．建设行政主管部门   D．县级以上人民政府

6. 关于注册执业人员未执行法律、法规和工程建设强制性标准，造成重大安全事故的处理，下列说法正确的是（   ）。

   A．吊销执业资格证书，终身不予注册

   B．吊销执业资格证书，5年内不予注册

   C．责令停止执业3个月以上1年以下

   D．处1万元以上10万元以下的罚款

7. 关于注册建造师执业管理的说法，正确的是（   ）。

   A．施工中形成的施工管理文件，应当由注册建造师签字或盖执业印章

   B．施工单位签署质量合格的文件上，必须有注册建造师的签字盖章

   C．所有工程施工项目负责人必须由本专业注册建造师担任

   D．大型工程项目施工负责人可以由一级或二级注册建造师担任

8. 关于注册建造师信用档案信息管理的说法，正确的是（   ）。

  A．注册建造师信用档案不包括注册建造师业绩

  B．不良行为记入信用档案，良好行为不必记入

  C．注册建造师信用档案信息应当按照有关规定向社会公示

  D．由于信用档案信息包括个人基本情况，所以不需要公示

9．二级建造师的注册条件是（ ）。

  A．应当具有高级职称

  B．无违法记录

  C．受聘于两个以下相关企业

  D．没有《注册建造师管理规定》中规定不予注册的情形

10．关于二级建造师的注册的说法，正确的是（ ）。

  A．初始注册不需要达到继续教育要求

  B．变更注册应通过原聘用单位申请

  C．延续注册时，应当提供原注册证书

  D．变更注册后，注册有效期重新起算

11．关于延续注册的说法，正确的是（ ）。

  A．注册证书与执业印章有效期为 5 年

  B．注册有效期满需继续执业的，至迟在注册有效期届满后 30 日内申请

  C．延续注册应当公告审批结果

  D．多专业注册的，各专业分别办理延续注册申请

12．关于变更注册的说法，正确的是（ ）。

  A．变更执业单位，可以与原聘用单位继续保留劳动关系

  B．应当在与新聘用企业签订聘用合同前的 1 个月内，办理变更注册

  C．变更注册后仍延续原注册有效期

  D．聘用企业与注册建造师解除劳动合同关系后无故不办理注销注册或变更注册的，注册建造师可登报挂失证书

13．聘用企业与注册建造师解除劳动合同关系后无故不办理注销注册或变更注册，注册建造师要求注销注册或变更注册的，（ ）。

  A．注册建造师应向国务院建设主管部门申请

  B．建设主管部门应先行调解，调解不成的，及时办理注销手续

  C．注册建造师应当提供与原聘用企业解除劳动关系的有效证明材料

  D．建设主管部门经向原聘用企业核实，聘用企业提出书面异议的，不予办理注销注册或变更注册

14．二级建造师可予注册的情形是（ ）。

  A．因疾病不能完全辨认自己的行为

  B．受到刑事处罚，附加刑尚未执行完毕

  C．未达到注册建造师继续教育要求的

  D．在申请注册之日 5 年前担任项目经理期间，所负责项目发生过重大质量和安全事故的

15．可导致注册证书失效的是（ ）。

A．聘用单位停产的　　　　　B．注册有效期满且未延续注册的

C．聘用单位资质证书被降级的　　D．受聘于两个单位的

16．可以充抵注册建造师继续教育学时的是（　　　）。

A．参加全国建造师执业资格考试命题工作

B．从事注册建造师辅导教材编写工作

C．在有全国影响力的会议上发表有关建设工程项目管理的学术论文

D．参加建造师考前培训授课工作

17．关于注册建造师教育保障的说法，正确的是（　　　）。

A．注册建造师享无权带薪参加继续教育

B．相关用人单位应督促注册建造师按期接受继续教育

C．注册建造师继续教育应当在业余时间进行

D．注册建造师参加继续教育的经费由其本人自理

18．关于二级注册建造师执业区域范围的说法，正确的是（　　　）。

A．执业区域范围限于其工程所在地

B．各地可根据实际情况设置执业准入条件

C．二级注册建造师可在经济特区执业

D．二级注册建造师未向地方建设主管部门备案，不得在该地方以注册建造师的名义执业

19．关于建造师的执业的说法，正确的是（　　　）。

A．小型工程施工项目负责人必须由本专业注册建造师担任

B．二级注册建造师不可担任小型工程施工项目负责人

C．一级注册建造师的薪酬待遇应当高于二级注册建造师

D．二级注册建造师可从事建设工程技术经济咨询工作

20．下列应当被撤销注册的是（　　　）。

A．申请人以欺骗、贿赂等不正当手段获准注册的

B．注册建造师受聘企业破产的

C．注册期限届满未申请延续的

D．注册建造师造成重大安全事故的

二　多项选择题

1．关于申请注册建造师执业资格的人员必须具备的条件的说法，正确的有（　　　）。

A．取得建造师执业资格证书

B．同时在 2 个及以上建筑业企业执业的

C．未超过 65 周岁

D．身体健康，能坚持在建造师岗位上工作

E．经所在单位考核合格

2．下列条件中，属于二级建造师应具备的执业技术能力的有（　　　）。

A．具有一定的工程技术、工程管理理论和相关经济理论水平，并具有丰富的

　　　施工管理专业知识

　　B. 能够熟练掌握和运用与施工管理业务相关的法律、法规、工程建设强制性标准和行业管理的各项规定

　　C. 具有一定的施工管理实践经验和资历，有一定的施工组织能力，能保证工程质量和安全生产

　　D. 有一定的外语水平

　　E. 建造师必须接受继续教育，更新知识，不断提高业务水平

3. 关于建造师的说法，正确的有（　　　）。

　　A. 某施工企业技术员未经注册，即使取得建造师执业资格，也不得从事建设工程施工项目的管理工作

　　B. 国家鼓励和提倡注册建造师"一师多岗"

　　C. 一级、二级建造师均应能保证工程质量和安全生产

　　D. 建造师的执业范围限于建设工程项目施工的项目经理

　　E. 具有一定的外语水平是建造师的基本条件之一

4. 注册管理机构应当注销建造师注册的情形有（　　　）。

　　A. 因过错发生工程建设质量事故

　　B. 已与聘用单位解除聘用合同

　　C. 没有参加继续教育

　　D. 跨省级行政区域执业

　　E. 同时在两个施工企业执业

5. 关于注册机关监督检查权的说法，正确的有（　　　）。

　　A. 可要求被检查人员出示注册证书和执业印章

　　B. 可要求被检查人员所在聘用单位提供有关人员签署的文件及相关业务文档

　　C. 就注册建造师的有关问题询问其他人员

　　D. 扣押注册建造师办公用品

　　E. 纠正注册建造师相关违法行为

6. 注册建造师同时担任两个项目负责人的以下情形中，合法的有（　　　）。

　　A. 属同一工程相邻分段发包的项目

　　B. 同一工程分期施工的

　　C. 合同约定的工程已完工

　　D. 两建设单位均认为注册建造师有能力胜任的

　　E. 因非承包方原因致使工程项目停工超过 120 天（含），经建设单位同意的

7. 关于对注册建造师违法行为查处分工的说法，正确的有（　　　）。

　　A. 由违法行为发生地建设主管部门或有关部门查处

　　B. 注册机关无权对违法行为处理

　　C. 违法行为发生地建设主管部门或有关部门享有撤销注册的建议权

　　D. 注册机关撤销注册的，应当告知行为发生地建设主管部门或有关部门

　　E. 注册建造师异地执业的，由注册所在地建设主管部门作出处理

【答案与解析】

一、单项选择题

*1. D;　2. B;　3. A;　4. B;　5. C;　6. A;　*7. B;　*8. C;

9. D;　10. C;　11. C;　12. C;　13. C;　14. D;　15. B;　16. A;

17. B;　18. C;　19. D;　*20. A

【解析】

1.【答案】D

依据《注册建造师管理规定》，申请人不予注册的情形包括：（1）不具有完全民事行为能力的；则 B 选项不正确；（2）申请在两个或者两个以上单位注册的；（3）未达到注册建造师继续教育要求的；（4）受到刑事处罚，刑事处罚尚未执行完毕的；则 C 选项不正确；（5）因执业活动受到刑事处罚，自刑事处罚执行完毕之日起至申请注册之日止不满 5 年的；则 A 选项不正确；（6）因前项规定以外的原因受到刑事处罚，自处罚决定之日起至申请注册之日止不满 3 年的；（7）被吊销注册证书，自处罚决定之日起至申请注册之日止不满 2 年的；（8）在申请注册之日前 3 年内担任项目经理期间，所负责项目发生过重大质量和安全事故的；（9）申请人的聘用单位不符合注册单位要求的；（10）年龄超过 65 周岁的；D 选项中丁仅 60 周岁，符合注册建造师申请条件，D 选项为正确选项；（11）法律、法规规定不予注册的其他情形。

7.【答案】B

复习此类考点，考生应掌握如下知识：（1）建设工程施工活动中注册建造师执业的签字盖章要求。建设工程施工活动中形成的有关工程施工管理文件，应当由注册建造师签字并加盖执业印章。施工企业签署质量合格的文件上，必须有注册建造师的签字盖章。注册建造师签章完整的工程施工管理文件方为有效。（2）不同级别的注册建造师执业时所能担任项目经理的工程项目级别。大中型工程项目施工负责人必须由本专业注册建造师担任，其中大型工程项目负责人必须由本专业一级注册建造师担任。

按照有关规定，施工管理文件应当由注册建造师签字并加盖执业印章，而 A 选项中是签字或盖执业印章，不符合规定中"并"的关系。小型工程可由其他专业注册建造师担任，因此 C 选项不正确。大型工程项目负责人必须由本专业一级注册建造师担任，D 选项不区分专业，因此不正确。只有 B 正确。

8.【答案】C

复习此类考点，考生应掌握如下知识：（1）注册建造师信用档案除包括注册建造师的基本情况、良好行为，还应当包括业绩、不良行为等内容。（2）注册建造师信用档案信息按照有关规定向社会公示。

A、B 选项将注册建造师业绩、良好行为排除在注册建造师信用档案之外，不正确。D 选项违反了注册建造师信用档案信息社会公示制度的基本要求。C 选项与法律规定相一致，正确。

20.【答案】A

撤销是对注册违法行为而非执业违法行为实施的处理行为。B、C 选项中，注册建造师受聘企业破产的，可以导致注册证书和执业印章失效。D 选项中，注册建造师造成重大安全事故的，属执业违法行为，其注册证书将被吊销。仅 A 选项是因注册违法行为导致撤销。

二、多项选择题

1. A、C、D、E；　　　2. C、E；　　　　　3. B、C；　　　　　*4. B、E；

5. A、B、E；　　　　6. A、B、E；　　　　*7. A、C、D、E

【解析】

4.【答案】B、E

依据《注册建造师管理规定》第 17 条，应当注销建造师注册的情形包括：（1）聘用单位破产的；（2）聘用单位被吊销营业执照的；（3）聘用单位被吊销或者撤回资质证书的；（4）已与聘用单位解除聘用合同关系的；（5）注册有效期满且未延续注册的；（6）年龄超过 65 周岁的；（7）死亡或不具有完全民事行为能力的；（8）依法被撤销注册的；（9）依法被吊销注册证书的；（10）受到刑事处罚的；（11）其他导致注册失效的情形，以及法律、法规规定应当注销注册的其他情形。故正确选项为 B、E 选项，其中 E 选项属可被依法撤销注册的情形。C 选项属注册或延续注册的要求，干扰度较大。D 选项为法律所允许。

7.【答案】A、C、D、E

注册建造师的违法行为，可按是否直接针对注册，将其划分为注册违法行为和执业违法行为。对于从事执业相关活动，发生违法行为的，由发生地县级以上地方人民政府建设主管部门或有关部门依法查处更为合理。但查处机关应当将违法事实、处理结果告知注册机关。因此 A 选项正确。若执业违法行为同时涉及依法应当撤销注册的，则应当查处机关将违法事实、处理建议及有关材料报注册机关，注册机关或有关部门应当在 7 个工作日内作出处理，并告知行为发生地人民政府建设行政主管部门或有关部门。故 B 选项错误，C、D 选项正确。

注册建造师异地执业的，工程所在地省级人民政府建设主管部门应当将处理建议转交注册建造师注册所在地省级人民政府建设主管部门，注册所在地省级人民政府建设主管部门应当在 14 个工作日内作出处理，并告知工程所在地省级人民政府建设行政主管部门。故 E 选项也正确。

2.4　建筑市场主体信用体系建设

复习要点

1. 建筑市场各方主体信用信息分类

相关基本概念

概念	内涵
建筑市场信用管理	在房屋建筑和市政基础设施工程建设活动中，对建筑市场各方主体信用信息的认定、采集、交换、公开、评价、使用及监督管理
建筑市场各方主体	工程项目的建设单位和从事工程建设活动的勘察、设计、施工、监理等企业，以及注册建筑师、勘察设计注册工程师、注册建造师、注册监理工程师等注册执业人员

续表

概念		内涵
建筑市场 信用信息	基本信息	注册登记信息、资质信息、工程项目信息、注册执业人员信息等
	优良信用信息	建筑市场各方主体在工程建设活动中获得的县级以上行政机关或群团组织表彰奖励等信息
	不良信用信息	建筑市场各方主体在工程建设活动中违反有关法律、法规、规章或工程建设强制性标准等，受到县级以上住房和城乡建设主管部门行政处罚的信息，以及经有关部门认定的其他不良信用信息

2. 建筑市场各方主体信用信息公开和应用

信用信息公开

事项		要求
公开期限	建筑市场各方 主体的信用 信息公开期限	基本信息长期公开
		优良信用信息公开期限一般为 3 年
		不良信用信息公开期限一般为 6 个月至 3 年，并不得低于相关行政处罚期限
		具体公开期限由不良信用信息的认定部门确定
	整改与缩短 公开期限	省、自治区和直辖市建设行政主管部门负责审查整改结果，对整改确有实效的，由企业提出申请，经批准，可缩短其不良行为记录信息公布期限，但公布期限最短不得少于 3 个月，同时将整改结果列于相应不良行为记录后，供有关部门和社会公众查询
		对于拒不整改或整改不力的单位，信息发布部门可延长其不良行为记录信息公布期限
	招标投标违法 行为记录公告	国务院有关行政主管部门和省级人民政府有关行政主管部门应自招标投标违法行为行政处理决定作出之日起 20 个工作日内对外进行记录公告
内容 和范围		公开建筑市场各方主体信用信息不得危及国家安全、公共安全、经济安全和社会稳定，不得泄露国家秘密、商业秘密和个人隐私
		属于《全国建筑市场各方主体不良行为记录认定标准》范围的不良行为记录除在当地发布外，还将由住房和城乡建设部统一在全国公布，公布期限与地方确定的公布期限相同，法律、法规另有规定的从其规定
		各省、自治区、直辖市建设行政主管部门将确认的不良行为记录在当地发布之日起 7 日内报建设部
		通过与工商、税务、纪检、监察、司法、银行等部门建立的信息共享机制，获取的有关建筑市场各方主体不良行为记录的信息，省、自治区、直辖市建设行政主管部门也应参照本规定在本地区统一公布
		对招标投标违法行为所作出的以下行政处理决定应给予公告：（1）警告；（2）罚款；（3）没收违法所得；（4）暂停或者取消招标代理资格；（5）取消在一定时期内参加依法必须进行招标的项目的投标资格；（6）取消担任评标委员会成员的资格；（7）暂停项目执行或追回已拨付资金；（8）暂停安排国家建设资金；（9）暂停建设项目的审查批准；（10）行政主管部门依法作出的其他行政处理决定
		违法行为记录公告的基本内容为：被处理的招标投标当事人名称（或姓名）、违法行为、处理依据、处理决定、处理时间和处理机关等。公告部门可将招标投标违法行为行政处理决定书直接进行公告

续表

事项	要求
公告信息的变更	地方各级住房和城乡建设主管部门应当通过省级建筑市场监管一体化工作平台办理信用信息变更，并及时推送至全国建筑市场监管公共服务平台
	对发布有误的信息，由发布该信息的省、自治区和直辖市建设行政主管部门进行修正，根据被曝光单位对不良行为的整改情况，调整其信息公布期限，保证信息的准确和有效
	行政处罚决定经行政复议、行政诉讼以及行政执法监督被变更或被撤销，应及时变更或删除该不良记录，并在相应诚信信息平台上予以公布，同时应依法妥善处理相关事宜
	招标投标违法行为记录公告部门负责建立公告平台信息系统，对记录信息数据进行追加、修改、更新，并保证公告的违法行为记录与行政处理决定的相关内容一致
	被公告的招标投标当事人认为公告记录与行政处理决定的相关内容不符的，可向公告部门提出书面更正申请，并提供相关证据
	公告部门接到书面申请后，应在 5 个工作日内进行核对
	公告的记录与行政处理决定的相关内容不一致的，应当给予更正并告知申请人；公告的记录与行政处理决定的相关内容一致的，应当告知申请人。公告部门在作出答复前不停止对违法行为记录的公告

信息应用

事项		要求
信用管理	守信激励	根据实际情况在行政许可等方面实行优先办理、简化程序等激励措施
	失信惩戒	作为"双随机、一公开"监管重点对象，加强事中事后监管，依法采取约束和惩戒措施
	黑名单	利用虚假材料、以欺骗手段取得企业资质的
		发生转包、出借资质，受到行政处罚的
		发生重大及以上工程质量安全事故，或 1 年内累计发生 2 次及以上较大工程质量安全事故，或发生性质恶劣、危害性严重、社会影响大的较大工程质量安全事故，受到行政处罚的
		经法院判决或仲裁机构裁决，认定为拖欠工程款，且拒不履行生效法律文书确定的义务的
信息管理		在行政许可、市场准入、招标投标、资质管理、工程担保与保险、表彰评优等工作中，充分利用已公布的建筑市场各方主体的诚信行为信息，依法对守信行为给予激励，对失信行为进行惩处
		在健全诚信奖惩机制的过程中，要防止利用诚信奖惩机制设置新的市场壁垒和地方保护
		各级建设行政主管部门应按照管理权限和属地管理原则建立建筑市场各方主体的信用档案，将信用记录信息与建筑市场监管综合信息系统数据库相结合，实现数据共享和管理联动
		企业未按照本规定要求提供企业信用档案信息的，由县级以上地方人民政府住房和城乡建设主管部门或者其他有关部门给予警告，责令限期改正；逾期未改正的，可处以 1000 元以上 1 万元以下的罚款

3. 建筑市场各方主体不良行为记录认定标准

施工单位不良行为记录认定标准

事项	具体规定
资质不良行为认定标准	未取得资质证书承揽工程的，或超越本单位资质等级承揽工程的
	以欺骗手段取得资质证书承揽工程的
	允许其他单位或个人以本单位名义承揽工程的
	未在规定期限内办理资质变更手续的
	涂改、伪造、出借、转让《建筑业企业资质证书》的
	按照国家规定需要持证上岗的技术工种的作业人员未经培训、考核，未取得证书上岗，情节严重的
承揽业务不良行为认定标准	利用向发包单位及其工作人员行贿、提供回扣或者给予其他好处等不正当手段承揽业务的
	相互串通投标或与招标人串通投标的，以向招标人或评标委员会成员行贿的手段谋取中标的
	以他人名义投标或以其他方式弄虚作假，骗取中标的
	不按照与招标人订立的合同履行义务，情节严重的
	将承包的工程转包或违法分包的
工程质量不良行为认定标准	在施工中偷工减料的，使用不合格建筑材料、建筑构配件和设备的，或者有不按照工程设计图纸或施工技术标准施工的其他行为的
	未按照节能设计进行施工的
	未对建筑材料、建筑构配件、设备和商品混凝土进行检测，或未对涉及结构安全的试块、试件以及有关材料取样检测的
	工程竣工验收后，不向建设单位出具质量保修书的，或质量保修的内容、期限违反规定的
	不履行保修义务或者拖延履行保修义务的
工程安全不良行为认定标准	在本单位发生重大生产安全事故时，主要负责人不立即组织抢救或在事故调查处理期间擅离职守或逃匿的，主要负责人对生产安全事故隐瞒不报、谎报或拖延不报的
	对建筑安全事故隐患不采取措施予以消除的
	不设立安全生产管理机构、配备专职安全生产管理人员或分部分项工程施工时无专职安全生产管理人员现场监督的
	主要负责人、项目负责人、专职安全生产管理人员、作业人员或特种作业人员，未经安全教育培训或经考核不合格即从事相关工作的
	未在施工现场的危险部位设置明显的安全警示标志，或未按照国家有关规定在施工现场设置消防通道、消防水源、配备消防设施和灭火器材的
	未向作业人员提供安全防护用具和安全防护服装的
	未按照规定在施工起重机械和整体提升脚手架、模板等自升式架设施验收合格后登记的
	使用国家明令淘汰、禁止使用的危及施工安全的工艺、设备、材料的
	违法挪用列入建设工程概算的安全生产作业环境及安全施工措施所需费用的
	施工前未对有关安全施工的技术要求作出详细说明的

续表

事项	具体规定
工程安全不良行为认定标准	未根据不同施工阶段和周围环境及季节、气候的变化，在施工现场采取相应的安全施工措施，或在城市市区内的建设工程的施工现场未实行封闭围挡的
	在尚未竣工的建筑物内设置员工集体宿舍的
	施工现场临时搭建的建筑物不符合安全使用要求的
	未对因建设工程施工可能造成损害的毗邻建筑物、构筑物和地下管线等采取专项防护措施的
	安全防护用具、机械设备、施工机具及配件在进入施工现场前未经查验或查验不合格即投入使用的
	使用未经验收或验收不合格的施工起重机械和整体提升脚手架、模板等自升式架设设施的
	委托不具有相应资质的单位承担施工现场安装、拆卸施工起重机械和整体提升脚手架、模板等自升式架设设施的
	在施工组织设计中未编制安全技术措施、施工现场临时用电方案或专项施工方案的
	主要负责人、项目负责人未履行安全生产管理职责的，或不服管理、违反规章制度和操作规程冒险作业的
	施工单位取得资质证书后，降低安全生产条件的，或经整改仍未达到与其资质等级相适应的安全生产条件的
	取得安全生产许可证发生重大安全事故的
	未取得安全生产许可证擅自进行生产的
	安全生产许可证有效期满未办理延期手续，继续进行生产的，或逾期不办理延期手续，继续进行生产的
	转让安全生产许可证的，接受转让的，冒用或使用伪造的安全生产许可证的

事项		具体规定
拖欠工程款或工人工资	不良行为认定标准	恶意拖欠或克扣劳动者工资
	单位及有关人员列入失信联合惩戒名单	克扣、无故拖欠农民工工资达到认定拒不支付劳动报酬罪数额标准的
		因拖欠农民工工资违法行为引发群体性事件、极端事件造成严重不良社会影响的

注册建造师不良行为记录认定标准

事项	具体规定
禁止行为	不按设计图纸施工
	使用不合格建筑材料
	使用不合格设备、建筑构配件
	违反工程质量、安全、环保和用工方面的规定
	在执业过程中，索贿、行贿、受贿或者谋取合同约定费用外的其他不法利益
	签署弄虚作假或在不合格文件上签章的
	以他人名义或允许他人以自己的名义从事执业活动

续表

事项	具体规定
禁止行为	同时在两个或者两个以上企业受聘并执业
	超出执业范围和聘用企业业务范围从事执业活动
	未变更注册单位，而在另一家企业从事执业活动
	所负责工程未办理竣工验收或移交手续前，变更注册到另一企业
	伪造、涂改、倒卖、出租、出借或以其他形式非法转让资格证书、注册证书和执业印章
	不履行注册建造师义务和法律、法规、规章禁止的其他行为
记入注册建造师执业信用档案	上表13种禁止行为
	未履行注册建造师职责造成质量、安全、环境事故的
	泄露商业秘密的
	无正当理由拒绝或未及时签字盖章的
	未按要求提供注册建造师信用档案信息的
	未履行注册建造师职责造成不良社会影响的
	未履行注册建造师职责导致项目未能及时交付使用的
	不配合办理交接手续的
	不积极配合有关部门监督检查的

一 单项选择题

1. 关于建筑市场各方主体的说法，正确的是（   ）。
   A. 仅指工程项目相关单位
   B. 可以包括工程法律咨询单位
   C. 包括建设工程从业人员
   D. 是基于信用管理进行定义

2. 根据《建筑市场信用管理暂行办法》，建筑市场各方主体的信用信息的基本信息公开期限为（   ）。
   A. 3年   B. 长期公开
   C. 6个月   D. 5年

3. 根据《建筑市场诚信行为信息管理办法》，关于不良行为记录整改的说法，正确的是（   ）。
   A. 省、自治区和直辖市建设行政主管部门负责审查整改结果
   B. 经批准，可缩短其不良行为记录信息公布期限，但公布期限最短不得少于6个月
   C. 整改结果不向社会公众查询
   D. 拒不整改或整改不力的单位，不再延长其不良行为记录信息公布期限

4. 关于行为公告信息的变更的说法，正确的是（　　　）。

    A. 地方各级住房和城乡建设主管部门应当通过全国建筑市场监管公共服务平台办理信用信息变更

    B. 行政处罚决定经行政复议、行政诉讼以及行政执法监督被变更或被撤销，应及时变更或删除该不良记录

    C. 对发布有误的信息，由发现该信息的省、自治区和直辖市建设行政主管部门进行修正

    D. 公告部门在对书面更正申请作出答复前暂停对违法行为记录的公告

5. 下列行为中，属于资质不良行为的是（　　　）。

    A. 相互串通投标或与招标人串通投标的

    B. 利用向发包单位及其工作人员行贿

    C. 涂改、伪造、出借、转让《建筑业企业资质证书》的

    D. 以他人名义投标的

6. 下列行为中，属于承揽业务不良行为的是（　　　）。

    A. 不按照与招标人订立的合同履行义务，情节严重的

    B. 以欺骗手段取得资质证书承揽工程的

    C. 未在规定期限内办理资质变更手续的

    D. 按照国家规定需要持证上岗的技术工种的作业人员未经培训、考核，未取得证书上岗，情节严重的

7. 下列行为中，属于工程质量不良行为的是（　　　）。

    A. 施工质量不合格的

    B. 未按照节能设计进行施工的

    C. 涉及结构安全的试块、试件经检验不合格的

    D. 质量保修期满有偿维修的

8. 下列行为中，属于工程安全不良行为的是（　　　）。

    A. 使用列入建设工程概算的安全生产作业环境及安全施工措施所需费用的

    B. 未向工作人员提供安全防护用具和安全防护服装的

    C. 使用国家明令淘汰、禁止使用的危及施工安全的工艺、设备、材料的

    D. 施工中未对有关安全施工的技术要求作出详细说明的

9. 下列行为中，属于注册建造师不良行为的是（　　　）。

    A. 不按施工图深化设计文件施工

    B. 变更注册单位至另一家企业从事执业活动

    C. 在执业过程中，收取项目内部承包利益

    D. 超出执业范围和聘用企业业务范围从事执业活动

10. 注册建造师的下列行为中，记入注册建造师执业信用档案的是（　　　）。

    A. 泄露个人隐私的

    B. 项目未能及时交付使用的

    C. 未履行注册建造师职责造成质量、安全、环境事故的

    D. 未配合办理交接手续的

二　多项选择题

1. 根据《建筑市场信用管理暂行办法》，公开建筑市场各方主体的信用信息的平台有（　　）。

    A. 县级建筑市场监管公共服务平台

    B. 市级建筑市场监管一体化工作平台

    C. 省级建筑市场监管一体化工作平台

    D. 部级建筑市场监管一体化工作平台

    E. 全国建筑市场监管公共服务平台

2. 根据《建筑市场信用管理暂行办法》，不得泄露的有（　　）。

    A. 专利发明　　　　　　　　B. 规章制度

    C. 国家秘密　　　　　　　　D. 基本信息

    E. 个人隐私

3. 根据《招标投标违法行为记录公告暂行办法》，下列行为中应给予公告的有（　　）。

    A. 驳回投诉

    B. 没收违法所得

    C. 暂停项目执行或追回已拨付资金

    D. 行政裁决

    E. 行政建议

4. 建筑市场各方主体的下列情形中，列入建筑市场主体"黑名单"的有（　　）。

    A. 过失使用材料取得企业资质的

    B. 发生重大及以上工程质量安全事故

    C. 发生违法分包，受到行政处罚的

    D. 3年内累计发生2次及以上较大工程质量安全事故

    E. 经法院判决或仲裁机构裁决，认定为拖欠工程款，且拒不履行生效法律文书确定的义务的

5. 根据《拖欠农民工工资失信联合惩戒对象名单管理暂行办法》，用人单位拖欠农民工工资，可被列入失信联合惩戒名单的有（　　）。

    A. 法定代表人　　　　　　　B. 直接负责的主管人员

    C. 责任人员的近亲属　　　　D. 行政主管部门负责人员

    E. 其他直接责任人员

【答案与解析】

一、单项选择题

*1. D;　　2. B;　　3. A;　　4. B;　　5. C;　　6. A;　　*7. B;　　*8. C;　　9. D;　　10. C

【解析】

1.【答案】D

《建筑市场信用管理暂行办法》（建市〔2017〕241 号）中对各方主体进行了定义。建筑市场各方主体是指工程项目的建设单位和从事工程建设活动的勘察、设计、施工、监理等企业，以及注册建筑师、勘察设计注册工程师、注册建造师、注册监理工程师等注册执业人员。A 选项排除了注册执业人员，不准确。"等"在立法技术上通常表示语气，非立法部门不得扩张解释，B 选项扩大了单位范围，不正确。从业人员比注册执业人员的范围更大，C 选项不正确。

7.【答案】B

根据《全国建筑市场各方主体不良行为记录认定标准》，工程质量不良行为认定标准为：（1）在施工中偷工减料的，使用不合格建筑材料、建筑构配件和设备的，或者有不按照工程设计图纸或施工技术标准施工的其他行为的；（2）未按照节能设计进行施工的；（3）未对建筑材料、建筑构配件、设备和商品混凝土进行检测，或未对涉及结构安全的试块、试件以及有关材料取样检测的；（4）工程竣工验收后，不向建设单位出具质量保修书的，或质量保修的内容、期限违反规定的；（5）不履行保修义务或者拖延履行保修义务的。质量不合格，因素往往较为复杂，对于不涉及故意的施工质量或试块、试件不合格的情形，不列入工程质量不良行为，故 A、C 选项不正确。质量保修期满，施工企业不再无偿保修，有偿维修属于其合法权利，D 选项不正确。

8.【答案】C

根据《全国建筑市场各方主体不良行为记录认定标准》，工程安全不良行为认定标准为：……（6）未向作业人员提供安全防护用具和安全防护服装的……（8）使用国家明令淘汰、禁止使用的危及施工安全的工艺、设备、材料的；（9）违法挪用列入建设工程概算的安全生产作业环境及安全施工措施所需费用的；（10）施工前未对有关安全施工的技术要求作出详细说明的……A 选项为正常使用，而非违法挪用，不正确。B 选项中的工作人员范围较广，也包括作业人员以外的其他工作人员，对该类人员没有提供安全防护用具和安全防护服装强制要求，不正确。对有关安全施工的技术要求作出详细说明的，应当在施工前进行，D 选项不正确。

二、多项选择题

1. C、E；　　　2. C、E；　　　3. B、C；　　　*4. B、E；

5. A、B、E

【解析】

4.【答案】B、E

《建筑市场信用管理暂行办法》规定，县级以上住房和城乡建设主管部门按照"谁处罚、谁列入"的原则，将存在下列情形的建筑市场各方主体，列入建筑市场主体"黑名单"：（1）利用虚假材料、以欺骗手段取得企业资质的；（2）发生转包、出借资质，受到行政处罚的；（3）发生重大及以上工程质量安全事故，或 1 年内累计发生 2 次及以上较大工程质量安全事故，或发生性质恶劣、危害性严重、社会影响大的较大工程质量安全事故，受到行政处罚的；（4）经法院判决或仲裁机构裁决，认定为拖欠工程款，且拒不履行生效法律文书确定的义务的。A 选项为过失，无主观故意，不属于"利用虚假材料""以欺骗手段"的情形，不正确。C 选项为违法分包，恶性低于规定中的"转包""出借资质"，不正确。

2.5 营商环境制度

复习要点

1. 营商环境优化

《优化营商环境条例》的相关规定

事项	具体规定
总体原则	转变政府职能
	坚持市场化、法治化、国际化原则
	建立营商环境评价制度
加强市场主体保护	保证各类市场主体自主经营权，平等参与竞争
	保护市场主体及其经营者的财产权和其他合法权益，保护企业经营者人身和财产安全
净化市场环境	深化商事制度改革，简化企业开办及经营流程
	放宽市场准入，营造公平竞争环境
	严格规范各类收费行为
	加强市场主体及政府信用体系建设
优化政务服务	推进政务服务标准化
	提高政务服务效率
	严格控制并逐步精简行政许可
	优化投资及工程建设项目审批程序
	优化产权登记及权利担保流程
规范监管执法	政府监管事权、监管规则和监管标准应公开透明
	构建以信用为基础的新型监管机制
	推行"双随机、一公开"监管
	政府及其有关部门应当按照鼓励创新的原则
加强法治保障	制定与市场主体生产经营活动密切相关的行政法规、规章、行政规范性文件，应当按照国务院的规定，充分听取市场主体、行业协会商会的意见
	除依法需要保密外，制定与市场主体生产经营活动密切相关的行政法规、规章、行政规范性文件，应当通过报纸、网络等向社会公开征求意见，并建立健全意见采纳情况反馈机制。向社会公开征求意见的期限一般不少于 30 日

优化营商环境专项整治工作

事项	具体规定
总体要求	清理、排查、纠正在招标投标法规政策文件、招标公告、投标邀请书、资格预审公告、资格预审文件、招标文件以及招标投标实践操作中，对不同所有制企业设置的各类不合理限制和壁垒

续表

事项	具体规定
重点问题	违法设置的限制、排斥不同所有制企业参与招标投标的规定，以及虽然没有直接限制、排斥，但实质上起到变相限制、排斥效果的规定
	违法限定潜在投标人或者投标人的所有制形式或者组织形式，对不同所有制投标人采取不同的资格审查标准
	设定企业股东背景、年平均承接项目数量或者金额、从业人员、纳税额、营业场所面积等规模条件；设置超过项目实际需要的企业注册资本、资产总额、净资产规模、营业收入、利润、授信额度等财务指标
	设定明显超出招标项目具体特点和实际需要的过高的资质资格、技术、商务条件或者业绩、奖项要求
	将国家已经明令取消的资质资格作为投标条件、加分条件、中标条件；在国家已经明令取消资质资格的领域，将其他资质资格作为投标条件、加分条件、中标条件
	将特定行政区域、特定行业的业绩、奖项作为投标条件、加分条件、中标条件；将政府部门、行业协会商会或者其他机构对投标人作出的荣誉奖励和慈善公益证明等作为投标条件、中标条件
	限定或者指定特定的专利、商标、品牌、原产地、供应商或者检验检测认证机构（法律法规有明确要求的除外）
	要求投标人在本地注册设立子公司、分公司、分支机构，在本地拥有一定办公面积，在本地缴纳社会保险等
	没有法律法规依据设定投标报名、招标文件审查等事前审批或者审核环节
	对仅需提供有关资质证明文件、证照、证件复印件的，要求必须提供原件；对按规定可以采用"多证合一"电子证照的，要求必须提供纸质证照
	在开标环节要求投标人的法定代表人必须到场，不接受经授权委托的投标人代表到场
	评标专家对不同所有制投标人打分畸高或畸低，且无法说明正当理由
	明示或暗示评标专家对不同所有制投标人采取不同的评标标准、实施不客观公正评价
	采用抽签、摇号等方式直接确定中标候选人
	限定投标保证金、履约保证金只能以现金形式提交，或者不按规定或者合同约定返还保证金
	简单以注册人员、业绩数量等规模条件或者特定行政区域的业绩奖项评价企业的信用等级，或者设置对不同所有制企业构成歧视的信用评价指标
	不落实《必须招标的工程项目规定》《必须招标的基础设施和公用事业项目范围规定》，违法干涉社会投资的房屋建筑等工程建设单位发包自主权
	其他对不同所有制企业设置的不合理限制和壁垒

2．中小企业款项支付保障

中小企业，是指在中华人民共和国境内依法设立，依据国务院批准的中小企业划分标准确定的中型企业、小型企业和微型企业。中小企业、大型企业依合同订立时的企业规模类型确定。中小企业与机关、事业单位、大型企业订立合同时，应当主动告知其属于中小企业。

规范合同订立及财政资金约束保障

事项	要求
禁止行为	机关、事业单位和大型企业不得要求中小企业接受不合理的付款期限、方式、条件和违约责任等交易条件
	不得违约拖欠中小企业的货物、工程、服务款项
强化财政资金保障要求	与政府采购、政府投资有关法律法规相衔接，规定机关、事业单位使用财政资金从中小企业采购货物、工程、服务，应当严格按照批准的预算执行，不得无预算、超预算开展采购
	政府投资项目所需资金应当按照国家有关规定确保落实到位，不得由施工单位垫资建设

规范支付行为要求

事项	要求
付款期限	机关、事业单位从中小企业采购货物、工程、服务，应当自货物、工程、服务交付之日起30日内支付款项；合同另有约定的，付款期限最长不得超过60日
	大型企业从中小企业采购货物、工程、服务，应当按照行业规范、交易习惯合理约定付款期限并及时支付款项
	合同约定采取履行进度结算、定期结算等结算方式的，付款期限应当自双方确认结算金额之日起算
检验验收要求	机关、事业单位和大型企业与中小企业约定以货物、工程、服务交付后经检验或者验收合格作为支付中小企业款项条件的，付款期限应当自检验或者验收合格之日起算
	合同双方应当在合同中约定明确、合理的检验或者验收期限，并在该期限内完成检验或者验收
	事业单位和大型企业拖延检验或者验收的，付款期限自约定的检验或者验收期限届满之日起算

防范账款拖欠

事项	要求
禁止变相拖欠	机关、事业单位和大型企业使用商业汇票等非现金支付方式支付中小企业款项的，应当在合同中作出明确、合理约定，不得强制中小企业接受商业汇票等非现金支付方式，不得利用商业汇票等非现金支付方式变相延长付款期限
	不得以法定代表人或者主要负责人变更，履行内部付款流程，或者在合同未作约定的情况下以等待竣工验收批复、决算审计等为由，拒绝或者迟延支付中小企业款项
	除合同另有约定或者法律、行政法规另有规定外，机关、事业单位和国有大型企业不得强制要求以审计机关的审计结果作为结算依据
规范保证金收取和结算	除依法设立的投标保证金、履约保证金、工程质量保证金、农民工工资保证金外，工程建设中不得收取其他保证金，不得将保证金限定为现金
	保证金收取比例应当符合国家有关规定
	保证期限届满后，应当及时对保证金进行核实和结算
明确迟延支付责任	机关、事业单位和大型企业迟延支付中小企业款项的，应当按照合同约定和本条例规定的利率标准支付逾期利息
	对拒绝或者迟延支付中小企业款项的机关、事业单位，应当在公务消费、办公用房、经费安排等方面采取必要的限制措施

信用监督与服务保障

事项	要求
建立支付信息披露制度	要求机关、事业单位、大型企业在规定时限内将逾期尚未支付中小企业款项的合同数量、金额等信息向社会公开或者公示
建立投诉处理和失信惩戒制度	规定省级以上人民政府负责中小企业促进工作综合管理的部门应当建立便利畅通的渠道，受理拒绝或者迟延支付中小企业款项相关投诉，并及时作出相应处理
	机关、事业单位和大型企业不履行及时支付中小企业款项义务，情节严重的，依法实施失信惩戒
建立监督评价机制	审计机关依法对机关、事业单位和国有大型企业支付中小企业款项情况实施审计监督
	省级以上人民政府建立督查制度，对及时支付中小企业款项工作进行监督检查
	国家依法开展中小企业发展环境评估和营商环境评价时，应当将及时支付中小企业款项工作情况纳入评估和评价内容

一　单项选择题

1. 关于建立营商环境评价制度的说法，正确的是（　　）。
   A. 国家建立和完善以政府为导向的营商环境评价体系
   B. 可以适当影响各地区、各部门正常工作
   C. 不得过分增加市场主体负担
   D. 重在发挥营商环境评价对优化营商环境的引领和督促作用

2. 关于简化企业开办及经营流程的说法，正确的是（　　）。
   A. 各省根据地方实际情况统一企业登记业务规范
   B. 国家推进"证照分离"改革
   C. 涉企经营许可事项不得作为企业登记的前置条件
   D. 全面取消审批

3. 关于放宽市场准入的说法，正确的是（　　）。
   A. 实行全国统一的市场准入负面清单制度
   B. 市场准入负面清单以外的领域，分类实施市场主体准入
   C. 各地区、各部门自行制定市场准入性质的负面清单
   D. 放宽市场准入与营造公平竞争环境存在矛盾

4. 关于规范各类收费行为的说法，正确的是（　　）。
   A. 设立政府性基金、涉企行政事业性收费、涉企保证金，应当有法律、行政法规或者规章依据
   B. 对政府性基金、涉企行政事业性收费、涉企保证金以及实行政府定价的经营服务性收费，实行目录清单管理并向社会公开
   C. 目录清单之外的前述收费和保证金经批准后执行
   D. 应当使用金融机构保函

5. 制定与市场主体生产经营活动密切相关的行政法规、规章、行政规范性文件，应当符合的要求是（　　）。

A．应当按照国务院的规定，充分听取市场主体、行业协会商会的意见

B．应当通过报纸、网络等向社会公开征求意见

C．意见采纳情况严格保密

D．向社会公开求意见的期限一般不少于 60 日

6. 优化营商环境专项整治工作重点针对的问题是（　　）。

A．对不同所有制投标人采取不同的资格审查标准

B．设置企业注册资本

C．设定较高的资质资格

D．将业绩、奖项作为投标条件

7. 关于规范支付行为要求的说法，正确的是（　　）。

A．机关、事业单位从中小企业采购货物、工程、服务，应当自货物、工程、服务交付之日起 90 日内支付款项

B．合同另有约定的，付款期限最长不得超过 120 日

C．大型企业从中小企业采购货物、工程、服务，付款期限最长不得超过 120 日

D．合同约定采取履行进度结算、定期结算等结算方式的，付款期限应当自双方确认结算金额之日起算

8. 机关、事业单位和大型企业拖延检验或者验收的，付款期限自（　　）。

A．拖延检验或者验收之日起算

B．申请检验或者验收之日起算

C．约定的检验或者验收期限届满之日起算

D．实际检验或者验收之日起算

9. 关于机关、事业单位和大型企业向中小企业支付方式的说法，正确的是（　　）。

A．机关、事业单位和大型企业不得约定中小企业接受商业汇票等非现金支付方式

B．决算审计未完成的，不得向中小企业支付款项

C．机关、事业单位和大型企业不得要求以审计机关的审计结果作为结算依据

D．不得以法定代表人或者主要负责人变更，履行内部付款流程

10. 机关、事业单位和大型企业迟延支付中小企业款项的，支付逾期利息的利率标准是（　　）。

A．万分之一　　　　　　　　　　B．万分之二

C．万分之三　　　　　　　　　　D．万分之五

二　多项选择题

1.《优化营商环境条例》坚持（　　）原则。

A．市场化　　　　　　　　　　B．平等化

C．法治化　　　　　　　　　　D．国际化

E．现代化

2. 编制并向社会公开政务服务事项（包括行政权力事项和公共服务事项）标准化

工作流程和办事指南的要求有（   ）。

  A．减环节   B．减材料

  C．减时限   D．增效益

  E．提水平

 3．招标文件的下列做法中，正确的有（   ）。

  A．将政府部门、行业协会商会或者其他机构对投标人作出的荣誉奖励和慈善公益证明等作为投标条件、中标条件

  B．对需提供有关资质证明文件、证照、证件原件的，要求必须提供原件

  C．在开标环节要求经授权委托的投标人代表必须到场

  D．评标专家对不同所有制投标人打分畸高或畸低，且无法说明正当理由

  E．采用抽签、摇号等方式直接确定中标候选人

 4．《保障中小企业款项支付条例》所称中小企业有（   ）。

  A．中型企业   B．小型企业

  C．微型企业   D．个体工商户

  E．自然人

 5．依法设立的保证金有（   ）。

  A．投标保证金   B．履约保证金

  C．工程质量保证金   D．农民工工资保证金

  E．预付款保证金

【答案与解析】

一、单项选择题

*1．D； 2．B； 3．A； 4．B； 5．A； 6．A； *7．D； *8．C；
9．D； 10．D

【解析】

1．【答案】D

  根据《优化营商环境条例》，建立营商环境评价制度。国家建立和完善以市场主体和社会公众满意度为导向的营商环境评价体系，而不是以政府为导向，A 选项不正确。发挥营商环境评价对优化营商环境的引领和督促作用，D 选项正确。开展营商环境评价，不得影响各地区、各部门正常工作，不得影响市场主体正常生产经营活动或者增加市场主体负担，B、C 选项不正确。

7．【答案】D

  机关、事业单位从中小企业采购货物、工程、服务，应当自货物、工程、服务交付之日起 30 日内支付款项；合同另有约定的，付款期限最长不得超过 60 日。A、B 选项不正确。大型企业不同于机关、事业单位，其从中小企业采购货物、工程、服务，不应限定具体时限，而应当按照行业规范、交易习惯合理约定付款期限并及时支付款项。C 选项不正确。合同约定采取履行进度结算、定期结算等结算方式的，该意思自治不违反法律、行政法规的强制性规定，应当尊重，付款期限应当自双方确认结算金额之日起

算。D 选项正确。

8.【答案】C

机关、事业单位和大型企业与中小企业约定以货物、工程、服务交付后经检验或者验收合格作为支付中小企业款项条件的，付款期限应当自检验或者验收合格之日起算。合同双方应当在合同中约定明确、合理的检验或者验收期限，并在该期限内完成检验或者验收。机关、事业单位和大型企业拖延检验或者验收的，付款期限自约定的检验或者验收期限届满之日起算。该规定是在机关、事业单位和大型企业怠于履行义务时，对中小企业的保护措施。

二、多项选择题

1. A、C、D;　　　2. A、B、C;　　　3. B、C;　　　4. A、B、C;

*5. A、B、C、D

【解析】

5.【答案】A、B、C、D

除依法设立的投标保证金、履约保证金、工程质量保证金、农民工工资保证金外，工程建设中不得收取其他保证金，不得将保证金限定为现金；保证金收取比例应当符合国家有关规定；保证期限届满后，应当及时对保证金进行核实和结算。为切实减轻中小企业负担，其他诸如预付款保证金、诚意保证金等形式的保证金，均不得收取。

第 3 章　建设工程许可法律制度

3.1　建设工程规划许可

复习要点

1. 规划许可证的申请

申请办理建设工程规划许可证，应当提交使用土地的有关证明文件、建设工程设计方案等材料。需要建设单位编制修建性详细规划的建设项目，还应当提交修建性详细规划。城市、县人民政府城乡规划主管部门或者省、自治区、直辖市人民政府确定的镇人民政府应当依法将经审定的修建性详细规划、建设工程设计方案的总平面图予以公布。

核发建设工程规划许可证

适用范围	法律文件	规定
城市规划区内	《城乡规划法》	对符合控制性详细规划和规划条件的，由城市、县人民政府城乡规划主管部门或者省、自治区、直辖市人民政府确定的镇人民政府核发建设工程规划许可证
乡、村庄规划区内	《城乡规划法》《土地管理法》	在乡、村庄规划区内进行乡镇企业、乡村公共设施和公益事业建设的，建设单位或者个人应当向乡、镇人民政府提出申请，由乡、镇人民政府报城市、县人民政府城乡规划主管部门核发乡村建设规划许可证
		在乡、村庄规划区内使用原有宅基地进行农村村民住宅建设的规划管理办法，由省、自治区、直辖市制定
		在乡、村庄规划区内进行乡镇企业、乡村公共设施和公益事业建设以及农村村民住宅建设，不得占用农用地；确需占用农用地的，应当依照《土地管理法》有关规定办理农用地转用审批手续后，由城市、县人民政府城乡规划主管部门核发乡村建设规划许可证
		建设单位或者个人在取得乡村建设规划许可证后，方可办理用地审批手续
临时建设批准	《城乡规划法》	在城市、镇规划区内进行临时建设的，应当经城市、县人民政府城乡规划主管部门批准。临时建设影响近期建设规划或者控制性详细规划的实施以及交通、市容、安全等的，不得批准
		临时建设应当在批准的使用期限内自行拆除。临时建设和临时用地规划管理的具体办法，由省、自治区、直辖市人民政府制定

2. 规划条件的变更

规划变更、验收、补偿和监督检查

适用范围	法律文件	规定
规划变更	《城乡规划法》	建设单位应当按照规划条件进行建设；确需变更的，必须向城市、县人民政府城乡规划主管部门提出申请

续表

适用范围	法律文件	规定
规划变更	《城乡规划法》	变更内容不符合控制性详细规划的，城乡规划主管部门不得批准
		城市、县人民政府城乡规划主管部门应当及时将依法变更后的规划条件通报同级土地主管部门并公示
		建设单位应当及时将依法变更后的规划条件报有关人民政府土地主管部门备案
规划验收	《城乡规划法》	县级以上地方人民政府城乡规划主管部门按照国务院规定对建设工程是否符合规划条件予以核实
		未经核实或者经核实不符合规划条件的，建设单位不得组织竣工验收
		建设单位应当在竣工验收后6个月内向城乡规划主管部门报送有关竣工验收资料
补偿	《城乡规划法》	在选址意见书、建设用地规划许可证、建设工程规划许可证或者乡村建设规划许可证发放后，因依法修改城乡规划给被许可人合法权益造成损失的，应当依法给予补偿
		经依法审定的修建性详细规划、建设工程设计方案的总平面图不得随意修改；确需修改的，城乡规划主管部门应当采取听证会等形式，听取利害关系人的意见；因修改给利害关系人合法权益造成损失的，应当依法给予补偿
监督检查	《城乡规划法》	县级以上人民政府及其城乡规划主管部门应当加强对城乡规划编制、审批、实施、修改的监督检查
		地方各级人民政府应当向本级人民代表大会常务委员会或者乡、镇人民代表大会报告城乡规划的实施情况，并接受监督
		县级以上人民政府城乡规划主管部门对城乡规划的实施情况进行监督检查，有权采取以下措施： （1）要求有关单位和人员提供与监督事项有关的文件、资料，并进行复制； （2）要求有关单位和人员就监督事项涉及的问题作出解释和说明，并根据需要进入现场进行勘测； （3）责令有关单位和人员停止违反有关城乡规划的法律、法规的行为
		城乡规划主管部门的工作人员履行前款规定的监督检查职责，应当出示执法证件。被监督检查的单位和人员应当予以配合，不得妨碍和阻挠依法进行的监督检查活动。监督检查情况和处理结果应当依法公开，供公众查阅和监督
		城乡规划主管部门在查处违反《城乡规划法》规定的行为时，发现国家机关工作人员依法应当给予行政处分的，应当向其任免机关或者监察机关提出处分建议
		依照《城乡规划法》规定应当给予行政处罚，而有关城乡规划主管部门不给予行政处罚的，上级人民政府城乡规划主管部门有权责令其作出行政处罚决定或者建议有关人民政府责令其给予行政处罚
		城乡规划主管部门违反《城乡规划法》规定作出行政许可的，上级人民政府城乡规划主管部门有权责令其撤销或者直接撤销该行政许可。因撤销行政许可给当事人合法权益造成损失的，应当依法给予赔偿

一　单项选择题

1. 关于建设工程许可的说法，正确的是（　　）。

    A. 许可的本质是审批   B. 许可属于事前监督方式

    C. 许可之间无任何联系   D. 违反许可不导致行为无效

2. 关于规划区的说法，正确的是（　　）。

    A. 不包括村庄的建成区   B. 是指必须实行规划控制的区域

    C. 规划区基于自然而形成   D. 规划区的设定应当保持超前性

3. 下列材料中，属于申请办理建设工程规划许可证均应当提交的是（　　）。

    A. 施工许可证   B. 安全生产许可证

    C. 建设工程设计方案   D. 修建性详细规划

4. 城乡规划主管部门核发建设工程规划许可证时，审核的重点是（　　）。

    A. 是否实现良好的投资效益   B. 是否具有施工安全防护措施

    C. 是否符合消防验收规范   D. 是否符合控制性详细规划和规划条件

5. 下列单位中，可以核发建设工程规划许可证的是（　　）。

    A. 自然资源部

    B. 省级人民政府

    C. 规划编制机构

    D. 省、自治区、直辖市人民政府确定的镇人民政府

6. 在乡、村庄规划区内进行乡镇企业、乡村公共设施和公益事业建设的，核发乡村建设规划许可证的单位是（　　）。

    A. 乡、镇人民政府

    B. 城市、县人民政府

    C. 城市、县人民政府城乡规划主管部门

    D. 省级人民政府城乡规划主管部门

7. 关于临时建设和临时用地规划管理的说法，正确的是（　　）。

    A. 不影响近期建设规划的，不需要经城市、县人民政府城乡规划主管部门批准

    B. 影响控制性详细规划的实施，应当经城市、县人民政府城乡规划主管部门批准

    C. 影响交通、市容、安全等的，不得批准

    D. 临时建设应当在使用完毕后及时拆除

8. 建设单位应当及时将依法变更后的规划条件报有关人民政府（　　）备案。

    A. 投资主管部门   B. 土地主管部门

    C. 生态环境部门   D. 住房和城乡建设主管部门

9. 组织竣工验收的主体是（　　）。

    A. 城乡规划主管部门   B. 住房和城乡建设主管部门

    C. 建设单位   D. 施工企业

10．建设单位应当在竣工验收后（　　　）内向城乡规划主管部门报送有关竣工验收资料。

  A．1个月   B．2个月

  C．3个月   D．6个月

11．根据《城乡规划法》，建设工程规划许可的申请由（　　　）提出。

  A．建设单位   B．施工企业

  C．全过程咨询单位   D．设计单位

12．关于修改城乡规划的法律责任的说法，正确的是（　　　）。

  A．依法修改建设工程规划许可证无需承担民事法律责任

  B．确需修改经依法审定的修建性详细规划的，城乡规划主管部门直接作出修改

  C．依法修改建设工程规划许可证应当承担行政法律责任

  D．依法修改城乡规划给被许可人合法权益造成损失的，应当依法给予补偿

13．负有加强对城乡规划编制、审批、实施、修改的监督检查职责的最基层单位是（　　　）。

  A．县级以上人民政府

  B．县级以上人民政府城乡规划主管部门

  C．乡、镇人民政府

  D．省、自治区、直辖市人民政府确定的镇人民政府

14．地方各级人民政府应当向（　　　）报告城乡规划的实施情况，并接受监督。

  A．上级人民政府

  B．纪检监察部门

  C．本级人民代表大会常务委员会或者乡、镇人民代表大会

  D．上级人民政府规划主管部门

15．关于城乡规划主管部门对城乡规划的实施情况进行监督检查可以采取的措施的说法，正确的是（　　　）。

  A．可以要求任何单位和人员提供有关文件、资料

  B．可以要求提供与监督事项无关的文件、资料

  C．根据需要进入现场进行勘测

  D．可以建议有关单位和人员停止违反有关城乡规划的法律、法规的行为

16．对城乡规划的实施情况进行监督检查情况和处理结果应当依法公开，供（　　　）查阅和监督。

  A．上级人民政府   B．上级规划主管部门

  C．公众   D．监督检查对象

17．城乡规划主管部门在查处违反《城乡规划法》规定的行为时，发现国家机关工作人员依法应当给予行政处分时，正确的做法是（　　　）。

  A．直接作出行政处分

  B．直接作出行政处罚

  C．移送司法机关处理

D．应当向其任免机关或者监察机关提出处分建议

18．依照《城乡规划法》规定应当给予行政处罚，而有关城乡规划主管部门不给予行政处罚时，上级人民政府城乡规划主管部门正确的做法是（　　）。

A．对有关城乡规划主管部门作出行政处分

B．对违反规划的行为人作出行政处罚决定

C．有权责令有关城乡规划主管部门作出行政处罚决定

D．建议有关人民政府作出行政处分

19．城乡规划主管部门违反《城乡规划法》规定作出行政许可时，上级人民政府城乡规划主管部门正确的做法是（　　）。

A．对有关城乡规划主管部门作出行政处分

B．责令有关城乡规划主管部门给予赔偿

C．撤回该行政许可

D．责令其撤销或者直接撤销该行政许可

20．关于依法应当办理建设工程规划许可证、施工许可证的项目的说法，正确的是（　　）。

A．规划许可证、施工许可证彼此独立

B．规划许可证、施工许可证存在交叉关系

C．施工许可证以规划许可证的取得为前提条件

D．规划许可证、施工许可证互为前提

二　多项选择题

1．根据建设工程项目行政监督流程，可以划分为（　　）等阶段。

A．立项　　　　　　　　B．用地规划

C．工程规划　　　　　　D．施工许可

E．运营维护

2．根据《城乡规划法》，城乡规划包括（　　）。

A．中央规划　　　　　　B．省规划

C．城镇体系规划　　　　D．城市规划

E．村庄规划

3．关于规划区的说法，正确的有（　　）。

A．在规划区内进行建设活动，必须遵守《城乡规划法》的规定，符合城乡规划的实施要求

B．规划区是指视城市、镇和村庄的建成区的现状，选择性实行规划控制的区域

C．规划区由有关人民政府划定

D．体现在城市总体规划、镇总体规划、乡规划和村庄规划中

E．应当以城乡经济社会发展水平和统筹城乡发展的需要为根据

4．根据《城乡规划法》，详细规划分为（　　）。

A．总体规划 B．具体规划

C．控制性详细规划 D．修建性详细规划

E．管理性详细规划

5．根据《城乡规划法》，实施城乡规划应当遵循的原则有（ ）。

A．城乡统筹原则 B．合理布局原则

C．节约土地原则 D．提高效益原则

E．先规划后建设原则

6．根据《城乡规划法》，申请办理建设工程规划许可证，应当提交的材料有（ ）。

A．使用土地的有关证明文件 B．建设工程设计方案

C．修建性详细规划 D．施工许可证

E．城乡规划相关法律法规

7．根据《城乡规划法》，在乡、村庄规划区内建设的适用范围有（ ）。

A．商品住宅 B．市政设施

C．乡镇企业 D．乡村公共设施

E．村民住宅建设

8．城乡规划主管部门对城乡规划的实施情况进行监督检查时，有权采取的措施包括（ ）。

A．要求有关单位和人员提供与监督事项有关的文件、资料，并进行复制

B．要求有关单位和人员就监督事项涉及的问题作出解释和说明，并根据需要进入现场进行勘测

C．责令有关单位和人员停止违反有关城乡规划的法律、法规的行为

D．对违法行为实施处罚

E．扣押有关单位财物

【答案与解析】

一、单项选择题

1．B； 2．B； 3．C； 4．D； 5．D； 6．C； *7．C； 8．B；

9．C； 10．D； 11．A； 12．D； *13．B； *14．C； 15．C； *16．C；

17．D； 18．C； 19．D； 20．C

【解析】

7．【答案】C

根据《城乡规划法》，在城市、镇规划区内进行临时建设的，应当经城市、县人民政府城乡规划主管部门批准。临时建设影响近期建设规划或者控制性详细规划的实施以及交通、市容、安全等的，不得批准。因此，无论是否影响前述事项，均需要经过有权部门批准，A选项不正确；影响了前述事项时，不得批准，B选项不正确。临时建设应当在批准的使用期限内自行拆除，而不是根据使用情况而定，D选项不正确。

13．【答案】B

根据《城乡规划法》，县级以上人民政府及其城乡规划主管部门应当加强对城乡规

划编制、审批、实施、修改的监督检查。正确选项为 B。D 选项中的"省、自治区、直辖市人民政府确定的镇人民政府"是核发建设工程规划许可证时最基层的单位，容易与城乡规划编制、审批、实施、修改的监督检查相混淆。

14.【答案】C

根据《城乡规划法》，地方各级人民政府应当向本级人民代表大会常务委员会或者乡、镇人民代表大会报告城乡规划的实施情况，并接受监督。该条规定的是政府就城乡规划的实施情况向人大负责的制度。其中，乡、镇人民代表大会无闭会期间的常设机构。C 选项为正确选项。

16.【答案】C

根据《城乡规划法》，城乡规划主管部门的工作人员履行规定的监督检查职责，应当出示执法证件。被监督检查的单位和人员应当予以配合，不得妨碍和阻挠依法进行的监督检查活动。监督检查情况和处理结果应当依法公开，供公众查阅和监督。该规定意在保障社会监督。A、B 选项为行政内部监督，D 选项中的监督检查对象为相对人，均不属于社会监督范畴，故 C 选项正确。

二、多项选择题

1. A、B、C、D;　　*2. C、D、E;　　3. A、C、D、E;　　4. C、D;

5. A、B、C、E;　　6. A、B、C;　　7. C、D、E;　　*8. A、B、C

【解析】

2.【答案】C、D、E

《城乡规划法》的规定，城乡规划，包括城镇体系规划、城市规划、镇规划、乡规划和村庄规划。A、B 并非规范的分类和说法。

8.【答案】A、B、C

《城乡规划法》规定，县级以上人民政府城乡规划主管部门对城乡规划的实施情况进行监督检查，有权采取以下措施：（1）要求有关单位和人员提供与监督事项有关的文件、资料，并进行复制；（2）要求有关单位和人员就监督事项涉及的问题作出解释和说明，并根据需要进入现场进行勘测；（3）责令有关单位和人员停止违反有关城乡规划的法律、法规的行为。D 选项属于监督检查后可能的处理，不符合题意。E 选项不属于城乡规划主管部门监督检查时的职权。

3.2　建设工程施工许可

复习要点

1. 施工许可证和开工报告的适用范围

我国建筑工程施工许可实行施工许可证制度，特殊工程实行开工报告等制度，其他工程无需申请领取施工许可证。《建设工程质量管理条例》中的"建设工程"是指土木工程、建筑工程、线路管道和设备安装工程及装修工程。《招标投标法》《政府采购法》体系中，"建设工程"包括建筑物和构筑物的新建、改建、扩建及其相关的装修、拆除、修缮等。

施工许可证、开工报告的适用范围及例外

适用范围	法律文件	规定
施工许可证的适用范围	《建筑工程施工许可管理办法》	中华人民共和国境内
		各类房屋建筑及其附属设施的建造、装修装饰和与其配套的线路、管道、设备的安装
		城镇市政基础设施工程的施工
	住房和城乡建设部办公厅《关于工程总承包项目和政府采购工程建设项目办理施工许可手续有关事项的通知》、国务院法制办公室《对政府采购工程项目法律适用及申领施工许可证问题的答复》	根据工程总承包合同及分包合同确定设计、施工单位
		在工程总承包项目中承担分包工作，且已与工程总承包单位签订分包合同的设计单位或施工单位，各级住房和城乡建设主管部门不得要求其与建设单位签订设计合同或施工合同，也不得将上述要求作为申请领取施工许可证的前置条件
		对依法通过竞争性谈判或单一来源方式确定供应商的政府采购工程建设项目，应严格执行《建筑法》《建筑工程施工许可管理办法》等规定，对符合申请条件的，应当颁发施工许可证
开工报告的适用范围	《政府投资条例》	国务院规定应当审批开工报告的重大政府投资项目，按照规定办理开工报告审批手续后方可开工建设
不需要办理施工许可证的建设工程的	《建筑法》《文物保护工程管理办法》	依法核定作为文物保护的纪念建筑物和古建筑等的修缮 修缮工程等文物保护工程按照文物保护单位级别实行分级管理，文物行政部门为审批机关
	《建筑法》	军用房屋建筑工程建筑活动的具体管理办法，由国务院、中央军事委员会依据本法制定
		国务院建设行政主管部门确定的限额以下的小型工程
		抢险救灾及其他临时性房屋建筑和农民自建低层住宅的建筑活动
	《建筑工程施工许可管理办法》	工程投资额在 30 万元以下的建筑工程
		建筑面积在 300m² 以下的建筑工程
		省、自治区、直辖市人民政府住房和城乡建设主管部门可以根据当地的实际情况，对限额进行调整，并报国务院住房和城乡建设主管部门备案
不重复办理施工许可证的建设工程	《建筑法》	按照国务院规定的权限和程序批准开工报告的建筑工程

2. 施工许可证的申请

按照国家有关规定向工程所在地县级以上人民政府建设行政主管部门申请领取施工许可证的主体是建设单位。建设工程实施代建模式，代建单位全面代表建设单位履行职责的，可以根据实际情况以自己的名义申请领取施工许可证，也可以在施工许可证中建设单位之后注明代建单位的身份。

法定申请条件总表

	《建筑法》	《建筑工程施工许可管理办法》
法定批准条件	已经办理该建筑工程用地批准手续	依法应当办理用地批准手续的，已经办理该建筑工程用地批准手续

续表

	《建筑法》	《建筑工程施工许可管理办法》
法定批准条件	已经取得规划许可证	依法应当办理建设工程规划许可证的，已经取得建设工程规划许可证
	进度符合施工要求	施工场地已经基本具备施工条件，需要征收房屋的，其进度符合施工要求
	已经确定建筑施工企业	已经确定施工企业
	资金安排、施工图纸及技术资料	有满足施工需要的资金安排、施工图纸及技术资料，建设单位应当提供建设资金已经落实承诺书，施工图设计文件已按规定审查合格
	有保证工程质量和安全的具体措施	有保证工程质量和安全的具体措施
	法律、行政法规规定的其他条件	法律、行政法规规定的其他条件

法定批准条件详表

法定批准条件	法律文件	规定
建筑工程用地批准手续	《土地管理法》	经批准的建设项目需要使用国有建设用地的，必须依法申请使用国有土地
		建设用地是指建造建筑物、构筑物的土地，包括城乡住宅和公共设施用地、工矿用地、交通水利设施用地、旅游用地、军事设施用地等
		向有批准权的县级以上人民政府自然资源主管部门提出建设用地申请
		经自然资源主管部门审查，报本级人民政府批准
规划许可证批准手续	《城乡规划法》	划拨方式，在取得建设用地规划许可证后，方可向县级以上地方人民政府土地主管部门申请用地
		出让方式，在取得建设项目的批准、核准、备案文件和签订国有土地使用权出让合同后，向城市、县人民政府城乡规划主管部门领取建设用地规划许可证
		在城市、镇规划区内进行建筑物、构筑物、道路、管线和其他工程建设的，建设单位或个人应当向城市、县人民政府城乡规划主管部门或者省、自治区、直辖市人民政府确定的镇人民政府申请办理建设工程规划许可证
施工场地条件等	《民法典·物权编》等	已进行场区的施工测量，设置永久性经纬坐标桩、水准基桩和工程测量控制网
		搞好"三通一平"或"五通一平"或"七通一平"
		具备施工使用的生产基地和生活基地
		强化安全管理和安全教育，在施工现场要设安全纪律牌、施工公告牌、安全标志牌
		由监理单位出具"施工场地已具备施工条件的证明"
		涉及公共利益的需要，已经依照法律规定的权限和程序征收集体所有的土地和单位、个人的房屋及其他不动产的

续表

法定批准条件	法律文件	规定
已经确定施工企业	《建筑法》《建筑工程施工许可管理办法》等	具备相应资质的施工企业
		依法通过招标或直接发包的方式确定
		签订建设工程承包合同
建设资金安排落实	《建筑法》《建筑工程施工许可管理办法》	有满足施工需要的资金安排
		建设单位应当提供建设资金已经落实承诺书
施工图纸及技术资料	《建设工程勘察设计管理条例》《建设工程质量管理条例》	施工图设计文件,应当满足设备材料采购、非标准设备制作和施工的需要,并注明建设工程合理使用年限
		具有地形、地质、水文、气象等自然条件资料和主要原材料、燃料来源、水电供应和运输条件等技术经济条件资料
		已按规定进行施工图设计文件审查
保证工程质量和安全的具体措施	《建设工程质量管理条例》	建设单位在开工前,应当按照国家有关规定办理工程质量监督手续,工程质量监督手续可以与施工许可证或者开工报告合并办理
	《建设工程安全生产管理条例》	应当提供建设工程有关安全施工措施的资料
	《建筑工程施工许可管理办法》	施工企业编制的施工组织设计中有根据建筑工程特点制定的相应质量、安全技术措施
		建立工程质量安全责任制并落实到人
		专业性较强的工程项目编制了专项质量、安全施工组织设计
		按照规定办理了工程质量、安全监督手续

3. 延期开工、核验和重新办理批准

延期开工、核验和重新办理批准

	事项	程序规定
延期开工、核验和重新办理批准	申请延期	因故不能按期开工的,应当向发证机关申请延期
		延期以两次为限,每次不超过 3 个月
		既不开工又不申请延期或者超过延期时限的,施工许可证自行废止
	核验施工许可证	中止施工,是指建设工程开工后,在施工过程中因特殊情况的发生而中途停止施工
		在建的建筑工程因故中止施工的,建设单位应当自中止施工之日起 1 个月内,向发证机关报告,并按照规定做好建筑工程的维护管理工作。报告内容包括中止施工的时间、原因、在施部位、维修管理措施等
		建筑工程恢复施工时,应当向发证机关报告
		中止施工满 1 年的工程恢复施工前,建设单位应当报发证机关核验施工许可证
		经核验符合条件的,应允许恢复施工,施工许可证继续有效
		经核验不符合条件的,应当收回其施工许可证,不允许恢复施工,待条件具备后,由建设单位重新申领施工许可证
	重新办理批准手续	按照国务院有关规定批准开工报告的建筑工程,因故不能按期开工或者中止施工的,应当及时向批准机关报告情况
		因故不能按期开工超过 6 个月的,应当重新办理开工报告的批准手续

一 单项选择题

1. 根据《建筑工程施工许可管理办法》，关于资金安排落实的说法，正确的是（   ）。

    A．一年以上的项目，到位资金不低于 30%

    B．不足一年的项目，到位资金不低于 50%

    C．建设单位应当提供建设资金已经落实承诺书

    D．项目规模较小的，可以不做资金安排

2.《建筑法》规定，建筑工程开工前，建设单位应当按照国家有关规定向工程所在地县级以上人民政府建设行政主管部门申请领取施工许可证；但是，国务院建设行政主管部门（   ）除外。

    A．确定的 200 万以下的工程   B．确定的 100 万以下的工程

    C．确定的限额以下的小型工程   D．确定的限额以上的工程

3. 除国务院建设行政主管部门确定的限额以下的（   ）外，建筑工程开工前，建设单位应当按照国家有关规定向工程所在地县级以上人民政府建设行政主管部门申请领取施工许可证。

    A．基本建设工程   B．公益性工程

    C．大型工程   D．小型工程

4. 凡工程投资额在（   ）以下或者建筑面积在 300 平方米以下的建筑工程，可以不申请办理施工许可证。

    A．300 万元   B．50 万元

    C．40 万元   D．30 万元

5. 按照我国《建筑法》，建筑工程实行施工许可制度，办理施工许可证的申请单位提出，建设行政主管部门接到申请后（   ）日内，应对符合条件的申请者颁发施工许可证。

    A．7   B．10

    C．15   D．20

6. 新建、扩建、改建的建设工程，建设单位必须在开工前向建设行政主管部门或其授权的部门申请领取（   ）。

    A．建设工程施工许可证   B．建设工程监理许可证

    C．建设工程设计许可证   D．建设工程施工管理证

7.《建筑法》规定，取得开工报告的建筑工程，因故不能按期开工时，建设单位应当及时向批准机关报告情况。如果因故不能按期开工超过（   ）的，应当重新办理开工报告的批准手续。

    A．1 个月   B．3 个月

    C．6 个月   D．12 个月

8. 建筑工程开工前，建设单位应当按照国家有关规定向工程所在地（   ）以上人民政府建设行政主管部门申请领取施工许可证。

　　A．乡级　　　　　　　　　　B．县级

　　C．市级　　　　　　　　　　D．省级

　　9．根据《建筑工程施工许可管理办法》，在中华人民共和国境内从事各类房屋建筑及其附属设施的建造、装饰装修和与其配套的线路、管道、设备的安装，以及城镇市政基础设施工程的施工，建设单位在开工前应当依照本法的规定，向工程所在地的县级以上人民政府建设行政主管部门申请领取（　　　　）。

　　A．工商登记证　　　　　　　B．施工许可证

　　C．规划许可证　　　　　　　D．土地使用证

　　10．建筑工程在施工过程中，建设单位或者施工单位发生变更的，应当（　　　）施工许可证。

　　A．更换　　　　　　　　　　B．退还

　　C．注销　　　　　　　　　　D．重新申请领取

　　11．根据《建筑法》，建筑工程实行施工许可制度，办理施工许可证的申请由（　　　　）提出。

　　A．建设单位　　　　　　　　B．施工企业

　　C．全过程咨询单位　　　　　D．设计单位

　　12．根据《建筑工程施工许可管理办法》，关于施工许可行政处罚的说法，正确的是（　　　）。

　　A．施工许可行政处罚仅对单位实施

　　B．直接责任人员受到的处罚仅限于罚款

　　C．对直接责任人员处单位罚款数额 2%～5%

　　D．单位受到处罚的，作为不良行为记录予以通报

　　13．建设单位取得施工许可证后，若不能按期开工，应当向发证机关申请延期，每次延期不超过（　　　）个月。

　　A．1　　　　　　　　　　　　B．2

　　C．3　　　　　　　　　　　　D．4

　　14．关于保证工程质量和安全的具体措施的说法，正确的是（　　　　）。

　　A．施工企业审批的施工组织设计中有根据建筑工程特点制定的相应质量、安全技术措施

　　B．建立工程质量安全责任制并落实到人

　　C．编制了专项质量、安全施工组织设计

　　D．办理了工程质量、安全监督手续

　　15．按照国务院有关规定批准开工报告的建筑工程，因故不能按期开工超过 6 个月的，建设单位应当（　　　）手续。

　　A．申请办理开工延期　　　　B．重新办理开工报告的批准

　　C．申请办理施工许可证注销　D．核验开工报告批准

　　16．关于施工许可中"已经确定施工企业"的说法，正确的是（　　　　）。

　　A．已与施工企业签署合作意向　B．评标结果已公示

　　C．施工合同已签订　　　　　　D．施工合同已向建设行政主管部门备案

17. 关于施工许可"保证工程质量安全的具体措施"，说法正确的是（　　）。

　　A. 办理质量监督手续之前，应当先行申领施工许可证

　　B. 施工企业应当具备相应资质

　　C. 由监理单位出具"施工场地已具备施工条件的证明"

　　D. 建立工程质量安全责任制并落实到人

18. 应当委托监理的工程是（　　）。

　　A. 成片开发建设的住宅小区工程

　　B. 公用事业工程

　　C. 利用对口帮扶城市援助资金的工程

　　D. 国家建设工程

19. 关于施工许可中"资金落实"的说法，正确的是（　　）。

　　A. 资金必须 100% 到位

　　B. 必须为自有资金

　　C. 建设单位上级单位出具的到位资金证明

　　D. 建设单位应当提供建设资金已经落实承诺书

20. 关于建筑工程中止和恢复施工的说法，正确的是（　　）。

　　A. 建筑工程可以无任何理由而中止

　　B. 建筑工程中止施工的，应当提前 1 个月向发证机关报告

　　C. 建筑工程中止施工后，应当做好建筑工程的维护管理工作

　　D. 建筑工程恢复施工之日起 1 个月内，应当向发证机关报告

二　多项选择题

1. 根据《建筑工程施工许可管理办法》，对于未取得施工许可证或者为规避办理施工许可证将工程项目分解后擅自施工的，制裁措施有（　　）。

　　A. 限期改正　　　　　　　　　B. 责令停止施工

　　C. 罚款　　　　　　　　　　　D. 吊销营业执照

　　E. 暂扣营业执照

2. 建设单位申请领取施工许可证的，（　　）应当与依法签订的施工承包合同一致。

　　A. 工程名称　　　　　　　　　B. 地点

　　C. 规模　　　　　　　　　　　D. 资质

　　E. 资金

3.《建筑法》关于申请领取施工许可证的条件，不包括（　　）。

　　A. 已经办理该建筑工程用地批准手续

　　B. 有满足施工需要的施工图纸及技术资料

　　C. 有满足施工需要的办公用具

　　D. 已经确定建筑施工企业

　　E. 施工企业有相关业绩

4. 申请领取建筑工程施工许可证应具备的条件有（　　　）。

    A. 建设资金已经落实

    B. 按照规定应该委托监理的工程已委托监理

    C. 按照规定应该招标的工程虽没有招标，但已确定施工企业

    D. 有保证工程质量和安全的具体措施

    E. 需要征收房屋的，其进度符合施工要求

5. 关于建筑工程施工许可的说法正确的有（　　　）。

    A. 工程因故中止施工，建设单位应在中止施工之日起 1 个月内向原发证机关报告

    B. 中止施工 6 个月以上的工程恢复施工前，应重新核验施工许可证

    C. 因故不能在领取施工许可证后的 3 个月内开工时，可以申请延期

    D. 须取得所在地县级以上人民政府建设行政主管部门审批的施工许可证，方可施工

    E. 建设行政主管部门应当在接到办理施工许可证申请后 30 日内审批施工许可证

6. 根据《建筑工程施工许可管理办法》，建设单位采用欺骗、贿赂等不正当手段取得施工许可证的法律责任，说法正确的有（　　　）。

    A. 由项目所在地县级建设行政主管部门撤回施工许可证

    B. 由原发证机关重新核验施工许可证

    C. 由原发证机关撤销施工许可证

    D. 对建设单位处工程合同价款 1% 以上 2% 以下罚款

    E. 责令建设单位停止施工

7. 某高技术产业园区拟进行二期建设，则应具备的条件有（　　　）。

    A. 已经办理用地批准手续

    B. 已经委托监理企业

    C. 有满足施工需要的施工图纸及技术资料

    D. 拆迁工作已经完成

    E. 建设资金已经落实

8. 申请办理施工许可证的程序包括（　　　）。

    A. 建设单位领取申请表　　　　B. 建设单位提出申请

    C. 发证机关作出决定　　　　　D. 许可证管理

    E. 审核开工报告是否符合条件

【答案与解析】

一、单项选择题

1. C;　　2. C;　　3. D;　　4. D;　　5. C;　　6. A;　　7. C;　　8. B;

9. B;　　*10. D;　　11. A;　　12. D;　　*13. C;　　*14. B;　　15. B;　　*16. C;

17. D;　　18. A;　　19. D;　　20. C

【解析】

10.【答案】D

不同的建设单位或者施工单位，对施工许可需要满足条件的符合性不同。因此，建设单位或者施工单位发生变更后，可能对施工许可造成实质性影响，应当重新向建设行政主管部门申请，由建设行政主管部门重新进行审查。符合条件的，颁发施工许可证。

13.【答案】C

依据《建筑法》第 9 条，建设单位应当自领取施工许可证之日起 3 个月内开工。因故不能按期开工的，应当向发证机关申请延期；延期以两次为限，每次不超过 3 个月。既不开工又不申请延期或者超过延期时限的，施工许可证自行废止。C 选项的 3 个月与开工期限容易混淆。

14.【答案】B

《建筑工程施工许可管理办法》规定，施工企业编制的施工组织设计中有根据建筑工程特点制定的相应质量、安全技术措施。建立工程质量安全责任制并落实到人。专业性较强的工程项目编制了专项质量、安全施工组织设计，并按照规定办理了工程质量、安全监督手续。施工组织设计由建设单位或其委托的监理单位审批，C、D 选项均有前提条件，故 A、C、D 选项均不正确，B 选项正确。

16.【答案】C

与施工企业签署合作意向并不能确定该工程由该施工企业承担，A 选项不正确。评标结果虽已公示，存在 1～3 名中标候选人，但由于公示期未满，故也不能确定中标人。B 选项不正确。在我国，施工合同备案不是合同生效法定要件，我国也取消了施工合同备案，故 D 选项不正确。按照《民法典》，合同通常自双方签字盖章之日起生效，故 C 选项正确。

二、多项选择题

1. A、B、C；　　　*2. A、B、C；　　3. C、E；　　　4. D、E；
5. A、C；　　　　6. C、E；　　　7. A、C；　　　*8. A、B、C、D

【解析】

2.【答案】A、B、C

施工许可证的申领主体是建设单位，而不是施工单位，因此并无资质要求，D 选项不正确。施工许可证对合同价格提出了要求。资金的涵义较广，包括但不限于施工等费用，故 E 选项不正确。

8.【答案】A、B、C、D

《建筑工程施工许可管理办法》规定，申请办理施工许可证，应当按照下列程序进行：（1）建设单位领取申请表；（2）建设单位提出申请；（3）发证机关作出决定；（4）许可证管理规定。此外《建筑工程施工许可管理办法》规定，按照国务院规定的权限和程序批准开工报告的建筑工程，不再领取施工许可证，故 E 选项不正确。

第 4 章　建设工程发承包法律制度

4.1　建设工程发承包的一般规定

微信扫一扫
在线做题 + 答疑

复习要点

　　《建筑法》是对国家建筑活动进行监督管理的基本法，其对建筑工程的发包与承包作了一般规定。从程序看，建设工程发包可以分为招标发包和非招标方式发包两大类型。建筑工程依法实行招标发包，对不适于招标发包的可以直接发包；政府采购工程，按照招标投标法及其实施条例必须进行招标的工程建设项目以外的项目，应当采用法律法规规定的非招标采购方式。

1. 建设工程总承包

1）建设工程总承包的模式

　　工程总承包，是指承包单位按照与建设单位签订的合同，对工程设计、采购、施工或者设计、施工等阶段实行总承包，并对工程的质量、安全、工期和造价等全面负责的工程建设组织实施方式。

工程总承包的 具体模式	设计采购施工（EPC）/ 交钥匙工程总承包
	设计 – 施工总承包（D-B）模式
	工程总承包还可采用设计 – 采购总承包（E-P）和采购 – 施工总承包（P-C）等方式

2）建设工程总承包项目的发包

　　建设单位依法采用招标或者直接发包等方式选择工程总承包单位。

违法发包	
概念	违法发包是指建设单位将工程发包给个人或不具有相应资质的单位、支解发包、违反法定程序发包及其他违反法律法规规定发包的行为
违法发包的 几种具体情形	建设单位将工程发包给个人的
	建设单位将工程发包给不具有相应资质的单位的
	依法应当招标未招标或未按照法定招标程序发包的
	建设单位设置不合理的招标投标条件，限制、排斥潜在投标人或者投标人的
	建设单位将一个单位工程的施工分解成若干部分发包给不同的施工总承包或专业承包单位的

3）建设工程总承包项目的权利义务

工程总承包项目中， 由建设单位承担的 风险主要包括情形	主要工程材料、设备、人工价格与招标时基期价相比，波动幅度超过合同约定幅度的部分
	因国家法律法规政策变化引起的合同价格的变化

续表

工程总承包项目中，由建设单位承担的风险主要包括情形	不可预见的地质条件造成的工程费用和工期的变化
	因建设单位原因产生的工程费用和工期的变化
	不可抗力造成的工程费用和工期的变化

4）建设工程总承包的法律责任

事项	主体	内容
质量责任	建设单位要求	建设单位不得迫使工程总承包单位以低于成本的价格竞标，不得明示或者暗示工程总承包单位违反工程建设强制性标准、降低建设工程质量，不得明示或者暗示工程总承包单位使用不合格的建筑材料、建筑构配件和设备
	工程总承包单位要求	工程总承包单位应当对其承包的全部建设工程质量负责，分包单位对其分包工程的质量负责，分包不免除工程总承包单位对其承包的全部建设工程所负的质量责任。工程总承包单位、工程总承包项目经理依法承担质量终身责任
	项目经理要求	工程总承包项目强调设计施工深度融合，旨在优化管理、提高效率、节约成本，项目管理难度大，对项目经理要求高。 《房屋建筑和市政基础设施项目工程总承包管理办法》第 20 条规定，工程总承包项目经理应当具备下列条件：（1）取得相应工程建设类注册执业资格，包括注册建筑师、勘察设计注册工程师、注册建造师或者注册监理工程师等；未实施注册执业资格的，取得高级专业技术职称；（2）担任过与拟建项目相类似的工程总承包项目经理、设计项目负责人、施工项目负责人或者项目总监理工程师；（3）熟悉工程技术和工程总承包项目管理知识以及相关法律法规、标准规范；（4）具有较强的组织协调能力和良好的职业道德。工程总承包项目经理不得同时在两个或者两个以上工程项目担任工程总承包项目经理、施工项目负责人
安全责任	建设单位要求	建设单位不得对工程总承包单位提出不符合建设工程安全生产法律、法规和强制性标准规定的要求，不得明示或者暗示工程总承包单位购买、租赁、使用不符合安全施工要求的安全防护用具、机械设备、施工机具及配件、消防设施和器材
	工程总承包单位要求	工程总承包单位对承包范围内工程的安全生产负总责。分包单位应当服从工程总承包单位的安全生产管理，分包单位不服从管理导致生产安全事故的，由分包单位承担主要责任，分包不免除工程总承包单位的安全责任

2. 建设工程共同承包

事项	内容
定义	共同承包系由两个或两个承包单位临时组成联合体，以同一承包人身份共同承揽项目的行为，在组织上具有合意性和临时性，对外责任上具有连带性。《建筑法》《招标投标法》《政府采购法》中均有关于共同承包的规定
适用范围	《建筑法》第 27 条规定，大型建筑工程或者结构复杂的建筑工程，可以由两个以上的承包单位联合共同承包
资质要求	在工程总承包项目中，工程总承包单位应当同时具有与工程规模相适应的工程设计资质和施工资质，或者由具有相应资质的设计单位和施工单位组成联合体进行承包。 两个以上不同资质等级的单位实行联合共同承包的，应当按照资质等级低的单位的业务许可范围承揽工程
责任	共同承包的各方对承包合同的履行承担连带责任

续表

事项	内容
共同投标协议	在采用招标投标方式缔结合同时，依据《招标投标法》，两个以上法人或者其他组织应当在投标阶段即组成联合体，签订共同投标协议，明确约定各方拟承担的工作和责任，并将共同投标协议连同投标文件一并提交招标人，以一个投标人的身份共同投标。 共同投标协议，是明确联合体各方分工和责任的基础文件。联合体中标的，联合体各方应当共同与招标人签订合同，就中标项目向招标人承担连带责任；对内，共同投标协议是联合体成员责任确定的重要依据。 招标人不得强制投标人组成联合体共同投标，不得限制投标人之间的竞争

3. 建设工程分包

事项		内容
分包	基本规定	根据《民法典》第791条，总承包人或者勘察、设计、施工承包人经发包人同意，可以将自己承包的部分工作交由第三人完成
	条件	（1）承包人不得将其承包的全部建设工程转包给第三人或者将其承包的全部建设工程支解以后以分包的名义分别转包给第三人。如有该情形，则构成转包。 （2）禁止承包人将工程分包给不具备相应资质条件的单位。分包单位应当符合建筑市场资质管理制度要求。 （3）建设工程主体结构的施工必须由承包人自行完成。 （4）禁止分包单位将其承包的工程再分包。 （5）经发包人同意。除总承包合同中已有约定的分包外，必须经建设单位认可
	分包的合同缔结方式	《房屋建筑和市政基础设施项目工程总承包管理办法》第21条规定：工程总承包单位可以采用直接发包的方式进行分包。但以暂估价形式包括在总承包范围内的工程、货物、服务分包时，属于依法必须进行招标的项目范围且达到国家规定规模标准的，应当依法招标
	违法分包的情形	（1）单位将其承包的工程分包给个人的；（2）施工总承包单位或专业承包单位将工程分包给不具备相应资质单位的；（3）施工总承包单位将施工总承包合同范围内工程主体结构的施工分包给其他单位的，钢结构工程除外；（4）专业分包单位将其承包的专业工程中非劳务作业部分再分包的；（5）专业作业承包人将其承包的劳务再分包的；（6）专业作业承包人除计取劳务作业费用外，还计取主要建筑材料款和大中型施工机械设备、主要周转材料费用的
	责任	分包人就其完成的工作成果与总承包人或者勘察、设计、施工承包人向发包人承担连带责任
转包	概念	转包，是指承包单位承包工程后，不履行合同约定的责任和义务，将其承包的全部工程或者将其承包的全部工程支解后以分包的名义分别转给其他单位或个人施工的行为
	应当认定为转包的情形	（1）承包单位将其承包的全部工程转给其他单位（包括母公司承接建筑工程后将所承接工程交由具有独立法人资格的子公司施工的情形）或个人施工的； （2）承包单位将其承包的全部工程支解以后，以分包的名义分别转给其他单位或个人施工的； （3）施工总承包单位或专业承包单位未派驻项目负责人、技术负责人、质量管理负责人、安全管理负责人等主要管理人员，或派驻的项目负责人、技术负责人、质量管理负责人、安全管理负责人中一人及以上与施工单位没有订立劳动合同且没有建立劳动工资和社会养老保险关系，或派驻的项目负责人未对该工程的施工活动进行组织管理，又不能进行合理解释并提供相应证明的；

续表

事项		内容
转包	应当认定为转包的情形	（4）合同约定由承包单位负责采购的主要建筑材料、构配件及工程设备或租赁的施工机械设备，由其他单位或个人采购、租赁，或施工单位不能提供有关采购、租赁合同及发票等证明，又不能进行合理解释并提供相应证明的； （5）专业作业承包人承包的范围是承包单位承包的全部工程，专业作业承包人计取的是除上缴给承包单位"管理费"之外的全部工程价款的； （6）承包单位通过采取合作、联营、个人承包等形式或名义，直接或变相将其承包的全部工程转给其他单位或个人施工的； （7）专业工程的发包单位不是该工程的施工总承包或专业承包单位，但建设单位依约作为发包单位的除外； （8）专业作业的发包单位不是该工程承包单位的； （9）施工合同主体之间没有工程款收付关系，或者承包单位收到款项后又将款项转拨给其他单位和个人，又不能进行合理解释并提供材料证明的。前述几种情形中有证据证明属于挂靠或者其他违法行为的则以挂靠或其他违法行为认定
挂靠	概念	挂靠是指单位或个人以其他有资质的施工单位的名义承揽工程包括参与投标、订立合同、办理有关施工手续、从事施工等活动
	应当认定为挂靠的情形	（1）没有资质的单位或个人借用其他施工单位的资质承揽工程的；（2）有资质的施工单位相互借用资质承揽工程的，包括资质等级低的借用资质等级高的，资质等级高的借用资质等级低的，相同资质等级相互借用的；（3）前述转包情形第（3）至（9）项规定的情形，有证据证明属于挂靠。也即，前述转包情形第（3）至（9）项的违法情形中，如有证据表明构成挂靠的，则以挂靠论处；如不足以认定为挂靠的，则以转包认定

一　单项选择题

1. 根据《建筑工程施工发包与承包违法行为认定查处管理办法》，下列不属于违法发包的情形是（　　　）。

A. 建设单位将工程发包给不具有相应资质单位的

B. 未履行法定发包程序，包括应当依法进行招标未招标，应当申请直接发包未申请或申请未核准的

C. 建设单位将一个单位工程的施工分解成若干部分发包给不同的施工总承包或专业承包单位的

D. 将建筑工程发包给依法中标的承包单位的

2. 关于工程总承包的说法，正确的是（　　　）。

A. 工程总承包是指发包人将全部施工任务发包给具有施工总承包资质的建筑业企业

B. 工程总承包由施工总承包企业按照合同的约定向建设单位负责，承包完成施工任务

C. 工程总承包由工程总承包企业与建设单位签订合同

D. 施工总承包是对工程项目的设计、采购、施工等实行全过程的承包

3. 关于工程总承包的说法，正确的是（   ）。
    A．建设单位不得自行对工程总承包项目进行管理
    B．监理单位不得做项目管理单位
    C．建设单位可以依法采用招标或者直接发包的方式选择工程总承包企业
    D．工程总承包项目不得采用成本加酬金合同

4. 关于工程总承包企业的基本要求的说法，正确的是（   ）。
    A．工程总承包企业不得自行实施设计和施工
    B．工程承包企业不得直接将工程项目的设计或者施工业务择优分包给具有相应资质的企业
    C．工程总承包企业自行实施施工的，可以将工程总承包项目工程主体结构的施工业务分包给其他单位
    D．工程总承包企业自行实施设计的，不得将工程总承包项目工程主体部分的设计业务分包给其他单位

5. 关于共同承包的说法，正确的是（   ）。
    A．共同承包最多只能由两个单位组成联合体
    B．不需要联合体中每一个单位都具有承包资质
    C．大型建筑工程或者结构复杂的建筑工程，必须由两个以上的承包单位联合共同承包
    D．共同承包的各方对承包合同的履行承担连带责任

6. 关于工程总承包企业的责任的说法，正确的是（   ）。
    A．建筑工程总承包单位按照总承包合同的约定对建设单位负责
    B．总承包单位和分包单位就分包工程对建设单位承担按份责任
    C．建设工程实行总承包的，分包单位应当对全部建设工程质量负责
    D．总承包单位和分包单位就分包工程对建设单位承担无过错责任

7. 关于可以分包的工程范围的说法，正确的是（   ）。
    A．只要施工总承包企业具有资质，就不需要接受其分包的公司具有资质
    B．承包单位可以将其承包的全部建筑工程肢解以后以分包的名义分别转包给他人
    C．施工总承包的，建筑工程主体结构的施工必须由总承包单位自行完成
    D．承包单位可以将其承包的全部建筑工程转包给他人

8. 关于工程分包的说法，正确的是（   ）。
    A．中标人可以向他人转让中标项目
    B．中标人可以将中标项目肢解后分别向他人转让
    C．接受分包的人就分包项目承担按份责任
    D．接受分包的人应当具备相应的资格条件

（二）多项选择题

1. 关于工程总承包的说法，正确的有（   ）。

A．工程总承包企业应当同时具有与工程规模相适应的工程设计资质和施工资质

B．工程总承包项目经理应当取得工程建设类注册执业资格或者高级专业技术职称

C．工程总承包企业可以在其资质证书许可的工程项目范围内自行实施设计和施工

D．工程总承包企业可以将工程总承包项目转包

E．工程总承包企业可以挂靠使用与工程规模相适应的工程设计资质或者施工资质

2．下列选项中，属于违法分包的情形有（　　　）。

A．总承包单位将建设工程分包给不具备相应资质条件的单位的

B．分包单位将其承包的建设工程再分包的

C．总承包单位对其承包建设工程的主体工程进行分包的，钢结构工程除外

D．任何情形下，承包单位将其承包的部分建设工程交由其他单位完成的

E．总承包单位将其承包的工程分包的

3．下列选项中，属于挂靠的行为有（　　　）。

A．没有资质的单位或个人借用其他施工单位的资质承揽工程的

B．总承包单位将建设工程分包给不具备相应资质条件的单位的

C．专业工程的发包单位不是该工程的施工总承包或专业承包单位的

D．资质等级高的施工单位借用资质等级低的

E．分包单位将其承包的建设工程再分包的

4．下列选项中，在工程总承包项目中，属于由建设单位承担的风险主要有（　　　）。

A．主要工程材料、设备、人工价格与招标时基期价相比，波动幅度超过合同约定幅度的部分

B．因国家法律法规政策变化引起的合同价格的变化

C．不可预见的地质条件造成的工程费用和工期的变化

D．因工程总承包单位原因产生的工程费用和工期的变化

E．不可抗力造成的工程费用和工期的变化

【答案与解析】

一、单项选择题

1．D；　2．C；　3．C；　*4．D；　*5．D；　6．A；　7．C；　8．D

【解析】

4．【答案】D

工程总承包企业可以在其资质证书许可的工程项目范围内自行实施设计和施工，也可以根据合同约定或者经建设单位同意，将设计和施工任务依法发包，因此 A、B 选项错误。工程总承包企业自行实施设计的，不得将工程总承包项目工程主体部分的设计业务分包给其他单位。工程总承包企业自行实施施工的，不得将工程总承包项目工程主体结构的施工业务分包给其他单位，因此 C 选项错误，D 选项正确。

5.【答案】D

共同承包是指由两个以上具备承包资格的单位共同组成非法人的联合体，以共同的名义对工程进行承包的行为，因此 A、B 选项错误；C 选项应当为，大型建筑工程或者结构复杂的建筑工程，可以由两个以上的承包单位联合共同承包，是可以而非应当，因此 C 选项错误。D 选项正确。

二、多项选择题

1. A、B、C；　　　　2. A、B、C；　　　　3. A、D；　　　　4. A、B、C、E

4.2　建设工程招标投标制度

复习要点

1. 建设工程法定招标的范围、招标方式和交易场所
1）建设工程法定招标的范围

建设工程法定招标的范围和规模标准

法定招标的总体范围	《招标投标法》规定，在我国境内进行下列工程建设项目，包括项目的勘察、设计、施工、监理以及与工程建设有关的重要设备、材料等的采购，必须进行招标	
法定招标的具体范围	大型基础设施、公用事业等关系社会公共利益、公众安全的项目	（1）煤炭、石油、天然气、电力、新能源等能源基础设施项目；（2）铁路、公路、管道、水运，以及公共航空和 A1 级通用机场等交通运输基础设施项目；（3）电信枢纽、通信信息网络等通信基础设施项目；（4）防洪、灌溉、排涝、引（供）水等水利基础设施项目；（5）城市轨道交通等城建项目
	全部或者部分使用国有资金投资或者国家融资的项目	（1）使用预算资金 200 万元人民币以上，并且该资金占投资额 10% 以上的项目，预算资金是指《预算法》规定的预算资金，包括一般公共预算资金、政府性基金预算资金、国有资本经营预算资金、社会保险基金预算资金；（2）使用国有企业事业单位资金，并且该资金占控股或者主导地位的项目
	使用国际组织或者外国政府贷款、援助资金的项目	（1）使用世界银行、亚洲开发银行等国际组织贷款、援助资金的项目；（2）使用外国政府及其机构贷款、援助资金的项目
法定招标的规模标准	施工单项合同	估算价在 400 万元人民币以上
	重要设备、材料等货物的采购单项合同	估算价在 200 万元人民币以上
	勘察、设计、监理等服务的采购，单项合同	估算价在 100 万元人民币以上
只有同时满足在项目范围内同时达到规模标准的项目才是必须招标的工程项目		

特殊情况下可以不招标的建设项目

法律文件	具体规定
《招标投标法》	涉及国家安全、国家秘密、抢险救灾或者属于利用扶贫资金实行以工代赈、需要使用农民工等特殊情况，不适宜进行招标的项目，按照国家有关规定可以不进行招标

续表

法律文件	具体规定
《招标投标法实施条例》《工程建设项目施工招标投标办法》	① 需要采用不可替代的专利或者专有技术； ② 采购人依法能够自行建设、生产或者提供； ③ 已通过招标方式选定的特许经营项目投资人依法能够自行建设、生产或者提供； ④ 需要向原中标人采购工程、货物或者服务，否则将影响施工或者功能配套要求； ⑤ 承包商、供应商或者服务提供者少于三家，不能形成有效竞争； ⑥ 国家规定的其他特殊情形

2）建设工程招标方式

建设工程招标方式

公开招标	概念	公开招标，是指招标人以招标公告的方式邀请不特定的法人或者其他组织投标。它是一种由招标人按照法定程序，在公开出版物上发布或者以其他公开方式发布招标公告，所有符合条件的承包商都可以平等参加投标竞争，从中择优选择中标者的招标方式。由于这种招标方式对竞争没有限制，因此，又被称为无限竞争性招标
	基本含义	（1）招标人以招标公告的方式邀请投标；（2）可以参加投标的法人或者其他组织是不特定的。从招标的本质来讲，这种招标方式是最符合招标的宗旨的
邀请招标	概念	邀请招标，是指招标人以投标邀请书的方式邀请特定的法人或者其他组织投标。邀请招标是由接到投标邀请书的法人或者其他组织才能参加投标的一种招标方式，其他潜在的投标人则被排除在投标竞争之外，因此，也被称为有限竞争性招标
	条件	邀请招标必须向三个以上的潜在投标人发出邀请。并且被邀请的法人或者其他组织必须具备以下条件：（1）具备承担招标项目的能力，如施工招标，被邀请的施工企业必须具备与招标项目相应的施工资质等级；（2）资信良好
一般公开招标，例外可以邀请招标的情形	《招标投标法》	国务院发展计划部门确定的国家重点项目和省、自治区、直辖市人民政府确定的地方重点项目不适宜公开招标的，经国务院发展计划部门或者省、自治区、直辖市人民政府批准，可以进行邀请招标
	《招标投标法实施条例》	国有资金占控股或者主导地位的依法必须进行招标的项目，应当公开招标；但有下列情形之一的，可以邀请招标：（1）技术复杂、有特殊要求或者受自然环境限制，只有少量潜在投标人可供选择；（2）采用公开招标方式的费用占项目合同金额的比例过大

3）建设工程交易场所

建设工程交易场所

法律文件	规定
《招标投标法实施条例》	设区的市级以上地方人民政府可以根据实际需要，建立统一规范的招标投标交易场所，为招标投标活动提供服务。招标投标交易场所不得与行政监督部门存在隶属关系，不得以营利为目的。国家鼓励利用信息网络进行电子招标投标

续表

法律文件	规定
2015 年 8 月 10 日，国务院办公厅印发《整合建立统一的公共资源交易平台工作方案》	整合分散设立的工程建设项目招标投标、土地使用权和矿业权出让、国有产权交易、政府采购等交易平台，在统一的平台体系上实现信息和资源共享，依法推进公共资源交易高效规范运行。积极有序推进其他公共资源交易纳入统一平台体系。民间投资的不属于依法必须招标的项目，由建设单位自主决定是否进入统一平台。2016 年 6 月 24 日，国家发展和改革委员会等部门联合发布了《公共资源交易平台管理暂行办法》，对规范包括建设工程交易场所在内的公共资源交易平台起了重要作用

一　单项选择题

1. 下列情形中，属于建设工程法定招标的范围的是（　　）。
   A. 使用国有企业事业单位资金的项目
   B. 施工单项合同估算价在 10 万元人民币以上的项目
   C. 电信枢纽、通信信息网络等通信基础设施项目
   D. 承包商、供应商或者服务提供者少于三家，不能形成有效竞争的项目

2. 下列特殊情况下，可不招标的是（　　）。
   A. 需要采用专利或者专有技术的项目
   B. 需要使用工人的项目
   C. 向不会影响功能配套要求的原中标人采购工程、货物或者服务
   D. 采购人依法能够自行建设、生产或者提供的项目

3. 关于招标方式的适用范围的说法，正确的是（　　）。
   A. 所有国有资金占控股或者主导地位的依法必须进行招标的项目都必须一律公开招标
   B. 民营企业投资的依法必须招标的项目可以选择邀请招标
   C. 需要邀请不特定的法人或者其他组织投标，应当采用邀请招标的方式
   D. 国务院发展计划部门确定的国家重点项目和省、自治区、直辖市人民政府确定的地方重点项目不适宜公开招标的，无须经过任何审批即可进行邀请招标

4. 关于投标公告和投标邀请书的说法，正确的是（　　）。
   A. 招标人采用公开招标方式的，可以发布招标公告
   B. 招标人采用邀请招标方式的，应当向至少三个以上的任意潜在投标人发出邀请书
   C. 招标人可以根据招标项目本身的要求，在招标公告或者投标邀请书中，要求潜在投标人提供有关资质证明文件和业绩情况
   D. 国有资金占控股或者主导地位的依法必须进行招标的项目，一律应当公开招标

5. 关于建设工程招标投标交易场所的说法，正确的是（　　）。

A. 县级及以上地方人民政府可根据实际需要，建立统一规范的招标投标交易场所

B. 招标投标交易场所可以与行政监督部门存在隶属关系

C. 应尽快实现招标投标交易全过程电子化

D. 民间投资的不属于依法必须招标的项目，也应当进入统一平台

二　多项选择题

1. 关于公开招标的说法，正确的有（　　）。

A. 需要采用不可替代的专利或者专有技术的项目，一律不得公开招标

B. 与工程建设有关的重要设备、材料等的采购必须公开招标

C. 公开招标，是指招标人以招标公告的方式邀请不特定的法人或者其他组织投标

D. 国有资金占控股或者主导地位的依法必须进行招标的项目，应当公开招标

E. 国务院发展计划部门确定的国家重点项目不适宜公开招标的，可以进行邀请招标

2. 关于招标方式的说法，正确的有（　　）。

A. 政府采购工程依法不进行招标的，应当以竞争性谈判或者单一来源采购方式采购

B. 任何单位和个人不得违法限制或者排斥本地区、本系统以外的法人或者其他组织参加投标

C. 国务院发展计划部门确定的国家重点项目和省、自治区、直辖市人民政府确定的地方重点项目不适宜公开招标的，可以进行邀请招标

D. 技术复杂、有特殊要求的建设工程项目必须采用邀请招标方式

E. 政府采购工程依法不进行招标的，应当以邀请招标方式进行招标

3. 关于建设工程交易场所的说法，正确的有（　　）。

A. 设区的市级以上地方人民政府均应当建立统一规范的招标投标交易场所

B. 招标投标交易场所不得与行政监督部门存在隶属关系

C. 国家鼓励利用信息网络进行电子招标投标

D. 招标投标经营场所在特定情况下可以以营利为目的

E. 积极有序推进其他公共资源交易纳入统一平台体系

【答案与解析】

一．单项选择题

1. C；　　2. D；　　*3. B；　　4. C；　　*5. C

【解析】

3.【答案】B

本题考查招标方式的适用范围。A选项国有资金占控股或者主导地位的依法必须进

行招标的项目，应当公开招标；但有下列情形之一的，可以邀请招标：（1）技术复杂、有特殊要求或者受自然环境限制，只有少量潜在投标人可供选择；（2）采用公开招标方式的费用占项目合同金额的比例过大；C 选项邀请不特定的法人或者其他组织投标，应当采用公开招标的方式；D 选项国务院发展计划部门确定的国家重点项目和省、自治区、直辖市人民政府确定的地方重点项目不适宜公开招标的，经国务院发展计划部门或者省、自治区、直辖市人民政府批准，可以进行邀请招标。

5.【答案】C

本题考查建设工程招标投标交易场所。A 选项是设区的市级以上地方人民政府可以根据实际需要，建立统一规范的招标投标交易场所，而不是县级以上；B 选项招标投标交易场所不得与行政监督部门存在隶属关系；D 选项民间投资的不属于依法必须招标的项目，由建设单位自主决定是否进入统一平台。

二．多项选择题

1．C、D；　　　　*2．A、B、C；　　　　3．B、C、E

【解析】

2.【答案】A、B、C

本题考查招标方式。D 选项技术复杂、有特殊要求的项目是可以邀请招标，也可以公开招标；E 选项国务院发展计划部门确定的国家重点项目和省、自治区、直辖市人民政府确定的地方重点项目不适宜公开招标的，经国务院发展计划部门或者省、自治区、直辖市人民政府批准，可以进行邀请招标，而不是应当进行邀请招标。

2．建设工程招标和投标

1）建设工程招标

建设工程招标

事项	内容		
条件	招标人是依照规定提出招标项目、进行招标的法人或者其他组织。招标项目按照国家有关规定需要履行项目审批手续的，应当先履行审批手续，取得批准。按照国家有关规定需要履行项目审批、核准手续的依法必须进行招标的项目，其招标范围、招标方式、招标组织形式应当报项目审批、核准部门审批、核准。项目审批、核准部门应当及时将审批、核准确定的招标范围、招标方式、招标组织形式通报有关行政监督部门 招标人应当有进行招标项目的相应资金或者资金来源已经落实，并应当在招标文件中如实载明		
对资格预审文件要求	资格审查方式	资格预审	招标人采用资格预审办法对潜在投标人进行资格审查的，应当发布资格预审公告、编制资格预审文件。招标人应当按照资格预审公告、招标公告或者投标邀请书规定的时间、地点发售资格预审文件或者招标文件。资格预审文件或者招标文件的发售期不得少于 5 日。招标人应当合理确定提交资格预审申请文件的时间。依法必须进行招标的项目提交资格预审申请文件的时间，自资格预审文件停止发售之日起不得少于 5 日。资格预审结束后，招标人应当及时向资格预审申请人发出资格预审结果通知书。未通过资格预审的申请人不具有投标资格。通过资格预审的申请人少于 3 个的，应当重新招标
		资格后审	招标人采用资格后审办法对投标人进行资格审查的，应当在开标后由评标委员会按照招标文件规定的标准和方法对投标人的资格进行审查

续表

事项	内容
对招标文件的要求	招标人应当根据招标项目的特点和需要编制招标文件。招标文件应当包括招标项目的技术要求、对投标人资格审查的标准、投标报价要求和评标标准等所有实质性要求和条件以及拟签订合同的主要条款。国家对招标项目的技术、标准有规定的，招标人应当按照其规定在招标文件中提出相应要求。招标项目需要划分标段、确定工期的，招标人应当合理划分标段、确定工期，并在招标文件中载明。招标文件不得要求或者标明特定的生产供应者以及含有倾向或者排斥潜在投标人的其他内容。招标人设有最高投标限价的，应当在招标文件中明确最高投标限价或者最高投标限价的计算方法。招标人不得规定最低投标限价 招标人发售资格预审文件、招标文件收取的费用应当限于补偿印刷、邮寄的成本支出，不得以营利为目的
对资格预审文件、招标文件的澄清或者修改	招标人可以对已发出的资格预审文件或者招标文件进行必要的澄清或者修改。澄清或者修改的内容可能影响资格预审申请文件或者投标文件编制的，招标人应当在提交资格预审申请文件截止时间至少 3 日前，或者投标截止时间至少 15 日前，以书面形式通知所有获取资格预审文件或者招标文件的潜在投标人；不足 3 日或者 15 日的，招标人应当顺延提交资格预审申请文件或者投标文件的截止时间
投标有效期和投标保证金	招标人应当在招标文件中载明投标有效期。投标有效期从提交投标文件的截止之日起算。招标人在招标文件中要求投标人提交投标保证金的，投标保证金不得超过招标项目估算价的 2%。施工、货物招标的，投标保证金最高不得超过 80 万元人民币；勘察、设计等服务招标的，投标保证金最高不得超过 10 万元人民币。 投标保证金有效期应当与投标有效期一致。依法必须进行招标的项目的境内投标单位，以现金或者支票形式提交的投标保证金应当从其基本账户转出。招标人不得挪用投标保证金
两阶段进行招标（对技术复杂或者无法精确拟定技术规格的项目，招标人可以分两阶段进行招标）	**第一阶段** 投标人按照招标公告或者投标邀请书的要求提交不带报价的技术建议，招标人根据投标人提交的技术建议确定技术标准和要求，编制招标文件 **第二阶段** 招标人向在第一阶段提交技术建议的投标人提供招标文件，投标人按照招标文件的要求提交包括最终技术方案和投标报价的投标文件。招标人要求投标人提交投标保证金的，应当在第二阶段提出
编制投标文件所需要的合理时间	招标人应当确定投标人编制投标文件所需要的合理时间；但是，依法必须进行招标的项目，自招标文件开始发出之日起至投标人提交投标文件截止之日止，最短不得少于 20 日
招标人不得设定不合理的条件	招标人不得以不合理的条件限制、排斥潜在投标人或者投标人。招标人有下列行为之一的，属于以不合理条件限制、排斥潜在投标人或者投标人： （1）就同一招标项目向潜在投标人或者投标人提供有差别的项目信息；（2）设定的资格、技术、商务条件与招标项目的具体特点和实际需要不相适应或者与合同履行无关；（3）依法必须进行招标的项目以特定行政区域或者特定行业的业绩、奖项作为加分条件或者中标条件；（4）对潜在投标人或者投标人采取不同的资格审查或者评标标准；（5）限定或者指定特定的专利、商标、品牌、原产地或者供应商；（6）依法必须进行招标的项目非法限定潜在投标人或者投标人的所有制形式或者组织形式；（7）以其他不合理条件限制、排斥潜在投标人或者投标人
招标人终止招标	招标人终止招标的，应当及时发布公告，或者以书面形式通知被邀请的或者已经获取资格预审文件、招标文件的潜在投标人。已经发售资格预审文件、招标文件或者已经收取投标保证金的，招标人应当及时退还所收取的资格预审文件、招标文件的费用，以及所收取的投标保证金及银行同期存款利息

2）建设工程投标

建设工程投标

事项	内容	
对投标人的要求	投标人是响应招标、参加投标竞争的法人或者其他组织。投标人应当具备承担招标项目的能力；国家有关规定对投标人资格条件或者招标文件对投标人资格条件有规定的，投标人应当具备规定的资格条件。投标人参加依法必须进行招标的项目的投标，不受地区或者部门的限制，任何单位和个人不得非法干涉。 与招标人存在利害关系可能影响招标公正性的法人、其他组织或者个人，不得参加投标。单位负责人为同一人或者存在控股、管理关系的不同单位，不得参加同一标段投标或者未划分标段的同一招标项目投标	
对投标文件的要求	投标人应当按照招标文件的要求编制投标文件。投标文件应当对招标文件提出的实质性要求和条件作出响应。招标项目属于建设施工的，投标文件的内容应当包括拟派出的项目负责人与主要技术人员的简历、业绩和拟用于完成招标项目的机械设备等。 投标人在招标文件要求提交投标文件的截止时间前，可以补充、修改或者撤回已提交的投标文件，并书面通知招标人。补充、修改的内容为投标文件的组成部分。投标人根据招标文件载明的项目实际情况，拟在中标后将中标项目的部分非主体、非关键性工作进行分包的，应当在投标文件中载明	
投标文件的提交、修改、撤回和撤销	投标人应当在招标文件要求提交投标文件的截止时间前，将投标文件送达投标地点。招标人收到投标文件后，应当签收保存，不得开启。投标人少于三个的，招标人应当重新招标。未通过资格预审的申请人提交的投标文件，以及逾期送达或者不按照招标文件要求密封的投标文件，招标人应当拒收。招标人应当如实记载投标文件的送达时间和密封情况，并存档备查。 投标人在招标文件要求提交投标文件的截止时间前，可以补充、修改或者撤回已提交的投标文件，并书面通知招标人。补充、修改的内容为投标文件的组成部分。 投标人撤回已提交的投标文件，应当在投标截止时间前书面通知招标人。招标人已收取投标保证金的，应当自收到投标人书面撤回通知之日起5日内退还。 投标截止后投标人撤销投标文件的，招标人可以不退还投标保证金	
联合体投标	两个以上法人或者其他组织可以组成一个联合体，以一个投标人的身份共同投标。招标人应当在资格预审公告、招标公告或者投标邀请书中载明是否接受联合体投标。招标人接受联合体投标并进行资格预审的，联合体应当在提交资格预审申请文件前组成。资格预审后联合体增减、更换成员的，其投标无效。联合体各方均应当具备承担招标项目的相应能力；国家有关规定或者招标文件对投标人资格条件有规定的，联合体各方均应当具备规定的相应资格条件。由同一专业的单位组成的联合体，按照资质等级较低的单位确定资质等级。 联合体各方应当签订共同投标协议，明确约定各方拟承担的工作和责任，并将共同投标协议连同投标文件一并提交招标人。联合体中标的，联合体各方应当共同与招标人签订合同，就中标项目向招标人承担连带责任。招标人不得强制投标人组成联合体共同投标，不得限制投标人之间的竞争。联合体各方在同一招标项目中以自己名义单独投标或者参加其他联合体投标的，相关投标均无效	
禁止串通投标和其他不正当竞争的行为	投标人相互串通投标的情形	（1）投标人之间协商投标报价等投标文件的实质性内容；（2）投标人之间约定中标人；（3）投标人之间约定部分投标人放弃投标或者中标；（4）属于同一集团、协会、商会等组织成员的投标人按照该组织要求协同投标；（5）投标人之间为谋取中标或者排斥特定投标人而采取的其他联合行动
	视为投标人相互串通投标的情形	（1）不同投标人的投标文件由同一单位或者个人编制；（2）不同投标人委托同一单位或者个人办理投标事宜；（3）不同投标人的投标文件载明的项目管理成员为同一人；（4）不同投标人的投标文件异常一致或者投标报价呈规律性差异；（5）不同投标人的投标文件相互混装；（6）不同投标人的投标保证金从同一单位或者个人的账户转出

续表

事项		内容
禁止串通投标和其他不正当竞争的行为	招标人与投标人串通投标的情形	（1）招标人在开标前开启投标文件并将有关信息泄露给其他投标人；（2）招标人直接或者间接向投标人泄露标底、评标委员会成员等信息；（3）招标人明示或者暗示投标人压低或者抬高投标报价；（4）招标人授意投标人撤换、修改投标文件；（5）招标人明示或者暗示投标人为特定投标人中标提供方便；（6）招标人与投标人为谋求特定投标人中标而采取的其他串通行为
	投标人其他不正当竞争行为	投标人不得以低于成本的报价竞标，也不得以他人名义投标或者以其他方式弄虚作假，骗取中标。使用通过受让或者租借等方式获取的资格、资质证书投标的，属于以他人名义投标。 投标人有下列情形之一的，属于以其他方式弄虚作假的行为：（1）使用伪造、变造的许可证件；（2）提供虚假的财务状况或者业绩；（3）提供虚假的项目负责人或者主要技术人员简历、劳动关系证明；（4）提供虚假的信用状况；（5）其他弄虚作假的行为

一　单项选择题

1. 关于联合体投标的说法，正确的是（　　）。
   A. 只能适用于大型或结构复杂的建设项目，其他建设项目不得使用
   B. 是一种特殊的招标人组织形式
   C. 联合体各方应承担连带责任
   D. 联合体其中一方在同一项目中以自己名义单独投标的，投标有效

2. 关于招标文件的说法，正确的是（　　）。
   A. 招标文件不得要求或者标明特定的生产供应者以及含有倾向或者排斥潜在投标人的其他内容
   B. 国家对招标项目的技术、标准有规定的，招标人可以按照其规定在招标文件中提出相应要求
   C. 招标人不得对已发出的资格预审文件或者招标文件进行修改
   D. 招标人不得规定最高投标限价

3. 关于对投标人资格审查的说法，正确的是（　　）。
   A. 评标委员会应当合理确定提交资格预审申请文件的时间
   B. 依法必须进行招标的项目提交资格预审申请文件的时间，自资格预审文件发售之日起不得少于 5 日
   C. 招标人采用资格后审办法对投标人进行资格审查的，应当在开标后由招标人按照招标文件规定的标准和方法对投标人的资格进行审查
   D. 招标人采用资格预审办法对潜在投标人进行资格审查的，应当发布资格预审公告、编制资格预审文件

4. 下列行为中，属于以不合理条件限制、排斥潜在投标人或者投标人的是（　　）。
   A. 招标人组织全部潜在投标人踏勘现场
   B. 就同一招标项目向潜在投标人或者投标人提供有差别的项目信息

C. 招标人根据评标委员会提出的书面评标报告和推荐的中标候选人确定中标人

D. 招标人未按照招标文件规定的时间、地点开标

5. 关于投标人的说法，正确的是（   ）。

A. 投标人参加依法必须进行招标的项目的投标，受地区或者部门的限制，除此以外任何单位和个人不得非法干涉

B. 与招标人存在利害关系可能影响招标公正性的法人、其他组织或者个人，不得参加投标

C. 投标人发生合并、分立、破产等重大变化的，可以书面或口头告知招标人

D. 存在控股、管理关系的不同单位，可以参加同一标段投标或者未划分标段的同一招标项目投标

6. 关于投标文件的说法，正确的是（   ）。

A. 投标人应当按照招标公告或投标邀请书的要求编制投标文件

B. 有必要时，投标文件可以不对招标文件提出的实质性要求和条件作出响应

C. 投标人在招标文件要求提交投标文件的截止时间前，可以补充、修改或者撤回已提交的投标文件，并口头通知招标人

D. 投标报价应当依据工程量清单、工程计价有关规定、企业定额和市场价格信息等编制

7. 关于投标文件的说法，正确的是（   ）。

A. 投标文件中补充、修改的内容不是投标文件的组成部分

B. 投标人撤回已提交的投标文件，应当在开标前书面通知招标人

C. 招标人收到投标文件后，应当签收保存，不得开启

D. 在招标文件要求提交投标文件的截止时间后送达的投标文件，招标人应当签收之后再退回

8. 关于投标无效的说法，正确的是（   ）。

A. 单位负责人为同一人的不同单位，可以参加同一标段投标

B. 存在控股、管理关系的不同单位，可以参加同一标段投标

C. 投标人不再具备资格预审文件、招标文件规定的资格条件或者其投标影响招标公正性的，其投标无效

D. 存在控股、管理关系的不同单位，参加同一标段投标的，其投标有效，但没有中标资格

9. 视为投标人相互串通投标的情形的是（   ）。

A. 提供虚假的财务状况或者业绩

B. 投标人之间协商投标报价等投标文件的实质性内容

C. 投标人之间约定中标人

D. 不同投标人的投标文件异常一致或者投标报价呈规律性差异

10. 关于联合体投标的说法，正确的是（   ）。

A. 两个以上法人或者其他组织可以组成一个联合体，以该联合体的身份共同投标

B．联合体可以在提交资格预审申请文件后组成

C．由同一专业的单位组成的联合体，按照资质等级较高的单位确定资质等级

D．联合体各方均应当具备承担招标项目的相应能力

11．A、B、C 三公司意欲组成一个联合体参加某建设工程项目的投标，以下各项行为中会导致投标无效的是（   ）。

A．A、B、C 三公司签订了一份共同投标协议，明确约定各方拟承担的工作和责任

B．资格预审后，D 公司想要加入联合体，于是 A、B、C 三公司与之签订了合作协议

C．A、B、C 三公司以一个投标人的身份共同投标

D．A、B、C 三公司约定就中标项目承担连带责任

二 多项选择题

1．关于投标文件的说法，正确的有（   ）。

A．招标项目属于建设施工项目的，投标文件的内容应当包括拟派出的项目负责人与主要技术人员的简历、业绩和拟用于完成招标项目的机械设备等

B．投标报价不得低于工程成本，不得高于最高投标限价

C．投标人根据招标文件载明的项目实际情况，拟在中标后将中标项目的部分非主体、非关键性工作进行分包的，可以不在投标文件中载明

D．投标人在招标文件要求提交投标文件的截止时间前，可以补充、修改或者撤回已提交的投标文件，并书面通知招标人

E．投标报价不得低于工程成本，不得低于最低投标限价

2．下列行为中，属于投标人与招标人串通的违法行为的有（   ）。

A．招标人在开标前开启投标文件并将有关信息泄露给其他投标人

B．招标人直接或者间接向投标人泄露标底、评标委员会成员等信息

C．不同投标人委托同一单位或者个人办理投标事宜

D．招标人明示或者暗示投标人为特定投标人中标提供方便

E．同一投标人委托不同单位或个人办理投标事宜

3．关于联合体投标的说法，正确的有（   ）。

A．两个以上法人或者其他组织可以组成一个联合体，以多个投标人的身份共同投标

B．联合体各方均应当具备承担招标项目的相应能力

C．联合体中标的，联合体各方应当共同与招标人签订合同，就中标项目实施过程中的责任份额承担按份责任

D．招标人不得强制投标人组成联合体共同投标，不得限制投标人之间的竞争

E．联合体各方只要其中一方具备承担招标项目的相应能力即可

4．投标人的下列行为，属于以其他方式弄虚作假的有（   ）。

A．使用伪造、变造的许可证件

    B. 不同投标人的投标保证金从同一单位或者个人的账户转出

    C. 提供虚假的项目负责人或者主要技术人员简历、劳动关系证明

    D. 招标人授意投标人撤换、修改投标文件

    E. 设定的资格、技术、商务条件与招标项目的具体特点和实际需要不相适应或者与合同履行无关

5. 关于建设工程招标的说法，正确的有（　　）。

    A. 进行两阶段招标时，招标人要求投标人提交投标保证金的，应当在第一阶段提出

    B. 终止招标的，招标人应当及时退还所收取的资格预审文件、招标文件的费用，以及所收取的投标保证金

    C. 招标人应当在招标文件中载明投标有效期。投标有效期从提交投标文件之日起算

    D. 依法必须进行招标的项目的境内投标单位，以现金或者支票形式提交的投标保证金应当从其基本账户转出

    E. 招标人发售资格预审文件、招标文件收取的费用应当限于补偿印刷、邮寄的成本支出，不得以营利为目的

6. 关于建设工程投标的说法，正确的有（　　）。

    A. 投标人参加依法必须进行招标的项目的投标，不受地区或者部门的限制

    B. 投标人少于五个的，招标人应当重新招标

    C. 资格预审后联合体增减、更换成员的，其投标无效

    D. 使用通过受让或者租借等方式获取的资格、资质证书投标的，属于以他人名义投标

    E. 投标截止后投标人撤销投标文件的，应当自收到投标人书面撤回通知之日起 5 日内退还

【答案与解析】

一、单项选择题

1. C；　*2. A；　3. D；　4. B；　5. B；　*6. D；　*7. C；　8. C；
9. D；　*10. D；　11. B

【解析】

2.【答案】A

    本题考查招标文件。B 选项国家对招标项目的技术、标准有规定的，招标人应当按照其规定在招标文件中提出相应要求，而不是可以；C 选项招标人可以对已发出的资格预审文件或者招标文件进行必要的澄清或者修改；D 选项招标人不得规定最低投标限价，而不是最高。

6.【答案】D

    本题考查投标文件。A 选项投标人应当按照招标文件的要求编制投标文件；B 选项投标文件应当对招标文件提出的实质性要求和条件作出响应。C 选项投标人在招标文件

要求提交投标文件的截止时间前，可以补充、修改或者撤回已提交的投标文件，并书面通知招标人。

7.【答案】C

本题考查投标文件。A 选项投标文件中补充、修改的内容是投标文件的组成部分；B 选项投标人撤回已提交的投标文件，应当在投标截止时间前书面通知招标人，而不是开标前；D 选项在招标文件要求提交投标文件的截止时间后送达的投标文件，招标人应当拒收。

10.【答案】D

本题考查联合体投标。A 选项两个以上法人或者其他组织可以组成一个联合体，以一个投标人的身份共同投标；B 选项联合体不可以在提交资格预审申请文件后组成，只能在提交资格预审申请文件前组成；C 选项由同一专业的单位组成的联合体，按照资质等级较低的单位确定资质等级。

二、多项选择题

1．A、B、D；　　　2．A、B、D；　　　*3．B、D；　　　4．A、C；

5．D、E；　　　*6．A、C、D

【解析】

3.【答案】B、D

本题考查联合体投标。A 选项两个以上法人或者其他组织可以组成一个联合体，以一个投标人的身份共同投标；C 选项联合体中标的，联合体各方应当共同与招标人签订合同，就中标项目向招标人承担连带责任；E 选项合体各方均需要具备承担招标项目的相应能力。

6.【答案】A、C、D

本题考查建设工程投标。B 选项投标人少于三个的，招标人应当重新招标，而不是五个；E 选项投标人撤回已提交的投标文件，应当在投标截止时间前书面通知招标人。招标人已收取投标保证金的，应当自收到投标人书面撤回通知之日起 5 日内退还，而不是在截止后进行撤回。

3．建设工程开标、评标和中标

1）建设工程开标

建设工程开标

事项	内容
开标的时间和地点	开标应当在招标文件确定的提交投标文件截止时间的同一时间公开进行；开标地点应当为招标文件中预先确定的地点
开标的参加人	开标由招标人主持，邀请所有投标人参加
投标文件的拆封	开标时，由投标人或者其推选的代表检查投标文件的密封情况，也可以由招标人委托的公证机构检查并公证；经确认无误后，由工作人员当众拆封，宣读投标人名称、投标价格和投标文件的其他主要内容。 招标人在招标文件要求提交投标文件的截止时间前收到的所有投标文件，开标时都应当众予以拆封、宣读。 开标过程应当记录，并存档备查

2）建设工程评标

建设工程评标

事项	内容		
评标委员会的组成	评标由招标人依法组建的评标委员会负责。依法必须进行招标的项目，其评标委员会由招标人的代表和有关技术、经济等方面的专家组成，成员人数为五人以上单数，其中技术、经济等方面的专家不得少于成员总数的三分之二。 专家应当从事相关领域工作满八年并具有高级职称或者具有同等专业水平，由招标人从国务院有关部门或者省、自治区、直辖市人民政府有关部门提供的专家名册或者招标代理机构的专家库内的相关专业的专家名单中确定；一般招标项目可以采取随机抽取方式，特殊招标项目可以由招标人直接确定。与投标人有利害关系的人不得进入相关项目的评标委员会；已经进入的应当更换。 评标委员会成员的名单在中标结果确定前应当保密		
	有下列情形之一的，不得担任评标委员会成员	（1）投标人或者投标人主要负责人的近亲属；（2）项目主管部门或者行政监督部门的人员；（3）与投标人有经济利益关系，可能影响对投标公正评审的；（4）曾因在招标、评标以及其他与招标投标有关活动中从事违法行为而受过行政处罚或刑事处罚的	
评标的准备与初步评审	1．招标人应当采取必要的措施，保证评标在严格保密的情况下进行。任何单位和个人不得非法干预、影响评标的过程和结果。招标人设有标底的，标底在开标前应当保密，并在评标时作为参考。 2．评标委员会成员应当编制供评标使用的相应表格，认真研究招标文件。招标人或者其委托的招标代理机构应当向评标委员会提供评标所需的重要信息和数据，但不得带有明示或者暗示倾向或者排斥特定投标人的信息。 3．评标委员会可以书面方式要求投标人对投标文件中含义不明确、对同类问题表述不一致或者有明显文字和计算错误的内容作必要的澄清、说明或者补正，但是澄清或者说明不得超出投标文件的范围或者改变投标文件的实质性内容。投标文件中的大写金额和小写金额不一致的，以大写金额为准；总价金额与单价金额不一致的，以单价金额为准，但单价金额小数点有明显错误的除外；对不同文字文本投标文件的解释发生异议的，以中文文本为准。 4．评标委员会应当根据招标文件规定的评标标准和方法，对投标文件进行系统的审查和比较。招标文件中没有规定的标准和方法不得作为评标的依据。 5．评标委员会应当按照投标报价的高低或者招标文件规定的其他方法对投标文件排序。以多种货币报价的，应当按照中国银行在开标日公布的汇率中间价换算成人民币。招标文件应当对汇率标准和汇率风险作出规定。未作规定的，汇率风险由投标人承担		
	评标委员会应当根据招标文件，审查并逐项列出投标文件的全部投标偏差。投标偏差分为重大偏差和细微偏差		未能对招标文件作出实质性响应，并应当作否决投标处理的偏差
		重大偏差	下列情况属于重大偏差：（1）没有按照招标文件要求提供投标担保或者所提供的投标担保有瑕疵；（2）投标文件没有投标人授权代表签字和加盖公章；（3）投标文件载明的招标项目完成期限超过招标文件规定的期限；（4）明显不符合技术规格、技术标准的要求；（5）投标文件载明的货物包装方式、检验标准和方法等不符合招标文件的要求；（6）投标文件附有招标人不能接受的条件；（7）不符合招标文件中规定的其他实质性要求。招标文件对重大偏差另有规定的，从其规定
		细微偏差	投标文件在实质上响应招标文件要求，但在个别地方存在漏项或者提供了不完整的技术信息和数据等情况，并且补正这些遗漏或者不完整不会对其他投标人造成不公平的结果。细微偏差不影响投标文件的有效性
			评标委员会应当书面要求存在细微偏差的投标人在评标结束前予以补正。拒不补正的，在详细评审时可以对细微偏差作不利于该投标人的量化，量化标准应当在招标文件中规定

续表

事项		内容
否决投票情形	有下列情形之一的,评标委员会应当否决其投标	(1)投标文件未经投标单位盖章和单位负责人签字;(2)投标联合体没有提交共同投标协议;(3)投标人不符合国家或者招标文件规定的资格条件;(4)同一投标人提交两个以上不同的投标文件或者投标报价,但招标文件要求提交备选投标的除外;(5)投标报价低于成本或者高于招标文件设定的最高投标限价;(6)投标文件没有对招标文件的实质性要求和条件作出响应;(7)投标人有串通投标、弄虚作假、行贿等违法行为
详细评审	经初步评审合格的投标文件,评标委员会应当根据招标文件确定的评标标准和方法,对其技术部分和商务部分作进一步评审、比较。评标方法包括经评审的最低投标价法、综合评估法或者法律、行政法规允许的其他评标方法	**最低投标价法** (1)经评审的最低投标价法一般适用于具有通用技术、性能标准或者招标人对其技术、性能没有特殊要求的招标项目。根据经评审的最低投标价法,能够满足招标文件的实质性要求,并且经评审的最低投标价的投标,应当推荐为中标候选人。(2)采用经评审的最低投标价法的,评标委员会应当根据招标文件中规定的评标价格调整方法,以所有投标人的投标报价以及投标文件的商务部分作必要的价格调整。(3)采用经评审的最低投标价法的,中标人的投标应当符合招标文件规定的技术要求和标准,但评标委员会无需对投标文件的技术部分进行价格折算。(4)根据经评审的最低投标价法完成详细评审后,评标委员会应当拟定一份"标价比较表",连同书面评标报告提交招标人。"标价比较表"应当载明投标人的投标报价、对商务偏差的价格调整和说明以及经评审的最终投标价
		综合评估法 (1)不宜采用经评审的最低投标价法的招标项目,一般应当采取综合评估法进行评审。(2)根据综合评估法,最大限度地满足招标文件中规定的各项综合评价标准的投标,应当推荐为中标候选人。(3)衡量投标文件是否最大限度地满足招标文件中规定的各项评价标准,可以采取折算为货币的方法、打分的方法或者其他方法。需量化的因素及其权重应当在招标文件中明确规定。评标委员会对各个评审因素进行量化时,应当将量化指标建立在同一基础或者同一标准上,使各投标文件具有可比性。对技术部分和商务部分进行量化后,评标委员会应当对这两部分的量化结果进行加权,计算出每一投标的综合评估价或者综合评估分。(4)根据综合评估法完成评标后,评标委员会应当拟定一份"综合评估比较表",连同书面评标报告提交招标人。"综合评估比较表"应当载明投标人的投标报价、所作的任何修正、对商务偏差的调整、对技术偏差的调整、对各评审因素的评估以及对每一投标的最终评审结果

3)建设工程中标

建设工程中标

评估报告	(1)评标委员会应当按照招标文件确定的评标标准和方法,对投标文件进行评审和比较;设有标底的,应当参考标底。评标委员会完成评标后,应当向招标人提出书面评标报告,并推荐合格的中标候选人。 (2)评标报告由评标委员会全体成员签字。对评标结论持有异议的评标委员会成员可以书面方式阐述其不同意见和理由。评标委员会成员拒绝在评标报告上签字且不陈述其不同意见和理由的,视为同意评标结论。评标委员会应当对此作出书面说明并记录在案。 (3)向招标人提交书面评标报告后,评标过程中使用的文件、表格以及其他资料应当即时归还招标人

续表

确定中标人	（1）招标人根据评标委员会提出的书面评标报告和推荐的中标候选人确定中标人。招标人也可以授权评标委员会直接确定中标人。在确定中标人前，招标人不得与投标人就投标价格、投标方案等实质性内容进行谈判。 （2）评标委员会推荐的中标候选人应当限定在一至三人，并标明排列顺序。国有资金占控股或者主导地位的项目，招标人应当确定排名第一的中标候选人为中标人。排名第一的中标候选人放弃中标、因不可抗力提出不能履行合同，或者招标文件规定应当提交履约保证金而在规定的期限内未能提交，或者被查实存在影响中标结果的违法行为等情形，不符合中标条件的，招标人可以按照评标委员会提出的中标候选人名单排序依次确定其他中标候选人为中标人。依次确定其他中标候选人与招标人预期差距较大，或者对招标人明显不利的，招标人可以重新招标
中标通知书	（1）中标人确定后，招标人应当向中标人发出中标通知书，同时通知未中标人，并与中标人在投标有效期内以及中标通知书发出之日起 30 日之内，按照招标文件和中标人的投标文件签订合同。 （2）中标通知书对招标人和中标人具有法律约束力。中标通知书发出后，招标人改变中标结果或者中标人放弃中标的，应当承担法律责任。招标人应当与中标人按照招标文件和中标人的投标文件订立书面合同。招标人与中标人不得再行订立背离合同实质性内容的其他协议
履约保证金	（1）招标人与中标人签订合同后 5 日内，应当向中标人和未中标的投标人退还投标保证金及银行同期存款利息。 （2）招标文件要求中标人提交履约保证金的，中标人应当按照招标文件的要求提交。履约保证金不得超过中标合同金额的 10%

一　单项选择题

1. 关于开标程序的说法，正确的是（　　）。
   - A．开标应当在投标公告或投标邀请书确定的提交投标文件截止时间的同一时间公开进行
   - B．开标由招标人主持，随机邀请部分投标人参加
   - C．开标时，只能由招标人委托的公证机构检查并公证投标文件的密封情况
   - D．投标人对开标有异议的，应当在开标现场提出

2. 关于评标委员会的说法，正确的是（　　）。
   - A．评标委员会由招标人和投标人依法组建
   - B．评标委员会可以要求投标人对投标文件中含义不明确的内容作必要的澄清或者说明
   - C．评标委员会应当向招标人提出口头或书面评标报告，并推荐合格的中标候选人
   - D．与投标人有利害关系的人不得进入相关项目的评标委员会；已经进入的除外

3. 关于评标委员会的义务的说法，正确的是（　　）。
   - A．评标委员会成员不得接触招标人和投标人
   - B．评标委员会应及时向招标人征询确定中标人的意向
   - C．不得接受任何单位或者个人明示或者暗示提出的倾向或者排斥特定投标人

　　　　的要求

　　　D. 可以以投标报价是否接近标底作为中标条件

4. 下列情形中，评标委员会应当否决其投标的是（　　　）。

　　　A. 投标文件未经投标单位盖章和单位负责人签字

　　　B. 投标报价明显高于成本

　　　C. 同一投标人提交两个以上不同的投标文件或者投标报价的所有情形

　　　D. 投标联合体已经提交了共同投标协议

5. 关于中标的说法，正确的是（　　　）。

　　　A. 向招标人提交书面评标报告后，评标过程中使用的文件、表格以及其他资料应当暂存评审委员会处

　　　B. 中标后招标人和中标人不得再行订立背离合同实质性内容的其他协议

　　　C. 招标人不得授权评标委员会直接确定中标人

　　　D. 中标通知书只对中标人具有法律约束力

6. 关于中标的法定要求的说法，正确的是（　　　）。

　　　A. 评标报告由评标委员会不存在异议的成员签字

　　　B. 在确定中标人前，招标人可以与投标人就投标价格、投标方案等实质性内容进行谈判

　　　C. 招标人不得授权评标委员会直接确定中标人

　　　D. 招标人根据评标委员会提出的书面评标报告和推荐的中标候选人确定中标人

7. 关于中标通知书的说法，正确的是（　　　）。

　　　A. 中标人确定后，招标人应当向中标人发出中标通知书

　　　B. 招标人不需要将中标结果通知所有未中标的投标人

　　　C. 中标通知书只对招标人具有法律效力，中标人还有机会放弃中标项目

　　　D. 中标通知书发出后，招标人改变中标结果的，无需承担法律责任

8. 关于履约保证金的说法，正确的是（　　　）。

　　　A. 招标文件不应当要求中标人提交履约保证金

　　　B. 履约保证金不得低于中标合同金额的10%

　　　C. 招标人与中标人签订合同后5日内，应当向未中标的投标人退还投标保证金及银行同期存款利息

　　　D. 履约保证金不得超过中标合同金额

9. 关于初步评审的说法，正确的是（　　　）。

　　　A. 投标文件中的大写金额和小写金额不一致的，以小写金额为准

　　　B. 招标文件应当对汇率标准和汇率风险作出规定。未作规定的，汇率风险由招标人承担

　　　C. 细微偏差应当作否决投标处理

　　　D. 拒不补正细微偏差的，在详细评审时可以对细微偏差作不利于该投标人的量化

10. 关于详细评审的说法，正确的是（　　　）。

A．经评审的综合评估价法一般适用于具有通用技术、性能标准或者招标人对其技术、性能没有特殊要求的招标项目

B．采用经评审的最低投标价法的，评标委员会无需对投标文件的技术部分进行价格折算

C．评标委员会对各个评审因素进行量化时，可以将量化指标建立在不同基础上

D．根据综合评估法完成评标后，评标委员会应当拟定一份"标价比较表"

二　多项选择题

1. 下列属于评审委员会应当否决其投标的有（　　　）。
   A．投标联合体没有提交共同投标协议
   B．投标文件载明的招标项目完成期限超过招标文件规定的期限
   C．同一投标人提交两个以上不同的投标文件或者投标报价，但招标文件要求提交备选投标
   D．投标文件在实质上响应招标文件要求，但在个别地方存在漏项或者提供了不完整的技术信息和数据等情况
   E．明显不符合技术规格、技术标准的要求

2. 关于中标的说法，正确的有（　　　）。
   A．评标委员会成员拒绝在评标报告上签字的，视为同意评标结论
   B．依次确定其他中标候选人与招标人预期差距较大，或者对招标人明显不利的，招标人可以重新招标
   C．中标通知书发出后，招标人改变中标结果或者中标人放弃中标的，应当承担法律责任
   D．招标人与中标人签订合同后 5 日内，应当向中标人和未中标的投标人退还投标保证金
   E．评标委员会应当按照招标文件确定的评标标准和方法，对投标文件进行评审和比较，不可参考标底

3. 关于评标的说法，正确的有（　　　）。
   A．依法必须进行招标的项目，其评标委员会由招标人的代表和有关技术、经济等方面的专家组成，成员人数为五人以上即可
   B．特殊招标项目只能采取随机抽取方式选定评审委员会
   C．项目主管部门或者行政监督部门的人员不得担任评标委员会成员
   D．评标委员会成员的名单在中标结果确定前应当保密
   E．评标委员会可以口头方式要求投标人对投标文件中含义不明确、对同类问题表述不一致或者有明显文字和计算错误的内容作必要的澄清、说明或者补正

【答案与解析】

一、单项选择题

1. D;　 *2. B;　 3. C;　 4. A;　 *5. B;　 6. D;　 7. A;　 *8. D;
9. D;　 *10. B

【解析】

2.【答案】B

本题考查评审委员会。A 选项评标委员会由招标人依法组建;C 选项评标委员会应当向招标人提出书面评标报告,并推荐合格的中标候选人;D 选项与投标人有利害关系的人不得进入相关项目的评标委员会;已经进入的应当更换。

5.【答案】B

本题考查中标。A 选项向招标人提交书面评标报告后,评标过程中使用的文件、表格以及其他资料应当即时归还招标人;C 选项招标人可以授权评标委员会直接确定中标人;D 选项中标通知书对招标人和中标人均具有法律约束力。

8.【答案】D

本题考查履约保证金。A 选项招标文件可以要求中标人提交履约保证金;B 选项履约保证金不得高于中标合同金额的 10%;C 选项招标人与中标人签订合同后 5 日内,应当向未中标的投标人和中标人退还投标保证金及银行同期存款利息,不是只有未中标的投标人。

10.【答案】B

本题考查详细评审。A 选项经评审的最低投标价法一般适用于具有通用技术、性能标准或者招标人对其技术、性能没有特殊要求的招标项目,而不是综合评估法。C 选项评标委员会对各个评审因素进行量化时,不可以将量化指标建立在不同基础上,只能同一基础;D 选项根据最低投标价法完成评标后,评标委员会应当拟定一份“标价比较表”,根据综合评估法完成评标后,评标委员会应当拟定一份“综合评估比较表”。

二、多项选择题

*1. A、B、E;　　 *2. B、C;　　　 3. C、D

【解析】

1.【答案】A、B、E

本题考查否定投标。C 选项同一投标人提交两个以上不同的投标文件或者投标报价,但招标文件要求提交备选投标时,无需否定。只有在未要求提交备选投标时才否定;D 选项投标文件在实质上响应招标文件要求,但在个别地方存在漏项或者提供了不完整的技术信息和数据等情况属于细微偏差,是有效的,无需否定。

2.【答案】B、C

本题考查中标。A 选项评标委员会成员拒绝在评标报告上签字且不陈述其不同意见和理由的,视为同意评标结论。如果只是拒绝签字,不视为同意;D 选项招标人与中标人签订合同后 5 日内,应当向中标人和未中标的投标人退还投标保证金及银行同期存款利息;E 选项评标委员会应当按照招标文件确定的评标标准和方法,对投标文件进行评审和比较;设有标底的,应当参考标底。

4. 招标投标异议、投诉处理
1）招标投标异议处理

招标投标异议处理

事项	内容
投标人和其他利害关系人认为招标投标活动不符合规定的，有权向招标人提出异议	
潜在投标人或者其他利害关系人对资格预审文件有异议的	应当在提交资格预审申请文件截止时间 2 日前提出；对招标文件有异议的，应当在投标截止时间 10 日前提出。招标人应当自收到异议之日起 3 日内作出答复；作出答复前，应当暂停招标投标活动
投标人对开标有异议的	应当在开标现场提出，招标人应当当场作出答复，并制作记录
投标人或者其他利害关系人对依法必须进行招标的项目的评标结果有异议的	应当在中标候选人公示期间提出。招标人应当自收到异议之日起 3 日内作出答复；作出答复前，应当暂停招标投标活动

2）招标投标投诉处理

招标投标投诉处理

事项	内容
投诉条件	投标人或者其他利害关系人认为招标投标活动不符合法律、行政法规规定的，可以自知道或者应当知道之日起 10 日内向有关行政监督部门投诉。投诉应当有明确的请求和必要的证明材料
招标投标投诉受理人	招标投标投诉受理人是招标投标的行政监督部门。各级发展改革、住房和城乡建设、水利、交通、铁道、民航、工业与信息产业（通信、电子）等招标投标活动行政监督部门，依照国务院和地方各级人民政府规定的职责分工，受理投诉并依法做出处理决定。对国家重大建设项目（含工业项目）招标投标活动的投诉，由国家发展改革委受理并依法作出处理决定。对国家重大建设项目招标投标活动的投诉，有关行业行政监督部门已经受理的，应当通报国家发展改革委，国家发展改革委不再受理。对资格预审文件、招标文件、招标过程和中标结果的异议，应当先向招标人提出异议。投诉人就同一事项向两个以上有权受理的行政监督部门投诉的，由最先收到投诉的行政监督部门负责处理
投诉处理	行政监督部门应当自收到投诉之日起 3 个工作日内决定是否受理投诉，并自受理投诉之日起 30 个工作日内作出书面处理决定；需要检验、检测、鉴定、专家评审的，所需时间不计算在内。投诉人捏造事实、伪造材料或者以非法手段取得证明材料进行投诉的，行政监督部门应当予以驳回 行政监督部门处理投诉，有权查阅、复制有关文件、资料，调查有关情况，相关单位和人员应当予以配合。必要时，行政监督部门可以责令暂停招标投标活动。行政监督部门的工作人员对监督检查过程中知悉的国家秘密、商业秘密，应当依法予以保密

一　单项选择题

1. 关于招标投标异议处理的说法，正确的是（　　　）。
   A．招标人作出异议答复前，可以不暂停招标投标活动
   B．潜在投标人或者其他利害关系人对资格预审文件有异议的，应当在投标截止时间 10 日前提出
   C．其他利害关系人认为招标投标活动不符合规定的，无权向招标人提出异议

D. 投标人对开标有异议的，应当在开标现场提出，招标人应当当场作出答复，并制作记录

2. 关于招标投标投诉处理的说法，正确的是（　　）。

A. 投诉只需要有明确的请求，可以没有证明材料

B. 招标投标投诉受理人是招标投标的行政监督部门

C. 对国家重大建设项目招标投标活动的投诉，有关行业行政监督部门已经受理的，国家发展改革委仍可以受理

D. 对资格预审文件、招标文件、招标过程和中标结果的异议，可以直接投诉

二　多项选择题

1. 关于招标投标投诉处理的说法，正确的有（　　）。

A. 行政监督部门处理投诉，应当直接责令暂停招标投标活动

B. 行政监督部门的工作人员对监督检查过程中知悉的国家秘密、商业秘密，应当依法予以保密

C. 投诉人就同一事项向两个以上有权受理的行政监督部门投诉的，由最先收到投诉的行政监督部门负责处理

D. 行政监督部门应当自受理投诉之日起 30 个工作日内作出书面处理决定；需要检验、检测、鉴定、专家评审的，所需时间计算在内

E. 对国家重大建设项目（含工业项目）招标投标活动的投诉，由国家发展改革委受理并依法作出处理决定

【答案与解析】

一、单项选择题

1. D；　*2. B

【解析】

2.【答案】B

本题考查招标投标投诉处理。A 选项投诉需要有明确的请求和必要的证明材料；C 选项对国家重大建设项目招标投标活动的投诉，有关行业行政监督部门已经受理的，国家发展改革委不再受理；D 选项对资格预审文件、招标文件、招标过程和中标结果的异议，应当先向招标人提出异议。

二．多项选择题

*1. B、C、E

【解析】

1.【答案】B、C、E

本题考查招标投标投诉处理。A 选项行政监督部门必要时可以责令暂停招标投标活动，而不是直接责令；D 选项需要检验、检测、鉴定、专家评审的，所需时间不计算在内。

4.3　非招标采购制度

复习要点

1.　竞争性谈判

事项		规定
政府采购	采购方式	公开招标
		邀请招标
		竞争性谈判
		询价
		单一来源采购
		国务院政府采购监督管理部门认定的其他采购方式
竞争性谈判	概念	竞争性谈判是指谈判小组与符合资格条件的供应商就采购货物、工程和服务事宜进行谈判，供应商按照谈判文件的要求提交响应文件和最后报价，采购人从谈判小组提出的成交候选人中确定成交供应商的采购方式
	适用情形	（1）招标后没有供应商投标或者没有合格标的或者重新招标未能成立的;（2）技术复杂或者性质特殊，不能确定详细规格或者具体要求的;（3）采用招标所需时间不能满足用户紧急需要的;（4）不能事先计算出价格总额的
	适用竞争性谈判	成立谈判小组: 谈判小组由采购人的代表和有关专家共三人以上的单数组成，其中专家的人数不得少于成员总数的三分之二
		制定谈判文件: 谈判文件应当明确谈判程序、谈判内容、合同草案的条款以及评定成交的标准等事项
		确定邀请参加谈判的供应商名单: 谈判小组从符合相应资格条件的供应商名单中确定不少于三家的供应商参加谈判，并向其提供谈判文件。公开招标的货物、服务采购项目，招标过程中提交投标文件或者经评审实质性响应招标文件要求的供应商只有两家时，采购人、采购代理机构依法经本级财政部门批准后可以与该两家供应商进行竞争性谈判采购
		谈判: 谈判小组所有成员集中与单一供应商分别进行谈判。在谈判中，谈判的任何一方不得透露与谈判有关的其他供应商的技术资料、价格和其他信息。谈判文件有实质性变动的，谈判小组应当以书面形式通知所有参加谈判的供应商
		确定成交供应商: 谈判结束后，谈判小组应当要求所有参加谈判的供应商在规定时间内进行最后报价，采购人从谈判小组提出的成交候选人中根据符合采购需求、质量和服务相等且报价最低的原则确定成交供应商，并将结果通知所有参加谈判的未成交的供应商
		确定成交供应商之后，采购人与成交供应商应当在成交通知书发出之日起 30 日内，按照采购文件确定的合同文本以及采购标的、规格型号、采购金额、采购数量、技术和服务要求等事项签订政府采购合同。采购人不得向成交供应商提出超出采购文件以外的任何要求作为签订合同的条件，不得与成交供应商订立背离采购文件确定的合同文本以及采购标的、规格型号、采购金额、采购数量、技术和服务要求等实质性内容的协议

续表

事项		规定
竞争性谈判与竞争性磋商	适用范围	(1)政府购买服务项目;(2)技术复杂或者性质特殊,不能确定详细规格或者具体要求的;(3)因艺术品采购、专利、专有技术或者服务的时间、数量事先不能确定等原因不能事先计算出价格总额的;(4)市场竞争不充分的科研项目,以及需要扶持的科技成果转化项目;(5)按照招标投标法及其实施条例必须进行招标的工程建设项目以外的工程建设项目
	综合评分法	竞争性磋商采购方式,经磋商确定最终采购需求和提交最后报价的供应商后,由磋商小组采用综合评分法对提交最后报价的供应商的响应文件和最后报价进行综合评分。 综合评分法,是指响应文件满足磋商文件全部实质性要求且按评审因素的量化指标评审得分最高的供应商为成交候选供应商的评审方法
		综合评分法评审标准中的分值设置应当与评审因素的量化指标相对应。磋商文件中没有规定的评审标准不得作为评审依据。综合评分法货物项目的价格分值占总分值的比重(即权值)为30%至60%,服务项目的价格分值占总分值的比重(即权值)为10%至30%。采购项目中含不同采购对象的,以占项目资金比例最高的采购对象确定其项目属性。 因艺术品采购、专利、专有技术或者服务的时间、数量事先不能确定等原因不能事先计算出价格总额的和执行统一价格标准的项目,其价格不列为评分因素。有特殊情况需要在上述规定范围外设定价格分权重的,应当经本级人民政府财政部门审核同意

2.询价

事项		内容
程序	成立询价小组	询价小组由采购人的代表和有关专家共三人以上的单数组成,其中专家的人数不得少于成员总数的三分之二。询价小组应当对采购项目的价格构成和评定成交的标准等事项作出规
	确定被询价的供应商名单	询价小组根据采购需求,从符合相应资格条件的供应商名单中确定不少于三家的供应商,并向其发出询价通知书让其报价
	询价	询价小组要求被询价的供应商一次报出不得更改的价格
	确定成交供应商	采购人根据符合采购需求、质量和服务相等且报价最低的原则确定成交供应商,并将结果通知所有被询价的未成交的供应商

3.单一来源采购

事项	内容
适用的情形	(1)只能从唯一供应商处采购的; (2)发生了不可预见的紧急情况不能从其他供应商处采购的; (3)必须保证原有采购项目一致性或者服务配套的要求,需要继续从原供应商处添购,且添购资金总额不超过原合同采购金额百分之十的
	政府采购工程依法不进行招标的,应当依照政府采购法和本条例规定的竞争性谈判或者单一来源采购方式采购,单一来源采购方式也适用于工程采购

4．框架协议采购
1）框架协议采购的适用范围和分类

框架协议采购的适用范围

概念	框架协议采购，是指集中采购机构或者主管预算单位对技术、服务等标准明确、统一，需要多次重复采购的货物和服务，通过公开征集程序，确定第一阶段入围供应商并订立框架协议，采购人或者服务对象按照框架协议约定规则，在入围供应商范围内确定第二阶段成交供应商并订立采购合同的采购方式
适用情形	（1）集中采购目录以内品目，以及与之配套的必要耗材、配件等，属于小额零星采购的； （2）集中采购目录以外，采购限额标准以上，本部门、本系统行政管理所需的法律、评估、会计、审计等鉴证咨询服务，属于小额零星采购的；但主管预算单位能够归集需求形成单一项目进行采购，通过签订时间、地点、数量不确定的采购合同满足需求的，不得采用框架协议采购方式； （3）集中采购目录以外，采购限额标准以上，为本部门、本系统以外的服务对象提供服务的政府购买服务项目，需要确定2家以上供应商由服务对象自主选择的； （4）国务院财政部门规定的其他情形。采购限额标准以上，是指同一品目或者同一类别的货物、服务年度采购预算达到采购限额标准以上

框架协议分类

类型	事项	内容
封闭式框架协议采购	概念	是指通过公开竞争订立框架协议后，除经过框架协议约定的补充征集程序外，不得增加协议供应商的框架协议采购
	适用范围	封闭式框架协议采购是框架协议采购的主要形式。除法律、行政法规或者另有规定外，框架协议采购应当采用封闭式框架协议采购
开放式框架协议采购	概念	开放式框架协议采购是指明确采购需求和付费标准等框架协议条件，愿意接受协议条件的供应商可以随时申请加入的框架协议采购
	适用范围	（1）集中采购目录以内品目，以及与之配套的必要耗材、配件等，属于小额零星采购的，因执行政府采购政策不宜淘汰供应商的，或者受基础设施、行政许可、知识产权等限制，供应商数量在3家以下且不宜淘汰供应商的；（2）集中采购目录以外，采购限额标准以上，为本部门、本系统以外的服务对象提供服务的政府购买服务项目，需要确定2家以上供应商由服务对象自主选择的，能够确定统一付费标准，因地域等服务便利性要求，需要接纳所有愿意接受协议条件的供应商加入框架协议，以供服务对象自主选择的

2）框架协议采购的一般程序

框架协议采购的一般程序

一般程序	内容
（1）采购需求的制定	集中采购机构或者主管预算单位应当确定框架协议采购需求。框架协议采购需求在框架协议有效期内不得变动。确定框架协议采购需求应当开展需求调查，听取采购人、供应商和专家等意见。面向采购人和供应商开展需求调查时，应当选择具有代表性的调查对象，调查对象一般各不少于3个
（2）最高限制单价的确定	征集人就采购项目发布征集公告，编制征集文件。集中采购机构或者主管预算单位应当在征集公告和征集文件中确定框架协议采购的最高限制单价。征集文件中可以明确量价关系折扣，即达到一定采购数量，价格应当按照征集文件中明确的折扣降低。在开放式框架协议中，付费标准即为最高限制单价。

续表

一般程序	内容
（2）最高限制单价的确定	最高限制单价是供应商第一阶段响应报价的最高限价。入围供应商第一阶段响应报价是采购人或者服务对象确定第二阶段成交供应商的最高限价。 确定最高限制单价时，有政府定价的，执行政府定价；没有政府定价的，应当通过需求调查，并根据需求标准科学确定。 货物项目单价按照台（套）等计量单位确定，其中包含售后服务等相关服务费用。服务项目单价按照单位采购标的价格或者人工单价等确定。服务项目所涉及的货物的费用，能够折算入服务项目单价的应当折入，需要按实结算的应当明确结算规则
（3）框架协议期限	集中采购机构或者主管预算单位应当根据工作需要和采购标的市场供应及价格变化情况，科学合理确定框架协议期限。货物项目框架协议有效期一般不超过1年，服务项目框架协议有效期一般不超过2年

3）封闭式框架协议的评审方法

封闭式框架协议采购程序，确定第一阶段入围供应商的评审方法	价格优先法	价格优先法是指对满足采购需求且响应报价不超过最高限制单价的货物、服务，按照响应报价从低到高排序，根据征集文件规定的淘汰率或者入围供应商数量上限，确定入围供应商的评审方法
	质量优先法	质量优先法是指对满足采购需求且响应报价不超过最高限制单价的货物、服务进行质量综合评分，按照质量评分从高到低排序，根据征集文件规定的淘汰率或者入围供应商数量上限，确定入围供应商的评审方法。货物项目质量因素包括采购标的的技术水平、产品配置、售后服务等，服务项目质量因素包括服务内容、服务水平、供应商的履约能力、服务经验等。质量因素中的可量化指标应当划分等次，作为评分项；质量因素中的其他指标可以作为实质性要求，不得作为评分项
评审要求		有政府定价、政府指导价的项目，以及对质量有特别要求的检测、实验等仪器设备，可以采用质量优先法，其他项目应当采用价格优先法。 对耗材使用量大的复印、打印、实验、医疗等仪器设备进行框架协议采购的，应当要求供应商同时对3年以上约定期限内的专用耗材进行报价。评审时应当考虑约定期限的专用耗材使用成本，修正仪器设备的响应报价或者质量评分。 征集人应当在征集文件、框架协议和采购合同中规定，入围供应商在约定期限内，应当以不高于其报价的价格向适用框架协议的采购人供应专用耗材
时间要求		集中采购机构或者主管预算单位应当在入围通知书发出之日起30日内和入围供应商签订框架协议，并在框架协议签订后7个工作日内，将框架协议副本报本级财政部门备案。框架协议不得对征集文件确定的事项以及入围供应商的响应文件作实质性修改
补充征集供应商		封闭式框架协议，除剩余入围供应商不足入围供应商总数70%且影响框架协议执行的情形外，框架协议有效期内，征集人不得补充征集供应商。征集人补充征集供应商的，补充征集规则应当在框架协议中约定，补充征集的条件、程序、评审方法和淘汰比例应当与初次征集相同。补充征集应当遵守原框架协议的有效期。补充征集期间，原框架协议继续履行

4）封闭式框架协议采购的合同授予

封闭式框架协议确定第二阶段成交供应商的方式	直接选定方式	直接选定方式是确定第二阶段成交供应商的主要方式。除征集人根据采购项目特点和提高绩效等要求，在征集文件中载明采用二次竞价或者顺序轮候方式外，确定第二阶段成交供应商应当由采购人或者服务对象依据入围产品价格、质量以及服务便利性、用户评价等因素，从第一阶段入围供应商中直接选定

续表

封闭式框架协议确定第二阶段成交供应商的方式	二次竞价方式	二次竞价方式是指以框架协议约定的入围产品、采购合同文本等为依据，以协议价格为最高限价，采购人明确第二阶段竞价需求，从入围供应商中选择所有符合竞价需求的供应商参与二次竞价，确定报价最低的为成交供应商的方式。进行二次竞价应当给予供应商必要的响应时间。二次竞价一般适用于采用价格优先法的采购项目
	顺序轮候方式	顺序轮候方式是指根据征集文件中确定的轮候顺序规则，对所有入围供应商依次授予采购合同的方式。每个入围供应商在一个顺序轮候期内，只有一次获得合同授予的机会。合同授予顺序确定后，应当书面告知所有入围供应商。除清退入围供应商和补充征集外，框架协议有效期内不得调整合同授予顺序。顺序轮候一般适用于服务项目
时间要求		以二次竞价或者顺序轮候方式确定成交供应商的，征集人应当在确定成交供应商后2个工作日内逐笔发布成交结果公告。成交结果单笔公告可以在省级以上财政部门指定的媒体上发布，也可以在开展框架协议采购的电子化采购系统发布，发布成交结果公告的渠道应当在征集文件或者框架协议中告知供应商。征集人应当在框架协议有效期满后10个工作日内发布成交结果汇总公告。汇总公告应当包括采购人的名称、地址和联系方式，框架协议采购项目、名称和所有成交供应商的名称、地址及其成交合同总数和总金额
合同授予要求		框架协议采购应当订立固定价格合同。根据实际采购数量和协议价格确定合同总价的，合同中应当列明实际采购数量或者计量方式，包括服务项目用于计算合同价的工日数、服务工作量等详细工作量清单。采购人应当要求供应商提供能证明其按照合同约定数量或者工作量清单履约的相关记录或者凭证，作为验收资料一并存档。 采购人证明能够以更低价格向非入围供应商采购相同货物，且入围供应商不同意将价格降至非入围供应商以下的，可以将合同授予非入围供应商。采购项目适用前款规定的，征集人应当在征集文件中载明并在框架协议中约定。采购人将合同授予非入围供应商的，应当在确定成交供应商后1个工作日内，将成交结果抄送征集人，由征集人按照单笔公告要求发布成交结果公告。采购人应当将相关证明材料和采购合同一并存档备查

5）开放式框架协议采购程序

（1）发布征集公告并审核	订立开放式框架协议的，征集人应当发布征集公告，邀请供应商加入框架协议。征集公告发布后至框架协议期满前，供应商可以按照征集公告要求，随时提交加入框架协议的申请。征集人应当在收到供应商申请后7个工作日内完成审核，并将审核结果书面通知申请供应商。征集人应当在审核通过后2个工作日内，发布入围结果公告，公告入围供应商名称、地址、联系方式及付费标准，并动态更新入围供应商信息
（2）申明是否另行签订书面框架协议	征集人应当确保征集公告和入围结果公告在整个框架协议有效期内随时可供公众查阅。征集人可以根据采购项目特点，在征集公告中申明是否与供应商另行签订书面框架协议。申明不再签订书面框架协议的，发布入围结果公告，视为签订框架协议。第二阶段成交供应商由采购人或者服务对象从第一阶段入围供应商中直接选定
（3）费用结算	供应商履行合同后，依据框架协议约定的凭单、订单以及结算方式，与采购人进行费用结算

6）框架协议的解除

封闭式框架协议入围供应商无正当理由，不得主动放弃入围资格或者退出框架协议。开放式框架协议入围供应商可以随时申请退出框架协议。集中采购机构或者主管预算单位

取消其入围资格或解除与其签订的框架协议的情形	（1）恶意串通谋取入围或者合同成交的； （2）提供虚假材料谋取入围或者合同成交的； （3）无正当理由拒不接受合同授予的；

续表

取消其入围资格或解除与其签订的框架协议的情形	（4）不履行合同义务或者履行合同义务不符合约定，经采购人请求履行后仍不履行或者仍未按约定履行的； （5）框架协议有效期内，因违法行为被禁止或限制参加政府采购活动的； （6）框架协议约定的其他情形

被取消入围资格或者被解除框架协议的供应商不得参加同一封闭式框架协议补充征集，或者重新申请加入同一开放式框架协议。

集中采购机构或者主管预算单位应当在收到退出申请 2 个工作日内，发布入围供应商退出公告

一　单项选择题

1. 竞争性谈判的适用情景是（　　　）。

   A．招标后有供应商投标或者没有合格标的或者重新招标未能成立的

   B．技术复杂或者性质特殊，不能确定详细规格或者具体要求的

   C．采用招标所需时间不能满足用户需要的

   D．不能事后计算出价格总额的

2. 竞争性磋商的适用情形是（　　　）。

   A．技术复杂或者性质特殊，不能确定详细规格或者具体要求的

   B．企业购买服务项目

   C．因艺术品采购、专利、专有技术或者服务的时间、数量事后不能确定等原因不能事后计算出价格总额的

   D．市场竞争足够充分的科研项目，以及需要扶持的科技成果转化项目

3. 政府使用单一来源采购的适用情形是（　　　）。

   A．可以从唯一供应商处采购的

   B．发生了不可预见的紧急情况不能从其他供应商处采购的

   C．必须保证原油采购项目一致性或者服务配套的要求，需要继续从供应商处添购

   D．添购资金总额不超过原合同金额的 20%

4. 封闭式框架协议确定第二阶段成交供应商的方式是（　　　）。

   A．间接选定　　　　　　　　　B．首次竞价

   C．顺序轮候　　　　　　　　　D．逆向推定

5. 框架协议解除的情形是（　　　）。

   A．恶意串通谋取入围或者阻止合同成交的

   B．拒不接受合同授予的

   C．框架协议有效期内，因违约行为被禁止或限制参加政府采购活动的

   D．不履行合同义务或者履行合同义务不符合约定，经采购人请求履行后仍不履行或者仍未按约定履行的

二 多项选择题

1. 根据《政府采购法》第 26 条，政府采购可以采用的方式有（　　）。

    A．公开招标　　　　　　　　　B．邀请招标

    C．竞争性谈判　　　　　　　　D．多样来源采购

    E．询价

2. 框架协议订立的一般程序有（　　）。

    A．采购需求的制定　　　　　　B．最低限制单价的确定

    C．框架协议期限　　　　　　　D．确定评审办法

    E．确定框架协议采购的合同授予

3. 框架协议采购的分类有（　　）。

    A．半封闭式框架协议采购　　　B．封闭式框架协议采购

    C．确定式框架协议采购　　　　D．外包式框架协议采购

    E．开放式框架协议采购

【答案与解析】

一、单项选择题

1．B；　　*2．A；　　3．B；　　4．C；　　5．D

【解析】

2．【答案】A

竞争性磋商的适用情形：（1）政府购买服务项目；（2）技术复杂或者性质特殊，不能确定详细规格或者具体要求的；（3）因艺术品采购、专利、专有技术或者服务的时间、数量事先不能确定等原因不能事先计算出价格总额的；（4）市场竞争不充分的科研项目，以及需要扶持的科技成果转化项目；（5）按照招标投标法及其实施条例必须进行招标的工程建设项目以外的工程建设项目。因此 B、C、D 选项错误，A 选项正确。

二、多项选择题

*1．A、B、C、E；　　*2．A、C；　　　　*3．B、E

【解析】

1．【答案】A、B、C、E

根据《政府采购法》第 26 条，政府采购采用以下方式：（1）公开招标；（2）邀请招标；（3）竞争性谈判；（4）单一来源采购；（5）询价；（6）国务院政府采购监督管理部门认定的其他采购方式。对竞争性谈判、单一来源采购和询价采购等非招标采购方式做了细化规定。因此 D 选项错误。

2．【答案】A、C

框架协议订立包括三个环节：采购需求的制定；最高限制单价的确定；框架协议期限。因此 B、D、E 选项错误，A、C 选项正确。

3.【答案】B、E

　　框架协议采购分为封闭式框架协议采购和开放式框架协议采购两类。因此 A、C、D 选项错误，B、E 选项正确。

第 5 章　建设工程合同法律制度

5.1　合同的基本规定

复习要点

1. 合同的订立和效力
1）合同的形式和内容
合同是平等民事主体之间设立、变更、终止民事法律关系的协议。

合同的形式	当事人订立合同，可以采用书面形式、口头形式或者其他形式。书面形式是合同书、信件、电报、电传、传真等可以有形地表现所载内容的形式。以电子数据交换、电子邮件等方式能够有形地表现所载内容，并可以随时调取查用的数据电文，视为书面形式
合同的内容	合同的内容由当事人约定，一般包括下列条款：（1）当事人的姓名或者名称和住所；（2）标的；（3）数量；（4）质量；（5）价款或者报酬；（6）履行期限、地点和方式；（7）违约责任；（8）解决争议的方法

2）合同的订立
当事人订立合同，可以采取要约、承诺方式或者其他方式。

要约	概念	要约是希望与他人订立合同的意思表示
	条件	该意思表示应当符合下列条件：① 内容具体确定；② 表明经受要约人承诺，要约人即受该意思表示约束
	生效	要约可以对话方式或者非对话方式作出。以对话方式作出的要约，相对人知道其内容时生效。以非对话方式作出的要约，到达相对人时生效。以非对话方式作出的采用数据电文形式的要约，相对人指定特定系统接收数据电文的，该数据电文进入该特定系统时生效；未指定特定系统的，相对人知道或者应当知道该数据电文进入其系统时生效。当事人对采用数据电文形式的意思表示的生效时间另有约定的，按照其约定
	撤回与撤销	要约可以撤回。撤回要约的通知应当在要约到达相对人前或者与要约同时到达相对人。要约一旦被撤回，即对要约人失去拘束力。 要约可以撤销，但是有下列情形之一的除外：① 要约人以确定承诺期限或者其他形式明示要约不可撤销；② 受要约人有理由认为要约是不可撤销的，并已经为履行合同做了合理准备工作
	失效	有下列情形之一的，要约失效：① 要约被拒绝；② 要约被依法撤销；③ 承诺期限届满，受要约人未作出承诺；④ 受要约人对要约的内容作出实质性变更
承诺	概念	承诺是受要约人同意要约的意思表示
	构成要件	① 承诺须由受领要约的相对人作出；② 承诺的内容须与要约的内容一致；③ 承诺须于承诺期限内作出；④ 承诺须向要约人或要约人的代理人作出
	方式	承诺应当以通知的方式作出；但是，根据交易习惯或者要约表明可以通过行为作出承诺的除外。承诺应当在要约确定的期限内到达要约人。要约没有确定承诺期限的，承诺应当依照下列规定到达：① 要约以对话方式作出的，应当即时作出承诺；② 要约以非对话方式作出的，承诺应当在合理期限内到达

续表

承诺	承诺迟延和承诺迟到	受要约人超过承诺期限发出承诺，或者在承诺期限内发出承诺，按照通常情形不能及时到达要约人的，为新要约；但是，要约人及时通知受要约人该承诺有效的除外。受要约人在承诺期限内发出承诺，按照通常情形能够及时到达要约人，但是因其他原因致使承诺到达要约人时超过承诺期限的，除要约人及时通知受要约人因承诺超过期限不接受该承诺外，该承诺有效
	内容	承诺的内容应当与要约的内容一致。受要约人对要约的内容作出实质性变更的，为新要约。有关合同标的、数量、质量、价款或者报酬、履行期限、履行地点和方式、违约责任和解决争议方法等的变更，是对要约内容的实质性变更。承诺对要约的内容作出非实质性变更的，除要约人及时表示反对或者要约表明承诺不得对要约的内容作出任何变更外，该承诺有效，合同的内容以承诺的内容为准

3）订立合同时的缔约过失责任

当事人在订立合同过程中有不当行为造成对方损失的，应当承担缔约过失责任。《民法典》规定，有下列情形之一，造成对方损失的，应当承担赔偿责任：（1）假借订立合同，恶意进行磋商；（2）故意隐瞒与订立合同有关的重要事实或者提供虚假情况；（3）有其他违背诚信原则的行为。当事人在订立合同过程中知悉的商业秘密或者其他应当保密的信息，无论合同是否成立，不得泄露或者不正当地使用；泄露、不正当地使用该商业秘密或者信息，造成对方损失的，应当承担赔偿责任。

4）合同的成立与生效

合同成立	（1）承诺生效时合同成立，但是法律另有规定或者当事人另有约定的除外。 （2）当事人采用合同书形式订立合同的，自当事人均签名、盖章或者按指印时合同成立。 （3）在签名、盖章或者按指印之前，当事人一方已经履行主要义务，对方接受时，该合同成立。 （4）法律、行政法规规定或者当事人约定合同应当采用书面形式订立，当事人未采用书面形式但是一方已经履行主要义务，对方接受时，该合同成立。 （5）当事人采用信件、数据电文等形式订立合同要求签订确认书的，签订确认书时合同成立
合同生效	依法成立的合同，自成立时生效，但是法律另有规定或者当事人另有约定的除外。 依照法律、行政法规的规定，合同应当办理批准等手续的，依照其规定。未办理批准等手续影响合同生效的，不影响合同中履行报批等义务条款以及相关条款的效力。应当办理申请批准等手续的当事人未履行义务的，对方可以请求其承担违反该义务的责任

5）合同的效力

依据《民法典》规定，具备下列条件的合同有效：（1）行为人具有相应的民事行为能力。（2）意思表示真实。（3）不违反法律、行政法规的强制性规定，不违背公序良俗。

无效合同	（1）无民事行为能力人订立的合同。 （2）行为人与相对人以虚假的意思表示订立的合同。 （3）违反法律、行政法规的强制性规定的合同无效，但是该强制性规定不导致该合同无效的除外。 （4）违背公序良俗的合同。 （5）行为人与相对人恶意串通，损害他人合法权益订立的合同
可撤销合同	（1）基于重大误解订立的合同，行为人有权请求人民法院或者仲裁机构予以撤销。（2）一方以欺诈手段，使对方在违背真实意思的情况下订立的合同，受欺诈方有权请求人民法院或者仲裁机构予以撤销。第三人实施欺诈行为，使一方在违背真实意思的情况下实施的民事法律行为，对方知道或者应当知道该欺诈行为的，受欺诈方有权请求人民法院或者仲裁机构予以撤销。（3）一方或者第三人以胁迫手段，使对方在违背真实意思的情况下订立的合同，受胁迫方有权请求人民法院或者仲裁机构予以撤销。（4）一方利用对方处于危困状态、缺乏判断能力等情形，致使合同成立时显失公平的，受损害方有权请求人民法院或者仲裁机构予以撤销

续表

可撤销合同	有下列情形之一的，撤销权消灭：（1）当事人自知道或者应当知道撤销事由之日起1年内、重大误解的当事人自知道或者应当知道撤销事由之日起90日没有行使撤销权；（2）当事人受胁迫，自胁迫行为终止之日起1年内没有行使撤销权；（3）当事人知道撤销事由后明确表示或者以自己的行为表明放弃撤销权。当事人自民事法律行为发生之日起5年内没有行使撤销权的，撤销权消灭
	（1）限制行为能力人订立的纯获利益的合同或者与其年龄、智力、精神健康状况相适应的合同以外的其他合同。（2）无权代理订立的合同

2．合同的履行

当事人应当按照约定全面履行自己的义务。当事人应当遵循诚信原则，根据合同的性质、目的和交易习惯履行通知、协助、保密等义务。当事人在履行合同过程中，应当避免浪费资源、污染环境和破坏生态。

合同生效后，当事人就质量、价款或者报酬、履行地点等内容没有约定或者约定不明确的，可以协议补充；不能达成补充协议的，按照合同相关条款或者交易习惯确定。 当事人就有关合同内容约定不明确，依据前条规定仍不能确定的，适用右侧规定：	质量要求不明确的，按照强制性国家标准履行；没有强制性国家标准的，按照推荐性国家标准履行；没有推荐性国家标准的，按照行业标准履行；没有国家标准、行业标准的，按照通常标准或者符合合同目的的特定标准履行
	价款或者报酬不明确的，按照订立合同时履行地的市场价格履行；依法应当执行政府定价或者政府指导价的，依照规定履行
	履行地点不明确，给付货币的，在接受货币一方所在地履行；交付不动产的，在不动产所在地履行；其他标的，在履行义务一方所在地履行
	履行期限不明确的，债务人可以随时履行，债权人也可以随时请求履行，但是应当给对方必要的准备时间
	履行方式不明确的，按照有利于实现合同目的的方式履行
	履行费用的负担不明确的，由履行义务一方负担；因债权人原因增加的履行费用，由债权人负担
合同履行中的抗辩权	同时履行抗辩权：当事人互负债务，没有先后履行顺序的，应当同时履行。一方在对方履行之前有权拒绝其履行请求。一方在对方履行债务不符合约定时，有权拒绝其相应的履行请求
	先履行抗辩权：当事人互负债务，有先后履行顺序，应当先履行债务一方未履行的，后履行一方有权拒绝其履行请求。先履行一方履行债务不符合约定的，后履行一方有权拒绝其相应的履行请求
	不安抗辩权：应当先履行债务的当事人，有确切证据证明对方有下列情形之一的，可以中止履行：（1）经营状况严重恶化；（2）转移财产、抽逃资金，以逃避债务；（3）丧失商业信誉；（4）有丧失或者可能丧失履行债务能力的其他情形。当事人没有确切证据中止履行的，应当承担违约责任

3．违约责任

违约责任是指合同当事人因违反合同义务所承担的责任。违约责任的特征包括：（1）违约责任的产生以合同当事人不履行或者不适当履行合同义务为前提；（2）违约责任具有相对性，由违约的当事人一方对非违约的一方承担；（3）违约责任是民事责任的一种，主要具有补偿性，目的在于弥补因违约行为造成的损害后果；（4）违约责任可以由合同当事人约定，但约定不符合法律规定的，会被宣告无效或被撤销。

《民法典》规定，当事人一方不履行合同义务或者履行合同义务不符合约定的，应当承担继续履行、采取补救措施或者赔偿损失等违约责任。根据以上规定，承担违约责任的种类主要有继续履行、采取补救措施或者赔偿损失等方式。

继续履行	当事人一方未支付价款、报酬、租金、利息，或者不履行其他金钱债务的，对方可以请求其支付。当事人一方不履行非金钱债务或者履行非金钱债务不符合约定的，对方可以请求履行，但是有下列情形之一的除外：（1）法律上或者事实上不能履行；（2）债务的标的不适于强制履行或者履行费用过高；（3）债权人在合理期限内未请求履行。有上述规定的除外情形之一，致使不能实现合同目的的，人民法院或者仲裁机构可以根据当事人的请求终止合同权利义务关系，但是不影响违约责任的承担
采取补救措施	履行不符合约定的，应当按照当事人的约定承担违约责任。对违约责任没有约定或者约定不明确，依法仍不能确定的，受损害方根据标的的性质以及损失的大小，可以合理选择请求对方承担修理、重作、更换、退货、减少价款或者报酬等违约责任
赔偿损失	当事人一方不履行合同义务或者履行合同义务不符合约定的，在履行义务或者采取补救措施后，对方还有其他损失的，应当赔偿损失。当事人一方不履行合同义务或者履行合同义务不符合约定，造成对方损失的，损失赔偿额应当相当于因违约所造成的损失，包括合同履行后可以获得的利益；但是，不得超过违约一方订立合同时预见到或者应当预见到的因违约可能造成的损失
违约金与定金	当事人可以约定一方违约时应当根据违约情况向对方支付一定数额的违约金，也可以约定因违约产生的损失赔偿额的计算方法。约定的违约金低于造成的损失的，人民法院或者仲裁机构可以根据当事人的请求予以增加；约定的违约金过分高于造成的损失的，人民法院或者仲裁机构可以根据当事人的请求予以适当减少。当事人就迟延履行约定违约金的，违约方支付违约金后，还应当履行债务。 当事人可以约定一方向对方给付定金作为债权的担保。定金合同自实际交付定金时成立。定金的数额由当事人约定；但是，不得超过主合同标的额的百分之二十，超过部分不产生定金的效力。实际交付的定金数额多于或者少于约定数额的，视为变更约定的定金数额。债务人履行债务的，定金应当抵作价款或者收回。给付定金的一方不履行债务或者履行债务不符合约定，致使不能实现合同目的的，无权请求返还定金；收受定金的一方不履行债务或者履行债务不符合约定，致使不能实现合同目的的，应当双倍返还定金。 当事人既约定违约金，又约定定金的，一方违约时，对方可以选择适用违约金或者定金条款。定金不足以弥补一方违约造成的损失的，对方可以请求赔偿超过定金数额的损失

当事人一方因不可抗力不能履行合同的，根据不可抗力的影响，部分或者全部免除责任，但是法律另有规定的除外。因不可抗力不能履行合同的，应当及时通知对方，以减轻可能给对方造成的损失，并应当在合理期限内提供证明。当事人迟延履行后发生不可抗力的，不免除其违约责任。

当事人都违反合同的，应当各自承担相应的责任。当事人一方违约造成对方损失，对方对损失的发生有过错的，可以减少相应的损失赔偿额。

一　单项选择题

1. 3月1日甲施工企业向乙钢材商发出采购单购买一批钢材。要求乙在3月5日前承诺。3月1日，乙收到甲的采购单，3月2日，甲再次发函至乙取消本次采购。乙收到两份函件后，3月4日，乙发函至甲表示同意履行3月1日的采购单。关于该案的说法，正确的是（　　）。

A. 甲3月2日的行为属于要约邀请

B. 乙3月4日的行为属于新要约

  C．甲的要约已经撤销

  D．甲乙之间买卖合同成立

  2．施工单位向电梯生产公司订购两部 A 型电梯，并要求 5 日内交货。电梯生产公司回函表示如果延长 1 周可如约供货。根据《民法典》，电梯生产公司的回函属于（ ）。

  A．要约邀请   B．承诺

  C．部分承诺   D．新要约

  3．水泥厂在承诺有效期内，对施工单位订购水泥的要约做出了完全同意的答复，则该水泥买卖合同成立的时间为（ ）。

  A．水泥厂的答复文件到达施工单位时

  B．施工单位发出订购水泥的要约时

  C．水泥厂发出答复文件时

  D．施工单位订购水泥的要约到达水泥厂时

  4．某施工企业向某玻璃厂发出购买玻璃的要约。要求玻璃厂 5 月 20 日之前确认，玻璃厂于 5 月 25 日答复同意。玻璃厂同意的行为应视为（ ）。

  A．要约邀请   B．承诺

  C．承诺意向   D．新要约

  5．甲建筑公司向乙水泥厂发出采购 100 吨水泥的要约，乙于 10 月 1 日寄出承诺信件。10 月 8 日，信件寄至甲商场，时逢其法定代表人外出。10 月 9 日，法定代表人知悉了该信内容，遂于 10 月 10 日电传告知乙收到承诺。该要约的生效时间是（ ）。

  A．10 月 1 日   B．10 月 8 日

  C．10 月 9 日   D．10 月 10 日

  6．甲建筑公司向乙公司发函采购红砖，函件中标明了红砖的数量、价格和交货时间。乙公司回函表示如果延长 10 天可如约供货。根据《民法典》，乙公司的回函属于（ ）。

  A．要约邀请   B．承诺

  C．新要约   D．部分承诺

  7．施工企业根据材料供应商寄送的价目表发出了一个建筑材料采购清单，后因故又发出加急通知取消了该采购清单。如果施工企业后发出的取消通知先于采购清单到达材料供应商处，则该取消通知从法律上称为（ ）。

  A．要约撤回   B．要约撤销

  C．承诺撤回   D．承诺撤销

  8．甲公司向乙公司购买了一批钢材，双方约定采用合同书的方式订立合同，由于施工进度紧张，在甲公司的催促之下，双方在未签字盖章之前，乙公司将钢材送到了甲公司，甲公司接受并投入工程使用。甲、乙公司之间的买卖合同（ ）。

  A．无效   B．成立

  C．可变更   D．可撤销

  9．关于合同形式的说法，正确的是（ ）。

  A．书面形式合同是指纸质合同

  B．当事人的行为可以构成默示合同

C. 书面形式是主要的合同形式

D. 未依法采用书面形式订立合同的，合同无效

10. 甲施工企业有一辆里程表存在故障的工程用车，该车实际行驶里程 8 万公里，市场价格约为 16 万元，里程表显示行驶里程为 4 万公里。甲明知上述情况存在，仍将该车以 23 万元价格卖给了乙施工企业，乙知情后诉至法院。乙的下列诉讼请求可以获得支持的是（   ）。

A. 请求减少价款至 16 万元   B. 以欺诈为由解除合同

C. 以重大误解为由请求撤销合同 D. 请求甲承担缔约过失责任

11. 乙施工企业租用甲建设单位的设备后擅自将该设备出售给了丙公司，甲知悉此事后，与乙商议以该设备的转让价格抵消了部分工程款。关于乙丙之间设备买卖合同效力的说法，正确的是（   ）。

A. 效力待定   B. 有效

C. 部分有效   D. 可撤销

12. 甲公司将施工机械借给乙公司使用，乙公司在甲公司不知情的情况下将该施工机械卖给知悉上述情况的丙公司，关于乙、丙公司之间施工机械买卖合同效力的说法，正确的是（   ）。

A. 有效   B. 可变更或撤销

C. 无效   D. 效力待定

13. 甲、乙于 4 月 1 日签订一份施工合同。合同履行过程中，双方于 5 月 1 日发生争议，甲于 5 月 20 日单方要求解除合同。乙遂向法院提起诉讼，法院于 6 月 30 日判定该合同无效。则该合同自（   ）无效。

A. 4 月 1 日   B. 5 月 1 日

C. 5 月 20 日   D. 6 月 30 日

14. 关于建设工程合同一方违约后，另一方采取措施防止损失扩大的说法，正确的是（   ）。

A. 接到违约方的通知后，守约方应当及时采取措施防止损失扩大

B. 守约方没有采取适当措施致使损失扩大的，可以就扩大的损失要求赔偿

C. 当事人因防止损失扩大而支出的合理费用，由自己承担

D. 未接到违约方的通知，守约方无需采取措施防止损失扩大

15. 甲与乙订立了一份施工项目的材料采购合同，货款为 40 万元，乙向甲支付定金 4 万元，如任何一方不履行合同应支付违约金 6 万元。甲因将施工材料另卖他人而无法向乙完成交付，在乙提出的如下诉讼请求中，既能最大限度保护自己的利益，又能获得法院支持的诉讼请求是（   ）。

A. 请求甲支付违约金 6 万元

B. 请求甲双倍返还定金 8 万元

C. 请求甲支付违约金 6 万元，同时请求返还支付的定金 4 万元

D. 请求甲双倍返还定金 8 万元，同时请求甲支付违约金 6 万元

16. 甲施工企业与乙水泥厂签订水泥供应合同，在约定的履行日期届满时，水泥厂未能按时供应水泥。由于甲施工企业没有采取适当措施寻找货源，致使损失扩大。对

于扩大的损失应该由（　　　）。

  A．乙水泥厂承担   B．双方连带责任

  C．双方按比例承担   D．甲施工企业承担

17．关于效力待定合同的说法，正确的是（　　　）。

  A．善意相对人对合同有追认权

  B．限制民事行为能力人签订的纯获利益的合同，无需追认

  C．权利人有撤销的权利

  D．撤销应当向人民法院或仲裁机构申请

18．施工合同当事人向人民法院主张的诉讼请求中，可以得到支持的是（　　　）。

  A．解除合同并赔偿损失   B．继续履行并解除合同

  C．支付违约金和双倍返还定金 D．确认合同无效并支付违约金

19．关于可撤销合同撤销权的说法，正确的是（　　　）。

  A．因欺诈致使对方意思不真实，构成撤销事由

  B．可以使尚未成立的合同归于无效

  C．撤销权的行使应当以通知的方式作出

  D．当事人不得自行放弃撤销权

20．关于违约责任的说法，正确的是（　　　）。

  A．违约责任主要具有惩罚性，旨在惩罚违约方的违约行为

  B．守约方需证明违约方主观上存在违约的故意，方能要求违约方承担违约责任

  C．违约方违约后继续履行合同的，守约方不得再要求其支付违约金

  D．守约方发生的经济损失大于违约金的，守约方可以要求违约方按照实际损失予以赔偿

21．当事人一方不履行合同义务或者履行合同义务不符合约定的，应当承担的违约责任是（　　　）。

  A．继续履行、采取补救措施或者赔偿损失

  B．继续履行、消除危险或者赔偿损失

  C．返还财产、赔礼道歉或者采取补救措施

  D．恢复原状、赔偿损失或者支付违约金

22．甲施工企业与乙钢材供应商订立钢材采购合同，合同价款为1000万元，约定定金为300万元。甲实际支付定金100万元，乙按照合同约定开始供货。后在合同履行过程中，双方发生争议。关于本案中定金的说法，正确的是（　　　）。

  A．双方约定300万元的定金因为超过合同价款的20%而无效

  B．视为变更约定的定金数额为200万元

  C．若甲违约，致使合同目的不能实现，则应当向乙支付100万元

  D．若乙违约，致使合同目的不能实现，则应当向甲返还200万元

23．关于合同形式的说法，正确的是（　　　）。

  A．合同可以采用书面形式、口头形式或者其他形式

  B．电子邮件不能视为书面形式

  C．书面形式仅指合同书形式

　　D．默示合同是指当事人默认的合同

24．关于无效合同法律后果的说法，正确的是（　　）。

　　A．无效合同自被确认为无效时起没有法律约束力

　　B．合同无效的，不影响合同中有关解决争议方法的条款的效力

　　C．无效合同的当事人因该合同取得的财产，应当折价补偿

　　D．无效合同中双方都有过错的，仅需承担各自的损失

25．根据《民法典》，下列合同的免责条款中，无效的是（　　）。

　　A．因重大过失造成对方财产损失的免责条款

　　B．因轻微过失违约无需承担违约责任的条款

　　C．因不可抗力造成对方财产损失的免责条款

　　D．因市场价格波动造成对方财产损失的免责条款

26．关于可撤销合同的说法，正确的是（　　）。

　　A．代理权终止后，代理人以被代理人的名义订立的合同，可以撤销

　　B．当事人只能以提起诉讼的方式行使撤销权

　　C．当事人可以放弃撤销权

　　D．被撤销的合同自法院判决生效之日起失去法律约束力

27．甲施工企业与乙材料供应商订立了合同总价为 200 万元的买卖合同，甲向乙支付了定金 50 万元。后来乙不能按照合同约定履行交付义务，致使不能实现合同目的，甲可以向乙主张返还（　　）。

　　A．40 万元　　　　　　　　　　B．50 万元

　　C．90 万元　　　　　　　　　　D．100 万元

28．关于限制民事行为能力人实施的民事法律行为的说法，正确的是（　　）。

　　A．限制民事行为能力人实施的纯获利益的民事法律行为效力待定

　　B．限制民事行为能力人实施的与其年龄、智力、精神健康状况不相适应的民事法律行为无效

　　C．相对人可以催告法定代理人在收到通知之日起 30 日内予以追认

　　D．相对人催告法定代理人追认，法定代理人未作表示的，视为予以追认

29．关于可撤销合同中撤销权行使的说法，正确的是（　　）。

　　A．重大误解的当事人应当自知道或者应当知道撤销事由之日起 90 日内行使撤销权

　　B．受胁迫的当事人应当自胁迫行为终止之日起 6 个月内行使撤销权

　　C．当事人不得放弃撤销权

　　D．当事人自民事法律行为发生之日起 3 年内没有行使撤销权的，撤销权消灭

30．关于违约金的说法，正确的是（　　）。

　　A．约定的违约金低于造成的损失的，人民法院或者仲裁机构可以根据当事人的请求予以增加

　　B．约定的违约金过分高于造成的损失的，人民法院或者仲裁机构不得予以减少

　　C．一方违约，当事人要求支付违约金的，不得再要求继续履行

　　D．一方违约，当事人要求解除合同的，不得再要求支付违约金

31. 关于违约责任中承担赔偿损失限制的说法，正确的是（　　）。

　A．违约方应当赔偿不可预见的损害

　B．损失赔偿不得超过违约方为履行合同付出的成本

　C．当事人一方违约后，对方没有采取适当措施致使损失扩大的，非违约方可以就扩大的损失请求赔偿

　D．当事人为防止因违约造成的损失扩大而支出的合理费用，由违约方承担

32. 关于定金的说法，正确的是（　　）。

　A．定金合同自当事人均签名、盖章或者按指印时成立

　B．定金数额超过主合同标的额的 20% 的，定金无效

　C．实际交付的定金数额多于或者少于约定数额的，视为变更约定的定金数额

　D．当事人既约定违约金，又约定定金的，一方违约时，非违约方应当适用违约金条款

33. 关于合同形式的说法，正确的是（　　）。

　A．书面形式合同是指纸质合同

　B．可以随时调取查用的电子邮件视为书面形式

　C．根据当事人的行为推定合同成立的，称为口头合同

　D．未依法采用书面形式订立合同的，合同无效

34. 建设工程施工合同被撤销的，关于其法律约束力的说法，正确的是（　　）。

　A．自当事人申请撤销之日无法律约束力

　B．自当事人请求撤销的通知到达相对方之日无法律约束力

　C．自人民法院撤销之日无法律约束力

　D．自始无法律约束力

35. 以对话方式作出的要约，要约的生效时间为（　　）。

　A．相对人知道其内容时　　　　　B．到达相对人时

　C．要约发出时　　　　　　　　　D．进入受要约人指定的系统时

36. 关于承诺的说法，正确的是（　　）。

　A．承诺可以由非受领要约的人作出

　B．有关合同履行地点和方式的变更，是对要约内容的实质性变更

　C．承诺对要约的内容作出非实质性变更的，要约人不得反对

　D．受要约人超过承诺期限发出承诺，亦构成承诺

37. 法律、行政法规规定或者当事人约定合同应当采用书面形式订立，当事人未采用书面形式但是一方已经履行主要义务，对方接受时，该合同（　　）。

　A．成立　　　　　　　　　　　　B．生效

　C．无效　　　　　　　　　　　　D．可撤销

二　多项选择题

1. 甲建筑公司收到了某水泥厂寄发的价目表但无其他内容。甲按标明价格提出订购 1000 吨某型号水泥，并附上主要合同条款，却被告知因原材料价格上涨，原来的价

格不再适用，要采用提价后的新价格，则下列说法正确的有（　　　）。

A．水泥厂的价目表属于要约邀请

B．甲建筑公司的订购表示属于要约

C．水泥厂的价目表属于要约

D．水泥厂新报价属于承诺

E．水泥厂新报价属于新要约

2．甲公司向乙公司发出要约，出售一批建筑材料。要约发出后，甲公司因进货渠道发生困难而拟撤回要约。甲公司撤回要约的通知应当（　　　）到达乙公司。

A．在要约到达乙公司之前　　　　B．与要约同时

C．在乙公司发出承诺之前　　　　D．在乙公司发出承诺的同时

E．在乙公司发出承诺后

3．根据《民法典》，要约失效的情形有（　　　）。

A．受要约人拒绝要约的通知到达要约人

B．受要约人的承诺对要约内容做了实质性变更

C．要约中规定的承诺期限届满，要约人未收到承诺通知

D．发出承诺通知前，撤销要约的通知到达受要约人

E．受要约人承诺到达要约人后，要约人发出撤销要约的通知

4．根据《民法典》，撤回要约的通知应当（　　　）。

A．在要约到达受要约人之后到达受要约人

B．在受要约人发出承诺之前到达受要约人

C．在受要约人发出承诺同时到达受要约人

D．在要约到达受要约人之前到达受要约人

E．与要约同时到达受要约人

5．合同内容约定不明确，不能达成补充协议，按照交易习惯不能解决时，根据《民法典》，下列说法正确的有（　　　）。

A．质量要求不明确，可按照国家标准、行业标准履行

B．履行期限不明确，债务人可以随时履行，但应当给对方必要的准备时间

C．价款不明确的，可按照合同签订时履行地的市场价格履行

D．履行地点不明确，给付货币的，在给付货币一方所在地履行

E．履行费用负担不明确的，由债权人承担

6．甲公司以国产设备为样品，谎称进口设备，与已施工企业订立设备买卖合同，后乙施工企业知悉实情。有关该合同争议处理的说法，正确的有（　　　）。

A．若买卖合同被撤销后，有关争议解决条款也随之无效

B．乙施工企业有权自主决定是否行使撤销权

C．乙施工企业有权自合同订立之日起 1 年内主张撤销该合同

D．该买卖合同被法院撤销后，则该合同自始没有法律约束力

E．乙施工企业有权自知道设备为国产之日起 1 年内主张撤销该合同

7．下列施工合同中，属于可撤销合同的有（　　　）。

A．施工合同订立时，工程款支付条款显失公平

B. 另行签订的与备案中标合同的实质性内容不一致

C. 承包人对合同的价款有重大误解的

D. 发包人胁迫承包人签订的

E. 承包人将部分工程违法分包的

8. 施工企业甲与材料供应商乙签订一份显失公平的钢材供应合同，甲因此而享有合同的撤销权。其撤销权消灭的情形有（　　　）。

A. 甲自知道撤销事由之日起1年内没有行使撤销权

B. 甲知道撤销事由后明确表示放弃撤销权

C. 甲自应当知道撤销事由之日起半年内没有行使撤销权

D. 甲自订立合同之日起1年内没有行使撤销权

E. 甲知道撤销事由后以自己的行为放弃撤销权

9. 施工企业由于重大误解，在订立买卖合同时将想购买的A型钢材误写为买B型钢材，则施工企业（　　　）。

A. 只能按购买A型钢材履行合同

B. 应按效力待定处理该合同

C. 可以要求变更为按购买B型钢材履行合同

D. 可以要求撤销该合同

E. 可以要求确认该合同无效

10. 下列民事责任承担方式中，属于违约责任的有（　　　）。

A. 继续履行　　　　　　　　B. 赔礼道歉

C. 赔偿损失　　　　　　　　D. 恢复原状

E. 支付违约金

11. 关于违约金条款的说法，正确的有（　　　）。

A. 约定的违约金低于造成的损失的，当事人可以请求人民法院或者仲裁机构予以增加

B. 违约方支付迟延履行违约金后，另一方仍有权要求其继续履行

C. 当事人既约定违约金，又约定定金的，一方违约时，对方可以选择适用违约金条款或定金条款

D. 当事人既约定违约金，又约定定金的，一方违约时，对方可以同时适用违约金条款及定金条款

E. 约定的违约金高于造成的损失的，当事人可以请求人民法院或者仲裁机构按实际损失金额调减

12. 根据《民法典》，民事法律行为的有效要件有（　　　）。

A. 行为人具有相应的民事行为能力

B. 意思表示真实

C. 不违反法律、行政法规的强制性规定

D. 不违背公序良俗

E. 不超越经营范围

13. 下列合同中，属于无效合同的有（　　　）。

  A．无民事行为能力人订立的合同

  B．行为人与相对人以虚假的意思表示订立的合同

  C．违背公序良俗的合同

  D．行为人与相对人恶意串通，损害他人合法权益订立的合同

  E．一方以欺诈手段，使对方在违背真实意思的情况下订立的合同

14．下列合同中，属于可撤销合同的有（　　）。

  A．行为人与相对人恶意串通，损害他人合法权益订立的合同

  B．一方以欺诈手段，使对方在违背真实意思的情况下订立的合同

  C．行为人与相对人以虚假的意思表示订立的合同

  D．一方利用对方处于危困状态、缺乏判断能力等情形，致使合同成立时显失公平的

  E．基于重大误解订立的合同

15．可撤销合同中，撤销权消灭的情形包括（　　）。

  A．当事人自民事法律行为发生之日起5年内没有行使撤销权的

  B．重大误解的当事人自知道或者应当知道撤销事由之日起1年内没有行使撤销权的

  C．当事人受胁迫，自胁迫行为终止之日起1年内没有行使撤销权的

  D．当事人知道撤销事由后明确表示放弃撤销权的

  E．当事人知道撤销事由后以自己的行为表明放弃撤销权的

16．违约责任的特征包括（　　）。

  A．违约责任的产生以合同当事人不履行或者不适当履行合同义务为前提

  B．违约责任具有相对性，由违约的当事人一方对非违约的一方承担

  C．违约责任是民事责任的一种，主要具有补偿性

  D．违约责任的承担是法定的

  E．违约责任可以由合同当事人约定

【答案与解析】

一、单项选择题

1．D； 2．D； 3．A； *4．D； 5．B； 6．C； *7．A； *8．B；

9．B； 10．A； 11．B； 12．C； *13．A； 14．A； *15．C； *16．D；

17．B； 18．A； 19．A； 20．D； 21．A； 22．D； 23．A； 24．B；

25．A； 26．C； 27．C； 28．C； 29．A； 30．A； 31．D； 32．C；

33．B； 34．D； 35．A； 36．B； 37．A

【解析】

4.【答案】D

  本题考查的是合同的要约与承诺。要约的有效间期由要约人在要约中规定。本题玻璃厂超期答复同意，视为新要约。要约人如果在要约中订有存续时间，受要约人必须在此期间内承诺。过期后所做出的承诺属于新要约。

7.【答案】A

本题考查的是合同的要约与承诺。要约可以撤回，但撤回要约的通知应当在要约到达受要约人之前或者与要约同时到达受要约人。要约可以撤销，但撤销要约的通知应当在受要约人发出承诺通知之前到达受要约人。价目表为要约邀请，而材料采购单为要约。取消的通知先于要约达到或与要约同时到达，为要约撤回。

8.【答案】B

本题考查的是合同的订立与合同成立。《民法典》规定，当事人采用合同书形式订立合同的，自双方当事人签字或者盖章时合同成立。采用合同书形式订立合同，在签字或者盖章之前，当事人一方已经履行主要义务，对方接受的，该合同成立。

13.【答案】A

合同无效，自始就没有法律约束力，即自签订之日起就无效。

15.【答案】C

当事人既主张约定违约金，又主张定金的，一方违约时，对方可以选择适用违约金或定金条款。

16.【答案】D

本题考查的是赔偿损失的限制。《民法典》规定，当事人一方违约后，对方应当采取适当措施防止损失的扩大；没有采取适当措施致使损失扩大的，不得就扩大的损失要求赔偿。

二、多项选择题

1．A、B、E；　　　　*2．A、B；　　　　3．A、B、D；　　　　4．D、E；

5．A、B；　　　　*6．B、D、E；　　　　7．A、C、D；　　　　8．A、B、E；

9．C、D；　　　　10．A、C、E；　　　　11．A、B、C、E；　　12．A、B、C、D；

13．A、B、C、D；　　14．A、B、D、E；　　*15．A、C、D、E；　　16．A、B、C、E

【解析】

2.【答案】A、B

根据《民法典》规定，要约可以撤回，撤回要约的通知应当在要约到达受要约人之前或者与要约同时到达受要约人。

6.【答案】B、D、E

本合同是在欺诈胁迫的条件下签订的，属于可撤销可变更合同。行使撤销权应当在知道或者应当知道撤销事由之日起一年内行使，并应当向人民法院或者仲裁机构申请。无效的合同或者被撤销的合同自始没有法律约束力。合同部分无效，不影响其他部分效力的，其他部分仍然有效。合同无效、被撤销或者终止的，不影响合同中独立存在的有关解决争议方法的条款的效力。

15.【答案】A、C、D、E

撤销权应在行使期间内行使。有下列情形之一的，撤销权消灭：① 当事人自知道或者应当知道撤销事由之日起 1 年内、重大误解的当事人自知道或者应当知道撤销事由之日起 90 日内没有行使撤销权；② 当事人受胁迫，自胁迫行为终止之日起 1 年内没有行使撤销权；③ 当事人知道撤销事由后明确表示或者以自己的行为表明放弃撤销权。当事人自民事法律行为发生之日起 5 年内没有行使撤销权的，撤销权消灭。

5.2　建设工程施工合同的规定

复习要点

1. 施工合同的效力

1）施工合同的订立要求

建设工程合同是承包人进行工程建设，发包人支付价款的合同，包括工程勘察、设计、施工合同。《民法典》规定建设工程合同应当采用书面形式。根据《民法典》规定，发包人订立建设工程合同可以采用两种发包方式，一是与总承包人订立建设工程合同，将全部工作内容发包给总承包人；二是分别与勘察人、设计人、施工人订立勘察、设计、施工承包合同，将工作内容平行发包给勘察人、设计人、施工人。

2）施工合同无效和法律后果

施工合同的无效情形	（1）承包人未取得建筑业企业资质或者超越资质等级的；（2）没有资质的实际施工人借用有资质的建筑施工企业名义的；（3）建设工程必须进行招标而未招标或者中标无效的。（4）承包人因转包、违法分包建设工程与他人签订的建设工程施工合同。（5）当事人以发包人未取得建设工程规划许可证等规划审批手续为由，请求确认建设工程施工合同无效的，人民法院应予支持，但发包人在起诉前取得建设工程规划许可证等规划审批手续的除外
无效的法律后果	《民法典》规定，无效的或者被撤销的民事法律行为自始没有法律约束力。民事法律行为部分无效，不影响其他部分效力的，其他部分仍然有效。合同不生效、无效、被撤销或者终止的，不影响合同中有关解决争议方法的条款的效力。民事法律行为无效、被撤销或者确定不发生效力后，行为人因该行为取得的财产，应当予以返还；不能返还或者没有必要返还的，应当折价补偿。有过错的一方应当赔偿对方由此所受到的损失；各方都有过错的，应当各自承担相应的责任
	建设工程施工合同无效，但是建设工程经验收合格的，可以参照合同关于工程价款的约定折价补偿承包人。建设工程施工合同无效，且建设工程经验收不合格的，按照以下情形处理：（1）修复后的建设工程经验收合格的，发包人可以请求承包人承担修复费用。此情形下，修复后的建设工程达到法定、约定质量标准，可以参照合同约定支付工程价款，但需由承包人承担修复费用。（2）修复后的建设工程经验收不合格的，承包人无权请求参照合同关于工程价款的约定折价补偿

2. 建设工程工期、质量和价款

《民法典》规定，施工合同的内容一般包括工程范围、建设工期、中间交工工程的开工和竣工时间、工程质量、工程造价、技术资料交付时间、材料和设备供应责任、拨款和结算、竣工验收、质量保修范围和质量保证期、相互协作等条款

开工日期	当事人对建设工程开工日期有争议的，人民法院应当分别按照以下情形予以认定：（1）开工日期为发包人或者监理人发出的开工通知载明的开工日期；开工通知发出后，尚不具备开工条件的，以开工条件具备的日期为开工日期；因承包人原因导致开工时间推迟的，以开工通知载明的日期为开工日期；（2）承包人经发包人同意已经实际进场施工的，以实际进场施工时间为开工日期；（3）发包人或者监理人未发出开工通知，亦无相关证据证明实际开工日期的，应当综合考虑开工报告、合同、施工许可证、竣工验收报告或者竣工验收备案表等载明的时间，并结合是否具备开工条件的事实，认定开工日期

工期顺延	当事人约定顺延工期应当经发包人或者监理人签证等方式确认，承包人虽未取得工期顺延的确认，但能够证明在合同约定的期限内向发包人或者监理人申请过工期顺延且顺延事由符合合同约定，承包人以此为由主张工期顺延的，人民法院应予支持。 当事人约定承包人未在约定期限内提出工期顺延申请视为工期不顺延的，按照约定处理，但发包人在约定期限后同意工期顺延或者承包人提出合理抗辩的除外
竣工日期	当事人对建设工程实际竣工日期有争议的，人民法院应当分别按照以下情形予以认定：（1）建设工程经竣工验收合格的，以竣工验收合格之日为竣工日期；（2）承包人已经提交竣工验收报告，发包人拖延验收的，以承包人提交验收报告之日为竣工日期；（3）建设工程未经竣工验收，发包人擅自使用的，以转移占有建设工程之日为竣工日期

1）建设工程质量

承包人的质量责任	因承包人的原因致使建设工程质量不符合约定的，发包人有权请求承包人在合理期限内无偿修理或者返工、改建。经过修理或者返工、改建后，造成逾期交付的，承包人应当承担违约责任
发包人的质量责任	因发包人的原因致使工程中途停建、缓建的，发包人应当采取措施弥补或者减少损失，赔偿承包人因此造成的停工、窝工、倒运、机械设备调迁、材料和构件积压等损失和实际费用

发包人具有下列情形之一，造成建设工程质量缺陷，应当承担过错责任：（1）提供的设计有缺陷；（2）提供或者指定购买的建筑材料、建筑构配件、设备不符合强制性标准；（3）直接指定分包人分包专业工程。承包人有过错的，也应当承担相应的过错责任

2）建设工程价款

《民法典》规定，建设工程验收合格的，发包人应当按照约定支付价款，并接收该建设工程。

建设工程价款结算纠纷争议解决	当事人对建设工程的计价标准或者计价方法有约定的，按照约定结算工程价款
	当事人约定，发包人收到竣工结算文件后，在约定期限内不予答复，视为认可竣工结算文件的，按照约定处理。承包人请求按照竣工结算文件结算工程价款的，人民法院应予支持
	当事人签订的建设工程施工合同与招标文件、投标文件、中标通知书载明的工程范围、建设工期、工程质量、工程价款不一致，一方当事人请求将招标文件、投标文件、中标通知书作为结算工程价款的依据的，人民法院应予支持
	当事人就同一建设工程订立的数份建设工程施工合同均无效，但建设工程质量合格，一方当事人请求参照实际履行的合同关于工程价款的约定折价补偿承包人的，人民法院应予支持
工程垫资及利息	当事人对垫资和垫资利息有约定，承包人请求按照约定返还垫资及其利息的，人民法院应予支持，但是约定的利息计算标准高于垫资时的同类贷款利率或者同期贷款市场报价利率的部分除外。当事人对垫资没有约定的，按照工程欠款处理。当事人对垫资利息没有约定，承包人请求支付利息的，人民法院不予支持。当事人对欠付工程价款利息计付标准有约定的，按照约定处理。没有约定的，按照同期同类贷款利率或者同期贷款市场报价利率计息。利息从应付工程价款之日开始计付。当事人对付款时间没有约定或者约定不明的，下列时间视为应付款时间：（1）建设工程已实际交付的，为交付之日；（2）建设工程没有交付的，为提交竣工结算文件之日；（3）建设工程未交付，工程价款也未结算的，为当事人起诉之日
建设工程价款优先受偿权	《民法典》规定，发包人未按照约定支付价款的，承包人可以催告发包人在合理期限内支付价款。发包人逾期不支付的，除根据建设工程的性质不宜折价、拍卖外，承包人可以与发包人协议将该工程折价，也可以请求人民法院将该工程依法拍卖。建设工程的价款就该工程折价或者拍卖的价款优先受偿

续表

建设工程价款优先受偿权	与发包人订立建设工程施工合同的承包人，依据《民法典》第 807 条的规定请求其承建工程的价款就工程折价或者拍卖的价款优先受偿的，人民法院应予支持。 装饰装修工程具备折价或者拍卖条件，装饰装修工程的承包人请求工程价款就该装饰装修工程折价或者拍卖的价款优先受偿的，人民法院应予支持。建设工程质量合格，承包人请求其承建工程的价款就工程折价或者拍卖的价款优先受偿的，人民法院应予支持。未竣工的建设工程质量合格，承包人请求其承建工程的价款就其承建工程部分折价或者拍卖的价款优先受偿的，人民法院应予支持。 承包人享有的建设工程价款优先受偿权优于抵押权和其他债权。承包人建设工程价款优先受偿的范围依照国务院有关行政主管部门关于建设工程价款范围的规定确定。承包人就逾期支付建设工程价款的利息、违约金、损害赔偿金等主张优先受偿的，人民法院不予支持。 承包人应当在合理期限内行使建设工程价款优先受偿权，但最长不得超过 18 个月，自发包人应当给付建设工程价款之日起算。发包人与承包人约定放弃或者限制建设工程价款优先受偿权，损害建筑工人利益，发包人根据该约定主张承包人不享有建设工程价款优先受偿权的，人民法院不予支持

3．施工合同的变更和权利义务终止
1）施工合同的变更

内容变更		施工合同当事人协商一致，可以变更合同。如果当事人对于合同变更的内容约定不明确的，则推定为未变更
主体变更	债权转让	债权人可以将债权的全部或者部分转让给第三人，但是有下列情形之一的除外：（1）根据债权性质不得转让；（2）按照当事人约定不得转让；（3）依照法律规定不得转让。当事人约定非金钱债权不得转让的，不得对抗善意第三人。当事人约定金钱债权不得转让的，不得对抗第三人。 债权人转让债权，未通知债务人的，该转让对债务人不发生效力。债权转让的通知不得撤销，但是经受让人同意的除外。债权人转让债权的，受让人取得与债权有关的从权利，但是该从权利专属于债权人自身的除外。受让人取得从权利不应该从权利未办理转移登记手续或者未转移占有而受到影响。债务人接到债权转让通知后，债务人对让与人的抗辩，可以向受让人主张
	债务转移	债务人将债务的全部或者部分转移给第三人的，应当经债权人同意。债务人或者第三人可以催告债权人在合理期限内予以同意，债权人未作表示的，视为不同意。 第三人与债务人约定加入债务并通知债权人，或者第三人向债权人表示愿意加入债务，债权人未在合理期限内明确拒绝的，债权人可以请求第三人在其愿意承担的债务范围内和债务人承担连带债务。 债务人转移债务的，新债务人可以主张原债务人对债权人的抗辩；原债务人对债权人享有债权的，新债务人不得向债权人主张抵销。债务人转移债务的，新债务人应当承担与主债务有关的从债务，但是该从债务专属于原债务人自身的除外
	债权债务的概括转让	当事人一方经对方同意，可以将自己在合同中的权利和义务一并转让给第三人。合同的权利和义务一并转让的，适用债权转让、债务转移的有关规定

2）合同的权利义务终止

合同权利义务终止的情形	有下列情形之一的，债权债务终止：（1）债务已经履行；（2）债务相互抵销；（3）债务人依法将标的物提存；（4）债权人免除债务；（5）债权债务同归于一人；（6）法律规定或者当事人约定终止的其他情形。 合同的权利义务关系终止，不影响合同中结算和清理条款的效力

续表

合同解除	有下列情形之一的，当事人可以解除合同：（1）因不可抗力致使不能实现合同目的；（2）在履行期限届满前，当事人一方明确表示或者以自己的行为表明不履行主要债务；（3）当事人一方迟延履行主要债务，经催告后在合理期限内仍未履行；（4）当事人一方迟延履行债务或者有其他违约行为致使不能实现合同目的；（5）法律规定的其他情形。以持续履行的债务为内容的不定期合同，当事人可以随时解除合同，但是应当在合理期限之前通知对方。 当事人协商一致，可以解除合同。当事人可以约定一方解除合同的事由。解除合同的事由发生时，解除权人可以解除合同。 法律规定或者当事人约定解除权行使期限，期限届满当事人不行使的，该权利消灭。法律没有规定或者当事人没有约定解除权行使期限，自解除权人知道或者应当知道解除事由之日起1年内不行使，或者经对方催告后在合理期限内不行使的，该权利消灭。当事人一方依法主张解除合同的，应当通知对方。合同自通知到达对方时解除
施工合同解除的特别规定	承包人将建设工程转包、违法分包的，发包人可以解除合同。 发包人提供的主要建筑材料、建筑构配件和设备不符合强制性标准或者不履行协助义务，致使承包人无法施工，经催告后在合理期限内仍未履行相应义务的，承包人可以解除合同

一　单项选择题

1. 建设工程施工合同对付款时间没有约定或约定不明，则应付款时间为（　　）。
   A. 建设工程已竣工验收的，为竣工验收合格之日
   B. 工程价款确定之日
   C. 建设工程未交付的，为竣工结算完成之日
   D. 建设工程未支付，工程价款也未结算的，为当事人起诉之日

2. 关于垫资的说法，正确的是（　　）。
   A. 垫资的法律性质是工程欠款
   B. 法律、行政法规明确禁止垫资行为
   C. 当事人对垫资利息未作约定的，法院不予支持利息
   D. 当事人约定垫资利息的，其利率最高为同期银行贷款利率的4倍

3. 关于建设工程合同承包人工程价款优先受偿权的说法，正确的是（　　）。
   A. 承包人的优先受偿权优于抵押权
   B. 承包人的优先受偿权可以对抗已经交付购买商品房大部分款项的消费者
   C. 优先受偿权的范围包括承包人因发包人违约所造成的损失
   D. 承包人行使优先受偿权的期限为1年

4. 根据《最高人民法院关于审理建设工程施工合同纠纷案件适用法律问题的解释》（一），关于解决工程价款结算争议的说法，正确的是（　　）。
   A. 欠付工程款的利息从当事人起诉之日起算
   B. 当事人约定垫资利息，承包人请求按照约定支付利息的，不予支持
   C. 建设工程承包人行使优先权的期限自转移占有建设工程之日起计算
   D. 当事人对欠付工程款利息计付标准没有约定的，按照中国人民银行发布的同期同类贷款利率计息

5. 承包人已经提交竣工验收报告，发包人拖延验收的，竣工日期（　　）。

A．以合同约定的竣工日期为准

B．相应顺延

C．以承包人提交竣工报告之日为准

D．以实际通过的竣工验收之日为准

6．发包人和承包人在合同中约定垫资但没有约定垫资利息，后双方因垫资返还发生纠纷诉至法院。关于该垫资的说法，正确的是（　　）。

A．法律规定禁止垫资，双方约定的垫资条款无效

B．发包人应返还承包人垫资，但可以不支付利息

C．双方约定的垫资条款有效，发包人应返还承包人垫资并支付利息

D．垫资违反相关规定，应予以没收

7．施工企业与建设单位签订施工合同，约定施工企业垫资 20%，但没有约定垫资利息。后施工企业向人民法院提起诉讼，请求建设单位支付垫资利息。对施工企业的请求，人民法院予以支持的是（　　）。

A．尽管未约定利息，施工企业要求按照中国人民银行发布的同期同类贷款利率支付垫资利息，应予支持

B．由于垫资行为违法，施工企业要求返还垫资，不予支持

C．尽管未约定利息，施工企业要求低于中国人民银行发布的同期同类贷款利率支付垫资利息，应予支持

D．由于未约定利息，施工企业要求支付垫资利息，不予支持

8．某建筑公司与某开发公司签订了一份建设工程施工合同，合同约定由建筑公司预先垫付 20% 的工程款，但没有约定利息的计算方法。后两公司就工程款支付发生争议，建筑公司诉至人民法院，要求开发公司支付工程款并偿还垫付工程款的利息，人民法院应（　　）。

A．对该诉讼请求全部予以支持

B．对工程款诉讼请求予以支持，对利息诉讼请求不予支持

C．对该诉讼请求全部不予支持

D．对工程款诉讼请求不予支持，对利息诉讼请求予以支持

9．某商品房工程开发商向银行办理抵押贷款 3000 万元，工程竣工验收后欠施工企业 600 万元工程款，开发商以每套 100 万元的价格卖给王某等 50 人商品房各 1 套，王某等 50 人与开发商签订了商品房销售且已支付房款的首付款 30%，银行和施工企业均向人民法院提起诉讼，要求拍卖已建成的全部房屋还款，则（　　）。

A．银行的贷款在先，拍卖后所得款项由银行优先受偿

B．施工企业的工程款优先保障，拍卖后应优先受偿

C．开发商卖给王某等商品房 1 套无效，应该拍卖

D．王某等购买的房屋有效，承包人和银行的优先受偿权不得对抗买受人

10．某建设工程合同对建设工程价款没有约定，2022 年 10 月 1 日，该工程通过竣工验收，10 月 10 日承包人提交竣工结算文件，10 月 20 日承包人将该工程移交给发包人，但是发包人一直没有支付工程余款。2023 年 10 月 1 日，承包人将发包人诉至人民法院，要求其支付工程欠款及利息。该工程欠款利息的起算日应为（　　）。

A. 2022 年 10 月 1 日   B. 2022 年 10 月 10 日

C. 2022 年 10 月 20 日   D. 2023 年 10 月 1 日

11. 关于无效施工合同工程款结算的说法，正确的是（   ）。

    A. 施工合同无效，且建设工程经竣工验收不合格，修复后的建筑工程经竣工验收不合格，承包人请求支付工程价款的，不予支持

    B. 施工合同无效，但建设工程经竣工验收合格，承包人请求参照合同约定支付工价款的，不予支持

    C. 施工合同无效，且建设工程经竣工验收不合格，承包人请求参照合同约定支付工程价款的，应予支持

    D. 施工合同无效，且建设工程经竣工验收不合格，修复后的建设工程经验收合格，发包人请求承包人承担修复费用的，不予支持

12. 包工头张某借用某施工企业的资质与甲公司签订一建设工程施工合同。施工结束后，工程竣工验收质量合格，张某要求按照合同约定支付工程款遭到对方拒绝，遂诉至法院。关于该案处理的说法，正确的是（   ）。

    A. 合同无效，不应支付工程款

    B. 合同无效，应参照实际履行的合同约定折价补偿承包人

    C. 合同有效，应按照合同约定支付工程款

    D. 合同有效，应参照合同约定支付工程款

13. 关于建设工程施工合同变更的说法，正确的是（   ）。

    A. 发包人可依据其单方以上变更合同

    B. 合同变更内容约定不明确，推定为未变更

    C. 合同变更与工程变更范围一致

    D. 合同变更协议自签字之日起生效

14. 当事人协商一致，可以变更合同。下列事项的变更，需要当事人协商一致进行合同变更的是（   ）。

    A. 采购数量变更   B. 公司名称变更

    C. 合同签约人员变更   D. 公司法定代表人变更

15. 关于施工合同解除的说法，正确的是（   ）。

    A. 合同约定的期限内承包人没有完工，发包人可以解除

    B. 承包人将承包的工程转包，发包人可以解除

    C. 发包人未按约定支付工程价款，承包人可以解除

    D. 承包人已经完工的建设工程质量不合格，发包人可以解除

16. 9 月 15 日，甲材料供应商与丙材料供应商订立书面合同，转让甲对乙施工企业的 30 万元债权。同年 9 月 25 日，乙接到甲关于转让债权的通知。关于该债权转让的说法，正确的是（   ）。

    A. 甲与丙之间的债权转让合同于 9 月 25 日生效

    B. 丙于 9 月 15 日可以向乙主张 30 万元债权

    C. 甲与丙之间的债权转让行为于 9 月 25 日对乙生效

    D. 乙拒绝清偿 30 万元债务的，丙可以要求甲和乙承担连带责任

17. 乙施工企业向甲建设单位主张支工程款，甲以工程质量不合格为由拒绝支付，乙将其工程款的债权转让给丙并通知了甲。丙向甲主张该债权时，甲仍以质量原因拒绝支付。关于该案中债权转让的说法，正确的是（　　）。

　　A．乙的债权属于法定不得转让的债权

　　B．甲可以向丙行使因质量原因拒绝支付的抗辩

　　C．乙转让债权应当经过甲同意

　　D．乙转让债权的通知可以不用通知甲

18. 根据《民法典》，债权人将合同中的权利转让给第三人的，（　　）。

　　A．须经债权人同意，且需办理公证手续

　　B．无需经债务人同意，也不必通知债务人

　　C．无需债务人同意，但需办理公证手续

　　D．无需经债权人同意，但需通知债务人

19. 根据《民法典》，允许单方解除合同的情形是（　　）。

　　A．由于不可抗力致使合同不能履行

　　B．法定代表人变更

　　C．当事人一方发生合并、分立

　　D．当事人一方违约

20. 某建设工程承包人在工程完工后于 2 月 1 日提交了竣工验收报告，发包人未组织验收；3 月 1 日工程由发包人接收；4 月 1 日承包人提交了结算文件，发包人迟迟未予结算；6 月 1 日，承包人起诉至人民法院。该工程应付款时间为（　　）。

　　A．3 月 1 日　　　　　　　　　　B．2 月 1 日

　　C．4 月 1 日　　　　　　　　　　D．6 月 1 日

21. 合同债权人免除对方的债务，可以导致合同（　　）。

　　A．解除　　　　　　　　　　　　B．被追认

　　C．未成立　　　　　　　　　　　D．权利义务终止

22. 合同权利转让未通知债务人，则（　　）。

　　A．转让合同无效　　　　　　　　B．对债务人不发生效力

　　C．推定为未转让　　　　　　　　D．抗辩权发生转移

23. 在施工合同中，当事人对垫资利息未作约定，则（　　）。

　　A．按照年利率 24% 计息

　　B．利息不予支持

　　C．按照中国人民银行同期同类贷款利率计息

　　D．垫资不予返还

24. 关于建设工程款结算的说法，正确的是（　　）。

　　A．对争议的工程量，承包人能够证明发包人同意其施工，但未能提供签证文件证明工程量发生的，不得按照当事人提供的其他证据确认实际发生的工程量结算工程款

　　B．当事人就同一建设工程订立的数份施工合同均无效，但建设工程质量合格的，当事人可以请求参照最后订立的合同约定折价补偿承包人

  C. 当事人就同一建设工程订立的数份施工合同均无效，建设工程质量不合格的，当事人可以请求参照实际履行的合同约定折价补偿承包人

  D. 当事人在诉讼前已经对建设工程价款结算达成协议，诉讼中一方当事人申请对工程造价进行鉴定的，人民法院不予准许

25. 关于合同解除的说法，正确的是（ ）。

  A. 无效合同、可撤销合同可以导致合同解除

  B. 合同解除可以视为当事人之间未发生合同关系，或者合同尚存的权利义务不再履行

  C. 合同当事人不得根据自己的意愿解除合同

  D. 享有合同解除权的一方无需向对方提出解除合同的意思表示，合同可以自动解除

26. 建设工程施工合同约定承包人垫资至基础工程完工，约定垫资利率为全国银行间同业拆借中心公布的贷款市场报价利率的 2 倍。基础工程完工后，发包人未能按约定支付垫资款项及其利息，双方发生争议。关于该项目垫资及其利息的说法，正确的是（ ）。

  A. 关于垫资的约定无效

  B. 承包人主张该项目垫资应当按照工程欠款进行处理的，人民法院不予支持

  C. 约定的垫资金额过高，导致建设工程施工合同无效

  D. 承包人向人民法院请求发包人按照约定支付利息的，人民法院应当全部支持

27. 某建设工程施工合同约定的开工日期为 3 月 1 日，发包人于 3 月 10 日向承包人发出开工通知，开工通知载明的开工日期为 3 月 20 日。接到开工通知后，承包人由于人员、设备未能及时到位，3 月 30 日才正式进场施工。根据《最高人民法院关于审理建设工程施工合同纠纷案件适用法律问题的解释（一）》，该项目开工日期应当为（ ）。

  A. 3 月 1 日   B. 3 月 10 日

  C. 3 月 30 日   D. 3 月 20 日

28. 建设工程施工合同无效，但已完工程验收合格，应当返还财产。关于返还财产的说法，正确的是（ ）。

  A. 返还财产是指将已完工程拆除后返还施工企业

  B. 折价返还应当按照建安工程费用适当下浮

  C. 折价返还应当按照合同约定的价款进行

  D. 折价返还可以按照当地市场价、定额量据实结算

29. 发包人可以解除建设工程施工合同的情形是（ ）。

  A. 承包人将承包的工程分包给不具备相应资质的单位的

  B. 发包人未按约定支付工程价款，承包人停工的

  C. 已经完成的建设工程质量不合格的

  D. 承包人未按合同约定的期限完工的

30. 关于欠付工程款的利息支付的说法，正确的是（ ）。

A．机关、事业单位与中小企业订立施工合同，可以约定逾期支付工程款的利息为合同订立时 1 年期贷款市场报价利率的 50%

B．机关、事业单位与中小企业订立施工合同未约定逾期付款利息，按照每日利率万分之三支付逾期利息

C．当事人对工程款支付时间约定不明，建设工程未交付的，起算逾期付款利息的时间为提交竣工结算文件之日

D．当事人对工程款支付时间没有约定，建设工程已实际交付的，起算逾期付款利息的时间为竣工验收之日

31．关于建设工程价款优先受偿权的说法，正确的是（　　）。

A．建设工程价款优先受偿权与抵押权效力相当，优于其他债权

B．装饰装修工程的承包人，无权主张建设工程价款优先受偿权

C．承包人就逾期支付建设工程价款的利息、违约金、损害赔偿金等主张优先受偿的，人民法院不予支持

D．建设工程价款优先受偿权的起算日为建设工程竣工验收之日

32．关于无效合同法律后果的说法，正确的是（　　）。

A．无效合同自被确认为无效时起没有法律约束力

B．合同无效的，不影响合同中有关解决争议方法的条款的效力

C．无效合同的当事人因该合同取得的财产，应当折价补偿

D．无效合同中双方都有过错的，仅需承担各自的损失

33．关于建设工程价款优先受偿权的说法，正确的是（　　）。

A．建设工程价款优先受偿权与抵押权效力相同

B．装饰装修工程的承包人不享有建设工程价款优先受偿权

C．未竣工的建设工程质量合格，承包人对其承建工程的价款就其承建工程部分折价或者拍卖的价款优先受偿

D．建设工程价款优先受偿的范围包括工程款、利息、违约金、损害赔偿金等

34．根据《关于审理建设工程施工合同纠纷案件适用法律问题的解释（一）》，当事人对建设工程实际竣工日期有争议的，关于人民法院认定竣工日期的说法，正确的是（　　）。

A．建设工程经竣工验收合格的，以承包人提交竣工验收报告之日为竣工日期

B．建设工程未经竣工验收，发包人擅自使用的，以竣工验收合格之日为竣工日期

C．建设工程未经竣工验收，发包人擅自使用的，以承包人实际完工之日为竣工日期

D．承包人已经提交竣工验收报告，发包人拖延验收的，以承包人提交验收报告之日为竣工日期

35．根据《最高人民法院关于审理建设工程施工合同纠纷案件适用法律问题的解释（一）》，承包人已经提交竣工验收报告，发包人拖延验收的，竣工日期（　　）。

A．以合同约定的竣工日期为准

B．以转移占有建设工程之日为准

C．以承包人提交竣工验收报告之日为准

D．以实际通过竣工验收之日为准

36．某非政府投资项目施工合同约定施工企业垫资施工，对垫资及其利息的处理未作特别约定。关于该垫资及其利息的说法，正确的是（　　）。

A．施工企业无权请求建设单位支付垫资利息

B．施工企业有权要求建设单位返还垫资及其利息

C．垫资的约定无效

D．垫资利息按照同期贷款市场报价利率确定

37．根据《最高人民法院关于审理建设工程施工合同纠纷案件适用法律问题的解释（一）》，关于建设工程合同承包人工程价款优先受偿权的说法，正确的是（　　）。

A．承包人建设工程价款优先受偿权自建设工程竣工验收合格之日起算

B．发包人与承包人放弃或者限制建设工程价款优先受偿权的约定无效

C．未竣工的建设工程质量合格，承包人无建设工程价款优先受偿权

D．承包人行使建设工程价款优先受偿权的时限最长不得超过 18 个月

38．项目建设完工后，施工企业已经提交竣工验收报告，但建设单位未能按期组织竣工验收，当事人对建设工程实际竣工日期有争议的，该项目的竣工日期（　　）。

A．相应顺延

B．以合同约定的计划竣工日期为准

C．以施工企业提交竣工验收报告之日为准

D．以实际通过竣工验收之日为准

39．关于施工合同变更的说法，正确的是（　　）。

A．施工合同变更应当办理批准、登记手续

B．工程变更必将导致施工合同条款变更

C．施工合同非实质性条款的变更无须双方当事人协商一致

D．当事人对施工合同变更内容约定不明确的，推定为未变更

40．根据《最高人民法院关于审理建设工程施工合同纠纷案件适用法律问题的解释》（一），当事人对付款时间没有约定或者约定不明的，下列时间视为应付款时间的是（　　）。

A．建设工程已实际交付的，为竣工验收合格之日

B．建设工程已实际交付的，为提交竣工结算文件之日

C．建设工程未交付的，为竣工结算完成之日

D．建设工程未交付，工程价款也未结算的，为当事人起诉之日

41．下列建设工程施工合同中，属于无效合同的是（　　）。

A．工程价款支付条款显失公平的合同

B．发包人对投标文件有重大误解订立的合同

C．依法必须进行招标的项目存在中标无效情形的合同

D．承包人以胁迫手段订立的施工合同

42．关于建设工程施工合同解除的说法，正确的是（　　）。

A．合同约定的工期内承包人没有完工，发包人可以解除合同

B．承包人将承包的工程转包，发包人可以解除合同

C．发包人未按合同约定支付工程价款，承包人可以解除合同

D．承包人已经完工的建设工程质量不合格，发包人可以解除合同

43．根据《最高人民法院关于审理建设工程施工合同纠纷案件适用法律问题的解释》（一），承包人行使优先受偿权的期限应当自建设工程（　　）起计算。

A．合同订立之日　　　　　　　B．实际竣工之日

C．给付建设工程价款之日　　　D．合同约定竣工之日

44．施工合同一方当事人的下列情形中，对方当事人可以解除合同的是（　　）。

A．承包人将承包的工程转包

B．合同约定的期限内承包人没有完成承包内容

C．发包人未按约定支付工程价款

D．已经完成的建设工程存在质量缺陷

二　多项选择题

1．建设工程竣工前，当事人对工程质量发生争议，经鉴定工程质量合格，关于竣工日期的说法，正确的有（　　）。

A．应当以合同约定的竣工日期为竣工日期

B．应当以鉴定合格日期为竣工日期

C．鉴定日期为顺延工期的期间

D．应当以申请鉴定日期为竣工日期

E．应当以提交竣工验收报告的日期为竣工日期

2．施工企业与建设单位签订施工合同，双方没有约定付款时间，后因利息计算产生争议，则下列有关工程价款应支付日期的说法，正确的有（　　）。

A．建设工程没有交付的，为提交验收报告之日

B．建设工程已实际交付的，为交付之日

C．建设工程没有交付的，为提交竣工结算文件之日

D．建设工程未交付，工程价款也未结算的，为人民法院判决之日

E．建设工程未交付，工程价款也未结算的，为当事人起诉之日

3．发包人未按照约定支付工程价款，承包人按照《民法典》的规定可以行使建设工程价款优先受偿权。建设工程价款优先受偿权行使中可以优先受偿的工程价款包括（　　）。

A．承包人工作人员的报酬　　　B．承包人实际支付的建筑构配件价款

C．承包人欠付工程价款的利息　D．承包人因发包人违约产生的损失

E．承包人的垫资

4．下列建设工程施工合同中，属于无效的有（　　）。

A．承包人对工程内容有重大误解订立的

B．承包人胁迫发包人订立的

C．未取得相应施工企业资质的承包人订立的

　　D．建设工程必须进行招标而未招标订立的

　　E．总承包人将主体结构的施工分包给他人订立的

5．下列建设工程合同中，属于无效合同的有（　　　）。

　　A．施工企业超越资质等级订立的合同

　　B．发包人胁迫施工企业订立的合同

　　C．没有资质的实际施工人借用有资质的建筑施工企业名义订立的合同

　　D．供应商欺诈施工单位订立的采购合同

　　E．施工企业与发包人订立的重大误解合同

6．下列情形中，发包人可以请求人民法院解除建设工程施工合同的有（　　　）。

　　A．承包人明确表示不履行合同主要义务的

　　B．承包人已经完成的建设工程质量不合格，并拒绝修复的

　　C．承包人在合同约定的期限内没有完工的

　　D．承包人将承包的建设工程转包的

　　E．承包人将承包的建设工程违法分包的

7．根据《民法典》，下列施工合同履行过程中发生的情形中，当事人可以解除合同的有（　　　）。

　　A．发生泥石流将拟建工厂选址覆盖

　　B．由于报价失误，施工单位在订立合同后表示无力履行

　　C．建设单位延期支付工程款，经催告后同意提供担保

　　D．施工企业施工组织不力，导致工程工期延误，使该项目已无投产价值

　　E．施工企业未经建设单位同意，擅自更换了现场技术人员

8．关于合同解除的说法，正确的有（　　　）。

　　A．合同解除适用于可撤销合同

　　B．当事人对合同解除的异议期限有约定的依照约定，没有约定的，最长期3个月

　　C．对解除有异议的，可以申请人民法院确认解除的效力

　　D．合同解除仅使合同关系自始消灭

　　E．合同解除须有解除的行为

9．下列建设工程施工合同中，应当被认定为无效的有（　　　）。

　　A．某劳务分包企业借用某建筑施工企业的施工总承包一级资质承揽工程订立的合同

　　B．某使用世界银行援助资金的项目，发包人未经招标与承包人订立的合同

　　C．某建筑施工企业，未取得施工总承包资质证书，承揽施工总承包工程订立的合同

　　D．某建设工程项目，施工总承包单位将主体结构的劳务分包给具有劳务资质的企业订立的合同

　　E．某建设工程项目，发包人未取得建设工程规划许可证与承包人订立的合同，但发包人在一审法院辩论终结前取得了建设工程规划许可证

10．根据《建筑工程施工发包与承包计价管理办法》，下列情形中，属于发承包双

方应当在合同中约定合同价款调整方法的有（　　　）。

  A．工程造价管理机构发布价格调整信息的

  B．施工企业根据施工现场实际情况更改施工组织设计造成费用增加的

  C．市场价格发生变化的

  D．国家有关政策变化影响合同价款的

  E．经批准变更设计的

  11．当事人对建设工程开工日期有争议，关于开工日期认定的说法，正确的有（　　　）。

  A．开工日期为建设工程施工合同载明的计划开工日期

  B．开工通知发出后，尚不具备开工条件的，以开工条件具备的时间为开工日期

  C．开工通知发出后，因承包人原因导致开工时间推迟的，以开工条件具备的时间为开工日期

  D．承包人经发包人同意已经实际进场施工的，以实际进场施工时间为开工日期

  E．发包人或者监理人未发出开工通知，亦无相关证据证明实际开工日期的，以施工许可证载明的时间为开工日期

  12．下列款项中，属于承包人行使建设工程价款优先受偿权应当包含的内容有（　　　）。

  A．发包人欠付工程价款的利息

  B．承包人工作人员的报酬

  C．承包人实际支付的建筑构配件价款

  D．承包人的机械租赁费用

  E．承包人因发包人违约产生的损失

  13．根据《最高人民法院关于审理建设工程施工合同纠纷案件适用法律问题的解释（一）》，发包人的下列行为中，造成建设工程质量缺陷，应当承担过错责任的有（　　　）。

  A．提供的设计有缺陷

  B．提供的建筑材料不符合强制性标准

  C．指定购买的建筑构配件不符合强制性标准

  D．同意总承包人选择分包人分包专业工程

  E．直接指定分包人分包专业工程

  14．根据《最高人民法院关于审理建设工程施工合同纠纷案件适用法律问题的解释（一）》，关于建设工程合同承包人工程价款优先受偿权的说法，正确的有（　　　）。

  A．装饰装修工程的承包人就该装饰装修工程折价或者拍卖的价款享有优先受偿权

  B．未竣工的建设工程质量合格，承包人请求其承建工程的价款就其承建工程部分折价或者拍卖的价款优先受偿的，人民法院不予支持

  C．承包人工程价款优先受偿权不得放弃

  D．承包人行使建设工程价款优先受偿权的期限为6个月

E. 承包人行使建设工程价款优先受偿权的期限自发包人应当给付建设工程价款之日起算

【答案与解析】

一、单项选择题

*1. D;　*2. C;　*3. A;　4. D;　5. C;　6. B;　7. D;　8. B;

9. B;　*10. C;　11. A;　12. B;　13. B;　14. A;　15. B;　16. C;

17. B;　18. D;　19. A;　20. A;　21. D;　22. B;　23. B;　24. D;

25. B;　26. B;　27. D;　28. D;　29. A;　30. C;　31. C;　32. B;

33. C;　34. D;　35. C;　36. A;　37. D;　38. C;　39. D;　*40. D;

*41. C;　*42. B;　*43. C;　44. A

【解析】

1.【答案】D

当事人对付款时间没有约定或者约定不明的，下列时间视为应付款时间：（1）建设工程已实际交付的，为交付之日；（2）建设工程没有交付的，为提交竣工结算文件之日；（3）建设工程未交付，工程价款也未结算的，为当事人起诉之日。

2.【答案】C

《最高人民法院关于审理建设工程施工合同纠纷案件适用法律问题的解释（一）》规定，当事人对垫资和垫资利息有约定，承包人请求按照约定返还垫资及其利息的，人民法院应予支持，但是约定的利息计算标准高于垫资时的同类贷款利率或者同期贷款市场报价利率的部分除外。当事人对垫资没有约定的，按照工程欠款处理。当事人对垫资利息没有约定，承包人请求支付利息的，人民法院不予支持。

3.【答案】A

《最高人民法院关于商品房消费者权利保护问题的批复》一、建设工程价款优先受偿权、抵押权以及其他债权之间的权利顺位关系，按照《最高人民法院关于审理建设工程施工合同纠纷案件适用法律问题的解释（一）》第36条的规定处理。二、商品房消费者以居住为目的购买房屋并已支付全部价款，主张其房屋交付请求权优先于建设工程价款优先受偿权、抵押权以及其他债权的，人民法院应当予以支持。只支付了部分价款的商品房消费者，在一审法庭辩论终结前已实际支付剩余价款的，可以适用前款规定。三、在房屋不能交付且无实际交付可能的情况下，商品房消费者主张价款返还请求权优先于建设工程价款优先受偿权、抵押权以及其他债权的，人民法院应当予以支持。承包人应当在合理期限内行使建设工程价款优先受偿权，但最长不得超过十八个月，自发包人应当给付建设工程价款之日起算。

10.【答案】C

《最高人民法院关于审理建设工程施工合同纠纷案件适用法律问题的解释（一）》规定，当事人对欠付工程价款利息计付标准有约定的，按照约定处理。没有约定的，按照同期同类贷款利率或者同期贷款市场报价利率计息。利息从应付工程价款之日开始计付。当事人对付款时间没有约定或者约定不明的，下列时间视为应付款时间：（1）建设工程已实际交付的，为交付之日；（2）建设工程没有交付的，为提交竣工结算文件之日；（3）建设工程未交付，工程价款也未结算的，为当事人起诉之日。

40.【答案】D

根据《最高人民法院关于审理建设工程施工合同纠纷案件适用法律问题的解释》（一），当事人对付款时间没有约定或者约定不明的，下列时间视为应付款时间：（1）建设工程已实际交付的，为交付之日；（2）建设工程没有交付的，为提交竣工结算文件之日；（3）建设工程未交付，工程价款也未结算的，为当事人起诉之日。所以，D选项正确，A、B、C选项错误。因此，本题的答案选项为D。

41.【答案】C

根据《最高人民法院关于审理建设工程施工合同纠纷案件适用法律问题的解释（一）》，建设工程施工合同具有下列情形之一的，应当依据《民法典》第153条第1款的规定，认定无效：（1）承包人未取得建筑业企业资质或者超越资质等级的；（2）没有资质的实际施工人借用有资质的建筑施工企业名义的；（3）建设工程必须进行招标而未招标或者中标无效的。承包人因转包、违法分包建设工程与他人签订的建设工程施工合同，应当依据民法典第153条第1款及第791条第2款、第3款的规定，认定无效。所以，C选项正确，A、B、C选项均为可撤销合同的种类。所以A、B、C选项均错误。因此，本题的答案选项为C。

42.【答案】B

《民法典》规定，有下列情形之一的，当事人可以解除合同：① 因不可抗力致使不能实现合同目的；② 在履行期限届满前，当事人一方明确表示或者以自己的行为表明不履行主要债务；③ 当事人一方迟延履行主要债务，经催告后在合理期限内仍未履行；④ 当事人一方迟延履行债务或者有其他违约行为致使不能实现合同目的；⑤ 法律规定的其他情形。承包人将建设工程转包、违法分包的，发包人可以解除合同。发包人提供的主要建筑材料、建筑构配件和设备不符合强制性标准或者不履行协助义务，致使承包人无法施工，经催告后在合理期限内仍未履行相应义务的，承包人可以解除合同。所以，B选项正确，而A、C、D选项错误。因此，本题的答案选项为B。

43.【答案】C

根据《最高人民法院关于审理建设工程施工合同纠纷案件适用法律问题的解释》（一），承包人应当在合理期限内行使建设工程价款优先受偿权，但最长不得超过十八个月，自发包人应当给付建设工程价款之日起算。

二、多项选择题

*1. B、C；　　　　2. B、C、E；　　*3. A、B；　　　4. C、D、E；

5. A、C；　　　*6. A、B、D、E；　　7. A、B、D；　　　8. B、C、E；

9. A、B、C、E；　　10. A、D、E；　　11. B、D；　　　12. B、C、D；

13. A、B、C、E；　　*14. A、E

【解析】

1.【答案】B、C

《最高人民法院关于审理建设工程施工合同纠纷案件适用法律问题的解释（一）》规定，当事人对建设工程实际竣工日期有争议的，按照以下情形分别处理：（1）建设工程经竣工验收合格的，以竣工验收合格之日为竣工日期；（2）承包人已经提交竣工验收报告，发包人拖延验收的，以承包人提交验收报告之日为竣工日期；（3）建设工程未经竣工验收，发包人擅自使用的，以转移占有建设工程之日为竣工日期。

3.【答案】A、B

《最高人民法院关于审理建设工程施工合同纠纷案件适用法律问题的解释（一）》规定，承包人建设工程价款优先受偿的范围依照国务院有关行政主管部门关于建设工程价款范围的规定确定。承包人就逾期支付建设工程价款的利息、违约金、损害赔偿金等主张优先受偿的，人民法院不予支持。

6.【答案】A、B、D、E

《民法典》规定，有下列情形之一的，当事人可以解除合同：① 因不可抗力致使不能实现合同目的；② 在履行期限届满前，当事人一方明确表示或者以自己的行为表明不履行主要债务；③ 当事人一方迟延履行主要债务，经催告后在合理期限内仍未履行；④ 当事人一方迟延履行债务或者有其他违约行为致使不能实现合同目的；⑤ 法律规定的其他情形。

承包人将建设工程转包、违法分包的，发包人可以解除合同。发包人提供的主要建筑材料、建筑构配件和设备不符合强制性标准或者不履行协助义务，致使承包人无法施工，经催告后在合理期限内仍未履行相应义务的，承包人可以解除合同。

14.【答案】A、E

根据《最高人民法院关于审理建设工程施工合同纠纷案件适用法律问题的解释（一）》，第 37 条装饰装修工程具备折价或者拍卖条件，装饰装修工程的承包人请求工程价款就该装饰装修工程折价或者拍卖的价款优先受偿的，人民法院应予支持。第 38 条建设工程质量合格，承包人请求其承建工程的价款就工程折价或者拍卖的价款优先受偿的，人民法院应予支持。第 39 条未竣工的建设工程质量合格，承包人请求其承建工程的价款就其承建工程部分折价或者拍卖的价款优先受偿的，人民法院应予支持。第 40 条承包人建设工程价款优先受偿的范围依照国务院有关行政主管部门关于建设工程价款范围的规定确定。承包人就逾期支付建设工程价款的利息、违约金、损害赔偿金等主张优先受偿的，人民法院不予支持。第 41 条承包人应当在合理期限内行使建设工程价款优先受偿权，但最长不得超过十八个月，自发包人应当给付建设工程价款之日起算。第 42 条发包人与承包人约定放弃或者限制建设工程价款优先受偿权，损害建筑工人利益，发包人根据该约定主张承包人不享有建设工程价款优先受偿权的，人民法院不予支持。C 选项未限定"损害建筑工人利益"，为干扰项。

5.3　相关合同制度

复习要点

1. 买卖合同
1）买卖合同的概念与特征
买卖合同是出卖人转移标的物的所有权于买受人，买受人支付价款的合同。

特征	买卖合同是转移标的物所有权的合同
	买卖合同是双务、有偿合同
	买卖合同是诺成合同
	买卖合同一般为不要式合同

2）买卖合同双方当事人的主要义务

出卖人的义务	按照约定向买受人交付标的物或者提取标的物单证的义务
	转移标的物所有权的义务
	出卖人应当按照约定的时间交付标的物
	按照约定或者交易习惯向买受人交付提取标的物单证以外的有关单证和资料的义务
	标的物的品质瑕疵担保义务
	标的物的权利瑕疵担保义务
买受人的义务	支付价款的义务。（1）买受人应当按照约定的数额、支付方式、时间、地点支付价款。没有约定或者约定不明确，依法仍不能确定的，价款的数额按照订立合同时履行地的市场价格履行，依法应当执行政府定价或者政府指导价的，依照规定履行；（2）履行地点不明确，在接受货币（出卖人）一方所在地履行；（3）履行期限不明确的，买受人可以随时履行，出卖人也可以随时请求履行，但是应当给对方必要的准备时间；（4）履行方式不明确的，按照有利于实现合同目的的方式履行；（5）履行费用的负担不明确的，由履行义务一方（买受人）负担；（6）因债权人（出卖人）原因增加的履行费用，由债权人（出卖人）负担
	受领标的物的义务
	检验标的物的义务

3）标的物毁损、灭失风险的承担

风险承担的基本规则	标的物毁损、灭失的风险，在标的物交付之前由出卖人承担，交付之后由买受人承担，但是法律另有规定或者当事人另有约定的除外
风险承担的特殊规则	因买受人的原因致使标的物未按照约定的期限交付的，买受人应当自违反约定时起承担标的物毁损、灭失的风险
	出卖人出卖交由承运人运输的在途标的物，除当事人另有约定外，毁损、灭失的风险自合同成立时起由买受人承担
	出卖人按照约定将标的物运送至买受人指定地点并交付给承运人后，标的物毁损、灭失的风险由买受人承担。当事人没有约定交付地点或者约定不明确，依规定标的物需要运输的，出卖人将标的物交付给第一承运人后，标的物毁损、灭失的风险由买受人承担
	出卖人按照约定或者依据规定将标的物置于交付地点，买受人违反约定没有收取的，标的物毁损、灭失的风险自违反约定时起由买受人承担
	因标的物不符合质量要求，致使不能实现合同目的的，买受人可以拒绝接受标的物或者解除合同。买受人拒绝接受标的物或者解除合同的，标的物毁损、灭失的风险由出卖人承担

4）买卖合同解除的规则

《民法典》第631条	因标的物的主物不符合约定而解除合同的，解除合同的效力及于从物。因标的物的从物不符合约定被解除的，解除的效力不及于主物

《民法典》第 632 条	标的物为数物，其中一物不符合约定的，买受人可以就该物解除。但是，该物与他物分离使他物的价值显受损害的，买受人可以就数物解除合同
《民法典》第 633 条	出卖人分批交付标的物的，出卖人对其中一批标的物不交付或者交付不符合约定，致使该批标的物不能实现合同目的的，买受人可以就该批标的物解除。 出卖人不交付其中一批标的物或者交付不符合约定，致使之后其他各批标的物的交付不能实现合同目的的，买受人可以就该批以及之后其他各批标的物解除。 买受人如果就其中一批标的物解除，该批标的物与其他各批标的物相互依存的，可以就已经交付和未交付的各批标的物解除
《民法典》第 634 条	分期付款的买受人未支付到期价款的数额达到全部价款的五分之一，经催告后在合理期限内仍未支付到期价款的，出卖人可以请求买受人支付全部价款或者解除合同。 出卖人解除合同的，可以向买受人请求支付该标的物的使用费

2．借款合同

1）借款合同的概念和特征

概念	借款合同是借款人向贷款人借款，到期返还借款并支付利息的合同
特征	借款合同的标的是货币，包括可流通的各种货币
	借款合同应当采用书面形式，但是自然人之间借款另有约定的除外
	借款合同多为有偿合同
	借款合同一般是诺成合同。自然人之间的借款合同，自贷款人提供借款时成立

2）借款合同当事人的主要义务

贷款人的义务	按照约定的日期、数额提供借款的义务
	不得预先在本金中扣除借款利息的义务。借款的利息不得预先在本金中扣除。利息预先在本金中扣除的，应当按照实际借款数额返还借款并计算利息
借款人的义务	向贷款人提供与借款有关的业务活动和财产状况的真实情况
	按照约定的日期、数额收取借款的义务
	协助贷款人监督的义务
	按照约定用途使用借款的义务。借款人未按照约定的借款用途使用借款的，贷款人可以停止发放借款、提前收回借款或者解除合同
	按期归还本金和利息的义务。借款人应当按照约定的期限支付利息。对支付利息的期限没有约定或者约定不明确，依据规定仍不能确定，借款期间不满 1 年的，应当在返还借款时一并支付；借款期间一年以上的，应当在每届满 1 年时支付，剩余期间不满 1 年的，应当在返还借款时一并支付

3）民间借贷

民间借贷合同无效	套取金融机构贷款转贷的
	以向其他营利法人借贷、向本单位职工集资，或者以向公众非法吸收存款等方式取得的资金转贷的
	未依法取得放贷资格的出借人，以营利为目的向社会不特定对象提供借款的
	出借人事先知道或者应当知道借款人借款用于违法犯罪活动仍然提供借款的

续表

民间借贷合同无效	违反法律、行政法规强制性规定的
	违背公序良俗的
民间借贷合同的利息和利率规则	借贷双方没有约定利息，出借人主张支付利息的，人民法院不予支持。 自然人之间借贷对利息约定不明，出借人主张支付利息的，人民法院不予支持。除自然人之间借贷的外，借贷双方对借贷利息约定不明，出借人主张利息的，人民法院应当结合民间借贷合同的内容，并根据当地或者当事人的交易方式、交易习惯、市场报价利率等因素确定利息
	出借人请求借款人按照合同约定利率支付利息的，人民法院应予支持，但是双方约定的利率超过合同成立时一年期贷款市场报价利率 4 倍的除外

3．保证合同

1）保证合同的概念与特征

概念	保证合同是为保障债权的实现，保证人和债权人约定，当债务人不履行到期债务或者发生当事人约定的情形时，保证人履行债务或者承担责任的合同
特征	保证合同是要式合同
	保证合同是主债权债务合同的从合同。主债权债务合同无效的，保证合同无效，但是法律另有规定的除外。保证合同被确认无效后，债务人、保证人、债权人有过错的，应当根据其过错各自承担相应的民事责任
	保证合同是单务合同、无偿合同、诺成合同

2）保证合同的当事人和内容

保证人	机关法人不得为保证人，但是经国务院批准为使用外国政府或者国际经济组织贷款进行转贷的除外。 以公益为目的的非营利法人、非法人组织不得为保证人
保证合同的形式	保证合同可以是单独订立的书面合同，也可以是主债权债务合同中的保证条款。 第三人单方以书面形式向债权人作出保证，债权人接收且未提出异议的，保证合同成立
保证方式	保证的方式包括一般保证和连带责任保证。当事人在保证合同中对保证方式没有约定或者约定不明确的，按照一般保证承担保证责任。 当事人在保证合同中约定，债务人不能履行债务时，由保证人承担保证责任的，为一般保证。一般保证的保证人在主合同纠纷未经审判或者仲裁，并就债务人财产依法强制执行仍不能履行债务前，有权拒绝向债权人承担保证责任。 当事人在保证合同中约定保证人和债务人对债务承担连带责任的，为连带责任保证。 连带责任保证的债务人不履行到期债务或者发生当事人约定的情形时，债权人可以请求债务人履行债务，也可以请求保证人在其保证范围内承担保证责任

3）保证责任

保证范围	主债权及其利息、违约金、损害赔偿金和实现债权的费用。当事人另有约定的，按照其约定
保证期间	保证期间是确定保证人承担保证责任的期间，不发生中止、中断和延长。债权人与保证人可以约定保证期间，但是约定的保证期间早于主债务履行期限或者与主债务履行期限同时届满的，视为没有约定；没有约定或者约定不明确的，保证期间为主债务履行期限届满之日起 6 个月。 债权人与债务人对主债务履行期限没有约定或者约定不明确的，保证期间自债权人请求债务人履行债务的宽限期届满之日起计算

主合同变更对保证责任影响	债权人和债务人未经保证人书面同意，协商变更主债权债务合同内容，减轻债务的，保证人仍对变更后的债务承担保证责任；加重债务的，保证人对加重的部分不承担保证责任。债权人和债务人变更主债权债务合同的履行期限，未经保证人书面同意的，保证期间不受影响
	债权人转让全部或者部分债权，未通知保证人的，该转让对保证人不发生效力。保证人与债权人约定禁止债权转让，债权人未经保证人书面同意转让债权的，保证人对受让人不再承担保证责任
	债权人未经保证人书面同意，允许债务人转移全部或者部分债务，保证人对未经其同意转移的债务不再承担保证责任，但是债权人和保证人另有约定的除外

4. 租赁合同
1）租赁合同的概念及特征

概念	租赁合同是出租人将租赁物交付承租人使用、收益，承租人支付租金的合同
特征	租赁合同的标的物是有体物、非消耗物
	租赁合同是转移财产使用权的合同
	租赁合同是双务合同、有偿合同、诺成合同
	租赁合同具有期限性和持续性
租赁期限	租赁期限不得超过 20 年。超过 20 年的，超过部分无效。租赁期限届满，当事人可以续订租赁合同；但是，约定的租赁期限自续订之日起不得超过 20 年
租赁合同的形式	当事人未依照法律、行政法规规定办理租赁合同登记备案手续的，不影响合同的效力。租赁期限六个月以上的，应当采用书面形式。当事人未采用书面形式，无法确定租赁期限的，视为不定期租赁

2）租赁合同双方当事人的权利义务

出租人的义务	按约交付租赁物并保持其适租性的义务
	对租赁物承担权利瑕疵担保责任的义务
	及时维修租赁物的义务。承租人在租赁物需要维修时可以请求出租人在合理期限内维修。出租人未履行维修义务的，承租人可以自行维修，维修费用由出租人负担。因维修租赁物影响承租人使用的，应当相应减少租金或者延长租期
承租人的义务	按约支付租金的义务
	按约使用租赁物的义务
	妥善保管租赁物的义务
	第三人对租赁物主张权利时的通知义务
	返还租赁物的义务
承租人的权利	租赁物的使用收益权
	减少租金请求权
	经出租人同意后对租赁物的改造权。承租人经出租人同意，可以对租赁物进行改善或者增设他物。承租人未经出租人同意，对租赁物进行改善或者增设他物的，出租人可以请求承租人恢复原状或者赔偿损失
	经出租人同意后的转租权。承租人经出租人同意，可以将租赁物转租给第三人。承租人转租的，承租人与出租人之间的租赁合同继续有效；第三人造成租赁物损失的，承租人应当赔偿损失。承租人未经出租人同意转租的，出租人可以解除合同

3）租赁合同的解除权

承租人的 合同解除权	租赁物非因承租人原因被司法机关或者行政机关依法查封、扣押，致使租赁物无法使用的
	租赁物非因承租人原因发生权属争议，致使租赁物无法使用的
	非因承租人原因租赁物具有违反法律、行政法规关于使用条件的强制性规定情形，致使租赁物无法使用的
	因租赁物部分或者全部毁损、灭失，致使不能实现合同目的的
	租赁物危及承租人的安全或者健康的。当租赁物的质量瑕疵达到危及承租人人身安全或健康的程度时，即使承租人订立合同时明知该租赁物质量不合格，承租人仍然可以随时解除合同
出租人的 合同解除权	承租人未按照约定的方法或者未根据租赁物的性质使用租赁物，致使租赁物受到损失的，出租人可以解除合同并请求赔偿损失
	承租人未经出租人同意转租的，出租人可以解除合同
	承租人无正当理由未支付或者迟延支付租金的，出租人可以请求承租人在合理期限内支付；承租人逾期不支付的，出租人可以解除合同
双方当事人的 合同解除权	不定期租赁或视为不定期租赁的合同，双方当事人均享有随时解除合同的权利，但是应当在合理期限之前通知对方

5．承揽合同
1）承揽合同的概念与特征

概念	承揽合同是承揽人按照定作人的要求完成工作，交付工作成果，定作人支付报酬的合同。承揽包括加工、定作、修理、复制、测试、检验等工作
特征	承揽合同的标的是完成特定的工作
	承揽人向定作人交付的标的物是定作物
	承揽合同具有一定的人身性质
	非经定作人同意，承揽人不得将其承揽的主要工作交由第三人完成

2）承揽合同中当事人的主要义务

承揽人的 主要义务	亲自完成合同约定的主要工作的义务
	按约向定作人交付工作成果的义务
	工作成果的瑕疵担保义务
	按约提供材料并接受定作人检验的义务
	对定作人提供材料及时检验并不得擅自更换的义务
	及时通知的义务
	接受定作人必要监督检验的义务
	材料及工作成果的保管义务
	保密义务
	共同承揽人对定作人承担连带责任，但是当事人另有约定的除外
定作人的 主要义务	按约支付报酬及材料费等价款的义务
	受领并验收工作成果的义务

定作人的主要义务	按约提供材料的义务
	协助承揽人完成工作的义务
	承揽人发现定作人提供的图纸或者技术要求不合理的，应当及时通知定作人。定作人应及时答复，因定作人怠于答复等原因造成承揽人损失的，应当赔偿损失
	定作人中途变更承揽工作的要求，造成承揽人损失的，应当赔偿损失
	承揽人在工作期间，定作人有实施必要监督检验的权利

3）承揽合同的解除权

承揽人的合同解除权	定作人不履行协助义务的，承揽人可催告其在合理的期限内履行，定作人逾期仍不履行的，承揽人可以解除合同
定作人的合同解除权	定作人的法定解除权。承揽人未经定作人同意将主要承揽工作交由第三人完成的，定作人可以解除合同
	定作人的任意解除权。定作人在承揽人完成工作前可以随时解除合同，造成承揽人损失的，应当赔偿损失

6. 运输合同

运输合同是承运人将旅客或者货物从起运地点运输到约定地点，旅客、托运人或者收货人支付票款或者运输费用的合同。

1）运输合同当事人的主要权利和义务

托运人的权利	任意变更、解除权。在承运人将货物交付收货人之前，托运人可以要求承运人中止运输、返还货物、变更到达地或者将货物交给其他收货人，但应当赔偿承运人因此受到的损失
	货物在运输过程中因不可抗力灭失，未收取运费的，承运人不得请求支付运费；已经收取运费的，托运人可以请求返还
	承运人未按照约定路线或者通常路线运输增加运输费用的，合同约定由托运人支付运费的，托运人可以拒绝支付增加部分的运输费用
托运人的义务	支付运费的义务
	如实告知义务
	提交审批文件义务
	妥善包装货物义务
	托运危险物品时的特殊义务
收货人的权利	承运人未按照约定路线或者通常路线运输增加运输费用的，收货人可以拒绝支付增加部分的运输费用
	损害赔偿请求权
收货人的义务	及时提货义务
	及时检验义务
承运人的权利	特定条件下的拒绝运输权
	托运人或者收货人不支付运费、保管费或者其他费用的，承运人对相应的运输货物享有留置权，但是当事人另有约定的除外
	收货人不明或者收货人无正当理由拒绝受领货物的，承运人依法可以提存货物

续表

承运人的义务	从事公共运输的承运人的强制缔约义务
	及时、安全送达的义务
	按照约定或通常运输路线运输的义务

一　单项选择题

1. 关于承揽合同中解除权的说法，正确的是（　　）。

   A. 定作人可以随时解除合同，造成承揽人损失的，应该赔偿损失

   B. 承揽人将承揽的工作交由第三人完成的，定作人有权解除合同

   C. 定作人不履行协助义务的，承揽人可以解除合同

   D. 承揽人可以随时解除合同，造成定作人损失的，应该赔偿损失

2. 在承揽合同中，承揽人应承担违约责任的情形是（　　）。

   A. 承揽人发现定作人提供的图纸不合理，立即停止工作并通知定作人，因等待答复，未能如期完成工作

   B. 承揽人发现定作人提供的材料不合格，遂自行更换为自己确认合格的材料

   C. 因不可抗力造成标的物损毁

   D. 因定作人未按照支付报酬，承揽人拒绝交付工作成果

3. 某施工企业与预制构件厂签订了预制构件加工合同，构件加工过程中施工企业要求变更构件设计，对方同意变更。但加工构件超过 60% 时，该施工企业提出解除合同。关于该施工企业权利的说法，正确的是（　　）。

   A. 可随时解除合同　　　　　　B. 享有留置权

   C. 不得单方变更设计　　　　　D. 可请求法院撤销合同

4. 甲公司向乙公司订作一批预制板，乙开工不久，甲需要将预制板加厚，遂要求乙停止制作。关于甲权利义务的说法，正确的是（　　）。

   A. 甲应支付相应部分报酬　　　B. 甲不得中途要求乙停止制作

   C. 甲应支付全部约定报酬　　　D. 甲不用赔偿乙的损失

5. 某工程项目建设过程中，发包人与机械厂签订了加工非标准的大型管道叉管的合同，并提供了制作叉管的钢板。根据《民法典》，该合同属于（　　）合同。

   A. 施工承包　　　　　　　　　B. 承揽

   C. 信托　　　　　　　　　　　D. 委托

6. 经定作人同意，承揽人将其承揽的主要工作交由第三人完成。关于责任承担的说法，正确的是（　　）。

   A. 第三人就完成的工作成果向定作人负责

   B. 承揽人不再承担责任

   C. 承揽人与第三人按完成工作成果的比例向定作人承担责任

   D. 承揽人就该第三人完成的工作成果向定作人负责

7. 根据《民法典》，关于定作人权利和义务的说法，正确的是（　　）。

  A．定作人有权随时解除承揽合同，造成损失的应当赔偿

  B．没有约定报酬支付期限的，定作人应当先行预付

  C．报酬约定不清的，定作人有权拒付

  D．因定作人提供的图纸不合理导致损失的，定作人与承揽人承担连带责任

  8．定作合同对于支付报酬的期限没有约定或者约定不明，又不能达成补充协议，按照合同有关条款或者交易习惯也不能确定的，定作人应当在（ ）支付报酬。

  A．合同生效后   B．交付工作成果时

  C．完成工作成果 50% 时   D．完成全部工作成果前

  9．承揽合同中，关于承揽人义务的说法，正确的是（ ）。

  A．承揽人发现定作人提供的材料不符合约定的，可以自行更换

  B．共同承揽人对定作人承担按份责任

  C．未经定作人许可，承揽人不得留存复制品或技术资料

  D．承揽人在工作期间，不必接受定作人必要的监督检验

  10．关于买卖合同中标的物毁损灭失的风险承担，如果当事人没有约定交付地点或者约定不明确，下列说明中正确的是（ ）。

  A．标的物毁损灭失的风险，在标的物交付之后由出卖人承担

  B．出卖人出卖交由承运人运输的在途标的物，毁损灭失的风险自承运人将货物交付给买受人时由买受人承担

  C．对于需要运输的标的物，出卖人将标的物交给第一承运人后，毁损灭失的风险由买受人承担

  D．出卖人依约将标的物置于交付地点，买受人违反约定没有收取的，标的物毁损、灭失的风险自违反约定之日起由出卖人承担

  11．甲施工企业从乙公司购进一批水泥，乙公司为甲施工企业代办托运。在运输过程中，甲施工企业与丙公司订立合同将这批水泥转让丙公司，水泥在运输途中因山洪暴发火车出轨受到损失。该案中水泥的损失应由（ ）。

  A．丙公司承担   B．甲施工企业承担

  C．乙公司承担   D．甲施工企业和丙公司分担

  12．某设备租赁公司将一台已经出租给某劳务公司的钢筋切割机转让给某施工企业，该切割机租赁还有 3 个月到期。转让合同约定当切割机租赁期限结束时劳务公司将其交付给该施工企业。该买卖合同中切割机的交付方式为（ ）。

  A．简易交付   B．拟制交付

  C．指示交付   D．占有改定

  13．根据《民法典》，当事人对合同价款约定不明确，合同价的确定规则为（ ）。

  A．按照订立合同时履行地的市场价格履行

  B．按照履行合同时履行地的市场价格履行

  C．按照纠纷发生时履行地的市场价格履行

  D．按照订立合同时订立地的市场价格履行

  14．甲公司向乙公司购买 50 吨水泥，后甲通知乙需要更改购买数量，但一直未明确具体数量。交货期届至，乙将 50 吨水泥交付给甲，甲拒绝接收，理由是已告知要变

更合同。关于双方合同关系的说法，正确的是（　　）。

  A．乙承担损失

  B．甲可根据实际情况部分接收

  C．双方合同已变更，乙送货构成违约

  D．甲拒绝接收，应承担违约责任

  15．承包商向水泥厂购买袋装水泥并按合同约定支付全部货款。因运输公司原因导致水泥交货延误 2 天，承包商收货后要求水泥厂支付违约金，水泥厂予以拒绝。承包商认为水泥厂违约，因而未对堆放水泥采取任何保护措施，次日大雨，水泥受潮全部硬化。此损失应由（　　）承担。

  A．三方共同   B．水泥厂

  C．承包商   D．运输公司

  16．在买卖合同中，出卖人出卖交由承运人运输的在途标的物，除当事人另有约定的以外，毁损、灭失的风险自（　　）时起由买受人承担。

  A．合同成立   B．标的物交付

  C．合同生效   D．支付货款

  17．关于借款合同的说法，正确的是（　　）。

  A．借款合同自双方当事人签字盖章之日起生效

  B．借款合同为有偿合同

  C．借款合同必须采用书面形式

  D．自然人之间的借款合同，自贷款人提供借款时生效

  18．关于租赁合同的说法，正确的是（　　）。

  A．租赁期限超过 20 年的，超过部分无效

  B．租赁期限超过 6 个月的，可以采用书面形式

  C．租赁合同应当采用书面形式，当事人未采用的，视为租赁合同未生效

  D．租赁物在租赁期间发生所有权变动的，租赁合同解除

  19．李某拥有一处地段不错的商铺，王某欲承租，2006 年 2 月 15 日双方签订了租赁协议，约定 2006 年 3 月 1 日起租用。同年 2 月 20 日李某又与张某签订了租赁协议，并当日将该商铺交付给了张某。对此，下列说法中正确的是（　　）。

  A．李某与张某间的租赁合同无效

  B．租赁合同的成立以租赁物的交付为要件

  C．张某享有优先承租权

  D．两份合同均有效，李某应承担违约责任

  20．某工程需租用钢管，双方约定租赁期限为 8 个月，则下列关于该租赁合同的说法，错误的是（　　）。

  A．应以书面方式订立

  B．若以口头方式订立，则租赁期视为 6 个月

  C．若以口头方式订立，出租人可随时解除合同

  D．若以口头方式订立，承租人可随时解除合同

  21．甲建筑公司将自有的房屋出租给乙公司，租期为 2 年，在租赁期间，甲公司

又与丙公司签订了房屋买卖合同。根据《民法典》，下列说法中正确的是（　　）。

 A．甲公司与丙公司签订的买卖合同无效，因为甲公司未取得乙公司的同意

 B．甲公司与丙公司签订的买卖合同有效，原租赁合同继续有效

 C．甲公司与丙公司签订的买卖合同有效，原租赁合同自买卖合同生效之日起终止

 D．如丙公司购买了房屋，则丙公司有权决定甲公司、乙公司之间的原房屋租赁合同是否继续执行

22．乙公司将甲承包商订购的材料交由丙公司运送，约定运费由甲支付。运输途中遭遇山洪，全部材料被毁。关于此损失的责任分担，下列说法中正确的是（　　）。

 A．丙可要求甲支付运费　　　　　B．甲可要求乙赔偿损失

 C．乙可要求丙赔偿损失　　　　　D．材料损失由甲承担

23．下列合同中，债务人不履行债务，债权人有留置权的是（　　）。

 A．买卖合同　　　　　　　　　　B．运输合同

 C．借款合同　　　　　　　　　　D．租赁合同

24．某施工企业与一仓储中心签订了仓储合同，合同约定：签约后一周内交付货物，届时合同生效。施工企业逾期提取货物，关于该仓储合同的说法，正确的是（　　）。

 A．该仓储合同签订即生效，不以交付为要件

 B．如施工企业逾期提货，其有权拒绝仓储中心加收仓储费

 C．该施工企业向仓储中心交付货物时合同生效

 D．如施工企业提前提货，则有权要求仓储中心减收仓储费

25．甲委托乙销售一批建材并交付，乙经甲同意转委托给丙。丙以自己名义与丁签订买卖合同，约定将这批建材以高于市场价5%的价格卖给丁。后丁因建材质量问题产生纠纷。下列表述正确的是（　　）。

 A．乙的转委托行为无效

 B．丙与丁签订的买卖合同直接约束甲和丁

 C．丙应向甲披露丁，甲可以行使丙对丁的权利

 D．丙应向丁披露甲，但是丁只能选择甲作为相对人主张其权利

26．关于货运中的多式联运的说法，正确的是（　　）。

 A．多式联运经营人对全程运输承担义务

 B．指两个以上承运人以同一运输方式联运

 C．多式联运单据不可以转让

 D．区段承运人与订立合同的承运人对区段运输负连带责任

27．在买卖合同中，标的物在订立合同之前已为买受人占有，合同生效即视为完成交付的方式，称为（　　）。

 A．拟制交付　　　　　　　　　　B．简易交付

 C．占有改定　　　　　　　　　　D．现实交付

28．下列主体中，具有保证人资格的是（　　）。

 A．公益事业单位　　　　　　　　B．建筑行业协会

 C．清算中的法人　　　　　　　　D．国有金融机构

29. 租赁合同可以约定租赁期限，租赁期限的上限为（   ）年。

    A. 10   B. 20

    C. 25   D. 30

30. 关于货运合同法律特征的说法，正确的是（   ）。

    A. 货运合同的收货人和托运人可以是同一人，也可以不是同一人

    B. 货运合同是单务合同、有偿合同

    C. 货运合同是实践合同

    D. 货运合同的标的是货物

31. 根据《民法典》，关于承揽合同的说法，正确的是（   ）。

    A. 承揽人可以将承揽的主要工作交由第三人完成，承揽人无须就第三人完成的工作成果向定作人负责

    B. 承揽人可以与定作人约定，承揽人使用定作人的设备完成主要工作

    C. 承揽人在完成工作过程中，要接受定作人的指挥管理

    D. 承揽人工作期间，定作人不得对其进行监督检验

32. 除当事人另有约定外，出卖人出卖交由承运人运输的在途标的物毁损、灭失的风险自（   ）起由买受人承担。

    A. 合同成立时   B. 合同生效时

    C. 标的物交付时   D. 运输行为完成时

33. 关于借款合同利息的说法，正确的是（   ）。

    A. 借款合同对支付利息没有约定的，视为没有利息

    B. 借款的利息可以预先在本金中扣除

    C. 对支付利息的期限没有约定的，应当在返还借款时一并支付

    D. 借款人提前返还借款的，应当按照借款合同约定的期间支付利息

34. 当事人未依照法律、行政法规规定办理租赁合同登记备案手续的，租赁合同（   ）。

    A. 有效   B. 无效

    C. 效力待定   D. 效力不受影响

35. 关于货运合同特征的说法，正确的是（   ）。

    A. 货运合同是双务合同   B. 货运合同是实践合同

    C. 货运合同是无偿合同   D. 货运合同的标的是货物

36. 关于租赁合同期限的说法，正确的是（   ）。

    A. 租赁期限约定不明确的，推定为6个月

    B. 租赁期限超过20年的，租赁合同无效

    C. 租赁合同未约定租赁期限的，视为不定期租赁

    D. 定期租赁期限届满，承租人继续使用租赁物的，延续原租赁合同期限

37. 除法律另有规定或者当事人另有约定外，买卖合同中标的物毁损灭失的风险转移时间是（   ）。

    A. 合同成立时   B. 合同生效时

    C. 价款付清时   D. 标的物交付时

38. 某施工企业向银行借款，由其母公司为借款提供保证担保并订立保证合同，保证合同对保证方式未作约定。该保证为（　　）。
   A．连带责任保证　　　　　　　B．可撤销保证
   C．一般保证　　　　　　　　　D．共同保证

39. 关于租赁合同中承租人转租的说法，正确的是（　　）。
   A．承租人转租的，承租人与出租人之间的租赁合同继续有效
   B．承租人可以决定是否转租
   C．承租人转租的，转租合同的内容可以突破租赁合同的内容
   D．转租合同订立后，租赁合同自动解除

40. 自然人之间的借款合同，自（　　）时成立。
   A．贷款人提供借款　　　　　　B．双方意思一致
   C．合同订立　　　　　　　　　D．向主管部门登记备案

41. 根据《民法典》，关于保证合同的说法，正确的是（　　）。
   A．保证合同是主合同的从合同
   B．保证合同只能是有偿合同
   C．保证合同的双方当事人是保证人与债务人
   D．保证合同是非典型合同

42. 关于保证责任的说法，正确的是（　　）。
   A．保证人承担保证责任的保证期间，可以中止、中断和延长
   B．债权人和债务人未经保证人书面同意，协商变更主债权债务合同内容的，保证人不再承担保证责任
   C．第三人加入债务的，保证人的保证责任不受影响
   D．债务人对债权人享有抵销权的，保证人不得拒绝承担保证责任

二 多项选择题

1. 当事人另有约定的除外，承揽合同的承揽人应当以自己的（　　）完成主要工作。
   A．设备　　　　　　　　　　　B．技术
   C．材料　　　　　　　　　　　D．资金
   E．劳力

2. 关于买卖合同的说法，正确的有（　　）。
   A．标的物在交付之前产生的孳息，归出卖人所有
   B．试用期间届满，试用买卖的买受人对是否购买标的物未做表示的，视为购买
   C．买受人已经支付标的物总价款的75%以上的，出卖人无权要求取回标的物
   D．因标的物的主物不符合约定而解除合同的，解除合同的效力不及于从物
   E．标的物在订立合同之前已为买受人占有的，合同生效的时间为交付时间

3. 下列应由供应商承担标的物损毁、灭失风险的情形有（　　）。

A．施工企业购买一批安全帽，供应商尚未支付

B．合同仅约定由供应商将货物交给承运人运输，供应商已将标的物发运，尚未到达约定的交付地点

C．合同约定在标的物所在地交货，约定时间已过，施工企业仍未前往提货

D．标的物已运抵交付地点，施工企业因标的物质量不合格而拒收货物

E．供应商在交付标的物时未附产品说明书，施工企业已接收

4．出卖人应当按照约定的地点交付标的物，当事人没有约定或约定不明确的，下列各项中正确的认定方式有（   ）。

A．标的物需要运输的，出卖人应当将标的物交付给第一承运人

B．标的物不需要运输的，买卖双方订立合同时已知标的物的所在地，为交付地点

C．标的物不需要运输的，且不知标的物所在地的，应在出卖人订立合同时的营业地交付

D．标的物不需要运输的，且不知标的物所在地的，应在出卖人履行合同时的营业地交付

E．标的物不需要运输的，出卖人和买受人在订立合同时知道标的物所在地的，出卖人应在该标的物所在地交付

5．关于借款合同权利和义务的说法，正确的有（   ）。

A．贷款人不得预先在本金中扣除利息

B．借款人应当按照约定的用途使用借款

C．对于未定期限且无法确定期限的借款合同，借款人可以随时偿还

D．订立借款合同，贷款人可以要求借款人提供担保

E．借款人有权处置拒不还款的借款人的其他财产

6．有关借款合同的说法，正确的有（   ）。

A．自然人之间的借款合同可以不采用书面形式

B．利息预先在本金中扣除的，应当按照实际借款数额返还借款并计算利息

C．民间借贷的利率可以适当高于银行的利率，但最高不得超过银行同类贷款利率的3倍（包含利率本数）

D．自然人之间的借款合同对支付利息没有约定或者约定不明确的，视为不支付利息

E．自然人之间的借款合同，自贷款人提供借款时生效

7．关于租赁合同的说法，正确的有（   ）。

A．租赁必须转让所有权

B．租赁期限超过20年的部分无效

C．租赁期限6个月以上的，应当采用书面形式

D．交付租赁物是租赁合同的成立要件

E．当事人未采用书面形式的，视为不定期租赁

8．某施工企业将采购的多种货物提交承运，其中包括有腐蚀性的危险物品。但是，该企业并未如实告知承运人。在运输过程中被检查发现后，承运人被要求重新包

装，因此支付了额外的包装费用，并造成承运人的其他损失。关于该承运人权利的说法，正确的有（ ）。

A．承运人有权要求托运人如实申报并妥善包装

B．托运人对危险物品隐瞒不报，承运人有权拒绝运输

C．承运人有权要求托运人支付额外的包装费用

D．承运人有权要求托运人赔偿自己所受的其他损失

E．货物在运输过程中因不可抗力灭失，未收取运费的，承运人有权要求支付运费

9．在租赁合同中属于承租人义务的有（ ）。

A．维修租赁物   B．权利瑕疵担保

C．第三人主张权利通知   D．妥善保管租赁物

E．转租

10．出卖人就其出卖的标的物承担权利瑕疵担保义务，下列标的物的瑕疵，属于权利瑕疵的有（ ）。

A．出卖人对出卖的标的物没有所有权

B．出卖人对出卖的标的物没有处分权

C．标的物质量不符合合同约定

D．第三人对标的物享有抵押权

E．标的物包装不符合合同约定

11．根据《民法典》，保证合同担保的范围包括（ ）。

A．主债权及利息   B．定金

C．违约金   D．损害赔偿金

E．实现债权的费用

12．根据《民法典》，租赁合同的承租人可以随时解除合同的情形有（ ）。

A．租赁物在承租人按照租赁合同占有期限内发生所有权变动的

B．当事人对租赁期限没有约定或者约定不明确，依法仍不能确定的

C．出租人不同意承租人对租赁物进行改善或者增设他物的

D．租赁物危及承租人安全或者健康的，承租人订立合同时明知该租赁物质量不合格的

E．租赁物被司法机关依法查封扣押的

13．某施工企业向某设备公司出卖起重设备1台，同时又与该设备公司订立租赁合同继续占有使用该设备。关于该起重设备所有权转移的说法，正确的有（ ）。

A．施工企业是该设备的所有权人

B．设备公司是该设备的所有权人

C．该交付方式为占有改定

D．该交付方式为简易交付

E．该施工企业交付设备增值税专用发票后，设备所有权转移

【答案与解析】

一、单项选择题

1. A；   2. B；   3. A；   4. A；   5. B；   6. D；   7. A；   8. B；
9. C；   10. C；   *11. A；   12. C；   13. A；   14. D；   *15. C；   16. A；
17. D；   18. A；   *19. D；   *20. B；   21. B；   *22. D；   *23. B；   24. C；
25. C；   26. A；   27. B；   28. D；   29. B；   30. A；   31. B；   32. A；
33. A；   34. D；   35. A；   36. C；   37. D；   38. C；   39. A；   40. A；
41. A；   42. C

【解析】

11.【答案】A

出卖人出卖交由承运人运输的在途标的物，除当事人另有约定的以外，损毁、灭失的风险自合同成立时起由买受人承担。

15.【答案】C

出卖人出卖交由承运人运输的在途标的物，除当事人另有约定的以外，毁损、灭失的风险自合同成立时起由买受人承担。一方违约后，被违约方应依照诚实信用原则，采取适当措施防止损失扩大；不采取减损措施致使损失扩大的，不得就扩大的损失要求赔偿。此处被违约方指的是承包商。

19.【答案】D

出租人出卖租赁房屋的，应当在出卖之前的合理期限内通知承租人，承租人享有以同等条件优先购买的权利。租赁物在租赁期间发生所有权变动的，不影响租赁合同的效力。

20.【答案】B

租赁期限六个月以上的，应当采用书面形式。当事人未采用书面形式的，视为不定期租赁。不定期租赁合同，当事人均可以随时解除合同，但出租人应当在合理期限前通知承租人。

22.【答案】D

《民法典》规定，货物在运输过程中因不可抗力灭失，未收取运费的，承运人不得要求支付运费；已收取运费的，托运人可以要求返还。山洪暴发属于不可抗力，因而丙不得要求甲支付运费。《民法典》规定，出卖人出卖交由承运人运输的在途标的物，除当事人另有约定的以外，毁损、灭失的风险自合同成立时由买受人承担。因此，材料损失应由甲承担。

23.【答案】B

托运人或者收货人不支付运费、保管费以及其他运输费用的，承运人对相应的运输货物享有留置权，但当事人另有约定的除外。

二、多项选择题

1. A、B、E；   *2. A、B、E；   3. A、D；   4. A、B、C、E；
5. A、B、D；   6. A、B、D、E；   *7. B、C；   8. A、B、C、D；
9. C、D；   10. A、B、D；   11. A、C、D、E；   *12. B、D；

13．B、C

【解析】

2．【答案】A、B、E

C 选项，分期付款的买受人未支付到期价款的金额达到全部价款的五分之一的，出卖人有权要求买受人支付全部价款或者解除合同。D 选项，因标的物的主物不符合约定而解除合同的，解除合同的效力及于从物。

7．【答案】B、C

A 选项错误，租赁合同为设立用益物权的合同，这是其与买卖合同的本质区别。D 选项错误，租赁合同为诺成合同，不以交付租赁物为要件。如果租赁期限为 6 个月以上，租赁合同为要式合同；如果租赁期限为 6 个月以内，租赁合同为不要式合同。只有双方口头约定租赁 7 个月，则合同履行 6 个月以后，视为不定期租赁；而如果双方口头约定租赁期限为 5 个月，显然为定期租赁。

12．【答案】B、D

承租人的合同解除权	租赁物非因承租人原因被司法机关或者行政机关依法查封、扣押，致使租赁物无法使用的
	租赁物非因承租人原因发生权属争议，致使租赁物无法使用的
	非因承租人原因租赁物具有违反法律、行政法规关于使用条件的强制性规定情形，致使租赁物无法使用的
	因租赁物部分或者全部毁损、灭失，致使不能实现合同目的的
	租赁物危及承租人的安全或者健康的。当租赁物的质量瑕疵达到危及承租人人身安全或健康的程度时，即使承租人订立合同时明知该租赁物质量不合格，承租人仍然可以随时解除合同
出租人的合同解除权	承租人未按照约定的方法或者未根据租赁物的性质使用租赁物，致使租赁物受到损失的，出租人可以解除合同并请求赔偿损失
	承租人未经出租人同意转租的，出租人可以解除合同
	承租人无正当理由未支付或者迟延支付租金的，出租人可以请求承租人在合理期限内支付；承租人逾期不支付的，出租人可以解除合同
双方当事人的合同解除权	不定期租赁或视为不定期租赁的合同，双方当事人均享有随时解除合同的权利，但是应当在合理期限之前通知对方

第6章 建设工程安全生产法律制度

6.1 建设单位和相关单位的安全责任制度

复习要点

1. 建设单位的安全责任

1）依法办理有关批准手续（占地、损坏公共设施、停水停电、中断交通、爆破等）

2）申领施工许可证应当提供有关安全施工措施的资料

3）向施工单位提供真实、准确和完整的有关资料

4）确定建设工程安全作业环境及安全施工措施费用

5）不得提出违反安全法规的要求以及压缩合同工期

6）不得要求购买、租赁和使用不符合安全施工要求的用具设备等

7）落实安全设施"三同时"（同时设计、同时施工、同时投入生产和使用）

8）装修工程和拆除工程的安全要求

9）建设单位违法行为应承担的法律责任（根据情节严重程度处以罚款或追究刑事责任）

2. 勘察、设计单位的安全责任

1）安全责任

单位	安全责任
勘察单位	勘察文件满足建设工程安全生产的需要
	勘察作业严格执行操作规程
	加强职工技术培训和职业道德教育
设计单位	按照法律、法规和工程建设强制性标准进行设计
	明确施工安全关键点并提出指导意见
	对"三新"（新结构、新材料、新工艺）等工程的施工安全提出措施建议

2）勘察、设计单位违法行为应承担的法律责任

法律责任	违法行为
责令限期改正，处10万元以上30万元以下的罚款；情节严重的，责令停业整顿，降低资质等级，直至吊销资质证书；造成重大安全事故，构成犯罪的，对直接责任人员，依照刑法有关规定追究刑事责任；造成损失的，依法承担赔偿责任	未按照法律、法规和工程建设强制性标准进行勘察、设计的
	采用新结构、新材料、新工艺的建设工程和特殊结构的建设工程，设计单位未在设计中提出保障施工作业人员安全和预防生产安全事故的措施建议的

续表

法律责任	违法行为
责令停止执业 3 个月以上 1 年以下	注册执业人员未执行法律、法规和工程建设强制性标准的
情节严重的，吊销执业资格证书，5 年内不予注册	
造成重大安全事故的，终身不予注册；构成犯罪的，依照刑法有关规定追究刑事责任	

3．工程监理单位的安全责任
1）对安全技术措施或专项施工方案进行审查；是否符合工程建设强制性标准
2）依法处理施工安全事故隐患

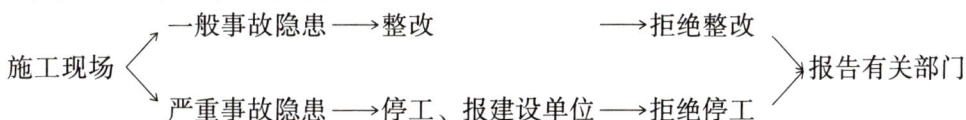

施工现场 ＜ 一般事故隐患 —→ 整改 ——→拒绝整改 ＞报告有关部门
严重事故隐患 —→ 停工、报建设单位 —→拒绝停工

3）承担相关监理责任
4．机械设备、检验检测等单位的安全责任
1）机械设备相关单位相关的安全责任
（1）提供机械设备和配件单位的安全责任
（2）出租机械设备和施工机具及配件单位的安全责任
a．采购质量性能合格的机械设备和施工机具及配件
b．出租检测合格的机械设备和施工机具及配件
c．禁止出租的法定情形

不得出租、使用	属国家明令淘汰或者禁止使用的	予以报废，办理注销手续
	超过安全技术标准或者制造厂家规定的使用年限的	
	经检验达不到安全技术标准规定的	
	没有完整安全技术档案的	
	没有齐全有效的安全保护装置的	

（3）施工起重机械和自升式架设设施安装、拆卸单位的安全责任
a．具备相应的企业资质和安全生产许可证
b．编制安装、拆卸方案和措施，并进行现场监督与定期巡查
c．自检、说明与验收签字
d．按期检测合格方可继续使用
（4）机械设备等单位违法行为应承担的法律责任

违法行为	法律责任
未按照安全施工的要求配备齐全有效的保险、限位等安全设施和装置	责令限期改正，处合同价款 1 倍以上 3 倍以下的罚款；造成损失的，依法承担赔偿责任
出租单位出租未经安全性能检测或者经检测不合格的机械设备和施工机具及配件	责令停业整顿，并处 5 万元以上 10 万元以下的罚款；造成损失的，依法承担赔偿责任

续表

违法行为	法律责任
未编制拆装方案、制定安全施工措施的	责令限期改正，处 5 万元以上 10 万元以下的罚款；情节严重的，责令停业整顿，降低资质等级，直至吊销资质证书；造成损失的，依法承担赔偿责任。
未由专业技术人员现场监督的	注：施工起重机械和整体提升脚手架、模板等自升式架设设施安装、拆卸单位有未编制拆装方案、制定安全施工措施的、未出具自检合格证明或者出具虚假证明的，经有关部门或者单位职工提出
未出具自检合格证明或者出具虚假证明的	后，对事故隐患仍不采取措施，因而发生重大伤亡事故或者造成其他严重后果，构成犯罪的，对直接责任人员，依照刑法有关规定追究刑事责任
未向施工单位进行安全使用说明，办理移交手续的	

5. 检验检测机构的安全责任

1）一般设备检验检测机构的安全责任

（1）出具安全合格证明文件，并对检测结果负责

（2）服务信息公开，诚信经营检测

（3）检验检测违法行为应承担的法律责任

2）特种设备检验检测机构的安全责任

（1）检测人员考核合格且不得多处执业

（2）遵守法规和安全技术规范

（3）公正检测，对检测结果负责

（4）及时报告检测中的严重事故隐患

（5）保守商业秘密，不得从事特种设备经营等活动

一　单项选择题

1. 根据《建筑法》，建筑工程安全生产管理必须坚持的方针是（　　）。

　　A．群防群治　　　　　　　　　　B．安全第一，预防为主

　　C．全员安全生产责任制　　　　　D．安全生产责任主体多元化

2. 下列工程事务中，属于建设单位安全责任的是（　　）。

　　A．工程开工前，审查施工企业的安全技术措施

　　B．编制工程概算时，确定工程安全生产费用

　　C．工程开工前，负责项目的安全技术交底

　　D．对特殊结构的建设工程，提出保障安全施工的措施建议

3. 根据《建设工程安全生产管理条例》，依法批准开工报告的建设工程，建设单位应当自开工报告批准之日起（　　）日内，将保证安全施工的措施报送建设工程所在地的县级以上地方人民政府建设行政主管部门或者其他有关部门备案。

　　A．5　　　　　　　　　　　　　　B．7

　　C．10　　　　　　　　　　　　　D．15

4. 根据《建设工程安全生产管理条例》，下列事项中不属于建设单位安全责任范围的是（　　）。

A．向建设行政主管部门提供安全施工措施资料

B．向施工单位提供准确的地下管线资料

C．对拆除工程进行备案

D．为施工现场从事特种作业的施工人员提供安全保障

5．根据《建设工程安全生产管理条例》，建设单位在拆除工程施工前，需向建设工程所在地的县级以上地方人民政府建设行政主管部门或者其他有关部门备案。下列材料中，不属于备案提交材料的是（　　）。

A．拆除施工组织方案

B．施工单位资质等级证明

C．安全措施费用计划

D．拟拆除建筑物、构筑物及可能危及毗邻建筑的说明

6．关于勘察单位安全责任的说法，正确的是（　　）。

A．按照法律、法规和工程建设强制性标准进行勘察

B．提供的勘察文件应当真实、准确，满足建设工程安全生产的需要

C．在勘察作业时，采取措施保证各类管线、设施和周边建筑物、构筑物的安全

D．向施工单位提供真实、准确和完整的勘察资料

7．根据《建设工程安全生产管理条例》，某建筑设计院在设计中未按照法律、法规和工程建设强制性标准进行设计，造成重大安全事故，构成犯罪的，下列追究法律责任的说法中，正确的是（　　）。

A．对该设计院追究刑事责任

B．对该设计院直接责任人员追究刑事责任

C．对该设计院直接责任人员追究侵权责任

D．对该设计院追究侵权责任

8．根据《建设工程安全生产管理条例》，对于采用特殊结构的建设工程，需要提出保障施工作业人员安全和预防生产安全事故措施建议的主体是（　　）。

A．监理单位　　　　　　　　B．施工单位

C．设计单位　　　　　　　　D．建设单位

9．根据《建设工程安全生产管理条例》，设计单位未按照法律、法规和工程建设强制性标准进行设计，应承担的法律责任是（　　）。

A．责令整改，并处以罚款

B．情节严重的，吊销执业资格证书

C．造成伤亡事故的，追究刑事责任

D．造成损失的，依法承担赔偿责任

10．关于建设工程依法实行工程监理的说法，正确的是（　　）。

A．建设单位应当委托该工程的设计单位进行工程监理

B．工程监理单位不能与建设单位有隶属关系

C．工程监理单位不能与该工程的设计单位有利害关系

D．建设单位应当委托具有相应资质等级的工程监理单位进行监理

11. 根据《建设工程安全生产管理条例》，下列工作中属于监理单位安全责任的是（   ）。

  A．审查专项施工方案   B．编制安全技术措施

  C．审查安全施工措施   D．编制专项施工方案

12. 根据《建设工程安全生产管理条例》，审查施工组织设计中的安全技术措施或者专项施工方案是否符合工程建设强制性标准，应当由（   ）完成。

  A．设计单位   B．施工单位

  C．建设单位   D．监理单位

13. 关于建筑起重机械安装单位安全责任的说法，正确的是（   ）。

  A．安装单位应当与建设单位签订建筑起重机械安装、拆卸工程安全合同

  B．施工总承包企业不负责对建筑起重机械安装、拆卸工程专项施工方案的审查

  C．建筑起重机械安装完毕后，安装单位应当自检，出具自检合格证明

  D．建筑起重机械安装完毕后，应向建设单位进行安全使用说明，办理验收手续并签字

14. 根据《建设工程安全生产管理条例》，应当由机械设备单位承担法律责任的情形是（   ）。

  A．未审查拆装方案的

  B．未审查安全施工措施的

  C．未由专业技术人员现场监督的

  D．未向建设单位进行安全使用说明，办理移交手续的

15. 根据《安全生产法》，承担安全评价、认证、检测、检验工作的机构，违法所得在10万元以上的，将被处以罚款。下列具体罚款额度的说法中，正确的是（   ）。

  A．2万元以上5万元以下   B．5万元以上20万元以下

  C．10万元以上20万元以下   D．违法所得2倍以上5倍以下

16. 某施工企业的安全生产设施不符合国家规定，经行政主管部门提出后，对事故隐患仍不采取措施，因而发生重大伤亡事故，该行为构成的罪名为（   ）。

  A．危险作业罪   B．工程重大安全事故罪

  C．重大责任事故罪   D．重大劳动安全事故罪

17. 关于工程质量检测的说法，正确的是（   ）。

  A．检测机构是具有独立法人资格的非营利中介机构

  B．检测机构不得与建设单位有隶属关系

  C．检测人员可以同时受聘于两个或两个以上的检测机构

  D．检测人员、检测机构法定代表人或其授权签字人都必须在检测报告上签字

二　多项选择题

1. 下列安全责任中，属于建设单位应当承担的有（   ）。

  A．足额使用安全施工措施所需费用

   B．提供施工现场及毗邻区域内地下管线资料

   C．不得租赁不符合安全施工要求的用具设备

   D．不得随意压缩合同工期

   E．提出防范生产安全事故的指导意见和措施建议

  2．在工程项目建设中，建设单位的安全责任包括（ ）。

   A．编制安全技术措施的责任

   B．统一协调总分包单位安全生产的责任

   C．对拆除工程进行备案的责任

   D．确定建设工程安全作业环境及安全施工措施所需费用的责任

   E．需要进行爆破作业的办理报批手续的责任

  3．根据《建设工程安全生产管理条例》，建设单位应当在拆除工程施工 15 日前，需将资料报送建设工程所在地的县级以上地方人民政府建设行政主管部门或者其他有关部门备案。下列资料中，建设单位应当报送的资料包括（ ）。

   A．施工单位资质等级证明

   B．拟拆除建筑物、构筑物及可能危及毗邻建筑的说明

   C．拆除施工组织方案

   D．拆除工程合同

   E．堆放、清除废弃物的措施

  4．根据《建筑法》，建设单位应当按照国家有关规定办理申请批准手续的情形有（ ）。

   A．需要进行爆破作业的

   B．需要连续多日夜间施工的

   C．需要临时占用规划批准范围以外场地的

   D．需要临时停水、停电的

   E．需要临时中断道路交通的

  5．在工程建设项目中，建设单位的安全责任包括（ ）。

   A．申请领取施工许可证

   B．向施工单位提供真实、准确和完整的有关资料

   C．确定建设工程安全作业环境及安全施工措施所需费用

   D．依法办理有关批准手续

   E．总体协调总分包单位的安全生产

  6．下列安全责任中，应当由设计单位承担的有（ ）。

   A．采取措施保证各类管线、设施和周边建筑物、构筑物的安全

   B．在各类工程设计中提出保障施工作业人员安全的措施建议

   C．按照法律、法规和工程建设强制性标准进行设计

   D．投保职业责任险

   E．考虑施工安全操作和防护的需要

  7．根据《建设工程安全生产管理条例》，设计单位的安全责任包括（ ）。

   A．按照法律、法规和工程建设强制性标准进行设计

　　　B．提出防范安全生产事故的指导意见和措施建议

　　　C．对安全技术措施或专项施工方案进行审查

　　　D．对施工安全事故隐患进行处理

　　　E．对设计成果承担责任

　8．监理单位在实施工程监理的过程中，发现安全事故隐患时，能够采取的措施包括（　　）。

　　　A．罚款　　　　　　　　　　　　B．要求施工单位整改

　　　C．要求施工单位暂停施工　　　　D．要求施工单位停业整顿

　　　E．向有关主管部门报告

　9．下列建设工程安全生产责任中，属于工程监理单位安全职责的有（　　）。

　　　A．审查安全技术措施或专项施工方案

　　　B．编制安全技术措施或专项施工方案

　　　C．对施工现场的安全生产负总责

　　　D．对施工安全事故隐患进行处理

　　　E．出现安全事故，负责成立事故调查组

　10．根据《建筑起重机械安全监督管理规定》，下列建筑起重机械中，属于出租单位或者自购建筑起重机械的使用单位应当予以报废，并向原备案机关办理注销手续的有（　　）。

　　　A．属国家明令淘汰或者禁止使用的

　　　B．超过安全技术标准或者制造厂家规定的使用年限的

　　　C．经检验达不到安全技术标准规定的

　　　D．没有完整安全技术档案的

　　　E．没有齐全有效的安全保护装置的

　11．根据《建筑起重机械安全监督管理规定》，下列情形中，不得出租、使用的建筑起重机械包括（　　）。

　　　A．属国家明令淘汰或者禁止使用的

　　　B．超过安全技术标准或者制造厂家规定的免费保修期限的

　　　C．经检验达不到安全技术标准规定的

　　　D．没有完整安全技术档案的

　　　E．没有齐全有效的安全保护装置的

　12．根据《特种设备安全法》，特种设备检验、检测机构的检验、检测人员的安全责任包括（　　）。

　　　A．应当经考核，取得检验、检测人员资格，方可从事检验、检测工作

　　　B．同时在两个以上检验、检测机构中执业的，应当经本机构同意

　　　C．检验、检测应当遵守法律、行政法规，并按照安全技术规范的要求进行

　　　D．应当客观、公正、及时地出具检验、检测报告，并对检验、检测结果和鉴定结论负责

　　　E．不得从事有关特种设备的生产、经营活动，不得推荐或者监制、监销特种设备

【答案与解析】

一、单项选择题

1. B;　　2. B;　　3. D;　　4. D;　　5. C;　　6. D;　　7. B;　　*8. C;

*9. D;　　10. D;　　11. A;　　12. D;　　13. D;　　14. C;　　15. D;　　16. D;

17. D

【解析】

8.【答案】C

根据《建设工程安全生产管理条例》，采用新结构、新材料、新工艺的建设工程和特殊结构的建设工程，设计单位应当在设计中提出保障施工作业人员安全和预防生产安全事故的措施建议。显然，A、B、D 选项错误，而 C 选项正确。因此，本题的正确答案是 C 选项。

9.【答案】D

《建设工程安全生产管理条例》中规定，勘察单位、设计单位有下列行为之一的，责令限期改正，处 10 万元以上 30 万元以下的罚款；情节严重的，责令停业整顿，降低资质等级，直至吊销资质证书；造成重大安全事故，构成犯罪的，对直接责任人员，依照刑法有关规定追究刑事责任；造成损失的，依法承担赔偿责任：（1）未按照法律、法规和工程建设强制性标准进行勘察、设计的；（2）采用新结构、新材料、新工艺的建设工程和特殊结构的建设工程，设计单位未在设计中提出保障施工作业人员安全和预防生产安全事故的措施建议的。显然，A、B、C 选项错误，而 D 选项正确。因此，本题的正确答案是 D 选项。

二、多项选择题

1. B、D;　　2. C、D、E;　　3. A、B、C、E;　　4. A、C、D、E;

5. A、B、C、D;　　6. C、E;　　7. A、B、E;　　8. B、C、E;

9. A、D;　　10. A、B、C;　　11. A、C、D、E;　　12. A、C、D、E

6.2　施工安全生产许可证制度

复习要点

1. 申请领取安全生产许可证的程序和条件

类型＼情形	安全生产许可证
适用范围	矿山企业、建筑施工企业和危险化学品、烟花爆竹、民用爆炸物品生产企业
申请主体	建筑施工企业
颁布机构	企业注册所在地省、自治区、直辖市人民政府住房和城乡建设主管部门
申请条件	12 条安全生产条件
有效期	3 年
延期时间及对象	期满前 3 个月；原安全生产许可证颁发管理机关

申请领取安全许可证的条件（对 12 条规定进行分类）

分类	具体规定
制度	建立、健全安全生产责任制，制定完备的安全生产规章制度和操作规程
资金	建立、健全安全生产责任制，制定完备的安全生产规章制度和操作规程
人员	1. 设置安全生产管理机构，按照国家有关规定配备专职安全生产管理人员； 2. 主要负责人、项目负责人、专职安全生产管理人员经建设主管部门或者其他有关部门考核合格； 3. 特种作业人员经有关业务主管部门考核合格，取得特种作业操作资格证书； 4. 管理人员和作业人员每年至少进行 1 次安全生产教育培训并考核合格； 5. 依法参加工伤保险，依法为施工现场从事危险作业的人员办理意外伤害保险，为从业人员缴纳保险费
环境	施工现场的办公、生活区及作业场所和安全防护用具、机械设备、施工机具及配件符合有关安全生产法律、法规、标准和规程的要求
特殊规定	1. 有职业危害防治措施，并为作业人员配备符合国家标准或者行业标准的安全防护用具和安全防护服装； 2. 有对危险性较大的分部分项工程及施工现场易发生重大事故的部位、环节的预防、监控措施和应急预案； 3. 有生产安全事故应急救援预案、应急救援组织或者应急救援人员，配备必要的应急救援器材、设备； 4. 法律、法规规定的其他条件

2．安全生产许可证的有效期和撤销

安全生产许可证颁发管理机关或者其上级行政机关发现有下列情形之一的，可以撤销已经颁发的安全生产许可证：

（1）颁发管理机关工作人员滥用职权、玩忽职守颁发安全生产许可证的；

（2）超越法定职权颁发安全生产许可证的；

（3）违反法定程序颁发安全生产许可证的；

（4）对不具备安全生产条件的建筑施工企业颁发安全生产许可证的；

（5）依法可以撤销已经颁发的安全生产许可证的其他情形。

3．违法行为应承担的法律责任

违法行为	法律责任
未取得安全生产许可证擅自进行生产	责令停产，没收违法所得，并处 10 万元以上 50 万元以下罚款；构成犯罪的，依法追究刑事责任
有效期满未办理延期继续生产	责令停产，限期补办，没收违法所得，并处 5 万元以上 10 万元以下罚款
转让安全生产许可证	没收违法所得，处 10 万元以上 50 万元以下罚款，并吊销安全生产许可证
领证后发生重大安全事故或不再具备安全生产条件的	暂扣安全生产许可证并限期整改
隐瞒有关情况或提供虚假材料	不予受理或不予颁发，并给予警告，1 年内不得申请
骗取、贿赂取得的	撤销，3 年内不得再次申请
发生重大安全事故	暂扣安全生产许可证并限期整改

一 单项选择题

1. 下列建筑施工条件中，属于建筑施工企业申领安全生产许可证应当具备的是（   ）。

    A．为职工办理了意外伤害保险

    B．保证本单位生产经营条件所需资金的投入

    C．管理人员和作业人员每年至少进行 2 次安全生产教育培训并考核合格

    D．依法参加工伤保险，为从业人员缴纳保险费

2. 建筑施工企业申请安全生产许可证时，应当向住房和城乡建设主管部门提供的材料不包括（   ）。

    A．施工企业安全生产许可证申请表

    B．施工企业法人营业执照

    C．法定其他相关的文件、材料

    D．保证本单位安全生产条件所需的资金投入证明

3. 下列条件中，属于建筑施工企业申领安全生产许可证应当具备的是（   ）。

    A．为职工办理了意外伤害保险

    B．配备了兼职安全生产管理人员

    C．特种作业人员取得特种作业操作资格证书

    D．有职业危害防治措施，并为职工配备合格的安全防护用具与防护服

4. 根据《安全生产许可证条例》，负责施工企业安全生产许可证的颁发和管理的部门是（   ）。

    A．省、自治区、直辖市人民政府

    B．省、自治区、直辖市人民政府委员会

    C．省、自治区、直辖市人民政府安全监督部门

    D．省、自治区、直辖市人民政府建设主管部门

5. 根据《安全生产许可证条例》，未取得安全生产许可证擅自进行生产的，其应当承担的法律责任是（   ）。

    A．责令限期改正

    B．责令停止生产，没收违法所得，并处罚款

    C．造成重大事故或者其他严重后果的，依法追究刑事责任

    D．严重警告，1 年内不得申请安全生产许可证

6. 根据《安全生产许可证条例》，安全生产许可证的有效期为（   ）年。

    A．1   B．2

    C．3   D．5

7. 关于安全生产许可证的说法，正确的是（   ）。

    A．安全生产许可证电子证书的认可仅限于本地区

    B．安全生产许可证的有效期为 5 年

    C．安全生产许可证有效期满前 30 天可以向原颁发管理机关申请延期

　　D. 遗失补办，由申请人告知资质许可机关，该机关在官网发布信息

8. 某施工企业于 2020 年 3 月 1 日办理了安全生产许可证，2023 年 8 月持证施工时被有关部门查处，有关部门对该施工企业正确的处理方式是（　　）。

　　A. 允许其继续施工，限期补办延期手续

　　B. 责令停止施工，限期补办延期手续，没收违法所得，并处罚款

　　C. 责令停业整顿，限期补办延期手续，并处罚款

　　D. 责令停止施工，并重新申请办理安全生产许可证

9. 根据《安全生产许可证条例》，施工企业变更名称、地址、法定代表人等信息，应到原安全生产许可证颁发管理机关办理安全生产许可证变更手续。其时间要求为变更后（　　）日内。

　　A. 7　　　　　　　　　　　　　B. 10

　　C. 15　　　　　　　　　　　　D. 30

10. 建筑施工企业破产、倒闭、撤销的，应当将安全生产许可证交回原安全生产许可证颁发管理机关予以（　　）。

　　A. 变更　　　　　　　　　　　B. 撤销

　　C. 吊销　　　　　　　　　　　D. 注销

11. 下列施工企业的违法行为中，属于安全生产许可证颁发管理机关撤销已经颁发的安全生产许可证的情形是（　　）。

　　A. 冒用安全生产许可证的

　　B. 以不正当手段取得安全生产许可证的

　　C. 安全生产许可证未办理延期手续的

　　D. 使用伪造的安全生产许可证的

12. 关于安全生产许可证的说法，正确的是（　　）。

　　A. 建设单位应在项目开工前申请领取安全生产许可证

　　B. 安全生产许可证的有效期为 3 年

　　C. 安全生产许可证有效期满后可以向原颁发管理机关申请延期

　　D. 安全生产许可证遗失，向原颁发管理机关报告后方可申请补办

13. 下列施工企业的违法行为中，属于安全生产许可证颁发管理机关撤销已经颁发的安全生产许可证的情形是（　　）。

　　A. 以不正当手段取得安全生产许可证的

　　B. 转让安全生产许可证的

　　C. 安全生产许可证未办理延期手续的

　　D. 施工企业名称变更的

14. 施工企业以欺骗、贿赂等不正当手段取得安全生产许可证的，不得再次申请安全生产许可证限制期间是（　　）年内。

　　A. 1　　　　　　　　　　　　　B. 2

　　C. 3　　　　　　　　　　　　　D. 5

15. 下列安全生产许可证违法行为应当承担的法律责任中，对于安全生产许可证的处置办法，正确的是（　　）。

A．转让安全生产许可证的，暂扣其安全生产许可证

B．以欺骗、贿赂等不当手段取得的，撤销其安全生产许可证

C．取得安全生产许可证的企业，发生重大安全事故的，吊销其安全生产许可证

D．安全生产许可证有效期满未办理延期手续，继续施工的，暂扣其安全生产许可证

16．关于安全生产许可证政府监管的说法，正确的是（   ）。

A．对没有取得施工许可证的施工企业，不得颁发安全生产许可证

B．安全生产许可证颁发管理机关发现施工企业不再具备安全生产条件的，应当撤销其安全生产许可证

C．安全生产许可证颁发管理机关发现施工企业不再具备安全生产条件的，应当注销其安全生产许可证

D．安全生产许可证颁发管理机关发现施工企业不再具备安全生产条件的，应当暂扣或者吊销其安全生产许可证

17．某施工企业的安全生产许可证遗失，其应当（   ）。

A．向原发证机关声明作废，并申请补办

B．在公开媒体上声明作废，并申请补办

C．向原发证机关报告，并在媒体上声明作废后，申请补办

D．申请人告知资质许可机关，由资质许可机关在官网发布信息后，申请补办

18．下列建筑施工企业有关安全生产许可证的违法行为中，应当予以暂扣安全生产许可证的是（   ）。

A．转让安全生产许可证的

B．使用伪造的安全生产许可证的

C．不再具备安全生产条件的

D．以欺骗、贿赂等不正当手段取得安全生产许可证的

19．根据《建设施工企业安全生产许可证管理规定》，已取得安全生产许可证的施工企业发生重大安全事故所产生的法律后果是（   ）。

A．暂扣安全生产许可证并限期整顿

B．责令停止生产，并处罚款

C．撤销安全生产许可证

D．吊销安全生产许可证

20．某施工企业在其安全生产许可证有效期内未发生死亡事故，则安全生产许可证有效期届满时（   ）。

A．不再审查，直到发生死亡事故时终止

B．经原安全生产许可证颁发机关重新办理

C．经原安全生产许可证颁发机关同意，不再审查，有效期延期三年

D．必须再次审查，审查合格延期三年

21．某施工企业在2017年2月1日办理了安全生产许可证，则其向原发证机关办理延期手续的期间为（   ）。

A．2019年2月—2019年5月   B．2018年11月—2019年1月

C．2020年2月—2020年5月   D．2019年11月—2020年1月

22．根据《建筑施工企业安全生产许可证管理规定》，属于应当注销安全生产许可
证情形的是（   ）。

    A．建筑施工企业破产、倒闭、撤销的

    B．安全生产许可证颁发管理机关超越法定职权颁发安全生产许可证的

    C．安全生产许可证颁发管理机关对不具备安全生产条件的建筑施工企业颁发
       安全生产许可证的

    D．安全生产许可证颁发管理机关工作人员滥用职权、玩忽职守颁发安全生产
       许可证的

23．关于建筑施工企业安全生产许可证的说法，正确的是（   ）。

    A．建筑施工企业变更法定代表人，应当办理安全生产许可证的变更手续

    B．安全生产许可证有效期可以自动延期

    C．安全生产许可证延期后的有效期短于原有效期

    D．建筑施工企业变更地址，安全生产许可证无须办理变更手续

二 多项选择题

1．建筑施工企业申请安全生产许可证时，应当向住房和城乡建设主管部门提供的
材料包括（   ）。

    A．建筑施工企业安全生产许可证申请表

    B．建筑施工企业安全生产条件概况

    C．企业法人营业执照

    D．企业法人名称

    E．其他相关的文件、材料

2．某施工企业利用虚假材料申请安全生产许可证，根据《建筑施工企业安全生产
许可证管理规定》，则有关部门对该企业正确的处理方式包括（   ）。

    A．吊销安全生产许可证

    B．给予警告

    C．一年内不得申请安全生产许可证

    D．暂发安全生产许可证并限期整改

    E．不予受理或者不予颁发安全生产许可证

3．根据《安全生产许可证条例》，下列从事生产活动的企业中，属于必须取得安
全生产许可证的有（   ）。

    A．矿山企业

    B．建筑施工企业

    C．日用化学品生产、经营、储存单位

    D．危险化学品生产、经营、储存单位

    E．烟花爆竹、民用爆破器材生产企业

4. 下列要求中，属于施工企业取得安全生产许可证应当具备的安全生产条件的有（   ）。

    A. 建立、健全安全生产责任制

    B. 有保证本单位安全生产条件所需资金的投入

    C. 有保障工程质量和安全的具体措施

    D. 管理人员每年至少进行 1 次安全生产教育培训

    E. 已经取得建设工程规划许可证

5. 关于安全生产许可证政府监管的说法，正确的有（   ）。

    A. 没有取得安全生产许可证的，不得颁发施工许可证

    B. 企业不再具备安全生产条件的，应当撤销安全生产许可证

    C. 企业不得转让、冒用安全生产许可证或者使用伪造的安全生产许可证

    D. 企业不得使用伪造的安全生产许可证

    E. 超越法定职权颁发安全生产许可证的，应当吊销

6. 关于安全生产许可证有效期的说法，正确的有（   ）。

    A. 安全生产许可证的有效期为 3 年

    B. 施工企业应当向原安全生产许可证颁发管理机关办理延期手续

    C. 安全生产许可证有效期满需要延期的，施工企业应当于期满前 1 个月办理延期手续

    D. 施工企业在安全生产许可证有效期内，严格遵守有关安全生产的法律法规，未发生死亡事故的，安全生产许可证有效期届满时，自动延期

    E. 安全生产许可证有效期延期 3 年

7. 施工企业发生变更后，应限期到原安全生产许可证颁发管理机关办理安全生产许可证变更手续，具体变更的情形包括（   ）。

    A. 企业名称变更   B. 企业注册地址变更

    C. 企业股东变更   D. 企业法定代表人变更

    E. 企业资产变更

8. 某施工企业利用虚假材料申请了安全生产许可证，根据《建筑施工企业安全生产许可证管理规定》，则有关部门对该企业正确的处理方式有（   ）。

    A. 吊销安全生产许可证

    B. 给予警告

    C. 一年内不得申请安全生产许可证

    D. 暂发安全生产许可证并限期整改

    E. 不予受理或者不予颁发安全生产许可证

9. 根据《建筑施工企业安全生产许可证管理的规定》，下列情形中，属于可以撤销安全生产许可证的情形有（   ）。

    A. 取得安全生产许可证的建筑施工企业发生重大安全事故的

    B. 安全生产许可证颁发管理机关工作人员滥用职权颁发安全许可证的

    C. 超越法定职权颁发安全生产许可证的

    D. 违反法定程序颁发安全生产许可证的

E. 对不具备安全生产条件的建筑施工企业颁发安全生产许可证的

【答案与解析】

一、单项选择题

1. D;   2. D;   3. C;   4. D;   5. B;   6. C;   7. D;   8. B;
9. B;   10. D;   11. B;   12. B;   13. A;   *14. C;   15. B;   16. D;
17. D;   *18. C;   19. A;   20. C;   *21. D;   22. A;   23. A

【解析】

14.【答案】C

本题考核了知识点建筑施工企业以欺骗、贿赂等不正当手段取得安全生产许可证的权利限制。根据《建筑施工企业安全生产许可证管理规定》，建筑施工企业以欺骗、贿赂等不正当手段取得安全生产许可证的，撤销安全生产许可证，3年内不得再次申请安全生产许可证；构成犯罪的，依法追究刑事责任。所以，C选项正确而其他选项错误。因此，本题的正确答案是C选项。

18.【答案】C

根据《建筑施工企业安全生产许可证管理规定》，转让安全生产许可证的，没收违法所得，处10万元以上50万元以下的罚款，并吊销其安全生产许可证；构成犯罪的，依法追究刑事责任；接受转让的，依照未取得安全生产许可证擅自进行生产的规定处罚。冒用安全生产许可证或者使用伪造的安全生产许可证的，依照未取得安全生产许可证擅自进行生产的规定处罚。所以，A、B选项均为错误。建筑施工企业不再具备安全生产条件的，暂扣安全生产许可证并限期整改；情节严重的，吊销安全生产许可证。所以，C选项正确。建筑施工企业以欺骗、贿赂等不正当手段取得安全生产许可证的，撤销安全生产许可证，3年内不得再次申请安全生产许可证；构成犯罪的，依法追究刑事责任。所以，D选项错误。因此，本题的正确答案是C选项。

21.【答案】D

安全生产许可证的有效期为3年，企业应当于期满前3个月向原安全生产许可证颁发管理机关办理延期手续。本题中2017年2月1日办理的安全生产许可证的有效期至2020年1月31日，期满前3个月办理延期手续，因此2020年1月31日前3个月满足续期时间规定。所以，A、B、C选项均为错误，D选项正确。因此，本题的正确答案为D选项。

二、多项选择题

1. A、C、E;   2. B、C、E;   *3. A、B、D、E;   *4. A、B、D;
5. A、C、D;   6. A、B、E;   7. A、B、D;   8. B、C、E;
*9. B、C、D、E

【解析】

3.【答案】A、B、D、E

根据《安全生产许可证条例》，国家对矿山企业、建筑施工企业和危险化学品、烟花爆竹、民用爆炸物品生产企业实行安全生产许可制度。显然A、B、D、E选项属于必须取得安全生产许可证的范围，而 C 选项不在其内。因此本题的正确答案是 A、B、D、E 选项。

4.【答案】A、B、D

本题的考点是安全生产许可证取得条件。根据《建筑施工企业安全生产许可证管理规定》中规定，建筑施工企业取得安全生产许可证，应当具备下列安全生产条件：（1）建立、健全安全生产责任制，制定完备的安全生产规章制度和操作规程；（2）保证本单位安全生产条件所需资金的投入；……（11）有生产安全事故应急救援预案、应急救援组织或者应急救援人员，配备必要的应急救援器材、设备；（12）法律、法规规定的其他条件。所以 A、B、D 选项正确，C、E 选项错误。因此，本题的正确答案是 A、B、D 选项。

9.【答案】B、C、D、E

根据《建筑施工企业安全生产许可证管理规定》，安全生产许可证颁发管理机关或者其上级行政机关发现有下列情形之一的，可以撤销已经颁发的安全生产许可证：（1）安全生产许可证颁发管理机关工作人员滥用职权、玩忽职守颁发安全生产许可证的；（2）超越法定职权颁发安全生产许可证的；（3）违反法定程序颁发安全生产许可证的；（4）对不具备安全生产条件的建筑施工企业颁发安全生产许可证的；（5）依法可以撤销已经颁发的安全生产许可证的其他情形。所以，B、C、D、E 选项正确。根据《建筑施工企业安全生产许可证管理规定》，取得安全生产许可证的建筑施工企业，发生重大安全事故的，暂扣安全生产许可证并限期整改，所以，A 选项不属于可以撤销安全生产许可证的情形。因此，本题的正确答案为 B、C、D、E 选项。

6.3 施工单位安全生产责任制度

复习要点

1. 施工单位的安全生产责任

主体	施工单位	施工项目负责人	施工总承包和分包单位	施工作业人员
责任类型	1. 安全生产责任制度，"五到位"	1. 安全生产责任；项目负责人对本项目安全生产管理全面负责	1. 总承包单位安全生产责任（4条）	1. 安全生产保障权利（7条）
	2. 单位负责人施工现场带班制度			
	3. 重大事故隐患治理挂牌督办制度	2. 施工现场带班制度	2. 分包单位安全生产责任	2. 安全生产
	4. 群防群治制度			

2. 施工单位安全生产责任制度

（1）施工单位主要负责人对安全生产工作全面负责；企业主要负责人包括法定代表人、总经理、分管安全生产的副总经理、分管生产经营的副总经理、技术负责人、安全总监等；

（2）安全生产管理机构和专职安全生产管理人员的职责；

（3）建设工程项目安全生产领导小组的职责；

（4）专职安全生产管理人员的最低配备要求。

3．施工单位负责人和项目负责人施工现场带班制度

项目负责人在同一时期只能承担一个工程项目的管理工作。项目负责人每月带班生产时间不得少于本月施工时间的80%。因其他事务需离开施工现场时，应向工程项目的建设单位请假，经批准后方可离开。

4．施工总承包和分包单位的安全生产责任

（1）分包合同应当明确总分包双方的安全生产责任；该约定不能违反法律强制性规定，否则无效。

（2）总承包单位统一组织编制建设工程生产安全应急救援预案；

（3）总承包单位负责上报施工生产安全事故；

（4）总承包单位应自行完成建设工程主体结构的施工；

（5）总分包单位就分包工程的安全生产承担连带责任。分包单位不服管理导致事故发生的，负主要责任。

5．施工作业人员安全生产权利（7个）

（1）安全生产知情权和建议权；

（2）施工安全防护用品的获得权；

（3）对危险行为的批评、检举、控告权和拒绝违章指挥权；

（4）紧急避险权；

（5）获得救治和请求民事赔偿权；

（6）获得工伤保险和意外伤害保险赔偿的权利；

（7）依靠工会维护合法权益。

6．施工作业人员安全生产义务（3个）

（1）守法遵章和正确使用安全防护用具；

（2）接受安全生产教育培训；

（3）及时报告安全事故隐患及其他危险。

7．施工管理人员、作业人员安全生产教育培训

	培训种类	适用	培训对象	
建设行政主管部门	向企业工商所在地的省建设行政主管部门申请考核，并取得安全生产考核合格证书，有效期3年，全国有效。考核不得收费		企业主要负责人（A证）项目负责人（B证）专职安全员（C证）	合称为"安管人员"
	经省级以上建设行政主管部门认定		特种作业人员（特种作业资格证）	
施工企业	企业安全内训	每年至少一次	全体管理人员和作业人员	
	专门安全培训	新岗位（至少32学时的安全培训，每年进行至少20学时的再培训）	新职工（作业人员）	
		新现场、新技术、新工艺、新设备、新材料	作业人员	

备注：特种作业人员包括（1）建筑电工；（2）建筑架子工；（3）建筑起重信号司索工；（4）建筑起重机械司机；（5）建筑起重机械安装拆卸工；（6）高处作业吊篮安装拆卸工；（7）经省级以上人民政府建设主管部门认定的其他特种作业。

一 单项选择题

1. 根据《安全生产法》，施工企业主要负责人对安全生产的职责是（ ）。

　　A．组织或者参与本单位应急救援演练

　　B．组织制定并实施本单位安全生产教育和培训计划

　　C．督促落实本企业重大危险源的安全管理措施

　　D．督促落实本单位安全生产整改措施

2. 关于施工企业项目负责人安全生产责任的说法，正确的是（ ）。

　　A．监控分部分项工程的安全生产情况

　　B．每月带班生产时间不得少于本月施工时间的 75%

　　C．确保项目安全生产费用有效使用

　　D．每月带班检查时间不得少于其工作日的 25%

3. 下列安全生产责任中，属于建设工程项目专职安全生产管理人员职责的是（ ）。

　　A．组织制定并实施生产安全事故应急救援预案

　　B．保证本单位安全生产投入的有效实施

　　C．现场监督危险性较大的分部分项工程安全专项施工方案实施情况

　　D．督促、检查安全生产工作，消除生产安全事故隐患

4. 根据《建设工程安全生产管理条例》，关于施工单位安全生产管理机构与人员的说法，正确的是（ ）。

　　A．施工单位应当设立安全生产管理机构，或者配备专职安全生产管理人员

　　B．专职安全生产管理人员发现安全事故隐患，应当及时向项目负责人报告

　　C．专职安全生产管理人员发现安全事故隐患，应当立即处理

　　D．施工单位应当实行建设工程项目专职安全生产管理人员委派制度

5. 施工企业实行全员安全生产责任制度，则应与实际控制人同为安全生产第一责任人的是（ ）。

　　A．法定代表人　　　　　　　B．技术负责人

　　C．安全生产管理人员　　　　D．项目经理

6. 建设工程施工总承包单位依法将建设工程进行分包的，关于该工程安全生产责任的说法，正确的是（ ）。

　　A．分包工程发生事故，由总、分包单位共同上报

　　B．总承包单位和分包单位对分包工程的安全生产承担连带责任

　　C．分包单位不服从管理导致生产安全事故的，由分包单位独立承担责任

　　D．统一建立应急救援组织或者配备应急救援人员，配备救援器材、设备，并定期组织演练

7. 根据《建设工程安全生产管理条例》，施工总承包单位应当承担的安全生产责任是（ ）。

　　A．总承包合同应当明确总分包单位双方的安全生产责任

    B．负责调查施工生产安全事故

    C．与分包单位对分包工程的安全生产责任承担按份责任

    D．统一组织编制建设工程生产安全应急救援预案

8．建设工程施工总承包单位依法将建设工程进行分包的，关于该工程安全生产责任的说法，正确的是（　　）。

    A．分包工程的安全生产由分包单位独立承担责任

    B．分包工程的安全生产由总承包单位承担全部责任

    C．分包合同中应当明确总、分包单位各自的安全生产权利和义务

    D．总承包单位和分包单位对施工现场安全生产承担同等责任

9．某施工分包合同约定分包单位承担全部安全生产事故责任，在分包工程施工中发生了安全生产事故，则该事故责任应（　　）。

    A．按照合同约定由分包单位自行承担

    B．由总承包单位承担全部责任

    C．由总承包单位负主要责任，分包单位承担次要责任

    D．由总承包单位和分包单位承担连带责任

10．施工总承包单位和分包单位对分包工程安全生产承担的责任是（　　）。

    A．独立责任　　　　　　　　　　B．按份责任

    C．补充责任　　　　　　　　　　D．连带责任

11．某工程项目实行施工总承包，其中幕墙工程和设备安装工程实行专业分包。在幕墙工程施工过程中发生了重大安全生产事故，则应上报事故情况的主体是（　　）。

    A．建设单位　　　　　　　　　　B．施工总承包单位

    C．分包单位　　　　　　　　　　D．监理单位

12．根据《建设工程安全生产管理条例》，工程实行施工总承包的，应当由总承包单位自行完成、不可分包的部分是（　　）。

    A．关键部位　　　　　　　　　　B．主体结构

    C．重大危险部位　　　　　　　　D．核心结构

13．实行施工总承包的工程，其生产安全事故应急救援预案应由（　　）统一组织编制。

    A．监理单位　　　　　　　　　　B．总承包单位

    C．建设单位　　　　　　　　　　D．总承包单位和分包单位

14．根据《建筑施工企业负责人及项目负责人施工现场带班暂行办法》，项目负责人每月带班生产时间不得少于本月施工时间的（　　）。

    A．40%　　　　　　　　　　　　B．50%

    C．60%　　　　　　　　　　　　D．80%

15．在项目建设过程中，对建设工程项目施工现场安全生产管理全面负责的是（　　）。

    A．施工项目专职安全生产管理人员

    B．施工单位主要负责人

    C．施工单位负责人

D．施工单位项目负责人

16．根据《住房和城乡建设部办公厅关于进一步加强危险性较大的分部分项工程安全管理的通知》，超过一定规模的危险性较大的分部分项工程施工，施工企业负责人应当（　　　）。

A．组织单位验收　　　　　　　B．带班检查

C．委派人员监督　　　　　　　D．制定安全施工措施

17．关于施工企业项目负责人安全生产责任的说法，正确的是（　　　）。

A．应当监控分部分项工程的安全生产情况

B．应当对工程项目落实带班制度负责

C．每月带班生产时间不得少于本月施工时间的60%

D．每月带班检查时间不得少于其工作日的25%

18．施工作业人员陈某在作业过程中，发现正在吊装的预制构件在高空失衡晃动，即将脱落直接危及施工现场安全，随即停止作业并迅速躲避。则陈某的行为属于行使（　　　）。

A．知情权　　　　　　　　　　B．拒绝违章指挥权

C．正当防卫权　　　　　　　　D．紧急避险权

19．某施工企业员工王某在脚手架上作业时，发现部分扣件松动可能倒塌，便停止了作业，此情形属于从业人员行使（　　　）。

A．知情权　　　　　　　　　　B．拒绝权

C．紧急避险权　　　　　　　　D．控告权

20．根据《安全生产法》，当从业人员发现直接危及自身安全的紧急情况时，正确的做法是（　　　）。

A．立即向管理人员报告紧急情况

B．采取有效措施化解危机

C．做好个人防护，同时守护现场

D．有权停止作业或者在采取可能的应急措施后撤离作业场所

21．根据《安全生产法》，下列行为中，符合紧急避险权规定的情形是（　　　）。

A．工人甲发现施工现场有危及人身安全的情况，继续作业

B．工人乙发现施工现场有危及人身安全的情况，采取应急措施后继续作业

C．工人丙发现施工现场有直接危害危及人身安全的情况，便撤离作业场所

D．工人丁发现施工现场有直接危害危及人身安全的情况，立即停止作业

22．根据《建筑施工企业主要负责人、项目负责人和专职安全生产管理人员安全生产管理规定》，属于项目负责人安全生产职责的是（　　　）。

A．建立企业安全生产管理制度

B．建立项目安全生产管理体系

C．监控项目分部分项工程

D．定期向企业安全生产管理机构报告项目安全生产管理情况

23．某工程项目开工前，施工人员要求单位明确告知该项目施工作业场所和主要工种岗位存在的危险因素。该情形属于从业人员行使（　　　）。

A．建议权　　　　　　　　　　B．检举权

C．知情权　　　　　　　　　　D．批评权

24．下列对施工作业人员要求中，属于其法定安全生产义务的是（　　）。

A．守法遵章和正确使用安全防护用具

B．接受安全生产教育培训

C．报告施工安全事故隐患

D．提出施工方案中的缺陷

25．根据《建筑法》，项目经理强令工人冒险作业，因而发生重大伤亡事故或者造成其他严重后果的，依法追究其（　　）。

A．民事责任　　　　　　　　　B．行政责任

C．侵权责任　　　　　　　　　D．刑事责任

26．施工企业主要负责人、项目负责人和专职安全生产管理人员合称为"安管人员"。关于"安管人员"安全生产培训考核的说法，正确的是（　　）。

A．"安管人员"应当通过其受聘企业，向住房和城乡建设主管部门申请考核

B．安全生产考核合格证书有效期为5年

C．安全生产考核合格证书在企业工商注册地范围内有效

D．施工企业应当每2年对"安管人员"进行培训考核，不合格的不得上岗

27．根据《建筑施工特种作业人员管理规定》，下列建筑施工企业人员中，属于特种作业人员的是（　　）。

A．焊工　　　　　　　　　　　B．钢筋工

C．混凝土工　　　　　　　　　D．建筑起重机械司机

28．根据《安全生产法》，对于建筑施工单位的主要负责人和安全生产管理人员未按照规定经考核合格的，该施工单位应当承担的法律责任可以是（　　）。

A．给予警告　　　　　　　　　B．责令限期改正，可处以罚款

C．吊销营业执照　　　　　　　D．降低资质等级

29．根据《安全生产法》，对于未如实记录安全生产教育和培训情况的生产经营单位，其应当承担的法律责任可以是（　　）。

A．给予警告　　　　　　　　　B．责令限期改正，可处以罚款

C．吊销营业执照　　　　　　　D．降低资质等级

30．根据《建设工程安全生产管理条例》，应当经建设行政主管部门或者其他部门考核合格后方可任职的人员不包括（　　）。

A．项目经理　　　　　　　　　B．项目技术员

C．施工单位的主要负责人　　　D．专职安全生产管理人员

31．根据《建设工程安全生产管理条例》，建筑施工企业的管理人员和作业人员每（　　）应至少进行一次安全教育培训并考核合格。

A．6个月　　　　　　　　　　B．2年

C．1年　　　　　　　　　　　D．3年

二　多项选择题

1．根据《建筑施工企业安全生产管理机构设置专职安全生产管理人员配备办法》，关于建筑施工总承包资质序列企业专职安全生产管理人员配备人数的说法，正确的有（　　）。

A．特级资质不少于6人　　　　B．一级资质不少于4人

C．二级资质不多于3人　　　　D．三级资质不少于3人

E．三级以下资质企业不少于2人

2．根据《建筑施工企业安全生产管理机构设置专职安全生产管理人员配备办法》，建筑施工企业安全生产管理机构专职安全生产管理人员在施工检查过程中应当履行的职责有（　　）。

A．检查危险性较大的分部分项工程安全专项施工方案落实情况

B．参与危险性较大的分部分项工程安全专项施工方案专家论证会

C．监督作业人员安全防护用品的配备及使用情况

D．对发现的安全生产违章违规行为或安全隐患，有权当场予以纠正或作出处理决定

E．对不符合安全生产条件的设施、设备、器材，有权当场作出查封的处理决定

3．根据《建设工程安全生产管理条例》，施工企业的主要负责人对本单位安全生产工作负有的主要职责有（　　）。

A．组织制定本单位安全生产规章制度和操作规程

B．健全本单位安全生产责任制

C．保证本单位安全生产投入的有效实施

D．督促、检查本单位的安全生产工作，及时消除生产安全事故隐患

E．编制专项工程施工方案

4．关于施工企业项目负责人安全生产责任的说法，正确的有（　　）。

A．对建设工程项目的安全施工负责

B．开展项目安全教育培训

C．确保安全生产费用的有效使用

D．监督作业人员安全防护用品的配备及使用情况

E．及时、如实报告生产安全事故

5．根据《建设工程安全生产管理条例》，施工单位应在施工现场设置明显的安全警示标志的地方包括（　　）。

A．液体存放处　　　　　　　　B．配电箱

C．脚手架　　　　　　　　　　D．基坑边沿

E．施工现场出口处

6．关于施工企业项目负责人安全生产责任的说法，正确的是（　　）。

A．开展项目安全教育培训

B．对建设工程项目的安全施工负责

C．确保安全生产费用的有效使用

D．监督作业人员安全保护用品的配备及使用情况

E．及时、如实报告生产安全事故

7．某工程实行施工总承包，拟组建安全生产领导小组，则该领导小组成员应包括（　　）。

A．总承包企业项目经理　　　　　B．劳务分包企业专职安全生产管理人员

C．专业承包企业技术负责人　　　D．专业承包企业质量负责人

E．劳务分包主要负责人

8．关于建筑施工企业负责人现场带班制度的说法，正确的有（　　）。

A．有分公司的企业集团，集团负责人因故不能到现场的，可书面委托工程所在地的分公司负责人对施工现场带班检查

B．超过一定规模的危险性较大的分部分项工程施工时，应到现场进行带班检查

C．工程施工出现险情时，应到施工现场带班检查，及时消除险情和隐患

D．每月检查时间不少于其工作日的 20%

E．应认真做好检查记录，并分别在企业和工程项目存档备查

9．根据《安全生产法》，施工作业人员依法享有的安全生产保障权利包括（　　）。

A．救治和请求民事赔偿权

B．施工安全防护用品的获得权

C．施工安全生产的知情权和决策权

D．获得工伤保险或者意外伤害保险赔偿的权利

E．紧急避险权

10．下列要求中，属于施工作业人员应当履行的安全生产义务的有（　　）。

A．对本单位的安全生产工作提出建议

B．接受单位的安全生产教育培训

C．发现安全事故隐患立即向上级报告

D．施工中遇到危及人身安全时停止工作

E．正确使用安全防护用具

11．施工作业人员应当享有的安全生产权利包括（　　）。

A．了解其工作岗位存在的危险因素、应急措施及安全防护措施

B．接受安全生产教育和培训，正确使用安全防护用具和机械设备

C．发现安全隐患时立即停止作业或撤离作业场所

D．拒绝违章指挥和强令冒险作业

E．发生工伤后，除要求工伤保险赔偿后，就不足部分向本单位提出赔偿请求

12．根据安全生产相关法规，施工企业应对作业人员进行安全生产教育培训的情形有（　　）。

A．作业人员进入新的岗位或新的施工现场

B．发生重大安全事故

C．采用新技术、新设备

D. 特种作业人员

E. 制定专项施工方案

【答案与解析】

一、单项选择题

1. B；　2. C；　3. C；　4. D；　5. A；　6. B；　7. D；　8. C；

9. D；　10. D；　11. B；　12. B；　13. B；　14. D；　15. D；　16. B；

17. B；　18. D；　19. C；　*20. D；　21. D；　22. B；　23. C；　24. D；

25. D；　26. A；　27. D；　28. B；　29. B；　30. B；　31. C

【解析】

20.【答案】D

根据《安全生产法》第47条规定，从业人员发现直接危及人身安全的紧急情况时，有权停止作业或者在采取可能的应急措施后撤离作业场所。生产经营单位不得因从业人员在前款紧急情况下停止作业或者采取紧急撤离措施而降低其工资、福利等待遇或者解除与其订立的劳动合同。所以，A、B、C选项错误，D选项正确。因此，本题的正确答案是D选项。

二、多项选择题

1. A、B、D；　　2. A、C、D、E；　　*3. A、B、C、D；　　4. A、C、E；

5. B、C、D；　　6. B、C、E；　　7. A、B、C；　　*8. A、B、C、E；

9. A、B、E；　　10. B、C、E；　　11. A、D、E；　　12. A、C、D

【解析】

3.【答案】A、B、C、D

本题考点为施工企业主要负责人的安全生产职责。根据《安全生产法》，生产经营单位的主要负责人对本单位的安全生产工作全面负责。生产经营单位的主要负责人对本单位安全生产工作负有下列职责：（1）建立、健全并落实本单位全员安全生产责任制……（2）组织制定并实施本单位安全生产规章制度和操作规程；（3）组织制定并实施本单位安全生产教育和培训计划；（4）保证本单位安全生产投入的有效实施；（5）……督促、检查本单位的安全生产工作，及时消除生产安全事故隐患；（6）组织制定并实施本单位的生产安全事故应急救援预案；（7）及时、如实报告生产安全事故。所以A、B、C、D选项正确，E选项为干扰项。因此，本题的正确答案是A、B、C、D选项。

8.【答案】A、B、C、E

本题考点为施工单位负责人施工现场带班制度。建筑施工企业负责人要定期带班检查，每月检查时间不少于其工作日的25%；建筑施工企业负责人带班检查时，应认真做好检查记录，并分别在企业和工程项目存档备查；工程项目进行超过一定规模的危险性较大的分部分项工程施工时，建筑施工企业负责人应到施工现场进行带班检查；工程项目出现险情或发现重大隐患时，建筑施工企业负责人应到施工现场带班检查，督促工程项目进行整改，及时消除险情和隐患。对于有分公司（非独立法人）的企业集团，集团负责人因故不能到现场的，可书面委托工程所在地的分公司负责人对施工现场进行带班检查。因此，本题的正确答案为 A、B、C、E 选项。

6.4 施工现场安全防护制度

复习要点

1. 施工前应当单独编制专项施工方案的危险性较大的分部分项工程

（1）基坑支护与降水工程；

（2）土方开挖工程；

（3）模板工程；

（4）起重吊装工程；

（5）脚手架工程；

（6）拆除、爆破工程；

（7）其他。

2. 安全专项施工方案编制

（1）工程概况；

（2）编制依据；

（3）施工计划；

（4）施工工艺技术；

（5）施工安全保证措施；

（6）劳动力计划；

（7）计算书及相关图纸；

（8）应急救援预案。

3. 安全专项施工方案审查

分包单位编制专项施工方案的，专项施工方案应当由总承包单位技术负责人及分包单位技术负责人共同审核签字并加盖单位公章。总监理工程师应当签字并加盖执业印章。

4. 安全专项施工方案论证

对于超过一定规模的危险性较大的分部分项工程，由施工总承包单位组织召开专家论证会。专家论证前专项施工方案应当通过施工单位审核和总监理工程师审查。专家应当从地方人民政府住房和城乡建设主管部门建立的专家库中选取，符合专业要求且人数不得少于 5 名。与本工程有利害关系的人员不得以专家身份参加专家论证会。

5. 安全施工技术交底

（1）主体：施工单位负责项目管理的技术人员。

（2）内容：有关安全施工的技术要求。

（3）对象：施工作业班组、作业人员。

6. 危险部位设置安全警示标志

（1）设置部位：施工现场入口处、施工起重机械、临时用电设施、脚手架、出入通道口、楼梯口、电梯井口、孔洞口、桥梁口、隧道口、基坑边沿、爆破物及有害危险气体和液体存放处等危险部位。

（2）制作要求：必须符合国家标准。

7．施工现场安全防护

（1）办公生活区与作业区分开设置，并保持安全距离；施工单位不得在未竣工建筑物内设置集体宿舍。

（2）装配式活动房屋应具有产品合格证。

（3）在城市主干道，封闭围挡高≥2.5m；辅路及郊区，围挡高≥1.8m。

（4）施工现场暂时停止施工的，施工单位应当做好现场防护，所需费用由责任方承担。

（5）对毗邻建筑物、构筑物和地下管线等，应当采取专项防护措施。

（6）进行可能危及危险化学品管道安全的施工作业，施工单位应当在开工的7日前书面通知管道所属单位，并与管道所属单位共同制定应急预案，采取相应的防护措施。管道所属单位应当指派专门人员进行管道安全保护指导。

（7）安全防护用具、机械设备、施工机具及配件，应当具有生产（制造）许可证、产品合格证，并在进入施工现场前进行查验。进场后必须由专人管理。

（8）使用承租的机械设备和施工机具及配件的，由施工总承包单位、分包单位、出租单位和安装单位共同进行验收。

8．施工单位安全费用的提取管理

项目	内容		
计提依据	建筑安装工程造价		
提取标准	矿山2.5%	房建、水利、电力、铁路、轨道交通2.0%	市政、冶炼、机电、化工、港口、公路、通信1.5%
使用办法	列入工程造价，竞标时不得删减，列入标外管理		
构成	文明施工费、环境保护费、临时设施费、安全施工费		
定额费率	投标方安全防护、文明施工措施的报价，不得低于依据工程所在地工程造价管理机构测定费率计算所需费用总额的90%		
预付比例	① 合同工期在一年以内的，不得低于该费用总额的50%；② 一年以上的（含一年），不得低于该费用总额的30%		
挪用处罚	限期整改，处挪用费用20%以上50%以下罚款；造成损失的，依法赔偿		

9．施工单位消防安全责任人

机关、团体、企业事业单位法定代表人是本单位消防安全第一责任人，项目经理是项目级消防第一责任人。

10．施工现场的消防安全要求

（1）要设置消防通道并确保畅通。

（2）要按有关规定设置消防水源。

（3）严格管理明火使用、易燃易爆危险物品和场所和重点防火部位。

（4）合理设置办公、生活区。

11. 建设工程消防施工的质量和安全责任

按照国家工程建设消防技术标准和经消防设计审核合格或者备案的消防设计文件组织施工等3项。

一 单项选择题

1. 根据《建设工程安全生产管理条例》，关于达到一定规模的危险性较大的分部分项工程（以下简称"危大工程"）的说法，正确的是（　　）。

　　A. 危大工程是指容易导致人员群死群伤的分部分项工程

　　B. 危大工程应编制专项施工方案，并组织专家进行论证、审查

　　C. 其专项施工方案经施工单位技术负责人签字后实施

　　D. 其方案的实施由专职安全生产管理人员进行现场监督

2. 根据《危险性较大的分部分项工程安全管理规定》，关于危大工程专项施工方案的说法，正确的是（　　）。

　　A. 危大工程实行施工总承包的，专项施工方案应当由施工总承包单位编制

　　B. 危大工程实行分包的，专项施工方案应当由相关专业分包单位编制

　　C. 分包单位编制的专项施工方案应当由分包单位技术负责人签字并加盖单位公章

　　D. 超过一定规模的危大工程，建设单位应当组织专家会议论证专项施工方案

3. 某建设工程采用工程总承包模式，总包单位将起重机械安装拆卸工程分包给了专业分包单位，则其安全专项施工方案（　　）。

　　A. 可以由总承包单位或专业分包单位编写

　　B. 必须由总承包单位编写

　　C. 必须由专业分包单位编写

　　D. 由总承包单位会同专业分包单位一同编写

4. 涉及深基坑、地下暗挖工程、高大模板工程的专项施工方案应由（　　）组织专家进行论证、审查。

　　A. 安全监督管理机构　　　　　　　B. 施工单位

　　C. 建设单位　　　　　　　　　　　D. 监理单位

5. 根据《建设工程安全生产管理条例》，专项施工方案实施中应由（　　）进行监督。

　　A. 项目经理　　　　　　　　　　　B. 监理工程师

　　C. 总监理工程师　　　　　　　　　D. 专职安全生产管理人员

6. 某工程施工过程中，由于建筑规划设计体量发生变化，施工单位修改了土方开挖工程专项施工方案，修改后的专项方案应（　　）。

　　A. 经施工单位技术负责人签字后实施

　　B. 经总监理工程师签字后实施

　　C. 直接用于施工

　　D. 按规定重新审核

7. 根据《危险性较大的分部分项工程安全管理办法》，下列方案、计划中，属于专项方案中的施工安全保证措施的是（　　）。

  A. 检查验收方案　　　　　　　B. 应急预案

  C. 材料与设备计划　　　　　　D. 施工进度计划

8. 施工投标方安全防护、文明施工措施的报价，不得低于依据工程所在地工程造价管理机构测定费率计算所需费用总额的（　　）。

  A. 70%　　　　　　　　　　　B. 80%

  C. 85%　　　　　　　　　　　D. 90%

9. 根据《建设工程安全生产管理条例》，关于施工现场安全警示标志的说法，错误的是（　　）。

  A. 施工现场的危险部位都应设置明显的安全警示标志

  B. 安全警示标志应依据设置的便利性选择设置地点和位置

  C. 安全警示标志必须符合国家标准《安全标志及其使用导则》

  D. 安全警示标志一般由安全色、几何图形和图形符号构成

10. 关于基坑施工安全的说法，错误的是（　　）。

  A. 基坑工程施工企业必须具有相应的资质和安全生产许可证

  B. 基坑支护必须进行专项设计

  C. 基坑施工前，应当向现场管理人员和作业人员进行安全技术交底

  D. 基坑施工必须采取基坑内地下水控制措施，防止积水和漏水漏沙

11. 关于基坑工程施工安全要点的说法，正确的是（　　）。

  A. 深基坑工程要组织专家论证

  B. 基坑支护必须进行专项设计

  C. 管理人员现场监督发现不按照专项施工方案施工的，应当立即报警

  D. 深基坑施工应当先支护后开挖

12. 根据《企业安全生产费用提取和使用管理办法》，关于建设工程施工企业安全生产费用计提的说法，正确的是（　　）。

  A. 施工企业以建筑安装工程造价为计提依据

  B. 施工企业提取的安全费用不列入工程造价

  C. 施工企业不得提高安全费用提取标准

  D. 总包单位与分包单位按比例各自提取安全费用

13. 根据《建筑安装工程费用项目组成》，下列安全文明施工费组成的说法中，正确的是（　　）。

  A. 安全文明施工费是指安全施工费和文明施工费

  B. 安全文明施工费是指安全施工费和环境保护费

  C. 安全文明施工费是指安全施工费和临时设施费

  D. 临时设施费包括临时设施的搭设、维修、拆除等费用

14. 根据《建筑安装工程费用项目组成》，属于安全文明施工费的是（　　）。

  A. 分部分项工程费　　　　　　B. 已完工程及设备保护费

  C. 临时设施费　　　　　　　　D. 规费

15. 根据《建设工程安全生产管理条例》，施工单位的下列行为中，逾期未改正的，应依法责令停业整顿，并处 5 万元以上 10 万元以下的罚款的是（   ）。

    A. 施工前未对有关安全施工的技术要求作出详细说明的

    B. 在尚未竣工的建筑物内设置员工集体宿舍的

    C. 施工现场临时搭建的建筑物不符合安全使用要求的

    D. 安全防护用具、机械设备等在进入施工现场前未经查验或者查验不合格即投入使用的

16. 根据《房屋建筑和市政基础设施工程施工现场新冠肺炎疫情常态化防控工作指南》（建办质函〔2020〕489 号），负责施工现场疫情常态化防控工作指挥、协调和保障等事项的工程项目疫情常态化防控总牵头单位是（   ）。

    A. 建设单位　　　　　　　　　　B. 施工单位

    C. 监理单位　　　　　　　　　　D. 设计单位

17. 根据《建设工程安全生产管理条例》，关于施工现场周边安全防护说法，正确的是（   ）。

    A. 建设单位对因建设工程施工可能造成损害的毗邻建筑物、构筑物和地下管线等，应当采取专项防护措施

    B. 施工单位应当对建设工程施工现场实行封闭围挡

    C. 未经许可进入高度危险活动区域受到损害，管理人能够证明已经采取足够安全措施并尽到充分警示义务的，可以减轻或者不承担责任

    D. 未经许可进入高度危险物存放区域受到损害，管理人能够证明已经采取安全措施的，可以减轻或者不承担责任

18. 由于建设单位命令不当造成施工现场暂时停止施工，若合同中没有相应条款，则应由（   ）做好现场防护。

    A. 建设单位　　　　　　　　　　B. 监理单位

    C. 施工单位　　　　　　　　　　D. 建设单位和施工单位

19. 总承包单位与分包单位应当在分包合同中明确安全防护、文明施工措施费用由（   ）统一管理。

    A. 建设单位　　　　　　　　　　B. 施工单位

    C. 总承包单位　　　　　　　　　D. 分包单位

20. 某工程计划工期为 10 个月，其中合同价款中安全防护、文明施工措施费用为 60 万元，合同中对该费用预付未作规定，则建设单位至少应预付该费用（   ）万元。

    A. 9　　　　　　　　　　　　　　B. 12

    C. 18　　　　　　　　　　　　　D. 30

21. 关于在施工现场设置员工集体宿舍的说法，正确的是（   ）。

    A. 现场的员工集体宿舍必须远离办公区和作业区

    B. 可以使用装配式活动房屋，但应具有产品合格证

    C. 不得将现场临时搭建的建筑物作为员工集体宿舍

    D. 经工程所在地安全监督部门批准，可以在未竣工的建筑物内设置临时宿舍

22. 根据《建设工程安全生产管理条例》，施工现场安全警示标志必须符合（   ）。

A．强制性标准 B．国家标准

C．行业标准 D．安全标准

23．根据《建设工程安全生产管理条例》，施工单位挪用列入建设工程概算的安全生产作业环境及安全施工措施所需费用的，责令限期改正，并处以挪用费用（　　）的罚款。

A．10%以上30%以下 B．20%以上40%以下

C．20%以上50%以下 D．30%以上50%以下

24．根据《建筑工程安全防护、文明施工措施费用及使用管理规定》，关于总、分包单位安全防护、文明施工措施费用管理的说法，正确的是（　　）。

A．安全防护、文明施工措施费用由工程所在地工程造价管理机构确定

B．安全防护、文明施工措施费用由各分包单位自行管理

C．分包单位提出专项安全防护措施及施工方案，经建设单位批准后及时支付所需费用

D．总承包合同中应当明确安全防护、文明施工措施项目总费用

25．根据《消防法》，关于施工单位消防安全职责的说法，正确的是（　　）。

A．应当对职工进行岗前消防安全培训

B．建筑消防设施每年至少进行一次全面检测，确保完好有效，存档备查

C．应当定期组织消防安全培训和消防演练

D．重点工程的施工现场应当实行每周防火巡查，并建立巡查记录

26．根据《消防法》，对于建筑施工企业不按照消防设计文件和消防技术标准施工，降低消防施工质量的，应承担的法律责任是（　　）。

A．责令改正，给予警告

B．责令停止施工，给予警告

C．责令改正或者停止施工，并处罚款

D．处以刑罚

27．根据《国务院关于加强和改进消防工作的意见》，施工企业消防安全第一责任人是其（　　）。

A．专职安全员 B．法定代表人

C．专职消防安全员 D．施工项目负责人

28．根据《生产安全事故应急条例》，施工单位应当至少每（　　）组织一次生产安全事故应急救援预案演练。

A．一季度 B．半年

C．一年 D．两年

29．根据《社会消防安全教育培训规定》，在建工程的施工单位应当开展的消防安全教育工作应包括（　　）。

A．建设工程施工中应当对施工人员进行消防安全教育

B．对明火作业人员进行至少一次的消防安全教育

C．组织灭火和应急疏散演练

D．在建设工地各处均设置消防安全宣传栏，悬挂消防安全挂图和消防安全警示标识

二　多项选择题

1．根据住房和城乡建设部办公厅《房屋建筑和市政基础设施工程施工现场新冠肺炎疫情常态化防控工作指南》，下列说法中正确的有（　　　）。

  A．施工总承包单位负责施工现场疫情常态化防控各项工作组织实施

  B．建设、施工、监理项目负责人是本单位工程项目疫情常态化防控和质量安全的第一责任人

  C．施工单位在编制施工组织设计、专项施工方案等时应增加疫情常态化防控专篇，提出相关具体举措

  D．发生涉疫情况，应第一时间向有关部门报告、第一时间启动应急预案、第一时间采取停工措施并封闭现场

  E．因疫情常态化防控发生的防疫费用，不可计入工程造价

2．根据《建设工程安全生产管理条例》，下列分部分项工程中，属于达到一定规模的危险性较大的需要编制专项施工方案，并附具安全验算结果的有（　　　）。

  A．模板工程　　　　　　　　　B．脚手架工程

  C．拆除、爆破工程　　　　　　D．装饰装修工程

  E．基坑支护与降水工程

3．关于实施安全专项施工方案的说法，正确的有（　　　）。

  A．因设计、结构、外部环境等因素发生变化确需修改的，修改后的专项方案应当按规定重新审核

  B．专项方案修改后，施工单位应当重新组织专家进行论证

  C．施工单位应当指定专人对专项方案实施情况进行现场监督

  D．按规定需要验收的危险性较大的分部分项工程，应由建设单位、施工单位组织有关人员进行验收

  E．施工单位技术负责人应当定期巡查专项方案实施情况

4．根据《安全生产管理条例》，施工单位在其施工组织设计中对某项目的脚手架搭建编制了专项施工方案，在编制和实施该专项施工方案时应当（　　　）。

  A．附具安全验算结果　　　　　B．经项目技术负责人签字

  C．经总监理工程师签字　　　　D．由专职安全员现场监督

  E．组织专家论证

5．根据《生产安全事故应急预案管理办法》，生产经营单位应急预案分为（　　　）。

  A．综合应急预案　　　　　　　B．专项应急预案

  C．总体应急预案　　　　　　　D．详细应急预案

  E．现场处置方案

6．根据《生物安全法》等相关法规，关于生物安全风险防控的说法，正确的是（　　　）。

  A．任何单位和个人不得编造、散布虚假的生物安全信息

  B．县级以上人民政府有关部门应当依法开展生物安全监督检查工作

  C．任何单位和个人发现传染病、动植物疫病的，应当及时向有关机构或者部

门报告

D．依法应当报告的，任何单位和个人不得瞒报、谎报、缓报、漏报

E．建设单位需在施工现场针对生物安全提前采取防范措施

7．关于施工单位安全生产费用提取的说法，正确的有（　　　）。

A．房屋建筑工程应按建筑安装工程造价的 2.0% 计提

B．由总包单位提取后支付给分包单位

C．总包单位和分包单位分别提取

D．分包单位根据工程量按比例提取

E．可以根据实际需要提高安全生产费用的提取标准

8．根据《建设工程安全生产管理条例》，安全作业环境及安全施工措施所需费用的用途包括（　　　）。

A．施工安全防护用具及设施的采购和更新

B．施工现场环境的保护

C．安全施工措施的落实

D．安全生产条件的改善

E．为现场工作人员缴纳工伤保险

9．根据《关于进一步加强建设工程施工现场消防安全工作的通知》，下列施工现场动用明火的说法中，正确的有（　　　）。

A．禁止在作业区域使用明火

B．禁止在具有火灾、爆炸危险的场所使用明火

C．电焊、气焊、电工等特殊工种人员必须持证上岗

D．确实需要进行明火作业的可由项目经理直接批准

E．易燃易爆危险物品和场所应有具体防火防爆措施

【答案与解析】

一、单项选择题

1. D；　　2. A；　　3. A；　　4. B；　　5. D；　　6. D；　　*7. B；　　8. D；

9. B；　　10. D；　*11. B；　　12. A；　　13. D；　　14. C；　　15. D；　*16. A；

17. C；　*18. C；　　19. C；　*20. D；　　21. B；　　22. B；　　23. C；　　24. D；

25. B；　　26. C；　　27. B；　　28. B；　　29. C

【解析】

7. 【答案】B

根据《危险性较大的分部分项工程安全管理办法》中对专项方案应包括内容的规定，A 选项属于专项方案中的施工工艺技术，C、D 选项属于专项方案中的施工计划，B 选项属于专项方案中的施工安全保证措施。因此，本题的正确答案为 B 选项。

11. 【答案】B

根据《关于印发起重机械、基坑工程等五项危险性较大的分部分项工程施工安全要点的通知》（建安办函〔2017〕12 号）"基坑工程施工安全要点"：（1）基坑工程必须按

照规定编制、审核专项施工方案，超过一定规模的深基坑工程要组织专家论证。基坑支护必须进行专项设计。所以，A选项错误。……（4）基坑施工要严格按照专项施工方案组织实施，相关管理人员必须在现场进行监督，发现不按照专项施工方案施工的，应当要求立即整改。所以，C选项错误。……（9）基坑施工必须做到先支护后开挖，严禁超挖，及时回填。……。所以，D选项错误。因此，本题的正确答案是B选项。

16.【答案】A

根据《房屋建筑和市政基础设施工程施工现场新冠肺炎疫情常态化防控工作指南》（建办质函〔2020〕489号），建设单位是工程项目疫情常态化防控总牵头单位，负责施工现场疫情常态化防控工作指挥、协调和保障等事项。施工总承包单位负责施工现场疫情常态化防控各项工作组织实施。监理单位负责审查施工现场疫情常态化防控工作方案，开展检查并提出建议。建设、施工、监理项目负责人是本单位工程项目疫情常态化防控和质量安全的第一责任人。显然，B、C、D选项错误，而A选项正确。因此，本题的正确答案是A选项。

18.【答案】C

根据《建设工程安全生产管理条例》，施工单位应当根据不同施工阶段和周围环境及季节、气候的变化，在施工现场采取相应的安全施工措施。施工现场暂时停止施工的，施工单位应当做好现场防护，所需费用由责任方承担，或者按照合同约定执行。所以A、B、D选项错误，C选项正确。因此，本题的正确答案是C选项。

20.【答案】D

根据《建筑工程安全防护、文明施工措施费用及使用管理规定》，建设单位与施工单位在施工合同中对安全防护、文明施工措施费用预付、支付计划未作约定或约定不明的，合同工期在一年以内的，建设单位预付安全防护、文明施工措施项目费用不得低于该费用总额的50%；合同工期在一年以上的（含一年），预付安全防护、文明施工措施费用不得低于该费用总额的30%，其余费用应当按照施工进度支付。本题预付比例应为至少50%，所以A、B、C选项错误，D选项正确。因此，本题的正确答案为D选项。

二、多项选择题

1. A、B、C、D；　　2. A、B、C、E；　　3. A、C、E；　　4. A、C、D；
5. A、B、E；　　　6. A、B、C、D；　　7. B、E；　　　　8. A、C、D；
*9. B、C、E

【解析】

9.【答案】B、C、E

根据《关于进一步加强建设工程施工现场消防安全工作的通知》，动用明火必须实行严格的消防安全管理，禁止在具有火灾、爆炸危险的场所使用明火；需要进行明火作业的，动火部门和人员应当按照用火管理制度办理审批手续，落实现场监护人，在确认无火灾、爆炸危险后方可动火施工；动火施工人员应当遵守消防安全规定，并落实相应的消防安全措施；易燃易爆危险物品和场所应有具体防火防爆措施；电焊、气焊、电工等特殊工种人员必须持证上岗；将容易发生火灾、一旦发生火灾后果严重的部位确定为重点防火部位，实行严格管理。所以B、C、E选项正确，A、D选项错误。因此，本题的正确答案为B、C、E选项。

6.5 施工生产安全事故的应急救援与调查处理

复习要点

1．生产安全事故的等级划分

生产安全事故等级	死亡人数（人）	重伤人数（人）	直接经济损失（人）
一般事故	＜3	＜10	＜1000万
较大事故	3≤人数＜10	10≤人数＜50	1000万≤金额＜5000万
重大事故	10≤人数＜30	50≤人数＜100	5000万≤金额＜1亿
特别重大事故	≥30	≥100	≥1亿

2．施工生产经营单位应急预案

综合应急预案；专项应急预案；现场处置方案。

综合应急预案应当包括：应急预案体系、事故风险描述、预警及信息报告。专项应急预案应当包括：应急组织机构与职责、应急处置程序和措施。

3．施工生产安全事故应急预案的修订

建筑施工企业应当每3年进行一次应急预案评估。

应急预案应当及时修订并归档的情形主要有7种，详见考试用书。

4．施工生产安全事故报告内容

（1）事故的发生时间、地点和工程项目名称；

（2）事故已经造成或者可能造成的伤亡人数（包括下落不明人数）；

（3）事故工程项目的建设单位及项目负责人、施工单位及其法定代表人和项目经理、监理单位及其法定代表人和项目总监；

（4）事故的简要经过和初步原因；

（5）其他应当报告的情况。事故报告后出现新情况，以及事故发生之日起30日内伤亡人数发生变化的，应当及时补报。

5．施工生产安全事故报告流程

《房屋市政工程生产安全事故报告和查处工作规程》规定，事故发生地住房和城乡建设主管部门接到施工单位负责人或者事故现场有关人员的事故报告后，应当逐级上报事故情况。特别重大、重大、较大事故逐级上报至国务院住房和城乡建设主管部门，一般事故逐级上报至省级住房和城乡建设主管部门。

报告主体	事故等级	时限	报告对象
国务院住房和城乡建设主管部门	特别重大和重大事故	事故发生后4小时内	国务院
省级住房和城乡建设主管部门	特别重大、重大事故或者可能演化为特别重大、重大的事故	事故发生后3小时内	国务院住房和城乡建设主管部门
住房和城乡建设主管部门每级	较大事故、一般事故	不得超过2小时	

一　单项选择题

1．某工程施工现场塔式起重机发生坍塌事故，造成 3 人死亡，2 人受伤，直接经济损失 700 余万元。本案中的事故等级应当定为（　　）。

　　A．一般事故　　　　　　　　　B．较大事故

　　C．重大事故　　　　　　　　　D．特别重大事故

2．某工程施工现场发生了生产安全事故，造成 12 人死亡。根据《生产安全事故报告和调查处理条例》，该事故属于（　　）。

　　A．一般事故　　　　　　　　　B．较大事故

　　C．重大事故　　　　　　　　　D．特别重大事故

3．某工程发生安全事故，造成 10 人死亡，30 人重伤，4000 万元直接经济损失，则该事故的等级属于（　　）。

　　A．一般事故　　　　　　　　　B．较大事故

　　C．重大事故　　　　　　　　　D．特别重大事故

4．根据《生产安全事故应急预案管理办法》，施工单位为应对某一种类型生产安全事故而制定的工作方案属于（　　）。

　　A．综合应急预案　　　　　　　B．专项应急预案

　　C．现场处置方案　　　　　　　D．特殊应急预案

5．根据《生产安全事故应急预案管理办法》，施工单位编制的应对生产安全事故的总体工作程序、措施和应急预案体系的总纲，属于（　　）。

　　A．专项应急预案　　　　　　　B．现场处置方案

　　C．特别应急预案　　　　　　　D．综合应急预案

6．根据《生产安全事故应急条例》，施工单位的应急救援预案演练应当至少每（　　）组织 1 次，并将演练情况报送监管部门。

　　A．一季度　　　　　　　　　　B．半年

　　C．一年　　　　　　　　　　　D．两年

7．关于施工生产安全事故应急救援预案的说法，错误的是（　　）。

　　A．施工单位应当建立应急救援队伍，配备必要的应急救援装备和物资，并定期组织训练

　　B．施工单位主要负责人对本单位的生产安全事故应急工作全面负责

　　C．实行施工总承包的，工程总承包单位和分包单位共同编制生产安全事故应急救援预案

　　D．生产安全事故应急救援预案应当明确规定应急组织体系、职责分工以及应急救援程序和措施

8．生产经营单位为应对某一种或者多种类型生产安全事故而制定的工作方案属于（　　）。

　　A．综合应急预案　　　　　　　B．施工单位的生产安全事故应急救援预案

　　C．现场处置方案　　　　　　　D．专项应急预案

9. 根据《生产安全事故应急预案管理办法》，生产经营单位应当制定本单位的应急预案演练计划，根据本单位的事故风险特点，综合应急预案的演练每年至少组织（　　）次。

　　A. 1　　　　　　　　　　　　　B. 2

　　C. 3　　　　　　　　　　　　　D. 4

10. 根据《生产安全事故应急预案管理办法》，关于应急预案的说法，正确的是（　　）。

　　A. 矿山、金属冶炼等生产经营单位应当每两年进行一次应急预案评估

　　B. 专项应急预案应当规定应急指挥机构与职责、处置程序和措施等内容

　　C. 生产经营单位每半年至少组织一次综合应急预案演练或者专项应急预案演练

　　D. 工程总承包单位和分包单位按照应急救援预案，由总承包单位建立应急救援组织或者配备应急救援人员

11. 以应急组织机构及其职责、应急预案体系、事故风险描述、预警及信息报告、应急响应、保障措施、应急预案管理为主要内容的方案属于（　　）。

　　A. 专项应急预案　　　　　　　B. 综合应急预案

　　C. 现场应急预案　　　　　　　D. 施工组织方案

12. 根据《生产安全事故应急预案管理办法》，下列内容中，属于专项应急预案应当规定的内容是（　　）。

　　A. 应急组织机构及其职责　　　B. 应急预案体系

　　C. 应急预案管理　　　　　　　D. 处置程序和措施

13. 对于实施安全生产许可的生产经营单位，已经进行应急预案备案登记的，在申请安全生产许可证时，必须提供（　　）。

　　A. 应急预案备案登记表　　　　B. 相应的应急预案

　　C. 应急预案演练评估报告　　　D. 应急预案的修订记录

14. 根据《建设工程安全生产管理条例》，应当建立应急救援组织或者配备应急救援人员，配备必要的应急救援器材、设备，进行经常性维护保养，保证正常运转，并定期组织演练的主体是（　　）。

　　A. 建设单位　　　　　　　　　B. 监理单位

　　C. 设计单位　　　　　　　　　D. 施工单位

15. 根据《生产安全事故应急预案管理办法》，关于应急预案评审的说法，正确的是（　　）。

　　A. 建设单位应当对施工企业编制的应急预案进行评审

　　B. 评审人员由经济、技术方面的专家组成

　　C. 施工企业专职安全管理人员可作为评审人员

　　D. 评审活动应当形成书面评审纪要

16. 根据《生产安全事故应急条例》，下列情形中，生产安全事故应急救援预案制定单位应当及时修订相关预案的是（　　）。

　　A. 制定预案所依据的规章、标准发生变化

　　B. 安全生产面临的风险发生变化

C．应急资源发生变化

D．应急指挥机构及其职责发生调整

17．根据《生产安全事故应急条例》应急救援队伍根据救援命令参加生产安全事故应急救援所耗费用，由（　　）承担。

A．事故责任单位　　　　　　　B．有关人民政府

C．应急救援队伍　　　　　　　D．事故责任个人

18．根据《生产安全事故报告和调查处理条例》规定，重大事故由发生地（　　）负责调查。

A．国务院或者国务院授权的部门　B．省级人民政府

C．设区的市级人民政府　　　　　D．县级人民政府

19．根据《建设工程安全生产管理条例》，施工单位发生生产安全事故，应当按规定向有关部门上报。实行施工总承包的建设工程，负责上报事故的是（　　）。

A．建设单位　　　　　　　　　B．总承包单位

C．监理单位　　　　　　　　　D．现场安全责任人

20．根据《生产安全事故报告和调查处理条例》，单位负责人接到事故现场有关人员的报告后，应当（　　）向事故发生地县级以上人民政府安全生产监督管理部门和负有安全生产监督管理职责的有关部门报告。

A．立即　　　　　　　　　　　B．半小时内

C．1小时内　　　　　　　　　D．2小时内

21．下列事项中，属于施工生产安全事故调查组职责的是（　　）。

A．查明事故发生的间接经济损失　B．追究责任人的法律责任

C．提出对受伤人员的赔偿方案　　D．提交事故调查报告

22．根据《生产安全事故报告和调查处理条例》，要求在30天内做出批复的事故等级是（　　）。

A．一般事故　　　　　　　　　B．较大事故

C．重大事故　　　　　　　　　D．特别重大事故

23．关于施工生产安全事故调查的说法，正确的是（　　）。

A．事故调查组组长由事故发生地的公安机关指定

B．事故调查组不得直接组织专家进行技术鉴定

C．技术鉴定所需时间不计入事故调查期限

D．事故调查组成员应当及时发布有关事故的信息

24．根据《生产安全事故报告和调查处理条例》，特别重大事故以下等级事故，事故发生地与事故发生单位不在同一个县级以上行政区域的，负责事故调查的部门应当是（　　）。

A．事故发生地人民政府

B．事故发生单位所在地人民政府

C．事故发生地安全监督管理部门

D．事故发生单位安全监督管理部门

25．某工程项目为施工总承包，该工程施工工地大型塔式起重机倾倒造成伤亡事故。负责上报事故的应当是（　　）。

A．建设单位　　　　　　　　　B．监理单位

C．项目经理　　　　　　　　　D．施工总承包单位

26．根据《生产安全事故报告和调查处理条例》，事故发生单位对事故发生负有责任的，由有关部门依法（　　　）。

A．罚款　　　　　　　　　　　B．降低资质等级

C．暂扣或者撤销其有关证照　　D．暂扣或者吊销其有关证照

27．根据《生产安全法》，生产安全事故发生后，生产经营单位的主要负责人的违法行为中，依法处以 15 日以下拘留的是（　　　）。

A．不立即组织抢救　　　　　　B．在事故调查处理期间擅离职守

C．逃匿　　　　　　　　　　　D．谎报、瞒报事故

28．根据《生产安全事故应急条例》，应急救援队伍根据救援命令参加生产安全事故应急救援所耗费用，由（　　　）承担。

A．有关人民政府　　　　　　　B．事故责任单位

C．应急救援队伍　　　　　　　D．事故责任个人

29．根据《安全生产法》，关于负责事故调查处理的国务院有关部门和地方人民政府对事故处理的后续情况关注的说法，错误的是（　　　）。

A．组织有关部门对事故整改和防范措施落实情况进行评估

B．评估的法定期限是批复事故调查报告后 1 年内

C．评估的法定期限是批复事故调查报告后 1 年后

D．应当及时向社会公开评估结果

30．根据《生产安全事故报告和调查处理条例》，单位负责人接到事故报告后，应当向事故发生地县级以上人民政府安全生产监督管理部门和负有安全生产监督管理职责的有关部门报告，其时间限于（　　　）小时内。

A．1　　　　　　　　　　　　B．2

C．7　　　　　　　　　　　　D．12

31．某工程施工过程中，于 2021 年 4 月 1 日发生坍塌事故，并造成人员伤亡，施工单位在第一时间向有关部门做了汇报。次日在救援中找到 10 具尸体，另有 2 人受伤。该事故造成的伤亡人数发生变化应当补报的最迟的日期是（　　　）。

A．2021 年 4 月 6 日　　　　　B．2021 年 4 月 8 日

C．2021 年 4 月 15 日　　　　　D．2021 年 4 月 30 日

32．根据《生产安全事故报告和调查处理条例》，负责重大事故调查的主体是（　　　）。

A．省级人民政府　　　　　　　B．设区的市级人民政府

C．县级人民政府　　　　　　　D．国务院

33．根据《生产安全事故报告和调查处理条例》，未造成人员伤亡的一般事故，县级人民政府也可以委托（　　　）进行事故调查。

A．安监部门　　　　　　　　　B．市级政府

C．事故发生单位　　　　　　　D．建设行政主管部门

34．某施工现场发生倒塌事故，导致 2 人死亡，1 人受伤。在无特殊情况下，事故调查组应当提交事故调查报告的期限是自该事故发生之日起（　　　）内。

A. 30 日   B. 45 日

C. 60 日   D. 90 日

35. 关于安全生产事故调查管辖的说法，正确的是（   ）。

A. 特别重大事故由省级人民政府授权有关部门组织事故调查组进行调查

B. 上级人民政府认为必要时，可以调查由下级人民政府负责调查的事故

C. 对于一般事故，县级人民政府可以委托事故发生单位组织调查组进行调查

D. 较大事故由县级人民政府直接组织事故调查组进行调查，也可授权或者委托有关部门组织事故调查组进行调查

36. 根据《生产安全事故报告和调查处理条例》，负责重大事故、较大事故、一般事故调查的人民政府应当自收到事故调查报告之日起（   ）内做出批复。

A. 15 日   B. 30 日

C. 45 日   D. 60 日

37. 某工程项目实行施工总承包，其中幕墙工程和设备安装工程实行专业分包。在幕墙工程施工过程中发生了重大安全生产事故，则应上报事故情况的主体是（   ）。

A. 建设单位   B. 监理单位

C. 分包单位   D. 施工总承包单位

38. 生产经营单位发生事故时，应当第一时间启动应急响应，组织有关力量进行救援，并将事故信息及应急响应启动情况向（   ）报告。

A. 公安部门   B. 安全生产监督管理有关部门

C. 监察机关   D. 人民政府

39. 根据《生产安全事故报告和调查处理条例》，事故发生地与事故发生单位不在同一个县级以上行政区域的特别重大事故以下等级事故，应对其负责调查的部门是（   ）。

A. 事故发生地人民政府

B. 事故发生单位所在地人民政府

C. 事故发生地安全监督管理部门

D. 事故发生单位所在地安全监督管理部门

40. 根据《特种设备安全法》，发生特种设备事故，有法定情形之一的，对单位处 5 万元以上 20 万元以下罚款；对主要负责人处 1 万元以上 5 万元以下罚款；主要负责人属于国家工作人员的，并依法给予处分。下列情形中不属于该法定情形的是（   ）。

A. 不立即组织抢救的

B. 在事故调查处理期间擅离职守或者逃匿的

C. 对特种设备事故迟报、谎报或者瞒报的

D. 组织抢救措施不得力的

41. 某工程发生较大事故后，事故调查组因特殊情况未按规定日期提交事故调查报告，需适当延长提交期限，则应由负责事故调查的（   ）批准。

A. 安全生产监督管理部门   B. 建设行政主管部门

C. 监察机关   D. 人民政府

42. 根据《生产安全事故报告和调查处理条例》，事故发生后，因特殊情况需要移

动安全事故现场物件，应当符合的条件是（　　）。

    A．经现场物件所有权人同意　　　B．记忆现场物件的位置信息

    C．防止事故扩大的需要　　　　　D．不造成任何其他损失

43．下列职责中，属于施工生产安全事故调查组职责的是（　　）。

    A．查用事故发生的间接经济损失　B．追究责任人的连带责任

    C．提出对受伤人员的赔偿方案　　D．提出对事故责任者的处理建议

44．关于施工生产安全事故调查的说法，正确的是（　　）。

    A．事故调查组组长由事故发生地的公安机关指定

    B．事故调查组不得直接组织专家进行技术鉴定

    C．事故调查组成员应当及时发布有关事故的信息

    D．技术鉴定所需时间不计入事故调查期限

45．根据《生产安全事故报告和调查处理条例》，关于事故处理的说法，正确的是（　　）。

    A．重大事故的事故调查报告由国务院批复

    B．较大事故的批复时间为30日

    C．事故发生单位不得依照批复对本单位负有事故责任的人员进行处理

    D．特别重大事故的批复时间可以延长，但延长时间最长不超过30日

二　多项选择题

1．根据《生产安全事故报告和调查处理条例》，事故分级要素包括（　　）。

    A．事故发生地点　　　　　　　B．社会影响程度

    C．直接经济损失数额　　　　　D．事故发生时间

    E．人员伤亡数量

2．根据《生产安全事故应急预案管理办法》，生产经营单位的应急预案包括（　　）。

    A．现场处置方案　　　　　　　B．生产安全事故应急救援预案

    C．综合应急预案　　　　　　　D．职业病危害事故应急救援预案

    E．专项应急预案

3．根据《建设工程安全生产管理条例》，施工单位应当对应急救援工作做到（　　）。

    A．配备必要的应急救援器材

    B．制定本单位生产安全事故应急救援预案

    C．不定期组织演练

    D．配备专职应急救援人员

    E．建立应急救援组织

4．根据《生产安全事故应急预案管理办法》，应急预案应当及时修订并归档的情形包括（　　）。

    A．单位经营状况发生变化的

    B．应急指挥机构及其职责发生调整的

    C．安全生产面临的风险发生重大变化的

D．依据的法律、法规、规章、标准及上位预案中有关规定发生重大变化的

E．重要应急资源发生重大变化的

5．根据《生产安全事故应急条例》，发生生产安全事故后，生产经营单位应当立即启动生产安全事故应急救援预案，采取的应急救援措施包括（　　　）。

A．迅速控制危险源，组织抢救遇险人员

B．根据事故危害程度，组织现场人员撤离或者采取可能的应急措施后撤离

C．及时通知受到事故影响的单位和人员

D．采取必要措施，防止事故危害扩大和次生、衍生灾害发生

E．维护事故现场秩序，保护事故现场和相关证据

6．根据《生产安全事故报告和调查处理条例》，关于事故调查管辖的说法，正确的有（　　　）。

A．重大事故是由事故发生地设区的市级人民政府负责调查

B．县级人民政府可以授权或委托有关部门组织事故调查组进行调查

C．上级人民政府认为必要时，可以调查由下级人民政府负责调查的事故

D．造成人员伤亡的一般事故，县级人民政府可以委托事故发生单位组织事故调查组进行调查

E．特别重大事故由国务院或者国务院授权有关部门组织事故调查组进行调查

7．根据《生产安全事故报告和调查处理条例》，事故报告的内容包括（　　　）。

A．事故发生单位概况

B．事故发生的时间、地点以及事故现场情况

C．事故发生经过和救援情况

D．事故已经造成或者可能造成的伤亡人数

E．事故防范和整改措施

8．根据《生产安全事故报告和调查处理条例》，事故调查组应履行的职责有（　　　）。

A．查明事故发生的经过、原因、人员伤亡情况

B．提出对事故责任者的处理建议

C．落实事故的防范与整改措施

D．提交事故调查报告

E．公布事故处理结果

【答案与解析】

一、单项选择题

1．B；　2．C；　3．C；　4．B；　5．D；　6．B；　7．C；　8．D；
9．A；　10．B；　11．B；　12．D；　13．A；　14．D；　15．D；　16．D；
17．A；　18．B；　19．B；　20．C；　21．D；　22．D；　23．C；　24．A；
25．D；　26．D；　27．C；　28．B；　29．C；　30．A；　31．D；　32．A；
33．C；　34．C；　*35．B；　36．A；　37．D；　38．D；　39．A；　40．D；
41．D；　42．C；　43．D；　44．D；　45．D

【解析】

35.【答案】B

根据《生产安全事故报告和调查处理条例》，特别重大事故由国务院或者国务院授权有关部门组织事故调查组进行调查。重大事故、较大事故、一般事故分别由事故发生地省级人民政府、设区的市级人民政府、县级人民政府负责调查。省级人民政府、设区的市级人民政府、县级人民政府可以直接组织事故调查组进行调查，也可以授权或者委托有关部门组织事故调查组进行调查。未造成人员伤亡的一般事故，县级人民政府也可以委托事故发生单位。上级人民政府认为必要时，可以调查由下级人民政府负责调查的事故。所以，A、C、D选项错误，B选项正确。因此，本题的正确答案为B选项。

二、多项选择题

1. C、E；　　　　2. A、C、E；　　　　3. A、B、E；　　　　*4. B、C、D、E；
*5. A、B、D、E；　*6. B、C、E；　　*7. A、B、D；　　8. A、B、D

【解析】

4.【答案】B、C、D、E

根据《生产安全事故应急预案管理办法》第36条，有下列情形之一的，应急预案应当及时修订并归档：（1）依据的法律、法规、规章、标准及上位预案中的有关规定发生重大变化的；（2）应急指挥机构及其职责发生调整的；（3）安全生产面临的风险发生重大变化的；（4）重要应急资源发生重大变化的；（5）在应急演练和事故应急救援中发现需要修订预案的重大问题的；（6）编制单位认为应当修订的其他情况。显然，B、C、D、E选项正确，A选项错误。因此，本题的正确答案为B、C、D、E选项。

5.【答案】A、B、D、E

本题考核了知识点应急救援的组织实施。根据《生产安全事故应急条例》，发生生产安全事故后，生产经营单位应当立即启动生产安全事故应急救援预案，采取下列一项或者多项应急救援措施，并按照国家有关规定报告事故情况：（1）迅速控制危险源，组织抢救遇险人员；（2）根据事故危害程度，组织现场人员撤离或者采取可能的应急措施后撤离；（3）及时通知可能受到事故影响的单位和人员；（4）采取必要措施，防止事故危害扩大和次生、衍生灾害发生；（5）根据需要请求邻近的应急救援队伍参加救援，并向参加救援的应急救援队伍提供相关技术资料、信息和处置方法；（6）维护事故现场秩序，保护事故现场和相关证据；（7）法律、法规规定的其他应急救援措施。显然，A、B、D、E选项分别为（1）（2）（4）与（5），均为正确，而C选项与（3）相似，但是表述欠准确，范围错误。因此，本题的正确答案为A、B、D、E选项。

6.【答案】B、C、E

《生产安全事故报告和调查处理条例》规定，特别重大事故由国务院或者国务院授权有关部门组织事故调查组进行调查，所以，E选项正确；重大事故、较大事故、一般事故分别由事故发生地省级人民政府、设区的市级人民政府、县级人民政府负责调查，所以，A选项错误；省级人民政府、设区的市级人民政府、县级人民政府可以直接组织事故调查组进行调查，也可以授权或者委托有关部门组织事故调查组进行调查，所以，B选项正确；上级人民政府认为必要时，可以调查由下级人民政府负责调查的事故，所以，C选项正确；未造成人员伤亡的一般事故，县级人民政府也可以委托事故发生单位组织事故调查组进行调查，所以，D 选项错误。因此，本题的正确答案为 B、C、E 选项。

7.【答案】A、B、D

根据《生产安全事故报告和调查处理条例》，报告事故应当包括下列内容：（1）事故发生单位概况；（2）事故发生的时间、地点以及事故现场情况；（3）事故的简要经过；（4）事故已经造成或者可能造成的伤亡人数（包括下落不明的人数）和初步估计的直接经济损失；（5）已经采取的措施；（6）其他应当报告的情况。所以 A、B、D 选项正确，C、E 选项错误。因此，本题的正确答案为 A、B、D 选项。

6.6 政府主管部门安全生产监督管理

复习要点

1. 建设工程安全生产的监督管理体制

监督主体	依照《安全生产法》的规定 国务院负责安全生产监督管理的部门对全国建设工程安全生产工作实施综合监督管理。县级以上地方人民政府负责安全生产监督管理的部门对本行政区域内建设工程安全生产工作实施综合监督管理
监督对象	县级以上地方人民政府住房和城乡建设主管部门或其所属的施工安全监督机构（以下合称监督机构）应当对本行政区域内已办理施工安全监督手续并取得施工许可证的工程项目实施施工安全监督
监督内容	（1）抽查工程建设责任主体履行安全生产职责情况； （2）抽查工程建设责任主体执行法律、法规、规章、制度及工程建设强制性标准情况； （3）抽查建筑施工安全生产标准化开展情况； （4）组织或参与工程项目施工安全事故的调查处理； （5）依法对工程建设责任主体违法违规行为实施行政处罚； （6）依法处理与工程项目施工安全相关的投诉、举报

2. 政府主管部门对涉及安全生产事项的审查及执法职权

应急管理部门和其他负有安全生产监督管理职责的部门依法开展安全生产行政执法工作，行使以下职权：

（1）进入生产经营单位进行检查，调阅有关资料，向有关单位和人员了解情况；

（2）对检查中发现的安全生产违法行为，当场予以纠正或者要求限期改正；对依法应当给予行政处罚的行为，依照《安全生产法》和其他有关法律、行政法规的规定作出行政处罚决定；

（3）对检查中发现的事故隐患，应当责令立即排除；重大事故隐患排除前或者排除过程中无法保证安全的，应当责令从危险区域内撤出作业人员，责令暂时停产停业或者停止使用相关设施、设备；重大事故隐患排除后，经审查同意，方可恢复生产经营和使用；

（4）对有根据认为不符合保障安全生产的国家标准或者行业标准的设施、设备、器材以及违法生产、储存、使用、经营、运输的危险物品予以查封或者扣押，对违法生产、储存、使用、经营危险物品的作业场所予以查封，并依法作出处理决定。监督检查不得影响被检查单位的正常生产经营活动。

3．安全生产举报处理、相关信息系统和工艺、设备、材料淘汰制度

（1）安全生产举报处理

《安全生产法》规定，负有安全生产监督管理职责的部门应当建立举报制度，公开举报电话、信箱或者电子邮件地址等网络举报平台，受理有关安全生产的举报；受理的举报事项经调查核实后，应当形成书面材料；需要落实整改措施的，报经有关负责人签字并督促落实。

（2）安全生产相关信息系统

负有安全生产监督管理职责的部门应当加强对生产经营单位行政处罚信息的及时归集、共享、应用和公开，对生产经营单位作出处罚决定后 7 个工作日内在监督管理部门公示系统予以公开曝光，强化对违法失信生产经营单位及其有关从业人员的社会监督，提高全社会安全生产诚信水平。

（3）安全生产工艺、设备、材料淘汰制度

一　单项选择题

1．根据《安全生产法》，关于建设工程安全生产的监督管理体制的说法，错误的是（　　）。

　A．国务院应急管理部门依法对全国安全生产工作实施综合监督管理

　B．负有安全生产监督管理职责的部门就是指应急管理部门

　C．县级以上地方各级人民政府应急管理部门依法对本行政区域内安全生产工作实施综合监督管理

　D．应急管理部门和对有关行业、领域的安全生产工作实施监督管理的部门，统称负有安全生产监督管理职责的部门

2．根据《安全生产法》，下列安全生产监督管理部门和其他负有安全生产监督管理职责的部门开展的安全生产行政执法行为中，正确的是（　　）。

　A．对拒绝、阻碍实施监督检查的生产经营单位，处以罚款

　B．对检查中发现的安全生产违法行为，当场予以行政处罚决定

　C．对检查中发现的事故隐患，建议立即排除

　D．对违法生产、储存、使用、经营危险物品的作业场所予以查封，并依法作出处理决定

3．负有安全生产监督管理职责的部门依法采取停止供电措施，除有危及生产安全的紧急情形外，应当提前（　　）通知生产经营单位。

　A．12 小时　　　　　　　　　　B．36 小时

　C．24 小时　　　　　　　　　　D．48 小时

4．关于负责特种设备安全监督管理部门执法行为的说法，正确的是（　　）。

　A．对流入市场达到报废条件的特种设备建议停止使用

　B．对存在事故隐患的特种设备实施查封、扣押

　C．对违反安全技术规范要求的行为责令改正

D．为统计安全生产信息，复制特种设备使用单位的合同

二　多项选择题

1．根据《安全生产法》，安全生产监督管理部门和其他负有安全生产监督管理职责的部门依法开展安全生产行政执法工作，对生产经营单位执行有关安全生产的法律、法规和国家标准或者行业标准的情况进行监督检查，可以行使的职权有（　　　）。

A．进入生产经营单位进行检查，调阅有关资料，向有关单位和人员了解情况

B．对检查中发现的安全生产违法行为，当场予以纠正或者要求限期改正

C．对检查中发现的事故隐患，应当责令立即排除

D．负有安全生产监督管理职责的部门在监督检查中，应当互相配合，实行联合检查

E．监督检查不得影响被检查单位的正常生产经营活动。

2．根据《建筑起重机械安全监督管理规定》，不能使用的建筑起重机械有（　　　）。

A．超过安全技术标准或者制造厂家规定的使用年限的

B．经检验达不到安全技术标准规定的

C．没有完整安全技术档案的

D．没有齐全有效的安全保护装置的

E．属于有可能淘汰或者限制使用的

【答案与解析】

一、单项选择题

*1．B；　　2．D；　　3．C；　　4．C

【解析】

1.【答案】B

根据《安全生产法》，国务院应急管理部门依照本法，对全国安全生产工作实施综合监督管理；县级以上地方各级人民政府应急管理部门依照本法，对本行政区域内安全生产工作实施综合监督管理。……应急管理部门和对有关行业、领域的安全生产工作实施监督管理的部门，统称负有安全生产监督管理职责的部门。显然，A、C、D 选项描述正确，B 选项描述不正确。故 B 选项为正确答案。

二、多项选择题

1．A、B、C、E；　　2．A、B、C、D

第7章 建设工程质量法律制度

7.1 工程建设标准

复习要点

微信扫一扫
在线做题 + 答疑

1. 工程建设标准的制定

工程建设标准分为工程建设国家标准、工程建设行业标准、工程建设地方标准、工程建设团体标准、工程建设企业标准。工程建设标准的制定是指标准制定相关单位对需要制定工程建设标准的项目，提出立项建议、编制计划、组织起草、征求意见、技术审查、报批和发布等一系列的活动。

工程建设国家标准的制定

类型	事项	内容
工程建设国家标准的范围和类型	工程建设强制性国家标准	对保障人身健康和生命财产安全、国家安全、生态环境安全以及满足经济社会管理基本需要的技术要求，应当制定强制性国家标准
		推荐性国家标准、行业标准、地方标准、团体标准、企业标准的技术要求不得低于强制性国家标准的相关技术要求
		强制性国家标准的技术要求应当全部强制，并且可验证、可操作
	工程建设推荐性标准	工程建设推荐性国家标准
		工程建设行业标准
		工程建设地方标准
	其他标准	工程建设团体标准
		工程建设企业标准
		工程建设国际标准
工程建设国家标准		工程建设勘察、规划、设计、施工（包括安装）及验收等通用的质量要求
		工程建设通用的有关安全、卫生和环境保护的技术要求
		工程建设通用的术语、符号、代号、量与单位、建筑模数和制图方法
		工程建设通用的试验、检验和评定等方法
		工程建设通用的信息技术要求
		国家需要控制的其他工程建设通用的技术要求
工程建设强制性国家标准		工程建设勘察、规划、设计、施工（包括安装）及验收等通用的综合标准和重要的通用的质量标准
		工程建设通用的有关安全、卫生和环境保护的标准
		工程建设重要的通用的术语、符号、代号、量与单位、建筑模数和制图方法标准

续表

类型	事项	内容
工程建设强制性国家标准		工程建设重要的通用的试验、检验和评定方法等标准
		工程建设重要的通用的信息技术标准
		国家需要控制的其他工程建设通用的标准
工程建设国家标准制定的基本要求		国务院有关行政主管部门依据职责负责强制性国家标准的项目提出、组织起草、征求意见和技术审查。国务院标准化行政主管部门负责强制性国家标准的立项、编号和对外通报
		省、自治区、直辖市人民政府标准化行政主管部门可以向国务院标准化行政主管部门提出强制性国家标准的立项建议，由国务院标准化行政主管部门会同国务院有关行政主管部门决定。社会团体、企业事业组织以及公民可以向国务院标准化行政主管部门提出强制性国家标准的立项建议，国务院标准化行政主管部门认为需要立项的，会同国务院有关行政主管部门决定
		强制性国家标准编写应当遵守国家有关规定，并在前言中载明组织起草部门信息，但不得涉及具体的起草单位和起草人信息
		推荐性国家标准由国务院标准化行政主管部门制定
工程建设国家标准制定的各阶段工作	准备	主编单位根据年度计划的要求，进行编制国家标准的筹备工作。落实国家标准编制组成员，草拟制订国家标准的工作大纲。工作大纲包括国家标准的主要章节内容、需要调查研究的主要问题，必要的测试验证项目、工作进度计划及编制组成员分工等内容
		主编单位筹备工作完成后，由主编部门或由主编部门委托主编单位主持召开编制组第一次工作会议。其内容包括：宣布编制组成员。学习工程建设标准工作的有关文件、讨论通过工作大纲和会议纪要。会议纪要印发国家标准的参编部门和单位，并报国务院工程建设行政主管部门备案
	征求意见	编制组根据制订国家标准的工作大纲开展调查研究工作。调查对象应当具有代表性和典型性。调查研究工作结束后，应当及时提出调查研究报告，并将整理好的原始调查和收集到的国内外有关资料由编制组统一归档
		测试验证工作在编制组统一计划下进行，落实负责单位，制订测试验证工作大纲。确定统一的测试验证方法等。测试验证结果，应当由项目的负责单位组织有关专家进行鉴定。鉴定成果及有关的原始资料由编制组统一归档
		编制组对国家标准中的重大问题或有分歧的问题，应当根据需要召开专题会议。专题会议邀请有代表性和有经验的专家参加，并应当形成会议纪要。会议纪要及会议记录等由编制组统一归档
		编制组在做好上述各项工作的基础上，编写标准征求意见稿及其条文说明，主编单位对标准征求意见稿及其条文说明的内容全面负责
		主编部门对主编单位提出的征求意见稿及其条文说明根据制订标准的原则进行审核。审核的主要内容：国家标准的适用范围与技术内容协调一致；技术内容体现国家的技术经济政策；准确反映生产、建设的实践经验；标准的技术数据和参数有可靠的依据，并与相关标准相协调；对有分歧和争论的问题，编制组内取得一致意见；国家标准的编写符合工程建设国家标准编写的统一规定
		征求意见稿及其条文说明应由主编单位印发国务院有关行政主管部门、各有关省、自治区、直辖市工程建设行政主管部门和各单位征求意见。征求意见的期限一般为两个月。必要时，对其中的重要问题，可以采取走访或召开专题会议的形式征求意见

续表

类型	事项	内容
工程建设国家标准制定的各阶段工作	送审	编制组将征求意见阶段收集到的意见，逐条归纳整理，在分析研究的基础上提出处理意见，形成国家标准送审稿及其条文说明。对其中有争议的重大问题可以视具体情况进行补充的调查研究、测试验证或召开专题会议，提出处理意见
		当国家标准需要进行全面的综合技术经济比较时，编制组要按国家标准送审稿组织试设计或施工试用。试设计或施工试用应当选择有代表性的工程进行。试设计或施工试用结束后应当提出报告
		国家标准送审的文件一般应当包括：国家标准送审稿及其条文说明，送审报告、主要问题的专题报告、试设计或施工试用报告等。送审报告的内容主要包括：制订标准任务的来源。制订标准过程中所做的主要工作，标准中重点内容确定的依据及其成熟程度。与国外相关标准水平的对比，标准实施后的经济效益和社会效益以及对标准的初步总评价。标准中尚存在主要问题和今后需要进行的主要工作等
		国家标准送审文件应当在开会之前一个半月发至各主管部门和相关单位
		国家标准送审稿的审查，一般采取召开审查会议的形式。经国务院工程建设行政主管部门同意后，也可以采取函审和小型审定会议的形式
		审查会议应由主编部门主持召开。参加会议的代表应包括国务院有关行政主管部门的代表、有经验的专家代表、相关的国家标准编制组或管理组的代表。审查会议可以成立会议领导小组，负责研究解决会议中提出的重大问题。会议由代表和编制组成员共同对标准送审稿进行审查，对其中重要的或有争议的问题应当进行充分讨论和协商，集中代表的正确意见；对有争议并不能取得一致意见的问题，应当提出倾向性审查意见。审查会议应当形成会议纪要。其内容一般包括：审查会议概况、标准送审稿中的重点内容及分歧较大问题的审查意见、对标准送审稿的评价、会议代表和领导小组成员名单等
		采取函审和小型审定会议对标准送审稿进行审查时，由主编部门印发通知。参加函审的单位和专家，应经国务院工程建设行政主管部门审查同意、主编部门在函审的基础上主持召开小型审定会议，对标准中的重大问题和有分歧的问题提出审查意见，形成会议纪要，印发各有关部门和单位并报国务院工程建设行政主管部门
	报批	编制组根据审查会议或函审和小型审定会议的审查意见，修改标准送审稿及其条文说明，形成标明报批稿及其条文说明、标准的报批文件经主编单位审查后报主编部门。报批文件一般包括标准报批稿及其条文说明、报批报告、审查或审定会议纪要、主要问题的专题报告、试设计或施工试用报告等
		主编部门应当对标准报批文件进行全面审查，并会同国务院工程建设行政主管部门共同对标准报批稿进行审核。主编部门将共同确认的标准报批文件一式三份报国务院工程建设行政主管部门审批
工程建设国家标准的批准发布和编号		强制性国家标准由国务院批准发布或者授权批准发布。推荐性国家标准由国务院标准化行政主管部门统一批准、编号，以公告形式发布。强制性标准文本应当免费向社会公开。国家推动免费向社会公开推荐性标准文本
		国务院标准化行政主管部门应当自发布之日起 20 日内在全国标准信息公共服务平台上免费公开强制性国家标准文本。强制性国家标准的解释与标准具有同等效力。解释发布后，国务院标准化行政主管部门应当自发布之日起 20 日内在全国标准信息公共服务平台上免费公开解释文本

续表

类型	事项	内容
工程建设国家标准的批准发布和编号		国家标准的代号由大写汉语拼音字母构成。强制性国家标准的代号为"GB",推荐性国家标准的代号为"GB/T",国家标准样品的代号为"GSB"。指导性技术文件的代号为"GB/Z"。国家标准的编号由国家标准的代号、国家标准发布的顺序号和国家标准发布的年份号构成
工程建设国家标准的复审与修订		国务院标准化行政主管部门和国务院有关行政主管部门、设区的市级以上地方人民政府标准化行政主管部门应当建立标准实施信息反馈和评估机制,根据反馈和评估情况对其制定的标准进行复审。标准的复审周期一般不超过 5 年。经过复审,对不适应经济社会发展需要和技术进步的应当及时修订或者废止
		强制性国家标准的修订,按照规定的强制性国家标准制定程序执行;个别技术要求需要调整、补充或者删减,采用修改单方式予以修订的,无需经国务院标准化行政主管部门立项

工程建设行业标准的制定

事项		内容
工程建设行业标准的范围	可以制定行业标准	工程建设勘察、规划、设计、施工(包括安装)及验收等行业专用的质量要求
		工程建设行业专用的有关安全、卫生和环境保护的技术要求
		工程建设行业专用的术语、符号、代号、量与单位和制图方法
		工程建设行业专用的试验、检验和评定等方法
		工程建设行业专用的信息技术要求
		其他工程建设行业专用的技术要求
	基本要求	行业标准不得与国家标准相抵触
		行业标准的某些规定与国家标准不一致时,必须有充分的科学依据和理由,并经国家标准的审批部门批准
		行业标准在相应的国家标准实施后,应当及时修订或废止
工程建设行业标准的制定、复审与修订程序		工程建设行业标准的制定、修订程序,可以按准备、征求意见、送审和报批四个阶段进行
		工程建设行业标准实施后,根据科学技术的发展和工程建设的实际需要,该标准的批准部门应当适时进行复审,确认其继续有效或予以修订、废止
		一般也是 5 年复审 1 次,复审结果报国务院工程建设行政主管部门备案

工程建设其他标准的制定

事项		内容
工程建设地方标准的制定	可以制定行业标准	为满足地方自然条件、风俗习惯等特殊技术要求
	基本要求	地方标准由省、自治区、直辖市人民政府标准化行政主管部门制定
		设区的市级人民政府标准化行政主管部门根据本行政区域的特殊需要,经所在地省、自治区、直辖市人民政府标准化行政主管部门批准,可以制定本行政区域的地方标准
工程建设团体标准的制定		国家鼓励学会、协会、商会、联合会、产业技术联盟等社会团体协调相关市场主体共同制定满足市场和创新需要的团体标准,由本团体成员约定采用或者按照本团体的规定供社会自愿采用

续表

事项	内容
工程建设团体标准的制定	应当遵循开放、透明、公平的原则，保证各参与主体获取相关信息，反映各参与主体的共同需求，并应当组织对标准相关事项进行调查分析、实验、论证
	国家支持在重要行业、战略性新兴产业、关键共性技术等领域利用自主创新技术制定团体标准、企业标准。国家鼓励社会团体、企业制定高于推荐性标准相关技术要求的团体标准、企业标准
	禁止利用团体标准实施妨碍商品、服务自由流通等排除、限制市场竞争的行为。团体标准应当符合相关法律法规的要求，不得与国家有关产业政策相抵触。团体标准的技术要求不得低于强制性标准的相关技术要求
工程建设企业标准的制定	企业可以根据需要自行制定企业标准，或者与其他企业联合制定企业标准
	国家实行团体标准、企业标准自我声明公开和监督制度。企业应当公开其执行的强制性标准、推荐性标准、团体标准或者企业标准的编号和名称；企业执行自行制定的企业标准的，还应当公开产品、服务的功能指标和产品的性能指标。国家鼓励团体标准、企业标准通过标准信息公共服务平台向社会公开
	企业应当按照标准组织生产经营活动，其生产的产品、提供的服务应当符合企业公开标准的技术要求
	有效实施企业标准自我声明公开和监督制度，将企业产品和服务符合标准情况纳入社会信用体系建设。建立标准实施举报、投诉机制，鼓励社会公众对标准实施情况进行监督

2. 工程建设强制性标准实施

工程建设各方主体实施强制性标准的法律规定

单位	要求
建设单位	不得以任何理由，要求建筑设计单位或者建筑施工企业在工程设计或者施工作业中，违反法律、行政法规和建筑工程质量、安全标准，降低工程质量
	不得明示或者暗示设计单位或者施工单位违反工程建设强制性标准，降低建设工程质量。建筑设计单位和建筑施工企业对建设单位违反规定提出的降低工程质量的要求，应当予以拒绝。勘察、设计单位必须按照工程建设强制性标准进行勘察、设计，并对其勘察、设计的质量负责
勘察、设计单位	建筑工程设计应当符合按照国家规定制定的建筑安全规程和技术规范，保证工程的安全性能
	勘察、设计文件应当符合有关法律、行政法规的规定和建筑工程质量、安全标准、建筑工程勘察、设计技术规范以及合同的约定
	设计文件选用的建筑材料、建筑构配件和设备，应当注明其规格、型号、性能等技术指标，其质量要求必须符合国家规定的标准
监理单位	建筑工程监理应当依照法律、行政法规及有关的技术标准、设计文件和建筑工程承包合同，对承包单位在施工质量、建设工期和建设资金使用等方面，代表建设单位实施监督
	工程监理人员认为工程施工不符合工程设计要求、施工技术标准和合同约定的，有权要求建筑施工企业改正
	工程监理人员发现工程设计不符合建筑工程质量标准或者合同约定的质量要求的，应当报告建设单位要求设计单位改正
施工单位	必须按照工程设计图纸和施工技术标准施工，不得擅自修改工程设计，不得偷工减料
	必须按照工程设计要求、施工技术标准和合同约定，对建筑材料、建筑构配件、设备和商品混凝土进行检验，检验应当有书面记录和专人签字；未经检验或者检验不合格的，不得使用

工程建设强制性标准的实施管理

事项		要求
监督管理机构及分工	分级管理	国务院住房和城乡建设主管部门负责全国实施工程建设强制性标准的监督管理工作
		国务院有关主管部门按照国务院的职能分工负责实施工程建设强制性标准的监督管理工作
		县级以上地方人民政府住房和城乡建设主管部门负责本行政区域内实施工程建设强制性标准的监督管理工作
	具体实施监督	建设项目规划审查机构应当对工程建设规划阶段执行强制性标准的情况实施监督
		施工图设计文件审查单位应当对工程建设勘察、设计阶段执行强制性标准的情况实施监督
		建筑安全监督管理机构应当对工程建设施工阶段执行施工安全强制性标准的情况实施监督
		工程质量监督机构应当对工程建设施工、监理、验收等阶段执行强制性标准的情况实施监督
	其他要求	建设项目规划审查机关、施工设计图设计文件审查单位、建筑安全监督管理机构、工程质量监督机构的技术人员必须熟悉、掌握工程建设强制性标准
监督检查的内容和方式	强制性标准监督检查的内容	有关工程技术人员是否熟悉、掌握强制性标准
		工程项目的规划、勘察、设计、施工、验收等是否符合强制性标准的规定
		工程项目采用的材料、设备是否符合强制性标准的规定
		工程项目的安全、质量是否符合强制性标准的规定
		工程中采用的导则、指南、手册、计算机软件的内容是否符合强制性标准的规定
	工程建设标准批准部门	应当定期对建设项目规划审查机关、施工图设计文件审查单位、建筑安全监督管理机构、工程质量监督机构实施强制性标准的监督进行检查
		对监督不力的单位和个人，给予通报批评，建议有关部门处理
		工程建设标准批准部门应当对工程项目执行强制性标准情况进行监督检查。监督检查可以采取重点检查、抽查和专项检查的方式
		应当将强制性标准监督检查结果在一定范围内公告

3. 建设工程抗震管理制度

建设工程抗震相关主体的责任和义务

单位	要求
建设单位	建设单位应当对建设工程勘察、设计和施工全过程负责，在勘察、设计和施工合同中明确拟采用的抗震设防强制性标准
	按照合同要求对勘察设计成果文件进行核验，组织工程验收，确保建设工程符合抗震设防强制性标准
	建设单位不得明示或者暗示勘察、设计、施工等单位和从业人员违反抗震设防强制性标准，降低工程抗震性能

续表

单位	要求
建设单位	建设单位应当将建筑的设计使用年限、结构体系、抗震设防烈度、抗震设防类别等具体情况和使用维护要求记入使用说明书，并将使用说明书交付使用人或者买受人
	建设单位应当组织勘察、设计、施工、工程监理单位建立隔震减震工程质量可追溯制度，利用信息化手段对隔震减震装置采购、勘察、设计、进场检测、安装施工、竣工验收等全过程的信息资料进行采集和存储，并纳入建设项目档案
其他单位	工程总承包单位、施工单位及工程监理单位应当建立建设工程质量责任制度，加强对建设工程抗震设防措施施工质量的管理
	国家鼓励工程总承包单位、施工单位采用信息化手段采集、留存隐蔽工程施工质量信息。施工单位应当按照抗震设防强制性标准进行施工
	隔震减震装置用于建设工程前，施工单位应当在建设单位或者工程监理单位监督下进行取样，送建设单位委托的具有相应建设工程质量检测资质的机构进行检测。禁止使用不合格的隔震减震装置
	实行施工总承包的，隔震减震装置属于建设工程主体结构的施工，应当由总承包单位自行完成
	工程质量检测机构应当建立建设工程过程数据和结果数据、检测影像资料及检测报告记录与留存制度，对检测数据和检测报告的真实性、准确性负责，不得出具虚假的检测数据和检测报告
建设工程所有权人	建设工程所有权人应当对存在严重抗震安全隐患的建设工程进行安全监测，并在加固前采取停止或者限制使用等措施
	对抗震性能鉴定结果判定需要进行抗震加固且具备加固价值的已经建成的建设工程，所有权人应当进行抗震加固
	建设工程所有权人应当按照规定对建设工程抗震构件、隔震沟、隔震缝、隔震减震装置及隔震标识进行检查、修缮和维护，及时排除安全隐患
	任何单位和个人不得擅自变动、损坏或者拆除建设工程抗震构件、隔震沟、隔震缝、隔震减震装置及隔震标识
	任何单位和个人发现擅自变动、损坏或者拆除建设工程抗震构件、隔震沟、隔震缝、隔震减震装置及隔震标识的行为，有权予以制止，并向住房和城乡建设主管部门或者其他有关监督管理部门报告

建设工程抗震性能鉴定制度

事项		要求
未抗震的既有项目，应当鉴定、加固	情形	重大建设工程
		可能发生严重次生灾害的建设工程
		具有重大历史、科学、艺术价值或者重要纪念意义的建设工程
		学校、医院等人员密集场所的建设工程
		地震重点监视防御区内的建设工程
	由所有权人委托具有相应技术条件和技术能力的机构进行鉴定	
	国家鼓励对除前款规定以外的未采取抗震设防措施或者未达到抗震设防强制性标准的已经建成的建设工程进行抗震性能鉴定	
	抗震性能鉴定结果应当对建设工程是否存在严重抗震安全隐患以及是否需要进行抗震加固作出判定。抗震性能鉴定结果应当真实、客观、准确	

政府主管部门建设工程抗震监督管理

事项	要求
建设工程抗震的监督管理体制	县级以上人民政府住房和城乡建设主管部门和其他有关监督管理部门应当按照职责分工,加强对建设工程抗震设防强制性标准执行情况的监督检查
	县级以上人民政府住房和城乡建设主管部门应当会同有关部门建立完善建设工程抗震设防数据信息库,并与应急管理、地震等部门实时共享数据
	县级以上人民政府住房和城乡建设主管部门或者其他有关监督管理部门开展监督检查时,可以委托专业机构进行抽样检测、抗震性能鉴定等技术支持工作
	县级以上人民政府住房和城乡建设主管部门或者其他有关监督管理部门应当建立建设工程抗震责任企业及从业人员信用记录制度,将相关信用记录纳入全国信用信息共享平台
政府主管部门对超限高层建筑工程抗震设防的审批	对超限高层建筑工程,设计单位应当在设计文件中予以说明
	建设单位应当在初步设计阶段将设计文件等材料报送省、自治区、直辖市人民政府住房和城乡建设主管部门进行抗震设防审批
	住房和城乡建设主管部门应当组织专家审查,对采取的抗震设防措施合理可行的,予以批准
	超限高层建筑工程抗震设防审批意见应当作为施工图设计和审查的依据
政府主管部门实施建设工程抗震监督管理的法定职权	对建设工程或者施工现场进行监督检查
	向有关单位和人员调查了解相关情况
	查阅、复制被检查单位有关建设工程抗震的文件和资料
	对抗震结构材料、构件和隔震减震装置实施抽样检测
	查封涉嫌违反抗震设防强制性标准的施工现场
	发现可能影响抗震质量的问题时,责令相关单位进行必要的检测、鉴定

一　单项选择题

1. 关于标准的说法,正确的是(　　　)。
   A. 标准不限定于一定的范围实施　B. 由公认机构批准
   C. 一次性和临时性使用　　　　　　D. 具有法律强制力

2. 应当对工程建设勘察、设计阶段执行强制性标准的情况实施监督的单位是(　　　)。
   A. 建设项目规划审查机构　　　　　B. 施工图设计文件审查单位
   C. 建筑安全监督管理机构　　　　　D. 工程质量监督机构

3. 建设工程勘察、设计文件中规定采用的新技术、新材料,可能影响建设工程质量和安全,又没有国家技术标准的,应当由(　　　)进行试验、论证。
   A. 建设工程技术专家委员会　　　　B. 建设行政主管部门
   C. 建设单位　　　　　　　　　　　D. 国家认可的检测机构

4. 关于团体标准的说法,正确的是(　　　)。
   A. 限制利用团体标准实施妨碍商品、服务自由流通等排除、限制市场竞争的行为

B．团体标准可以与相关法律法规的要求抵触

C．团体标准的技术要求可以低于强制性标准的相关技术要求

D．不得与国家有关产业政策相抵触

5．关于企业标准的说法，正确的是（　　）。

A．企业应当制定企业标准

B．企业之间不得联合制定企业标准

C．国家实行企业标准自我声明公开和监督制度

D．企业可以根据需要公开其执行的企业标准的编号和名称

6．关于建设单位抗震责任和义务的说法，正确的是（　　）。

A．应当对建设工程勘察、设计和施工全过程负责

B．应当采用信息化手段采集、留存隐蔽工程施工质量信息

C．应当建立建设工程过程数据和结果数据、检测影像资料及检测报告记录与留存制度

D．应当建立隔震减震工程质量可追溯制度

7．对抗震性能鉴定结果判定需要进行抗震加固且具备加固价值的已经建成的建设工程，应当进行抗震加固的是（　　）。

A．建设单位 B．工程总承包单位

C．所有权人 D．设计单位

8．关于政府主管部门对超限高层建筑工程抗震设防监管的说法，正确的是（　　）。

A．对超限高层建筑工程，设计单位根据情况在设计文件中予以说明

B．建设单位应当在方案设计阶段将设计文件等材料报送主管部门进行抗震设防审批

C．建设单位应当组织专家审查，对采取的抗震设防措施合理可行的，予以批准

D．超限高层建筑工程抗震设防审批意见应当作为施工图设计和审查的依据

9．关于工程总承包项目中建设工程抗震设防责任、义务的说法，正确的是（　　）。

A．应当将建筑的设计使用年限、结构体系、抗震设防烈度、抗震设防类别等具体情况和使用维护要求记入使用说明书

B．工程总承包单位应当建立建设工程质量责任制度

C．组织有关单位建立隔震减震工程质量可追溯制度

D．建立建设工程过程数据和结果数据记录与留存制度

10．实行施工总承包的，隔震减震装置属于建设工程主体结构的施工，应当由（　　）。

A．质量检测机构完成 B．专业抗震施工单位完成

C．专业分包单位完成 D．总承包单位自行完成

二 多项选择题

1．根据《标准化法》，属于标准基本分类的有（　　）。

A．国家标准 B．行业标准

C．地方标准　　　　　　　　　D．国际标准

E．管理标准

2．下列标准中，属于推荐性标准的有（　　　）。

A．强制性国家标准　　　　　B．行业标准

C．地方标准　　　　　　　　D．团体标准

E．企业标准

3．根据《标准化法》，应当制定强制性国家标准的有保障（　　　）的技术要求。

A．人身健康和生命财产安全　　B．国家安全

C．生态环境安全　　　　　　　D．企业效益

E．社会影响

4．强制性标准监督检查的内容包括（　　　）。

A．有关工程技术人员是否了解强制性标准

B．工程项目的规划、勘察、设计、施工、验收等是否符合强制性标准的规定

C．工程项目采用的材料、设备是否符合强制性标准的规定

D．工程项目的安全、质量是否符合强制性标准的规定

E．工程中采用的导则、指南、手册、计算机软件的内容是否符合强制性标准的规定

5．已经建成的下列建设工程，未采取抗震设防措施或者抗震设防措施未达到抗震设防要求的，应当按照国家有关规定进行抗震性能鉴定，并采取必要的抗震加固措施的有（　　　）。

A．较大建设工程

B．可能发生次生灾害的建设工程

C．学校建设工程

D．医院建设工程

E．具有重大历史、科学、艺术价值或者重要纪念意义的建设工程

【答案与解析】

一、单项选择题

1．B；　　2．B；　　3．D；　　4．D；　　5．C；　　6．A；　　7．C；　　8．D；

9．B；　　*10．D

【解析】

10．【答案】D

根据《建设工程抗震管理条例》，实行施工总承包的，隔震减震装置属于建设工程主体结构的施工，应当由总承包单位自行完成。该条款是《建筑法》《建设工程质量管理条例》等法律中关于主体结构必须由施工总承包单位或者施工单位自行完成在抗震管理中的延伸。

二、多项选择题

1．A、B、C；　　　　　*2．B、C；　　　　　3．A、B、C；　　　　　4．B、C、D、E；

5. C、D、E

【解析】

2.【答案】B、C

根据《标准化法》，国家标准分为强制性标准、推荐性标准，行业标准、地方标准是推荐性标准。强制性标准必须执行。B、C选项正确。推荐性标准有特定涵义，虽然并非法律强制实施，但国家对其体现了较强的意志。团体标准与企业标准不在此列，不属于推荐性标准。

7.2 无障碍环境建设制度

复习要点

1. 无障碍设施建设

无障碍设施定义、建设范围及其基本建设要求

事项	内容
无障碍设施的定义	为残疾人、老年人自主安全地通行道路、出入建筑物以及使用其附属设施、搭乘公共交通运输工具，获取、使用和交流信息，获得社会服务等提供便利的设施
	残疾人、老年人之外的其他人有无障碍需求的，可以享受无障碍环境便利
无障碍设施建设范围	道路、建筑物及其附属设施、公共交通运输工具、信息交流和社会服务等
	与建造师密切相关的主要是交通和建筑领域，具体包括新建、改建、扩建的居住建筑、居住区、公共建筑、公共场所、交通运输设施、城乡道路，以及前述范围内既有建筑或设施的无障碍设施改造项目
	"公共场所"主要指广场、绿地、公园、户外停车场等缺少建筑物或者构筑物的开阔场所
无障碍设施基本建设要求	新建、改建、扩建的居住建筑、居住区、公共建筑、公共场所、交通运输设施、城乡道路等，应当符合无障碍设施工程建设标准
	无障碍设施应当与主体工程同步规划、同步设计、同步施工、同步验收、同步交付使用，并与周边的无障碍设施有效衔接、实现贯通
	障碍设施应当设置符合标准的无障碍标识，并纳入周边环境或者建筑物内部的引导标识系统

各有关单位参与建设的要求

事项	内容
无障碍环境建设模式	无障碍环境建设不能仅依赖于政府投入，还需要全员参与
	国家鼓励和支持企业事业单位、社会组织、个人等社会力量，通过捐赠、志愿服务等方式参与无障碍环境建设
	国家支持开展无障碍环境建设工作的国际交流与合作
	国家鼓励工程建设、设计、施工等单位采用先进的理念和技术，建设人性化、系统化、智能化并与周边环境相协调的无障碍设施

续表

事项		内容
各参建单位的无障碍环境建设义务	建设单位	应当将无障碍设施建设经费纳入工程建设项目概预算
		不得明示或者暗示设计、施工单位违反无障碍设施工程建设标准
		不得擅自将未经验收或者验收不合格的无障碍设施交付使用
		未按照法律、法规和无障碍设施工程建设标准开展无障碍设施验收或者验收不合格的，不予办理竣工验收备案手续
		鼓励工程建设单位在新建、改建、扩建建设项目的规划、设计和竣工验收等环节，邀请残疾人、老年人代表以及残疾人联合会、老龄协会等组织，参加意见征询和体验试用等活动
	设计等单位	应当按照无障碍设施工程建设标准进行设计
		依法需要进行施工图设计文件审查的，施工图审查机构应当按照法律、法规和无障碍设施工程建设标准，对无障碍设施设计内容进行审查；不符合有关规定的，不予审查通过
	施工、监理单位	应当按照施工图设计文件以及相关标准进行无障碍设施施工和监理
	所有权人或者管理人	对损坏的无障碍设施和标识进行维修或者替换
		对需改造的无障碍设施进行改造
		纠正占用无障碍设施的行为
		进行其他必要的维护和保养
		所有权人、管理人和使用人之间有约定的，由约定的责任人负责维护和管理
无障碍设施基本建设要求		新建、改建、扩建的居住建筑、居住区、公共建筑、公共场所、交通运输设施、城乡道路等，应当符合无障碍设施工程建设标准
		无障碍设施应当与主体工程同步规划、同步设计、同步施工、同步验收、同步交付使用，并与周边的无障碍设施有效衔接、实现贯通
		障碍设施应当设置符合标准的无障碍标识，并纳入周边环境或者建筑物内部的引导标识系统

无障碍设施改造

事项	内容
无障碍设施改造的强制性规定	无障碍设施的建设和改造，应当符合残疾人的实际需要
	新建、改建和扩建建筑物、道路、交通设施等，应当符合国家有关无障碍设施工程建设标准
	各级人民政府和有关部门应当按照国家无障碍设施工程建设规定，逐步推进已建成设施的改造，优先推进与残疾人日常工作、生活密切相关的公共服务设施的改造
	对无障碍设施应当及时维修和保护
	县级以上人民政府应当支持、指导家庭无障碍设施改造
	对符合条件的残疾人、老年人家庭应当给予适当补贴
	居民委员会、村民委员会、居住区管理服务单位以及业主委员会应当支持并配合家庭无障碍设施改造

续表

事项	内容
无障碍设施改造的计划与实施主体	对既有的不符合无障碍设施工程建设标准的居住建筑、居住区、公共建筑、公共场所、交通运输设施、城乡道路等，县级以上人民政府应当根据实际情况，制定有针对性的无障碍设施改造计划并组织实施
	改造工作由所有权人或者管理人负责；所有权人、管理人和使用人之间约定改造责任的，由约定的责任人负责
	不具备无障碍设施改造条件的，责任人应当采取必要的替代性措施
家庭无障碍设施改造	县级以上人民政府应当支持、指导家庭无障碍设施改造
	对符合条件的残疾人、老年人家庭应当给予适当补贴
	居民委员会、村民委员会、居住区管理服务单位以及业主委员会应当支持并配合家庭无障碍设施改造
既有多层住宅加装电梯或者其他无障碍设施	国家支持城镇老旧小区既有多层住宅加装电梯或者其他无障碍设施，为残疾人、老年人提供便利
	县级以上人民政府及其有关部门应当采取措施、创造条件，并发挥社区基层组织作用，推动既有多层住宅加装电梯或者其他无障碍设施
	房屋所有权人应当弘扬中华民族与邻为善、守望相助等传统美德，加强沟通协商，依法配合既有多层住宅加装电梯或者其他无障碍设施

特定场所无障碍设施的建设和改造

事项	内容
公共建筑、公共场所、交通运输设施以及居住区	新建、改建、扩建公共建筑、公共场所、交通运输设施以及居住区的公共服务设施，应当按照无障碍设施工程建设标准，配套建设无障碍设施
	既有的上述建筑、场所和设施不符合无障碍设施工程建设标准的，应当进行必要的改造
	居住区是广大人民群众生活的重心，是国家现有法律、政策保障的重点，实施适老化改造
城市主干路、主要商业区和大型居住区的人行天桥和人行地下通道	新建、改建、扩建和具备改造条件的城市主干路、主要商业区和大型居住区的人行天桥和人行地下通道，应当按照无障碍设施工程建设标准，建设或者改造无障碍设施
	城市主干路、主要商业区等无障碍需求比较集中的区域的人行道，应当按照标准设置盲道
	城市中心区、残疾人集中就业单位和集中就读学校周边的人行横道的交通信号设施，应当按照标准安装过街音响提示装置
停车场	无障碍停车位为肢体残疾人使用
	停车场应当按照无障碍设施工程建设标准，设置无障碍停车位，并设置显著标志标识
	无障碍停车位优先供肢体残疾人驾驶或者乘坐的机动车使用
	优先使用无障碍停车位的，应当在显著位置放置残疾人车辆专用标志或者提供残疾人证
	在无障碍停车位充足的情况下，其他行动不便的残疾人、老年人、孕妇、婴幼儿等驾驶或者乘坐的机动车也可以使用
公共交通运输工具	新投入运营的民用航空器、客运列车、客运船舶、公共汽电车、城市轨道交通车辆等公共交通运输工具，应当确保一定比例符合无障碍标准
	既有公共交通运输工具具备改造条件的，应当进行无障碍改造，逐步符合无障碍标准的要求；不具备改造条件的，公共交通运输工具的运营单位应当采取必要的替代性措施

续表

事项	内容
公共交通运输工具	县级以上地方人民政府根据当地情况，逐步建立城市无障碍公交导乘系统，规划配置适量的无障碍出租汽车
临时无障碍设施	因特殊情况设置的临时无障碍设施，应当符合无障碍设施工程建设标准
	任何单位和个人不得擅自改变无障碍设施的用途或者非法占用、损坏无障碍设施
	因特殊情况临时占用无障碍设施的，应当公告并设置护栏、警示标志或者信号设施，同时采取必要的替代性措施。临时占用期满，应当及时恢复原状

2. 无障碍环境建设保障措施

无障碍环境建设保障措施

事项	内容
经费落实	县级以上人民政府应当将无障碍环境建设纳入国民经济和社会发展规划，将所需经费纳入本级预算，建立稳定的经费保障机制
	在城市更新、乡村振兴、国家综合立体交通网、数字中国、健康老龄化、基本公共服务等相关规划中统筹纳入无障碍环境建设，落实经费保障
	国家通过经费支持、政府采购、税收优惠等方式，促进新科技成果在无障碍环境建设中的运用，鼓励无障碍技术、产品和服务的研发、生产、应用和推广，支持无障碍设施、信息和服务的融合发展
宣传教育	国家开展无障碍环境理念的宣传教育，普及无障碍环境知识，传播无障碍环境文化，提升全社会的无障碍环境意识；新闻媒体应当积极开展无障碍环境建设方面的公益宣传，形成全社会的无障碍环境建设意识的全面提升
	国家建立无障碍环境建设相关领域人才培养机制
	国家鼓励机关、企业事业单位、社会团体以及其他社会组织，对工作人员进行无障碍服务知识与技能培训
标准与法律建设	推广通用设计理念，以满足残疾人、老年人使用无障碍设施需求为基础，兼顾其他有需求的人群，建立健全以《建筑与市政工程无障碍通用规范》GB 55019—2021 为代表的国家标准、行业标准、地方标准，鼓励发展具有引领性的团体标准、企业标准，加强标准之间的衔接配合，构建无障碍环境建设标准体系
	制定或者修改涉及无障碍环境建设的法律、法规、规章、规划、其他规范性文件以及标准，应当征求残疾人、老年人代表以及残疾人联合会、老龄协会等组织的意见
	残疾人联合会、老龄协会等组织可以依法提出制定或者修改无障碍环境建设标准的建议
认证和评测制度	国家建立健全无障碍设计、设施、产品、服务的认证和无障碍信息的评测制度，并推动结果采信应用，为完善标准体系和推广无障碍设计、设施、产品、服务的认证及无障碍信息的评测制度提供法律保障
	组织开展互联网应用适老化及无障碍改造专项行动，通过对网站和移动互联网应用进行评测，推动无障碍信息化建设
创优与表彰	文明城市、文明村镇、文明单位、文明社区、文明校园等创建活动，应当将无障碍环境建设情况作为重要内容
	对在无障碍环境建设工作中做出显著成绩的单位和个人，按照国家有关规定给予表彰和奖励

3．无障碍环境建设监督管理

无障碍环境建设监督管理

事项	内容
全社会共建 共治共享机制	无障碍环境建设应当坚持中国共产党的领导
	发挥政府主导作用
	调动市场主体积极性
	引导社会组织和公众广泛参与
	推动全社会共建共治共享
职责分工	县级以上人民政府应当统筹协调和督促指导有关部门在各自职责范围内做好无障碍环境建设工作
	县级以上人民政府住房和城乡建设、民政、工业和信息化、交通运输、自然资源、文化和旅游、教育、卫生健康等部门应当在各自职责范围内，开展无障碍环境建设工作
	乡镇人民政府、街道办事处应当协助有关部门做好无障碍环境建设工作
	残疾人联合会、老龄协会等组织依照法律、法规以及各自章程，协助各级人民政府及其有关部门做好无障碍环境建设工作
监督检查	工程建设、设计、施工、监理单位未按照《无障碍环境建设法》规定进行建设、设计、施工、监理的，由住房和城乡建设、民政、交通运输等相关主管部门责令限期改正；逾期未改正的，依照相关法律法规的规定进行处罚
	无障碍环境建设相关主管部门、有关组织的工作人员滥用职权、玩忽职守、徇私舞弊的，依法给予处分
	造成人身损害、财产损失的，依法承担民事责任；构成犯罪的，依法追究刑事责任

一　单项选择题

1．关于工程建设单位无障碍环境建设义务的说法，正确的是（　　　）。
  A．应当按照无障碍设施工程建设标准进行设计
  B．应当将无障碍设施建设经费纳入工程建设项目概预算
  C．时间紧迫，将未经验收的无障碍设施交付使用
  D．应当对无障碍设施履行维护和管理责任

2．无障碍设施经验收交付后，所有权人或者管理人的管理责任是（　　　）。
  A．对无障碍设施和标识进行提标改造
  B．对损坏的无障碍设施和标识进行维修或者替换
  C．劝阻占用无障碍设施的行为
  D．收取无障碍设施使用费用

3．根据《无障碍环境建设法》，关于无障碍停车位的说法，正确的是（　　　）。
  A．无障碍停车位专为肢体残疾人使用
  B．无障碍停车位优先供有需求的人使用
  C．在无障碍停车位充足的情况下，其他行动不便的残疾人、老年人、孕妇、

婴幼儿等驾驶或者乘坐的机动车也可以使用

    D．优先使用无障碍停车位的，应当与其他使用人协商确定

4．根据《无障碍环境建设条例》，关于新投入运营的城市轨道交通车辆等公共交通运输工具的无障碍标准的说法，正确的是（　　）。

    A．应当确保一定比例符合无障碍标准

    B．应当进行无障碍改造，逐步符合无障碍标准的要求

    C．应当采取必要的替代性措施

    D．改造费用列入政府预算

5．根据《无障碍环境建设条例》，关于无障碍设施的说法，正确的是（　　）。

    A．任何单位和个人不得改变无障碍设施的用途

    B．因特殊情况临时占用无障碍设施的，应当及时备案

    C．因特殊情况设置的临时无障碍设施，应当符合无障碍设施工程建设标准

    D．所有权人应当采取必要的替代性措施

6．根据《无障碍环境建设法》，关于经费落实的说法，正确的是（　　）。

    A．省级以上人民政府应当将无障碍环境建设纳入国民经济和社会发展规划

    B．所需经费纳入本级预算

    C．经费保障实施动态机制

    D．通过在相关规划中统筹纳入无障碍环境建设落实经费

7．根据《无障碍环境建设法》，关于宣传教育的说法，正确的是（　　）。

    A．国家开展无障碍环境理念的宣传教育，重点提升特定人群的无障碍环境意识

    B．新闻媒体应当积极开展无障碍环境建设方面的公益宣传，形成全社会的无障碍环境建设意识的全面提升

    C．高等学校、中等职业学校应当开设无障碍环境建设相关专业和课程

    D．国家鼓励相关领域职业资格、继续教育以及其他培训的考试内容包括无障碍环境建设知识

8．根据《无障碍环境建设法》，关于制定或者修改涉及无障碍环境建设的法律等文件，应当向其征求意见的是（　　）。

    A．建设单位   B．老龄协会

    C．施工单位   D．社会代表

9．根据《无障碍环境建设法》，国家建立健全（　　）评测制度。

    A．无障碍设计   B．无障碍设施

    C．无障碍信息   D．无障碍服务

10．根据《无障碍环境建设法》，关于无障碍设施改造的强制性规定的说法，正确的是（　　）。

    A．政府应当支持、指导家庭无障碍设施改造

    B．无障碍设施的建设和改造，优先符合老年人的实际需要

    C．已建成设施的改造应当一步到位

    D．对残疾人全员给予补贴

二 多项选择题

1. 下列人群中，属于无障碍设施主要服务对象的有（   ）。

A．残疾人   B．儿童

C．老年人   D．妇女

E．运动员

2. 无障碍设施应当与主体工程同步（   ）。

A．投资   B．规划

C．设计   D．施工

E．交付使用

3. 无障碍设施改造工作的负责人有（   ）。

A．原建设单位   B．所有权人

C．原施工单位   D．管理人

E．建设行政主管部门

4. 根据《无障碍环境建设法》，应当按照无障碍设施工程建设标准，建设或者改造无障碍设施的有（   ）。

A．新建市政项目   B．扩建市政项目

C．既有城市主干路   D．改建市政项目

E．既有人行地下通道

5. 根据《无障碍环境建设法》，下列场所中的交通信号设施，应当按照标准安装过街音响提示装置的有（   ）。

A．工业园区   B．城市中心区

C．残疾人集中就业单位   D．城市快速通行道路

E．集中就读学校周边的人行横道

【答案与解析】

一、单项选择题

1. B；   2. B；   3. C；   4. A；   5. C；   6. B；   *7. B；   8. B；
9. C；   10. A

【解析】

7.【答案】B

《无障碍环境建设法》规定，国家开展无障碍环境理念的宣传教育，普及无障碍环境知识，传播无障碍环境文化，提升全社会的无障碍环境意识；新闻媒体应当积极开展无障碍环境建设方面的公益宣传，形成全社会的无障碍环境建设意识的全面提升。国家建立无障碍环境建设相关领域人才培养机制。充分发挥高校等机构作为人才培养的重要阵地的作用，国家鼓励高等学校、中等职业学校等开设无障碍环境建设相关专业和课程，开展无障碍环境建设理论研究、国际交流和实践活动。建筑、交通运输、计算机科

学与技术等相关学科专业应当增加无障碍环境建设的教学和实践内容，相关领域职业资格、继续教育以及其他培训的考试内容应当包括无障碍环境建设知识。国家提升全社会的无障碍环境意识，而不是仅重点提升特定人群，A 选项不正确。开设无障碍环境建设相关专业和课程对于高等学校、中等职业学校属于鼓励性条款，目前并不强制。而相关领域职业资格、继续教育以及其他培训的考试内容，例如建造师考试，无障碍环境建设知识属于强制包括在内的内容。故 C、D 选项不正确。因此，本题的正确答案为 B 选项。

二、多项选择题

1. A、C；　　2. B、C、D、E；　　3. B、D；　　4. A、B、D；
*5. B、C、E

【解析】

5.【答案】B、C、E

《无障碍环境建设法》规定，新建、改建、扩建和具备改造条件的城市主干路、主要商业区和大型居住区的人行天桥和人行地下通道，应当按照无障碍设施工程建设标准，建设或者改造无障碍设施。城市主干路、主要商业区等无障碍需求比较集中的区域的人行道，应当按照标准设置盲道；城市中心区、残疾人集中就业单位和集中就读学校周边的人行横道的交通信号设施，应当按照标准安装过街音响提示装置。因此，本题的正确答案为 B、C、E 选项。

7.3　建设单位及相关单位的质量责任和义务

复习要点

1. 建设单位的质量责任和义务

建设单位是工程建设活动的组织者，在整个建设活动中居于主导地位。

建设单位的质量责任和义务

事项	内容
依法发包工程	应当将工程发包给具有相应资质等级的单位
	不得将建设工程肢解发包
	应当依法对工程建设项目的勘察、设计、施工、监理以及与工程建设有关的重要设备、材料等的采购进行招标
	应当严格执行工程发包承包法规制度，依法将工程发包给具备相应资质的勘察、设计、施工、监理等单位，不得肢解发包工程、违规指定分包单位，不得直接发包预拌混凝土等专业分包工程，不得指定按照合同约定应由施工单位购入用于工程的装配式建筑构配件、建筑材料和设备或者指定生产厂、供应商
依法向有关单位提供原始资料	必须向有关的勘察、设计、施工、工程监理等单位提供与建设工程有关的原始资料。原始资料必须真实、准确、齐全。原始资料是勘察单位、设计单位、施工单位、工程监理单位赖以进行勘察作业、设计作业、施工作业、监理作业的基础性材料
	根据委托任务必须向勘察单位提供如勘察任务书、项目规划总平面图、地下管线、地下构筑物、地形地貌等在内的基础资料

续表

事项	内容
依法向有关单位提供原始资料	向设计单位提供政府有关部门批准的项目建议书、可行性研究报告等立项文件，设计任务书，有关城市规划、专业规划设计条件，勘察成果及其他基础资料
	向施工单位提供概算批准文件，建设项目正式列入国家、部门或地方的年度固定资产投资计划，建设用地的征收或征用资料，有能够满足施工需要的施工图纸及技术资料，建设资金和主要建筑材料、设备的来源落实资料，建设项目所在地规划部门批准文件，施工现场完成"三通一平"的平面图等资料
	向工程监理单位提供的原始资料除包括给施工单位的资料外，还要有建设单位与施工单位签订的承包合同文本
建设单位的禁止性行为	不得以任何理由要求建筑设计单位或者建筑施工企业在工程设计或者施工作业中，违反法律、行政法规和建筑工程质量、安全标准，降低工程质量
	不得迫使承包方以低于成本的价格竞标，不得任意压缩合理工期。政府投资项目应当按照国家有关规定合理确定并严格执行建设工期，任何单位和个人不得非法干预
	不得明示或者暗示设计单位或者施工单位违反工程建设强制性标准，降低建设工程质量
	应当对建设工程勘察、设计和施工全过程负责，在勘察、设计和施工合同中明确拟采用的抗震设防强制性标准，按照合同要求对勘察设计成果文件进行核验，组织工程验收，确保建设工程符合抗震设防强制性标准
	不得明示或者暗示勘察、设计、施工等单位和从业人员违反抗震设防强制性标准，降低工程抗震性能

事项		内容
依法报审施工图设计文件		施工图设计文件未经审查批准的，不得使用
		施工图设计文件审查的具体办法，由国务院建设行政主管部门、国务院其他有关部门制定
	施工图审查内容	是否符合工程建设强制性标准
		地基基础和主体结构的安全性
		是否符合民用建筑节能强制性标准，对执行绿色建筑标准的项目，还应当审查是否符合绿色建筑标准
		勘察设计企业和注册执业人员以及相关人员是否按规定在施工图上加盖相应的图章和签字
		法律、法规、规章规定必须审查的其他内容
依法实行工程监理	必须实行监理的范围	国家重点建设工程：对国民经济和社会发展有重大影响的骨干项目
		大中型公用事业工程：项目总投资额在 3000 万元以上的下列工程项目
		供水、供电、供气、供热等市政工程项目
		科技、教育、文化等项目
		体育、旅游、商业等项目
		卫生、社会福利等项目
		其他公用事业项目

续表

事项	内容		
依法实行工程监理	必须实行监理的范围	成片开发建设的住宅小区工程	建筑面积在 5 万平方米以上的住宅建设工程必须实行监理
			5 万平方米以下的住宅建设工程，可以实行监理，具体范围和规模标准，由省、自治区、直辖市人民政府建设行政主管部门规定
		利用外国政府或者国际组织贷款、援助资金的工程	使用世界银行、亚洲开发银行等国际组织贷款资金的项目
			使用国外政府及其机构贷款资金的项目
			使用国际组织或者国外政府援助资金的项目
		国家规定必须实行监理的其他工程	项目总投资额在 3000 万元以上关系社会公共利益、公众安全的下列基础设施项目
			煤炭、石油、化工、天然气、电力、新能源等项目
			铁路、公路、管道、水运、民航以及其他交通运输业等项目
			邮政、电信枢纽、通信、信息网络等项目
			防洪、灌溉、排涝、发电、引（供）水、滩涂治理、水资源保护、水土保持等水利建设项目
			道路、桥梁、地铁和轻轨交通、污水排放及处理、垃圾处理、地下管道、公共停车场等城市基础设施项目
			生态环境保护项目
			其他基础设施项目
			学校、影剧院、体育场馆项目
依法办理工程质量监督手续	建设单位在开工前，应当按照国家有关规定办理工程质量监督手续，工程质量监督手续可以与施工许可证或者开工报告合并办理		
	项目负责人应当在办理工程质量监督手续前签署工程质量终身责任承诺书，连同法定代表人授权书，报工程质量监督机构备案		
	项目负责人如有更换的，应当按规定办理变更程序，重新签署工程质量终身责任承诺书，连同法定代表人授权书，报工程质量监督机构备案		
	办理建设工程质量安全监督手续需提交下列材料	经规划部门审核的建设规划总平面图	
		施工图审查合格书	
		保证建设工程质量和施工安全措施的资料	
		与勘察、设计、施工、监理等单位签订的合同	
		勘察、设计、施工、监理等单位的资质证书	
		施工单位的中标通知书和安全生产许可证	
依法进行装修工程	涉及建筑主体和承重结构变动的装修工程，建设单位应当在施工前委托原设计单位或者具有相应资质等级的设计单位提出设计方案		
	没有设计方案的，不得施工		
	房屋建筑使用者在装修过程中，不得擅自变动房屋建筑主体和承重结构		

续表

事项	内容
组织竣工验收并移交建设项目档案	建设单位收到建设工程竣工报告后，应当组织设计、施工、工程监理等有关单位进行竣工验收
	建设单位应当严格按照国家有关档案管理的规定，及时收集、整理建设项目各环节的文件资料，建立、健全建设项目档案，并在建设工程竣工验收后，及时向建设行政主管部门或者其他有关部门移交建设项目档案
消防设计、施工质量责任与义务	不得明示或者暗示设计、施工、工程监理、技术服务等单位及其从业人员违反建设工程法律法规和国家工程建设消防技术标准，降低建设工程消防设计、施工质量
	依法申请建设工程消防设计审查、消防验收，办理备案并接受抽查
	实行工程监理的建设工程，依法将消防施工质量委托监理
	委托具有相应资质的设计、施工、工程监理单位
	按照工程消防设计要求和合同约定，选用合格的消防产品和满足防火性能要求的建筑材料、建筑构配件和设备
	组织有关单位进行建设工程竣工验收时，对建设工程是否符合消防要求进行查验
	依法及时向档案管理机构移交建设工程消防有关档案
负责人质量终身责任追究	追究情形：发生工程质量事故
	发生投诉、举报、群体性事件、媒体报道并造成恶劣社会影响的严重工程质量问题
	由于勘察、设计或施工原因造成尚在设计使用年限内的建筑工程不能正常使用
	存在其他需追究责任的违法违规行为
	追究方式：项目负责人为国家公职人员的，将其违法违规行为告知其上级主管部门及纪检监察部门，并建议对项目负责人给予相应的行政、纪律处分
	构成犯罪的，移送司法机关依法追究刑事责任
	处单位罚款数额5%以上10%以下的罚款
	向社会公布曝光

2. 勘察、设计单位的质量责任和义务

建筑工程的勘察、设计单位必须对其勘察、设计的质量负责。

勘察、设计单位的质量责任和义务

事项	内容
依法承揽工程的勘察、设计业务	国家对从事建设工程勘察、设计活动的单位，实行资质管理制度
	国家对从事建设工程勘察、设计活动的专业技术人员，实行执业资格注册管理制度
	未经注册的建设工程勘察、设计人员，不得以注册执业人员的名义从事建设工程勘察、设计活动
	从事建设工程勘察、设计的单位应当依法取得相应等级的资质证书，并在其资质等级许可的范围内承揽工程

续表

事项	内容	
依法承揽工程的勘察、设计业务	禁止勘察、设计单位超越其资质等级许可的范围或者以其他勘察、设计单位的名义承揽工程	
	禁止勘察、设计单位允许其他单位或者个人以本单位的名义承揽工程	
	勘察、设计单位不得转包或者违法分包所承揽的工程	
勘察、设计必须执行强制性标准	编制依据	项目批准文件
		城乡规划
		工程建设强制性标准
		国家规定的建设工程勘察、设计深度要求
		铁路、交通、水利等专业建设工程，还应当以专业规划的要求为依据
	责任承担	勘察、设计单位必须按照工程建设强制性标准进行勘察、设计，并对其勘察、设计的质量负责
		注册建筑师、注册结构工程师等注册执业人员应当在设计文件上签字，对设计文件负责
		勘察、设计单位项目负责人应当保证勘察设计文件符合法律法规和工程建设强制性标准的要求，对因勘察、设计导致的工程质量事故或质量问题承担责任
勘察单位提供的勘察成果必须真实、准确	编制建设工程勘察文件，应当真实、准确，满足建设工程规划、选址、设计、岩土治理和施工的需要	
	勘察单位提供的地质、测量、水文等勘察成果必须真实、准确	
设计依据和设计深度	设计单位应当根据勘察成果文件进行建设工程设计	
	设计文件应当符合国家规定的设计深度要求，注明工程合理使用年限	
	编制方案设计文件，应当满足编制初步设计文件和控制概算的需要	
	编制初步设计文件，应当满足编制施工招标文件、主要设备材料订货和编制施工图设计文件的需要	
	编制施工图设计文件，应当满足设备材料采购、非标准设备制作和施工的需要，并注明建设工程合理使用年限	
	设计文件编制在满足《建筑工程设计文件编制深度规定》的基础上，还应符合各类专项审查和工程所在地的相关要求	
依法规范设计对建筑材料等的选用	设计单位在设计文件中选用的建筑材料、建筑构配件和设备，应当注明规格、型号、性能等技术指标，其质量要求必须符合国家规定的标准	
	除有特殊要求的建筑材料、专用设备、工艺生产线等外，设计单位不得指定生产厂、供应商	
依法对设计文件进行设计交底	建设工程勘察、设计单位应当在建设工程施工前，向施工单位和监理单位说明建设工程勘察、设计意图，解释建设工程勘察、设计文件	
	建设工程勘察、设计单位应当及时解决施工中出现的勘察、设计问题	
	设计单位应当就审查合格的施工图设计文件向施工单位作出详细说明	
依法参与建设工程质量事故分析	设计单位应当参与建设工程质量事故分析，并对因设计造成的质量事故，提出相应的技术处理方案	

续表

事项	内容
设计单位的消防设计、施工质量责任与义务	按照建设工程法律法规和国家工程建设消防技术标准进行设计，编制符合要求的消防设计文件，不得违反国家工程建设消防技术标准强制性条文
	在设计文件中选用的消防产品和具有防火性能要求的建筑材料、建筑构配件和设备，应当注明规格、性能等技术指标，符合国家规定的标准
	参加建设单位组织的建设工程竣工验收，对建设工程消防设计实施情况签章确认，并对建设工程消防设计质量负责

3. 工程监理单位的质量责任和义务

工程监理单位接受建设单位的委托，代表建设单位，对建设工程进行管理。监理单位要认真履行监理职责，特别要加强对关键工序、重要部位和隐蔽工程的监督检查。

工程监理单位的质量责任和义务

事项	内容
依法承担工程监理业务	工程监理单位应当在其资质等级许可的监理范围内，承担工程监理业务
	工程监理单位不得转让工程监理业务
	禁止工程监理单位超越本单位资质等级许可的范围或者以其他工程监理单位的名义承担工程监理业务
	禁止工程监理单位允许其他单位或者个人以本单位的名义承担工程监理业务
对有隶属关系或其他利害关系的回避	工程监理单位与被监理工程的施工承包单位以及建筑材料、建筑构配件和设备供应单位有隶属关系或者其他利害关系的，不得承担该项建设工程的监理业务
监理工作的依据	法律法规及工程建设标准
	建设工程勘察设计文件
	建设工程监理合同及其他合同文件
监理工作的监理责任	监理民事责任
	监理行政责任
	监理刑事责任
工程监理的职责和权限	监理单位应根据所承担的监理任务，组建驻工地监理机构
	监理机构一般由总监理工程师、监理工程师和其他监理人员组成
	总监理工程师是指监理单位派到施工现场全面履行监理合同的全权负责人，全面负责受委托的监理工作
	工程监理单位应当选派具备相应资格的总监理工程师和监理工程师进驻施工现场
	未经监理工程师签字，建筑材料、建筑构配件和设备不得在工程上使用或者安装，施工单位不得进行下一道工序的施工
	未经总监理工程师签字，建设单位不拨付工程款，不进行竣工验收
工程监理的形式	旁站	是指监理人员在建筑工程施工阶段，对关键部位和关键工序的施工质量进行现场旁站的全过程监督活动

续表

事项		内容
工程监理的形式	巡视	是指监理人员在施工部位或工序现场进行的定期或不定期的监督活动,是监督工作的日常程序
	平行检验	是指在施工单位自检的基础上,利用一定的检验或检测手段,由监理人员按一定比例独立进行的工程质量检验活动
工程监理单位的消防设计、施工质量责任与义务		按照建设工程法律法规、国家工程建设消防技术标准,以及经消防设计审查合格或者满足工程需要的消防设计文件实施工程监理
		在消防产品和具有防火性能要求的建筑材料、建筑构配件和设备使用、安装前,核查产品质量证明文件,不得同意使用或者安装不合格的消防产品和防火性能不符合要求的建筑材料、建筑构配件和设备
		参加建设单位组织的建设工程竣工验收,对建设工程消防施工质量签章确认,并对建设工程消防施工质量承担监理责任

一 单项选择题

1. 工程建设活动的总牵头单位是( )。
   A. 建设单位
   B. 施工单位
   C. 设计单位
   D. 监理单位

2. 关于建设单位依法发包工程的说法,正确的是( )。
   A. 可以指定分包单位
   B. 应当将工程发包给具有相应资质等级的单位
   C. 可以直接发包预拌混凝土等专业分包工程
   D. 可以指定生产厂、供应商

3. 关于建设单位依法向有关单位提供原始资料的说法,正确的是( )。
   A. 建设单位根据勘察、设计、施工、工程监理等单位的要求,提供与建设工程有关的原始资料
   B. 原始资料供使用单位参考
   C. 原始资料是使用单位赖以进行作业的基础性材料
   D. 原始资料的范围由法律明确规定

4. 建设单位的禁止性质量行为是( )。
   A. 要求建筑设计单位或者建筑施工企业在工程设计或者施工作业中,违反法律、行政法规和建筑工程质量、安全标准,降低工程质量
   B. 要求承包方低价竞标
   C. 缩短工期
   D. 变更承包范围

5. 根据《建设工程监理范围和规模标准规定》,大中型公用事业工程的范围是( )。

A．市政道桥项目　　　　　　　B．小微企业商业配套项目

C．体育、旅游、商业等项目　　D．住宅小区工程

6．关于设计单位在设计文件中选用的建筑材料、建筑构配件和设备的说法，正确的是（　　　）。

A．应当注明品牌、规格、型号、性能等

B．质量要求必须符合国家规定的标准

C．不得指定生产厂、供应商

D．主要以低价为考虑因素

7．关于建设工程的设计合理使用年限的说法，正确的是（　　　）。

A．只能由国家文件确定

B．设计单位必须在相关的设计文件中注明

C．有特殊要求的，可以低于国家标准的规定

D．由建设单位自行决定

8．设计文件进行设计交底通常发生在（　　　）。

A．施工图完成后、审查合格前　　B．施工图审查合格后、施工前

C．施工后、完工前　　　　　　　D．完工后、交付前

9．根据《建设工程质量管理条例》，应当参与建设工程质量事故分析，并对因设计造成的质量事故，提出相应的技术处理方案的是（　　　）。

A．建设单位　　　　　　　　　　B．施工单位

C．设计单位　　　　　　　　　　D．施工图审查机构

10．与下列单位有利害关系，不得承担该项建设工程的监理业务的是（　　　）。

A．建设单位　　　　　　　　　　B．设计单位

C．设备供应单位　　　　　　　　D．代建单位

二　多项选择题

1．建设单位必须向设计单位提供的原始资料有（　　　）。

A．勘察任务书　　　　　　　　　B．建设资金来源

C．设备的来源落实资料　　　　　D．立项文件

E．勘察成果

2．施工图审查机构应当对施工图审查的内容有（　　　）。

A．是否符合工程建设标准

B．地基基础和主体结构的安全性

C．是否符合民用建筑节能强制性标准

D．勘察设计企业是否按规定在施工图上加盖相应的图章和签字

E．注册执业人员以及相关人员是否按规定在施工图上加盖相应的图章和签字

3．必须实行监理的建设工程有（　　　）。

A．重点建设工程　　　　　　　　B．大中型公用事业工程

C．住宅小区工程　　　　　　　　D．利用外国政府援助资金的工程

　　E．利用外国组织贷款的工程

　　4．根据《建设工程勘察设计管理条例》，编制建设工程勘察、设计文件的依据有（　　）。

　　A．项目批准文件

　　B．城乡规划

　　C．工程建设强制性标准

　　D．项目盈利分析

　　E．国家规定的建设工程勘察、设计深度要求

　　5．根据《建设工程勘察设计管理条例》，编制施工图设计文件，应当满足的事项有（　　）。

　　A．编制施工招标文件的需要

　　B．设备材料采购的需要

　　C．非标准设备制作的需要

　　D．控制概算的需要

　　E．施工的需要

【答案与解析】

一、单项选择题

1．A；　　2．B；　　3．C；　　4．A；　　5．C；　　6．B；　　*7．B；　　8．B；
9．C；　　10．C

【解析】

7．【答案】B

　　根据《关于设计单位执行有关建设工程合理使用年限问题的通知》，凡在建设工程有关建设标准、规范中有合理使用年限规定的，设计单位必须在相关的设计文件中注明。因此，建设工程的设计合理使用年限由设计单位根据国家有关规定确定，A 选项不正确，B 选项正确。目前建设工程标准、规范中尚未制定合理使用年限规定的，或建设单位对建设工程的合理使用年限有特殊要求的，须由建设单位与设计单位签订合同时予以明确，并由设计单位在设计文件中注明。需注意双方约定和设计单位注明均不得低于国家标准的规定，C、D 选项不正确。

二、多项选择题

1．D、E；　　　2．B、C、D、E；　　3．B、D；　　　4．A、B、C、E；
*5．B、C、E

【解析】

5．【答案】B、C、E

　　《建设工程勘察设计管理条例》规定，编制方案设计文件，应当满足编制初步设计文件和控制概算的需要。编制初步设计文件，应当满足编制施工招标文件、主要设备材料订货和编制施工图设计文件的需要。编制施工图设计文件，应当满足设备材料采购、非标准设备制作和施工的需要，并注明建设工程合理使用年限。B、C、E 选项为正确选项。

7.4 施工单位的质量责任和义务

复习要点

1. 对施工质量负责和总分包单位的质量责任

对施工质量负责和总分包单位的质量责任

事项	内容
依法承揽工程的施工业务	施工单位应当依法取得相应等级的资质证书，并在其资质等级许可的范围内承揽工程
	禁止施工单位超越本单位资质等级许可的业务范围或者以其他施工单位的名义承揽工程
	禁止施工单位允许其他单位或者个人以本单位的名义承揽工程
	施工单位不得转包或者违法分包工程
施工单位对施工质量负责	施工单位对建设工程的施工质量负责
	施工单位应当建立质量责任制，确定工程项目的项目经理、技术负责人和施工管理负责人
	工程总承包单位、施工单位及工程监理单位应当建立建设工程质量责任制度，加强对建设工程抗震设防措施施工质量的管理
	国家鼓励工程总承包单位、施工单位采用信息化手段采集、留存隐蔽工程施工质量信息
	施工单位应当按照抗震设防强制性标准进行施工
	施工单位项目经理应当按照经审查合格的施工图设计文件和施工技术标准进行施工，对因施工导致的工程质量事故或质量问题承担责任
总分包单位的质量责任	建筑工程实行总承包的，工程质量由总承包单位负责，总承包单位将建筑工程分包给其他单位的，应当对分包工程的质量与分包单位承担连带责任
	分包单位应当接受总承包单位的质量管理
	建设工程实行总承包的，总承包单位应当对全部建设工程质量负责；建设工程勘察、设计、施工、设备采购的一项或者多项实行总承包的，总承包单位应当对其承包的建设工程或者采购的设备的质量负责
	总承包单位依法将建设工程分包给其他单位的，分包单位应当按照分包合同的约定对其分包工程的质量向总承包单位负责，总承包单位与分包单位对分包工程的质量承担连带责任
	实行施工总承包的，隔震减震装置属于建设工程主体结构的施工，应当由总承包单位自行完成

2. 按照工程设计图纸和施工技术标准施工

按照工程设计图纸和施工技术标准施工

事项	内容
按照工程设计图纸施工	建筑施工企业必须按照工程设计图纸和施工技术标准施工，不得偷工减料。建筑施工企业不得擅自修改工程设计
	施工单位必须按照国家工程建设消防技术标准和经消防设计审核合格或者备案的消防设计文件组织施工，不得擅自改变消防设计进行施工，降低消防施工质量
防止设计文件和图纸出现差错	发现建设工程勘察、设计文件不符合工程建设强制性标准、合同约定的质量要求的，应当报告建设单位，建设单位有权要求建设工程勘察、设计单位对建设工程勘察、设计文件进行补充、修改

续表

事项	内容
防止设计文件和图纸出现差错	工程设计的修改由原设计单位负责，建筑施工企业不得擅自修改工程设计
	施工单位在施工过程中发现设计文件和图纸有差错的，应当及时提出意见和建议
	施工单位不得擅自改变消防设计进行施工，降低消防施工质量
消防设计、施工质量责任和义务	按照建设工程法律法规、国家工程建设消防技术标准，以及经消防设计审查合格或者满足工程需要的消防设计文件组织施工，不得擅自改变消防设计进行施工，降低消防施工质量
	按照消防设计要求、施工技术标准和合同约定检验消防产品和具有防火性能要求的建筑材料、建筑构配件和设备的质量，使用合格产品，保证消防施工质量
	参加建设单位组织的建设工程竣工验收，对建设工程消防施工质量签章确认，并对建设工程消防施工质量负责

3. 建筑材料、设备等的检验检测

建筑材料、设备等的检验检测

事项		内容	
对建筑材料、设备等进行检验检测	质量检测的概念	是指在新建、扩建、改建房屋建筑和市政基础设施工程活动中，建设工程质量检测机构（以下简称检测机构）接受委托，依据国家有关法律、法规和标准，对建设工程涉及结构安全、主要使用功能的检测项目，进入施工现场的建筑材料、建筑构配件、设备，以及工程实体质量等进行的检测	
	检测机构资质管理	检测机构资质分为综合类资质、专项类资质	
		申请检测机构资质的单位应当是具有独立法人资格的企业、事业单位，或者依法设立的合伙企业，并具备相应的人员、仪器设备、检测场所、质量保证体系等条件	
		申请材料	检测机构资质申请表
			主要检测仪器、设备清单
			检测场所不动产权属证书或者租赁合同
			技术人员的职称证书
			检测机构管理制度以及质量控制措施
		在资质证书有效期内名称、地址、法定代表人等发生变更的，应当在办理营业执照或者法人证书变更手续后 30 个工作日内办理资质证书变更手续。资质许可机关应当在 2 个工作日内办理完毕。检测机构检测场所、技术人员、仪器设备等事项发生变更影响其符合资质标准的，应当在变更后 30 个工作日内向资质许可机关提出资质重新核定申请，资质许可机关应当在 20 个工作日内完成审查，并作出书面决定	
检测活动管理	检测机构与人员要求	从事建设工程质量检测活动，应当遵守相关法律、法规和标准，相关人员应当具备相应的建设工程质量检测知识和专业能力	
		检测机构与所检测建设工程相关的建设、施工、监理单位，以及建筑材料、建筑构配件和设备供应单位不得有隶属关系或者其他利害关系	
		检测机构及其工作人员不得推荐或者监制建筑材料、建筑构配件和设备	
		委托方应当委托具有相应资质的检测机构开展建设工程质量检测业务	

续表

事项		内容
检测活动管理	检测机构与人员要求	检测机构应当按照法律、法规和标准进行建设工程质量检测，并出具检测报告
	建设单位要求	应当在编制工程概预算时合理核算建设工程质量检测费用，单独列支并按照合同约定及时支付
		建设单位委托检测机构开展建设工程质量检测活动的，建设单位或者监理单位应当对建设工程质量检测活动实施见证
		见证人员应当制作见证记录，记录取样、制样、标识、封志、送检以及现场检测等情况，并签字确认
		提供检测试样的单位和个人，应当对检测试样的符合性、真实性及代表性负责
		检测试样应当具有清晰的、不易脱落的唯一性标识、封志
		建设单位委托检测机构开展建设工程质量检测活动的，施工人员应当在建设单位或者监理单位的见证人员监督下现场取样
	检测要求	现场检测或者检测试样送检时，应当由检测内容提供单位、送检单位等填写委托单
		委托单应当由送检人员、见证人员等签字确认
		检测机构接收检测试样时，应当对试样状况、标识、封志等符合性进行检查，确认无误后方可进行检测
		检测报告经检测人员、审核人员、检测机构法定代表人或者其授权的签字人等签署，并加盖检测专用章后方可生效
		检测报告中应当包括检测项目代表数量（批次）、检测依据、检测场所地址、检测数据、检测结果、见证人员单位及姓名等相关信息
		非建设单位委托的检测机构出具的检测报告不得作为工程质量验收资料
		检测机构应当建立建设工程过程数据和结果数据、检测影像资料及检测报告记录与留存制度，对检测数据和检测报告的真实性、准确性负责
		任何单位和个人不得明示或者暗示检测机构出具虚假检测报告，不得篡改或者伪造检测报告
检测异常处理		检测机构在检测过程中发现建设、施工、监理单位存在违反有关法律法规规定和工程建设强制性标准等行为，以及检测项目涉及结构安全、主要使用功能检测结果不合格的，应当及时报告建设工程所在地县级以上地方人民政府住房和城乡建设主管部门
		检测结果利害关系人对检测结果存在争议的，可以委托共同认可的检测机构复检
		检测机构应当建立档案管理制度。检测合同、委托单、检测数据原始记录、检测报告按照年度统一编号，编号应当连续，不得随意抽撤、涂改
		检测机构应当单独建立检测结果不合格项目台账
检测机构建设		检测机构应当建立信息化管理系统，对检测业务受理、检测数据采集、检测信息上传、检测报告出具、检测档案管理等活动进行信息化管理，保证建设工程质量检测活动全过程可追溯
		检测机构应当保持人员、仪器设备、检测场所、质量保证体系等方面符合建设工程质量检测资质标准，加强检测人员培训，按照有关规定对仪器设备进行定期检定或者校准，确保检测技术能力持续满足所开展建设工程质量检测活动的要求

续表

事项		内容
检测机构建设		检测机构跨省、自治区、直辖市承担检测业务的，应当向建设工程所在地的省、自治区、直辖市人民政府住房和城乡建设主管部门备案
		检测机构在承担检测业务所在地的人员、仪器设备、检测场所、质量保证体系等应当满足开展相应建设工程质量检测活动的要求
禁止性行为		超出资质许可范围从事建设工程质量检测活动
		转包或者违法分包建设工程质量检测业务
		涂改、倒卖、出租、出借或者以其他形式非法转让资质证书
		违反工程建设强制性标准进行检测
		使用不能满足所开展建设工程质量检测活动要求的检测人员或者仪器设备
		出具虚假的检测数据或者检测报告
		同时受聘于两家或者两家以上检测机构
		违反工程建设强制性标准进行检测
		出具虚假的检测数据
		违反工程建设强制性标准进行结论判定或者出具虚假判定结论
监督管理		进入建设工程施工现场或者检测机构的工作场地进行检查、抽测
		向检测机构、委托方、相关单位和人员询问、调查有关情况
		对检测人员的建设工程质量检测知识和专业能力进行检查
		查阅、复制有关检测数据、影像资料、报告、合同以及其他相关资料
		组织实施能力验证或者比对试验
		法律、法规规定的其他措施
见证取样和送检	概念	见证取样和送检是指在建设单位或工程监理单位人员的见证下，由施工单位的现场试验人员对工程中涉及结构安全的试块、试件和材料在现场取样，并送经过省级以上建设行政主管部门对其资质认可和质量技术监督部门对其计量认证的质量检测单位进行检测
	必须检测内容	用于承重结构的混凝土试块
		用于承重墙体的砌筑砂浆试块
		用于承重结构的钢筋及连接接头试件
		用于承重墙的砖和混凝土小型砌块
		用于拌制混凝土和砌筑砂浆的水泥
		用于承重结构的混凝土中使用的掺加剂
		地下、屋面、厕浴间使用的防水材料
		国家规定必须实行见证取样和送检的其他试块、试件和材料
	要求	见证人员应由建设单位或该工程的监理单位具备建筑施工试验知识的专业技术人员担任，并应由建设单位或该工程的监理单位书面通知施工单位、检测单位和负责该项工程的质量监督机构
		在施工过程中，见证人员应按照见证取样和送检计划，对施工现场的取样和送检进行见证，取样人员应在试样或其包装上作出标识、封志

续表

事项		内容
见证取样和送检	要求	标识和封志应标明工程名称、取样部位、取样日期、样品名称和样品数量，并由见证人员和取样人员签字
		见证人员应制作见证记录，并将见证记录归入施工技术档案
		见证人员和取样人员应对试样的代表性和真实性负责
		见证取样的试块、试件和材料送检时，应由送检单位填写委托单，委托单应有见证人员和送检人员签字
		检测单位应检查委托单及试样上的标识和封志，确认无误后方可进行检测
		检测单位应严格按照有关管理规定和技术标准进行检测，出具公正、真实、准确的检测报告
		见证取样和送检的检测报告必须加盖见证取样检测的专用章

4．施工质量检验和返修

施工质量检验和返修

事项	内容
施工质量检验制度	施工单位必须建立、健全施工质量的检验制度，严格工序管理，作好隐蔽工程的质量检查和记录
	隐蔽工程在隐蔽前，施工单位应当通知建设单位和建设工程质量监督机构
建设工程的返修	对已发现的质量缺陷，建筑施工企业应当修复
	施工单位对施工中出现质量问题的建设工程或者竣工验收不合格的建设工程，应当负责返修
	因施工人的原因致使建设工程质量不符合约定的，发包人有权请求施工人在合理期限内无偿修理或者返工、改建
	经过修理或者返工、改建后，造成逾期交付的，施工人应当承担违约责任

5．建立健全职工教育培训制度

建立健全职工教育培训制度

事项	内容
行业要求	完善建筑工人技能培训组织实施体系，制定建筑工人职业技能标准和评价规范，完善职业（工种）类别
	鼓励各地加大实训基地建设资金支持力度，在技能劳动者供需缺口较大、产业集中度较高的地区建设公共实训基地，支持企业和院校共建产教融合实训基地。探索开展智能建造相关培训，加大对装配式建筑、建筑信息模型（BIM）等新兴职业（工种）建筑工人培养，增加高技能人才供给
	鼓励企业和行业协会积极举办各类技能竞赛，以赛促练、以赛促训
	推行终身职业技能培训制度，加强建筑工人岗前培训和技能提升培训
企业要求	强化企业技能培训主体作用，发挥设计、生产、施工等资源优势，大力推行现代学徒制和企业新型学徒制

续表

事项	内容
企业要求	鼓励企业采取建立培训基地、校企合作、购买社会培训服务等多种形式，解决建筑工人理论与实操脱节的问题，实现技能培训、实操训练、考核评价与现场施工有机结合
	施工单位应当建立、健全教育培训制度，加强对职工的教育培训
	未经教育培训或者考核不合格的人员，不得上岗作业

一　单项选择题

1. 根据《建设工程质量管理条例》，关于承揽工程的施工业务的做法，正确的是（　　）。

　　A．因经营需要，可以以其他施工单位的名义承揽工程

　　B．施工单位可以适当超出其资质等级许可的范围内承揽工程

　　C．施工单位无法承担施工任务的，可以转包

　　D．施工单位应当依法取得相应等级的资质证书

2. 总承包单位将建筑工程分包给其他单位的，应当对分包工程的质量与分包单位承担（　　）。

　　A．独立责任　　　　　　　　　B．连带责任

　　C．比例责任　　　　　　　　　D．补充责任

3. 关于修改建设工程勘察、设计文件的说法，正确的是（　　）。

　　A．不得修改建设工程勘察、设计文件

　　B．确需修改建设工程勘察、设计文件的，由施工单位实施

　　C．修改单位对修改的勘察、设计文件承担相应责任

　　D．建设单位应当报经原审批机关批准后，方可修改

4. 检测机构在检测过程中发现检测项目涉及结构安全、主要使用功能检测结果不合格的，应当及时报告（　　）。

　　A．上级单位

　　B．建设工程所在地县级以上地方人民政府住房和城乡建设主管部门

　　C．设计单位

　　D．监理单位

5. 下列试块、试件和材料中，必须实施见证取样和送检的是（　　）。

　　A．混凝土试块

　　B．砌筑砂浆试块

　　C．用于承重结构的钢筋及连接接头试件

　　D．混凝土中使用的掺加剂

6. 根据《建设工程质量管理条例》，施工单位返修发生在（　　）。

　　A．施工准备阶段　　　　　　　B．融资阶段

　　C．质量保修阶段　　　　　　　D．维保阶段

7. 关于总、分包单位的质量责任的说法，正确的是（　　）。

A. 建设单位与分包单位基于合同关系产生质量责任

B. 总承包单位就承包范围内的全部工程向建设单位承担质量责任

C. 分包单位就分包工程仅向总包单位承担质量责任

D. 总、分包单位的质量责任由监理单位确定

8. 根据《建筑工程五方责任主体项目负责人质量终身责任追究暂行办法》，发生较大工程质量事故，对施工单位项目经理进行责任追究的方式是（　　）。

A. 吊销执业资格证书　　　　　　B. 终身不予注册

C. 向社会公布曝光　　　　　　　D. 移送司法机关依法追究刑事责任

9. 关于建筑材料、设备等的检验检测的说法，正确的是（　　）。

A. 施工单位根据情况对建筑材料、建筑构配件、设备和商品混凝土进行检验

B. 检验的书面记录和签字可由项目经理部任一人员实施

C. 检验依据是建设行政主管部门下达的通知

D. 未经检验或者检验不合格的，不得使用

10. 非（　　）委托的检测机构出具的检测报告不得作为工程质量验收资料。

A. 建设单位　　　　　　　　　　B. 监理单位

C. 施工单位　　　　　　　　　　D. 建设行政主管部门

二　多项选择题

1. 根据《建设工程质量管理条例》，施工单位应当建立质量责任制，确定工程项目的（　　）。

A. 项目经理　　　　　　　　　　B. 资料归档人员

C. 技术负责人　　　　　　　　　D. 施工管理负责人

E. 造价工程师

2. 施工单位应当在（　　）监督下进行取样。

A. 建设行政主管部门　　　　　　B. 质量检测机构

C. 建设单位　　　　　　　　　　D. 质量监督机构

E. 工程监理单位

3. 下列单位中，检测机构不得与其有隶属关系或者其他利害关系的有（　　）。

A. 建设单位　　　　　　　　　　B. 施工单位

C. 监理单位　　　　　　　　　　D. 设计单位

E. 建筑材料供应单位

4. 隐蔽工程在隐蔽前，施工单位应当通知的单位有（　　）。

A. 设计单位　　　　　　　　　　B. 质量检测机构

C. 建设单位　　　　　　　　　　D. 材料供应单位

E. 建设工程质量监督机构

5. 关于见证取样和送检的说法，正确的有（　　）。

A. 见证人员应由建设单位和施工单位共同委托的具备建筑施工试验知识的专

业技术人员担任

    B. 见证人员应由建设单位或该工程的监理单位书面通知施工单位、检测单位和负责该项工程的质量监督机构

    C. 在施工过程中，见证人员应按照见证取样和送检计划，对施工现场的取样和送检进行见证

    D. 见证人员应制作见证记录，并将见证记录归入施工技术档案

    E. 建设单位或该工程的监理单位负责人应对试样的代表性和真实性负责

【答案与解析】

一、单项选择题

*1. D;   2. B;   3. C;   4. B;   5. C;   6. C;   *7. B;   *8. C;

9. D;   10. A

【解析】

1. 【答案】D

《建设工程质量管理条例》规定，施工单位应当依法取得相应等级的资质证书，并在其资质等级许可的范围内承揽工程。禁止施工单位超越本单位资质等级许可的业务范围或者以其他施工单位的名义承揽工程。禁止施工单位允许其他单位或者个人以本单位的名义承揽工程。施工单位不得转包或者违法分包工程。A、B、C 选项均为违法行为，D 选项正确。

7. 【答案】B

《建筑法》规定，建筑工程实行总承包的，工程质量由工程总承包单位负责，总承包单位将建筑工程分包给其他单位的，应当对分包工程的质量与分包单位承担连带责任。分包单位应当接受总承包单位的质量管理。《建设工程质量管理条例》进一步规定，建设工程实行总承包的，总承包单位应当对全部建设工程质量负责；建设工程勘察、设计、施工、设备采购的一项或者多项实行总承包的，总承包单位应当对其承包的建设工程或者采购的设备的质量负责。总承包单位依法将建设工程分包给其他单位的，分包单位应当按照分包合同的约定对其分包工程的质量向总承包单位负责，总承包单位与分包单位对分包工程的质量承担连带责任。建设单位与分包单位之间没有合同法律关系，分包单位的连带责任来自于法律直接规定了合同相对性的例外，A、C 选项不正确。总承包单位与建设单位之间存在总承包合同，应就承包范围内的全部工程向建设单位承担质量责任，不因分包工程的存在而免除。B 选项正确。总分包单位的质量责任由有关主体协商或者司法程序确定，D 选项不正确。

8. 【答案】C

《建筑工程五方责任主体项目负责人质量终身责任追究暂行办法》规定，发生本办法第 6 条所列情形之一的，对施工单位项目经理按以下方式进行责任追究：① 项目经理为相关注册执业人员的，责令停止执业 1 年；造成重大质量事故的，吊销执业资格证书，5 年以内不予注册；情节特别恶劣的，终身不予注册；② 构成犯罪的，移送司法机关依法追究刑事责任；③ 处单位罚款数额 5% 以上 10% 以下的罚款；④ 向社会公布曝

光。发生较大质量事故的，尚不构成吊销执业资格证书、终身不予注册，A、B 选项不正确。构成犯罪的，才移送司法机关，D 选项不正确。向社会公布曝光属于通用方式，C 选项正确。

二、多项选择题

1. A、C、D；　　　　2. C、E；　　　　　3. A、B、C、E；　　4. C、E；

*5. B、C、D

【解析】

5.【答案】B、C、D

见证人员应由建设单位或该工程的监理单位具备建筑施工试验知识的专业技术人员担任，并应由建设单位或该工程的监理单位书面通知施工单位、检测单位和负责该项工程的质量监督机构。因此，见证人员属于建设单位或该工程的监理单位工作人员，而非建设单位和施工单位共同委托的其他人员。A 选项不正确，B 选项正确。在施工过程中，见证人员应按照见证取样和送检计划，对施工现场的取样和送检进行见证，取样人员应在试样或其包装上作出标识、封志。标识和封志应标明工程名称、取样部位、取样日期、样品名称和样品数量，并由见证人员和取样人员签字。见证人员应制作见证记录，并将见证记录归入施工技术档案。C、D 选项正确。见证人员和取样人员而非单位负责人对试样的代表性和真实性负责，E 选项不正确。

7.5　建设工程竣工验收制度

复习要点

1. 竣工验收的主体和法定条件

竣工验收的主体和法定条件

事项	要求
建设工程竣工验收的主体	建设单位收到建设工程竣工报告后，应当组织设计、施工、工程监理等有关单位进行竣工验收
	检查整个工程项目是否已按照设计要求和合同约定全部建设完成，并符合竣工验收条件
竣工验收应当具备的法定条件	完成建设工程设计和合同约定的各项内容
	有完整的技术档案和施工管理资料
	有工程使用的主要建筑材料、建筑构配件和设备的进场试验报告
	有勘察、设计、施工、工程监理等单位分别签署的质量合格文件
	有施工单位签署的工程保修书

2. 规划、消防、节能和环保验收

规划、消防、节能和环保验收

事项	要求
建设工程竣工规划验收	县级以上地方人民政府城乡规划主管部门按照国务院规定对建设工程是否符合规划条件予以核实

续表

事项		要求
建设工程竣工规划验收		未经核实或者经核实不符合规划条件的，建设单位不得组织竣工验收
		建设单位应当在竣工验收后 6 个月内向城乡规划主管部门报送有关竣工验收资料
建设工程竣工消防验收		国务院住房和城乡建设主管部门规定应当申请消防验收的建设工程竣工，建设单位应当向住房和城乡建设主管部门申请消防验收
		上述规定以外的其他建设工程，建设单位在验收后应当报住房和城乡建设主管部门备案，住房和城乡建设主管部门应当进行抽查
		依法应当进行消防验收的建设工程，未经消防验收或者消防验收不合格的，禁止投入使用；其他建设工程经依法抽查不合格的、应当停止使用
建设工程竣工环保验收		编制环境影响报告书、环境影响报告表的建设项目竣工后，建设单位应当按照国务院环境保护行政主管部门规定的标准和程序，对配套建设的环境保护设施进行验收，编制验收报告
		建设单位在环境保护设施验收过程中，应当如实查验、监测、记载建设项目环境保护设施的建设和调试情况，不得弄虚作假
		除按照国家规定需要保密的情形外，建设单位应当依法向社会公开验收报告
		分期建设、分期投入生产或者使用的建设项目，其相应的环境保护设施应当分期验收
		编制环境影响报告书、环境影响报告表的建设项目，其配套建设的环境保护设施经验收合格，方可投入生产或者使用；未经验收或者验收不合格的，不得投入生产或者使用
建筑工程节能验收	基本要求	国家实行固定资产投资项目节能评估和审查制度
		不符合强制性节能标准的项目，建设单位不得开工建设；已经建成的，不得投入生产、使用
		政府投资项目不符合强制性节能标准的，依法负责项目审批的机关不得批准建设
		建设单位组织竣工验收，应当对民用建筑是否符合民用建筑节能强制性标准进行查验；对不符合民用建筑节能强制性标准的，不得出具竣工验收合格报告
	建筑节能分部工程进行质量验收的条件	建筑节能分部工程的质量验收，应在施工单位自检合格，且检验批、分项工程全部合格的基础上，进行外墙节能构造外窗气密性现场实体检测和设备系统节能性能检测，确认建筑节能工程质量达到验收的条件后方可进行
	建筑节能分部工程验收的程序和组织	节能工程的检验批验收和隐蔽工程验收应由专业监理工程师组织并主持，施工单位相关专业的质量检查员与施工员参加验收
		节能分项工程验收应由专业监理工程师主持，施工单位项目技术负责人和相关专业的质量检查员、施工员参加验收；必要时可邀请主要设备、材料供应商及分包单位、设计单位相关专业的人员参加验收
		节能分部工程验收应由总监理工程师组织并主持，施工单位项目负责人、项目技术负责人和相关专业的负责人员应参加验收；主要设备、材料供应商及分包单位、设计单位相关专业的人员参加验收
	建筑节能工程专项验收应注意事项	建筑节能工程验收重点是检查建筑节能工程效果是否满足设计及规范要求，监理和施工单位应加强和重视节能验收工作，对验收中发现的工程实物质量问题及时解决

续表

事项		要求
建筑工程节能验收	建筑节能工程专项验收应注意事项	工程项目存在以下问题之一的，监理单位不得组织节能工程验收：未完成建筑节能工程设计内容的；隐蔽验收记录等技术档案和施工管理资料不完整的；工程使用的主要建筑材料、建筑构配件和设备未提供进场检验报告的，未提供相关的节能性检测报告的；工程存在违反强制性标准的质量问题而未整改完毕的；对监督机构发出的责令整改内容未整改完毕的；存在其他违反法律、法规行为而未处理完毕的
		工程项目验收存在以下问题之一的，应重新组织建筑节能工程验收：验收组织机构不符合法规及规范要求的；参加验收人员不具备相应资格的；参加验收各方主体验收意见不一致的；验收程序和执行标准不符合要求的；各方提出的问题未整改完毕的
		单位工程在办理竣工备案时应提交建筑节能相关资料，不符合要求的不予备案

3．竣工验收备案

竣工验收备案

事项		要求
竣工验收备案的时间及须提交的文件	基本要求	建设单位应当自工程竣工验收合格之日起 15 日内，依照规定，向工程所在地的县级以上地方人民政府建设主管部门（以下简称备案机关）备案
	应当提交的文件	工程竣工验收备案表
		工程竣工验收报告
		法律、行政法规规定应当由规划等部门出具的认可文件或者准许使用文件
		消防设计审查验收主管部门对特殊工程出具的消防验收意见
		施工单位签署的工程质量保修书
		法规、规章规定必须提供的其他文件
		住宅工程还应当提交《住宅质量保证书》《住宅使用说明书》
竣工验收备案文件的签收和处理		备案机关收到建设单位报送的竣工验收备案文件，验证文件齐全后，应当在工程竣工验收备案表上签署文件收讫
		工程竣工验收备案表一式两份，1 份由建设单位保存，1 份留备案机关存档
		工程质量监督机构应当在工程竣工验收之日起 5 日内，向备案机关提交工程质量监督报告
		备案机关发现建设单位在竣工验收过程中有违反国家有关建设工程质量管理规定行为的，应当在收讫竣工验收备案文件 15 日内，责令停止使用，重新组织竣工验收

4．应提交的档案资料

应提交的档案资料

依据	具体规定
《建设工程质量管理条例》	建设单位应当严格按照国家有关档案管理的规定，及时收集、整理建设项目各环节的文件资料，建立健全建设项目档案，并在建设工程竣工验收后，及时向建设行政主管部门或者其他有关部门移交建设项目档案

续表

依据	具体规定
《城市建设档案管理规定》	建设单位应当在工程竣工验收后 3 个月内，向城建档案馆报送一套符合规定的建设工程档案
	凡建设工程档案不齐全的，应当限期补充
	对改建、扩建和重要部位维修的工程，建设单位应当组织设计、施工单位据实修改、补充和完善原建设工程档案
	凡结构和平面布置等改变的，应当重新编制建设工程档案，并在工程竣工后三个月内向城建档案馆报送
	建设单位在组织工程竣工验收前，应按本规范的要求将全部文件材料收集齐全并完成工程档案的立卷；在组织竣工验收时，应组织对工程档案进行验收，验收结论应在工程竣工验收报告、专家组竣工验收意见中明确
	对列入城建档案管理机构接收范围的工程，工程竣工验收备案前，应向当地城建档案管理机构移交一套符合规定的工程档案
《建设工程文件归档规范（2019 年版）》GB/T 50328—2014	勘察、设计、施工、监理等单位应将本单位形成的工程文件立卷后向建设单位移交
	建设工程项目实行总承包管理的，总包单位应负责收集、汇总各分包单位形成的工程档案，并应及时向建设单位移交；各分包单位应将本单位形成的工程文件整理、立卷后及时移交总包单位
	建设工程项目由几个单位承包的，各承包单位应负责收集、整理立卷其承包项目的工程文件，并应及时向建设单位移交
	每项建设工程应编制一套电子档案，随纸质档案一并移交城建档案管理机构
	电子档案签署了具有法律效力的电子印章或电子签名的，可不移交相应纸质档案

一　单项选择题

1. 根据《民法典》，建设工程竣工后，（　　）应当根据施工图纸及说明书、国家颁发的施工验收规范和质量检验标准及时进行验收。

A. 发包人　　　　　　　　　　B. 总承包人

C. 分包人　　　　　　　　　　D. 建设行政主管部门

2. 根据《建设工程质量管理条例》，建设工程竣工验收应当具备的条件是（　　）。

A. 基本完成建设工程设计和合同约定的各项内容

B. 有技术档案和施工管理资料

C. 有工程使用的主要建筑材料、建筑构配件和设备的进场试验报告

D. 有勘察、设计、施工、工程监理等单位分别签署的工程保修书

3. 建设单位应当在竣工验收后（　　）内向城乡规划主管部门报送有关竣工验收资料。

A. 6 个月　　　　　　　　　　B. 12 个月

C. 18 个月　　　　　　　　　　D. 24 个月

4. 规定应当申请消防验收的建设工程竣工，建设单位应当向（　　）申请消防验收。

A. 消防部门　　　　　　　　　B. 住房和城乡建设主管部门

C. 规划部门　　　　　　　　　D. 人民政府

5. 根据《节约能源法》，关于节能评估和审查制度的说法，正确的是（　　　）。

　　A. 国家鼓励固定资产投资项目节能评估和审查制度

　　B. 不符合强制性节能标准的项目，不得开工建设

　　C. 不符合强制性节能标准的项目，已经建成的，降级投入生产、使用

　　D. 政府投资项目不符合强制性节能标准的，经批准后方可建设

6. 单位工程竣工验收和建筑节能分部工程验收的关系是（　　　）。

　　A. 单位工程竣工验收应在建筑节能分部工程验收合格后进行

　　B. 两者同时进行

　　C. 建筑节能分部工程验收应在单位工程竣工验收合格后进行

　　D. 两者独立实施，彼此无关

7. 关于建筑节能分部工程进行质量验收的条件的说法，正确的是（　　　）。

　　A. 应在施工单位自检时一并进行

　　B. 应在检验批、分项工程全部合格的基础上进行

　　C. 进行内部构造气密性现场实体检测

　　D. 完成建筑材料节能性能检测

8. 关于建筑节能分部工程验收的说法，正确的是（　　　）。

　　A. 节能工程的检验批验收和隐蔽工程验收应由总监理工程师组织并主持

　　B. 施工单位项目负责人参加验收

　　C. 节能分项工程验收必要时可邀请主要设备、材料供应商及分包单位、设计单位相关专业的人员参加验收

　　D. 节能分部工程验收应由建设单位组织

9. 建设单位应当自建设工程竣工验收合格之日起（　　　）内，将建设工程竣工验收报告和规划等部门出具的认可文件或者准许使用文件报建设行政主管部门或者其他有关部门备案。

　　A. 3 日　　　　　　　　　　　　B. 5 日

　　C. 7 日　　　　　　　　　　　　D. 15 日

10. 房屋建筑和市政基础设施工程竣工验收后，有关机关对建设单位报送的文件验证齐全后，在表上签署文件收讫的行为是（　　　）。

　　A. 行政审批　　　　　　　　　　B. 行政强制

　　C. 备案　　　　　　　　　　　　D. 核准

二　多项选择题

1. 根据《建设工程文件归档规范（2019 年版）》GB/T 50328—2014，工程技术档案和施工管理资料有（　　　）。

　　A. 工程项目竣工验收报告

　　B. 分项、分部工程和单位工程技术人员名单

　　C. 图纸审查记录

　　D. 设计变更通知单，技术变更核实单

E．隐蔽工程验收记录及施工日志

2．对建设工程使用的主要建筑材料、建筑构配件和设备，除须具有质量合格证明资料外，还应当有（   ）。

A．权属证明   B．规章制度

C．进场试验报告   D．使用说明

E．检验报告

3．建设单位应当按照国务院环境保护行政主管部门规定的标准和程序，对配套建设的环境保护设施进行验收，编制验收报告的建设项目有（   ）。

A．填报环境影响登记表的建设项目

B．编制环境影响报告书的建设项目

C．编制环境影响报告表的建设项目

D．配备了建设项目环境保护设施的建设项目

E．分期建设、分期投入生产或者使用的建设项目

4．建设单位办理住宅工程竣工验收备案，除提交其他工程所需文件外，还应当提交的文件有（   ）。

A．工程竣工验收备案表   B.《住宅质量保证书》

C．施工图设计文件审查意见   D．由规划等部门出具的认可文件

E.《住宅使用说明书》

5．关于建设工程项目实行总承包管理的归档的说法，正确的有（   ）。

A．总包单位应负责收集、汇总各分包单位形成的工程档案，并应及时向建设单位移交

B．各分包单位应将本单位形成的工程文件整理、立卷后及时移交总包单位

C．建设工程项目由几个单位承包的，应当指定一个牵头人负责收集、汇总各承包单位形成的工程档案

D．总包单位、各分包单位各自形成工程档案，并应及时向建设单位移交

E．建设单位向城建档案馆报送一套符合规定的建设工程档案

【答案与解析】

一、单项选择题

1．A；   *2．C；   3．A；   4．B；   5．B；   6．A；   *7．B；   8．C；
9．D；   10．C

【解析】

2.【答案】C

《建设工程质量管理条例》规定，建设工程竣工验收应当具备的条件有：（一）完成建设工程设计和合同约定的各项内容；（二）有完整的技术档案和施工管理资料；（三）有工程使用的主要建筑材料、建筑构配件和设备的进场试验报告；（四）有勘察、设计、施工、工程监理等单位分别签署的质量合格文件；（五）有施工单位签署的工程保修书。A选项只是基本完成，并未完成相应内容，不正确。B选项忽略了"完整"，

不满足验收条件，不正确。D 选项中的工程保修书，仅由施工单位签署即可，不正确。

　　7.【答案】B

　　根据《建筑节能工程施工质量验收标准》，建筑节能分部工程的质量验收，应在施工单位自检合格，且检验批、分项工程全部合格的基础上，进行外墙节能构造外窗气密性现场实体检测和设备系统节能性能检测，确认建筑节能工程质量达到验收的条件后方可进行。建筑节能分部工程进行质量验收以施工单位自检合格为前提，而不是同时进行，A 选项不正确。C 选项不当地扩大到内部构造气密性，不正确。建材不像设备系统那样，不是分部工程质量验收的重点，D 选项不正确。

　　二、多项选择题

　　1. A、B、D、E；　　　2. C、E；　　　　　3. B、C；　　　　　*4. B、E；

　　5. A、B、E

　　【解析】

　　4.【答案】B、E

　　根据《房屋建筑和市政基础设施工程竣工验收备案管理办法》《住房和城乡建设部关于取消部分部门规章和规范性文件设定的证明事项（第二批）的决定》（建法规〔2020〕2 号）的规定，建设单位办理工程竣工验收备案应当提交下列文件：① 工程竣工验收备案表；② 工程竣工验收报告。竣工验收报告应当包括工程报建日期，施工许可证号，施工图设计文件审查意见，勘察、设计、施工、工程监理等单位分别签署的质量合格文件及验收人员签署的竣工验收原始文件，市政基础设施的有关质量检测和功能性试验资料以及备案机关认为需要提供的有关资料；③ 法律、行政法规规定应当由规划等部门出具的认可文件或者准许使用文件；④ 法律规定应当由公安消防部门出具的对大型的人员密集场所和其他特殊建设工程验收合格的证明文件；⑤ 施工单位签署的工程质量保修书；⑥ 法规、规章规定必须提供的其他文件。住宅工程还应当提交《住宅质量保证书》《住宅使用说明书》。B、E 选项正确。

7.6　建设工程质量保修制度

复习要点

1. 质量保修书和最低保修期限

质量保修书和最低保修期限

事项	具体规定
质量保修范围	地基基础工程
	主体结构工程
	屋面防水工程
	电气管线、上下水管线
	安装工程
	供热、供冷系统工程

续表

事项	具体规定
质量保修责任	建设工程在保修范围和保修期限内发生质量问题的，施工单位应当履行保修义务，并对造成的损失承担赔偿责任
	当工程在保修期内出现一般质量缺陷时，建设单位应向施工单位发出保修通知，施工单位应进行现场勘察、制定保修方案，并进行及时修复
	当工程在保修期内出现涉及结构安全或影响使用功能的严重质量缺陷时，应由原设计单位或相应资质等级的设计单位提出保修设计方案，施工单位实施保修。保修完成后，工程应符合原设计要求
	建设单位、施工单位或受委托的其他单位在保修期内应明确保修和质量投诉受理部门、人员及联系方式，并建立相关工作记录文件
	施工单位在质量保修书中，应当向建设单位承诺保修范围、保修期限和有关具体实施保修的措施，如保修的方法、人员及联络办法，保修答复和处理时限，不履行保修责任的罚则等
建设工程质量的最低保修期限	基础设施工程、房屋建筑的地基基础工程和主体结构工程，为设计文件规定的该工程的合理使用年限
	屋面防水工程、有防水要求的卫生间、房间和外墙面的防渗漏，为5年
	供热与供冷系统，为2个采暖期、供冷期
	电气管线、给水排水管道、设备安装和装修工程，为2年
	其他项目的保修期限由发包方与承包方约定

2. 工程质量保证金

建设工程质量保证金（以下简称保证金）是指发包人与承包人在建设工程承包合同中约定，从应付的工程款中预留，用以保证承包人在缺陷责任期内对建设工程出现的缺陷进行维修的资金。

工程质量保证金

事项	要求
缺陷责任期的确定	缺陷是指建设工程质量不符合工程建设强制性标准、设计文件，以及承包合同的约定
	缺陷责任期一般为1年，最长不超过2年，由发、承包双方在合同中约定
	缺陷责任期从工程通过竣工验收之日起计
	由于承包人原因导致工程无法按规定期限进行竣工验收的，缺陷责任期从实际通过竣工验收之日起计
	由于发包人原因导致工程无法按规定期限进行竣工验收的，在承包人提交竣工验收报告90天后，工程自动进入缺陷责任期
工程质量保证金的预留与使用管理	缺陷责任期内，实行国库集中支付的政府投资项目，保证金的管理应按国库集中支付的有关规定执行
	其他政府投资项目，保证金可以预留在财政部门或发包方
	缺陷责任期内，如发包方被撤销，保证金随交付使用资产一并移交使用单位管理，由使用单位代行发包人职责
	社会投资项目采用预留保证金方式的，发、承包双方可以约定将保证金交由第三方金融机构托管

续表

事项	要求
工程质量保证金的预留与使用管理	发包人应按照合同约定方式预留保证金，保证金总预留比例不得高于工程价款结算总额的3%
	合同约定由承包人以银行保函替代预留保证金的，保函金额不得高于工程价款结算总额的3%
	推行银行保函制度，承包人可以银行保函替代预留保证金。在工程项目竣工前，已经缴纳履约保证金的，发包人不得同时预留工程质量保证金。采用工程质量保证担保、工程质量保险等其他保证方式的，发包人不得再预留保证金
	缺陷责任期内，由承包人原因造成的缺陷，承包人应负责维修，并承担鉴定及维修费用。如承包人不维修也不承担费用，发包人可按合同约定从保证金或银行保函中扣除。费用超出保证金额的，发包人可按合同约定向承包人进行索赔。承包人维修并承担相应费用后，不免除对工程的损失赔偿责任。由他人原因造成的缺陷，发包人负责组织维修，承包人不承担费用，且发包人不得从保证金中扣除费用
工程质量保证金的返还	缺陷责任期到期后，承包人向发包人申请返还保证金
	发包人在接到承包人返还保证金申请后，应于14天内会同承包人按照合同约定的内容进行核实。如无异议，发包人应当按照约定将保证金返还给承包人
	对返还期限没有约定或者约定不明确的，发包人应当在核实后14天内将保证金返还承包人，逾期未返还的，依法承担违约责任
	发包人在接到承包人返还保证金申请后14天内不予答复，经催告后14天内仍不予答复，视同认可承包人的返还保证金申请
	发包人和承包人对保证金预留、返还以及工程维修质量、费用有争议的，按承包合同约定的争议和纠纷解决程序处理。建设工程实行工程总承包的，总承包单位与分包单位有关保证金的权利与义务的约定，参照关于发包人与承包人相应权利与义务的约定执行
	返还情形：当事人约定的工程质量保证金返还期限届满
	当事人未约定工程质量保证金返还期限的，自建设工程通过竣工验收之日起满2年
	因发包人原因建设工程未按约定期限进行竣工验收的，自承包人提交工程竣工验收报告90日后当事人约定的工程质量保证金返还期限届满
	当事人未约定工程质量保证金返还期限的，自承包人提交工程竣工验收报告90日后起满2年
	发包人返还工程质量保证金后，不影响承包人根据合同约定或者法律规定履行工程保修义务

一 单项选择题

1. 根据《建筑与市政工程施工质量控制通用规范》GB 55032—2022，关于质量保修的说法，正确的是（　　）。

A. 当工程在保修期内出现一般质量缺陷时，建设单位应向缺陷责任方发出保修通知

B. 施工单位应依据图纸直接进行修复

C. 出现涉及结构安全或影响使用功能的严重质量缺陷时，应由施工单位提出保修设计方案

D. 保修完成后，工程应符合原设计要求

2. 屋面防水工程的法定最低保修期限是（   ）。

    A．设计文件规定的该工程的合理使用年限

    B．5 年

    C．2 个防水期

    D．2 年

3. 建设单位与施工单位经平等协商另行约定的保修期限与法定最低保修期之间的关系是（   ）。

    A．不得低于   B．可以低于

    C．彼此独立   D．两者取低

4. 建设工程保修期的起始日是（   ）。

    A．完工之日   B．竣工验收合格之日

    C．竣工验收备案之日   D．缺陷责任期满之日

5. 根据《建设工程质量管理条例》，建设工程在超过合理使用年限后需要继续使用的，产权所有人应当委托具有相应资质等级的（   ）鉴定。

    A．司法鉴定机构   B．监理单位

    C．勘察、设计单位   D．质量检测机构

6. 关于建设工程保证金的说法，正确的是（   ）。

    A．除依法依规设立的，一律取消

    B．审慎新设保证金项目

    C．强制实施银行保函制度

    D．已经缴纳的履约保证金比例较低的，还可以同时预留工程质量保证金

7. 缺陷责任期最长不超过（   ）。

    A．6 个月   B．1 年

    C．2 年   D．5 年

8. 缺陷责任期内，实行国库集中支付的政府投资项目，保证金（   ）。

    A．预留在财政部门

    B．预留在发包方

    C．应按国库集中支付的有关规定执行

    D．预留在使用单位

9. 发包人应按照合同约定方式预留保证金，保证金总预留比例不得高于工程价款结算总额的（   ）。

    A．1%   B．2%

    C．3%   D．5%

10. 关于返还保证金的说法，正确的是（   ）。

    A．发包人在接到承包人返还保证金申请后，应于 28 天内会同承包人按照合同约定的内容进行核实

    B．如无异议，发包人应当按照约定将保证金返还给承包人

    C．发包人应当逾期未返还的，依法承担违法责任

    D．约定经催告后一定期限内仍不予答复返还申请的，该约定无效

二 多项选择题

1. 建设工程质量保修书应当明确建设工程的（　　）。
   A. 保修范围　　　　　　　B. 使用说明
   C. 保修期限　　　　　　　D. 潜在缺陷
   E. 保修责任

2. 下列事项中，属于法定保修项目的有（　　）。
   A. 地基基础工程　　　　　B. 主体结构工程
   C. 屋面防水工程　　　　　D. 广告展示
   E. 家具布置

3. 关于缺陷责任期时间的说法，正确的有（　　）。
   A. 从工程通过竣工验收之日起计
   B. 由于承包人原因导致工程无法按规定期限进行竣工验收的，缺陷责任期从实际通过竣工验收之日起计
   C. 由于发包人原因导致工程无法按规定期限进行竣工验收的，在承包人提交竣工验收报告 90 天后，工程自动进入缺陷责任期
   D. 与质量保修期时间一致
   E. 缺陷责任期满，不再承担质量保修责任

4. 在工程项目竣工前，缴纳或者采用（　　）等担保方式的，发包人不得再预留保证金。
   A. 履约保证金　　　　　　B. 工程质量保证担保
   C. 工程质量保险　　　　　D. 投标保证金
   E. 农民工工资保证金

5. 下列情形中，承包人请求发包人返还工程质量保证金，人民法院应予支持的有（　　）。
   A. 当事人约定的工程质量保证金返还期限届满
   B. 当事人未约定工程质量保证金返还期限的，自建设工程通过竣工验收之日起满 2 年
   C. 因发包人原因建设工程未按约定期限进行竣工验收的，自承包人提交工程竣工验收报告 90 日后当事人约定的工程质量保证金返还期限届满
   D. 当事人未约定工程质量保证金返还期限的，自承包人提交工程竣工验收报告 90 日后起满 2 年
   E. 建设行政主管部门要求切实解决承包人经营困难

【答案与解析】

一、单项选择题
*1. D；　2. B；　3. A；　4. B；　5. C；　*6. A；　7. C；　8. C；

9. C;　　10. B

【解析】

1.【答案】D

《建筑与市政工程施工质量控制通用规范》GB 55032—2022 规定，当工程在保修期内出现一般质量缺陷时，建设单位应向施工单位发出保修通知，施工单位应进行现场勘察、制定保修方案，并进行及时修复。不管最终责任方是哪个单位，施工单位都应当实施保修，A 选项不正确。施工单位不能盲目保修，应当在通过现场勘察等方式查明质量缺陷成因的基础上，制定保修方案，进行修复，B 选项不正确。当工程在保修期内出现涉及结构安全或影响使用功能的严重质量缺陷时，应由原设计单位或相应资质等级的设计单位提出保修设计方案，施工单位实施保修。C 选项不正确。保修完成后，工程应符合原设计要求。D 选项正确。

6.【答案】A

《国务院办公厅关于清理规范工程建设领域保证金的通知》（国办发〔2016〕49号）规定，对建筑业企业在工程建设中需缴纳的保证金，除依法依规设立的投标保证金、履约保证金、工程质量保证金、农民工工资保证金外，其他保证金一律取消；则 A 选项正确。该通知采取了"一刀切"的方式，严禁新设保证金项目，而不是可以审慎设立，B 选项不正确。在转变保证金缴纳方式方面，根据当前情况，推行银行保函制度，C 选项不正确。在工程项目竣工前，已经缴纳履约保证金的，建设单位不得同时预留工程质量保证金，D 选项不正确。

二、多项选择题

1. A、C、E;　　2. A、B、C;　　3. A、B、C;　　4. A、B、C;
*5. A、B、C、D

【解析】

5.【答案】A、B、C、D

《最高人民法院关于审理建设工程施工合同纠纷案件适用法律问题的解释（一）》规定，有下列情形之一，承包人请求发包人返还工程质量保证金的，人民法院应予支持：（1）当事人约定的工程质量保证金返还期限届满；该情形属于约定的返还期限届满，A 选项正确；（2）当事人未约定工程质量保证金返还期限的，自建设工程通过竣工验收之日起满 2 年；该 2 年是基于未约定时的处断，综合考虑了承包人负担程度以及有关部委的缺陷责任期规定，B 选项正确；（3）因发包人原因建设工程未按约定期限进行竣工验收的，自承包人提交工程竣工验收报告 90 日后当事人约定的工程质量保证金返还期限届满；当事人未约定工程质量保证金返还期限的，自承包人提交工程竣工验收报告 90 日后起满 2 年。前述情形综合考虑了发包人的过错以及对提交报告的知晓等因素，C、D 选项正确。E 选项中建设行政主管部门要求不构成法定事由，承包人经营困难通常宜作为商业风险考虑，不能作为人民法院应予支持的理由。

第8章 建设工程环境保护和历史文化遗产保护法律制度

8.1 建设工程环境保护制度

复习要点

1. 建设工程大气污染防治

施工扬尘污染防治	建设单位应当将防治扬尘污染的费用列入工程造价，并在施工承包合同中明确施工单位扬尘污染防治责任。施工单位应当制定具体的施工扬尘污染防治实施方案。施工单位应当在施工工地设置硬质围挡，并采取覆盖、分段作业、择时施工、洒水抑尘、冲洗地面和车辆等有效防尘降尘措施。建筑土方、工程渣土、建筑垃圾应当及时清运；在场地内堆存的，应当采用密闭式防尘网遮盖。工程渣土、建筑垃圾应当进行资源化处理。 施工单位应当在施工工地公示扬尘污染防治措施、负责人、扬尘监督管理主管部门等信息。暂时不能开工的建设用地，建设单位应当对裸露地面进行覆盖；超过三个月的，应当进行绿化、铺装或者遮盖。 运输煤炭、垃圾、渣土、砂石、土方、灰浆等散装、流体物料的车辆应当采取密闭或者其他措施防止物料遗撒造成扬尘污染，并按照规定路线行驶。装卸物料应当采取密闭或者喷淋等方式防治扬尘污染
施工单位扬尘污染防治责任	建设单位应将防治扬尘污染的费用列入工程造价，并在施工承包合同中明确施工单位扬尘污染防治责任。暂时不能开工的施工工地，建设单位应当对裸露地面进行覆盖；超过三个月的，应当进行绿化、铺装或者遮盖。施工单位应制定具体的施工扬尘污染防治实施方案，在施工工地公示扬尘污染防治措施、负责人、扬尘监督管理主管部门等信息。施工单位应当采取有效防尘降尘措施，减少施工作业过程扬尘污染，并做好扬尘污染防治工作。 城市范围内主要路段的施工工地应设置高度不小于 2.5m 的封闭围挡，一般路段的施工工地应设置高度不小于 1.8m 的封闭围挡。施工工地的封闭围挡应坚固、稳定、整洁、美观。 施工现场的建筑材料、构件、料具应按总平面布局进行码放。在规定区域内的施工现场应使用预拌混凝土及预拌砂浆；采用现场搅拌混凝土或砂浆的场所应采取封闭、降尘、降噪措施；水泥和其他易飞扬的细颗粒建筑材料应密闭存放或采取覆盖等措施。 施工现场土方作业应采取防止扬尘措施，主要道路应定期清扫、洒水。拆除建筑物或构筑物时，应采用隔离、洒水等降噪、降尘措施，并应及时清理废弃物。施工进行铣刨、切割等作业时，应采取有效防扬尘措施；灰土和无机料应采用预拌进场，碾压过程中应洒水降尘。 施工现场的主要道路及材料加工区地面应进行硬化处理，道路应畅通，路面应平整坚实。裸露的场地和堆放的土方应采取覆盖、固化或绿化等措施。施工现场出入口应设置车辆冲洗设施，并对驶出车辆进行清洗。土方和建筑垃圾的运输应采用封闭式运输车辆或采取覆盖措施。建筑物内施工垃圾的清运，应采用器具或管道运输，严禁随意抛掷。施工现场严禁焚烧各类废弃物。 鼓励施工工地安装在线监测和视频监控设备，并与当地有关主管部门联网。当环境空气质量指数达到中度及以上污染时，施工现场应增加洒水频次，加强覆盖措施，减少易造成大气污染的施工作业

续表

违法施工扬尘防治的法律责任	施工单位有下列行为之一的，由县级以上人民政府住房和城乡建设等主管部门按照职责责令改正，处 1 万元以上 10 万元以下的罚款；拒不改正的，责令停工整治：（1）施工工地未设置硬质密闭围挡，或者未采取覆盖、分段作业、择时施工、洒水抑尘、冲洗地面和车辆等有效防尘降尘措施的；（2）建筑、土方、工程渣土、建筑垃圾未及时清运，或者未采用密闭式防尘网遮盖的。运输煤炭、垃圾、渣土、砂石、土方、灰浆等散装、流体物料的车辆，未采取密闭或者其他措施防止物料遗撒的，由县级以上地方人民政府确定的监督管理部门责令改正，处 2000 元以上 2 万元以下的罚款；拒不改正的，车辆不得上道路行驶。有下列行为之一的，由县级以上人民政府生态环境等主管部门按照职责令改正，处 1 万元以上 10 万元以下的罚款；拒不改正的，责令停工整治或者停业整治：（1）未密闭煤炭、煤矸石、煤渣、煤灰、水泥、石灰、石膏、砂土等易产生扬尘的物料的；（2）对不能密闭的易产生扬尘的物料，未设置不低于堆放物高度的严密围挡，或者未采取有效覆盖措施防治扬尘污染的；（3）装卸物料未采取密闭或者喷淋等方式控制扬尘排放的；（4）存放煤炭、煤矸石、煤渣、煤灰等物料，未采取防燃措施的；（5）码头、矿山、填埋场和消纳场未采取有效措施防治扬尘污染的

2．建设工程水污染防治

施工水污染防治	1）禁止事项。禁止向水体排放油类、酸液、碱液或者剧毒废液。禁止在水体清洗装贮过油类或者有毒污染物的车辆和容器。禁止向水体排放、倾倒放射性固体废物或者含有高放射性和中放射性物质的废水。禁止向水体排放、倾倒工业废渣、城镇垃圾和其他废弃物。禁止将含有汞、镉、砷、铬、铅、氰化物、黄磷等的可溶性剧毒废渣向水体排放、倾倒或者直接埋入地下。存放可溶性剧毒废渣的场所，应当采取防水、防渗漏、防流失的措施。禁止在江河、湖泊、运河、渠道、水库最高水位线以下的滩地和岸坡堆放、存贮固体废弃物和其他污染物。禁止利用渗井、渗坑、裂隙、溶洞，私设暗管，篡改、伪造监测数据，或者不正常运行水污染防治设施等逃避监管的方式排放水污染物。在饮用水水源保护区内，禁止设置排污口。2）管理事项。向水体排放含低放射性物质的废水，应当符合国家有关放射性污染防治的规定和标准。向水体排放含热废水，应当采取措施，保证水体的水温符合水环境质量标准。存放可溶性剧毒废渣的场所，应当采取防水、防渗漏、防流失的措施。工业集聚区、矿山开采区、尾矿库、危险废物处置场、垃圾填埋场等的运营、管理单位，应当采取防渗漏等措施，并建设地下水水质监测井进行监测，防止地下水污染。多层地下水的含水层水质差异大的，应当分层开采；对已受污染的潜水和承压水，不得混合开采。兴建地下工程设施或者进行地下勘探、采矿等活动，应当采取防护性措施，防止地下水污染。报废矿井、钻井或者取水井等，应当实施封井或者回填
建设项目的水污染防治	新建、改建、扩建市政基础设施工程应当配套建设雨水收集利用设施，增加绿地、砂石地面、可渗透路面和自然地面对雨水的滞渗能力，利用建筑物、停车场、广场、道路等建设雨水收集利用设施，削减雨水径流，提高城镇内涝防治能力。新区建设与旧城区改建，应当按照城镇排水与污水处理规划确定的雨水径流控制要求建设相关设施。 新建、改建、扩建建设工程，不得影响城镇排水与污水处理设施安全。建设工程开工前，建设单位应当查明工程建设范围内地下城镇排水与污水处理设施的相关情况。城镇排水主管部门及其他相关部门和单位应当及时提供相关资料。建设工程施工范围内有排水管网等城镇排水与污水处理设施的，建设单位应当与施工单位、设施维护运营单位共同制定设施保护方案，并采取相应的安全保护措施。因工程建设需要拆除、改动城镇排水与污水处理设施的，建设单位应当制定拆除、改动方案，报城镇排水主管部门审核，并承担重建、改建和采取临时措施的费用。从事工业、建筑、餐饮、医疗等活动的企业事业单位、个体工商户（以下称排水户）向城镇排水设施排放污水的，应当向城镇排水主管部门申请领取污水排入排水管网许可证。城镇排水主管部门应当按照国家有关标准，重点对影响城镇排水与污水处理设施安全运行的事项进行审查。排水户应当按照污水排入排水管网许可证的要求排放污水。排水单位和个人应当按照国家有关规定缴纳污水处理费。向城镇污水处理设施排放污水、缴纳污水处理费的，不再缴纳排污费

违法行为应承担的法律责任	1）违反排污许可管理的法律责任 有下列行为之一的，由县级以上人民政府环境保护主管部门责令改正或者责令限制生产、停产整治，并处 10 万元以上 100 万元以下的罚款；情节严重的，报经有批准权的人民政府批准，责令停业、关闭：（1）未依法取得排污许可证排放水污染物的；（2）超过水污染物排放标准或者超过重点水污染物排放总量控制指标排放水污染物的；（3）利用渗井、渗坑、裂隙、溶洞，私设暗管，篡改、伪造监测数据，或者不正常运行水污染防治设施等逃避监管的方式排放水污染物的。 2）违反建设项目的水污染防治的法律责任 有下列行为之一的，由县级以上地方人民政府环境保护主管部门责令停止违法行为，处 10 万元以上 50 万元以下的罚款；并报经有批准权的人民政府批准，责令拆除或者关闭：（1）在饮用水水源一级保护区内新建、改建、扩建与供水设施和保护水源无关的建设项目的；（2）在饮用水水源二级保护区内新建、改建、扩建排放污染物的建设项目的；（3）在饮用水水源准保护区内新建、扩建对水体污染严重的建设项目，或者改建建设项目增加排污量的。 3）违反水污染防治禁止事情和管理事项的法律责任 有下列行为之一的，由县级以上地方人民政府环境保护主管部门责令停止违法行为，限期采取治理措施，消除污染，处以罚款；逾期不采取治理措施的，环境保护主管部门可以指定有治理能力的单位代为治理，所需费用由违法者承担：（1）向水体排放油类、酸液、碱液的；（2）向水体排放剧毒废液，或者将含有汞、镉、砷、铬、铅、氰化物、黄磷等的可溶性剧毒废渣向水体排放、倾倒或者直接埋入地下的；（3）在水体清洗装贮过油类、有毒污染物的车辆或者容器的；（4）向水体排放、倾倒工业废渣、城镇垃圾或者其他废弃物，或者在江河、湖泊、运河、渠道、水库最高水位线以下的滩地、岸坡堆放、存贮固体废弃物或者其他污染物的；（5）向水体排放、倾倒放射性固体废物或者含有高放射性、中放射性物质的废水的；（6）违反国家有关规定或者标准，向水体排放含低放射性物质的废水、热废水或者含病原体的污水的；（7）未采取防渗漏等措施，或者未建设地下水水质监测井进行监测的。 4）造成水污染事故的法律责任 企业事业单位违反法律规定，造成水污染事故的，除依法承担赔偿责任外，由县级以上人民政府环境保护主管部门依照规定处以罚款，责令限期采取治理措施，消除污染；未按照要求采取治理措施或者不具备治理能力的，由环境保护主管部门指定有治理能力的单位代为治理，所需费用由违法者承担；对造成重大或者特大水污染事故的，还可以报经有批准权的人民政府批准，责令关闭；对直接负责的主管人员和其他直接责任人员可以处上一年度从本单位取得的收入 50% 以下的罚款

3. 建设工程固体废物污染环境防治

建设工程固体废物污染环境防治	建设项目固体废物污染环境防治	建设产生、贮存、利用、处置固体废物的项目，应当依法进行环境影响评价，并遵守国家有关建设项目环境保护管理的规定。建设项目的环境影响评价文件确定需要配套建设的固体废物污染环境防治设施，应当与主体工程同时设计、同时施工、同时投入使用。建设项目的初步设计，应当按照环境保护设计规范的要求，将固体废物污染环境防治内容纳入环境影响评价文件，落实防治固体废物污染环境和破坏生态的措施以及固体废物污染环境防治设施投资概算。建设单位应当依照有关法律法规的规定，对配套建设的固体废物污染环境防治设施进行验收，编制验收报告，并向社会公开

建设工程固体废物污染环境防治	建筑垃圾污染防治	（1）实行建筑垃圾分类管理。施工单位应建立建筑垃圾分类收集与存放管理制度，实行分类收集、分类存放、分类处置。鼓励以末端处置为导向对建筑垃圾进行细化分类。严禁将危险废物和生活垃圾混入建筑垃圾。（2）引导施工现场建筑垃圾再利用。施工单位应充分利用混凝土、钢筋、模板、珍珠岩保温材料等余料，在满足质量要求的前提下，根据实际需求加工制作成各类工程材料，实行循环利用。施工现场不具备就地利用条件的，应按规定及时转运到建筑垃圾处置场所进行资源化处置和再利用。（3）减少施工现场建筑垃圾排放。施工单位应实时统计并监控建筑垃圾产生量，及时采取针对性措施降低建筑垃圾排放量。鼓励采用现场泥沙分离、泥浆脱水预处理等工艺，减少工程渣土和工程泥浆排放
	违反一般固体废物、工业固体废物污染防治的法律责任	有下列行为之一，由生态环境主管部门责令改正，处以罚款，没收违法所得；情节严重的，报经有批准权的人民政府批准，可以责令停业或者关闭：（1）产生、收集、贮存、运输、利用、处置固体废物的单位未依法及时公开固体废物污染环境防治信息的；（2）生活垃圾处理单位未按照国家有关规定安装使用监测设备、实时监测污染物的排放情况并公开污染排放数据的；（3）将列入限期淘汰名录被淘汰的设备转让给他人使用的；（4）在生态保护红线区域、永久基本农田集中区域和其他需要特别保护的区域内，建设工业固体废物、危险废物集中贮存、利用、处置的设施、场所和生活垃圾填埋场的；（5）转移固体废物出省、自治区、直辖市行政区域贮存、处置未经批准的；（6）转移固体废物出省、自治区、直辖市行政区域利用未报备案的；（7）擅自倾倒、堆放、丢弃、遗撒工业固体废物，或者未采取相应防范措施，造成工业固体废物扬散、流失、渗漏或者其他环境污染的；（8）产生工业固体废物的单位未建立固体废物管理台账并如实记录的；（9）产生工业固体废物的单位违反规定委托他人运输、利用、处置工业固体废物的；（10）贮存工业固体废物未采取符合国家环境保护标准的防护措施的；（11）单位和其他生产经营者违反固体废物管理其他要求，污染环境、破坏生态的。 尾矿、煤矸石、废石等矿业固体废物贮存设施停止使用后，未按照国家有关环境保护规定进行封场的，由生态环境主管部门责令改正，处 20 万元以上 100 万元以下的罚款
	违反危险废物污染防治的法律责任	有下列行为之一，由生态环境主管部门责令改正，处以罚款，没收违法所得；情节严重的，报经有批准权的人民政府批准，可以责令停业或者关闭：（1）未按照规定设置危险废物识别标志的；（2）未按照国家有关规定制定危险废物管理计划或者申报危险废物有关资料的；（3）擅自倾倒、堆放危险废物的；（4）将危险废物提供或者委托给无许可证的单位或者其他生产经营者从事经营活动的；（5）未按照国家有关规定填写、运行危险废物转移联单或者未经批准擅自转移危险废物的；（6）未按照国家环境保护标准贮存、利用、处置危险废物或者将危险废物混入非危险废物中贮存的；（7）未经安全性处置，混合收集、贮存、运输、处置具有不相容性质的危险废物的；（8）将危险废物与旅客在同一运输工具上载运的；（9）未经消除污染处理，将收集、贮存、运输、处置危险废物的场所、设施、设备和容器、包装物及其他物品转作他用的；（10）未采取相应防范措施，造成危险废物扬散、流失、渗漏或者其他环境污染的；（11）在运输过程中沿途丢弃、遗撒危险废物的；（12）未制定危险废物意外事故防范措施和应急预案的；（13）未按照国家有关规定建立危险废物管理台账并如实记录的

4. 建设工程噪声污染防治

建筑施工噪声污染的防治	建设单位应当按照规定将噪声污染防治费用列入工程造价，在施工合同中明确施工单位的噪声污染防治责任。施工单位应当按照规定制定噪声污染防治实施方案，采取有效措施，减少振动、降低噪声。建设单位应当监督施工单位落实噪声污染防治实施方案。在噪声敏感建筑物集中区域施工作业，应当优先使用低噪声施工工艺和设备。国务院工业和信息化主管部门会同国务院生态环境、住房和城乡建设、市场监督管理等部门，公布低噪声施工设备指导名录并适时更新
	新建、改建、扩建经过噪声敏感建筑物集中区域的高速公路、城市高架、铁路和城市轨道交通线路等的，建设单位应当在可能造成噪声污染的重点路段设置声屏障或者采取其他减少振动、降低噪声的措施，符合有关交通基础设施工程技术规范以及标准要求。在噪声敏感建筑物集中区域施工作业，建设单位应当按照国家规定，设置噪声自动监测系统，与监督管理部门联网，保存原始监测记录，对监测数据的真实性和准确性负责
	在噪声敏感建筑物集中区域，禁止夜间进行产生噪声的建筑施工作业，但抢修、抢险施工作业，因生产工艺要求或者其他特殊需要必须连续施工作业的除外。因特殊需要必须连续施工作业的，应当取得地方人民政府住房和城乡建设、生态环境主管部门或者地方人民政府指定的部门的证明，并在施工现场显著位置公示或者以其他方式公告附近居民。对已竣工交付使用的住宅楼、商铺、办公楼等建筑物进行室内装修活动，应当按照规定限定作业时间，采取有效措施，防止、减轻噪声污染
建设项目噪声污染防治	建设项目的噪声污染防治设施应当与主体工程同时设计、同时施工、同时投产使用。建设项目在投入生产或者使用之前，建设单位应当依照有关法律法规的规定，对配套建设的噪声污染防治设施进行验收，编制验收报告，并向社会公开。未经验收或者验收不合格的，该建设项目不得投入生产或者使用。 建设噪声敏感建筑物，应当符合民用建筑隔声设计相关标准要求，不符合标准要求的，不得通过验收、交付使用；在交通干线两侧、工业企业周边等地方建设噪声敏感建筑物，还应当按照规定间隔一定距离，并采取减少振动、降低噪声的措施。在噪声敏感建筑物集中区域，禁止新建排放噪声的工业企业，改建、扩建工业企业的，应当采取有效措施防止工业噪声污染。各级人民政府及其有关部门制定、修改国土空间规划和交通运输等相关规划，应当综合考虑公路、城市道路、铁路、城市轨道交通线路、水路、港口和民用机场及其起降航线对周围声环境的影响。新建公路、铁路线路选线设计，应当尽量避开噪声敏感建筑物集中区域。新建民用机场选址与噪声敏感建筑物集中区域的距离应当符合标准要求。民用机场所在地人民政府，应当根据环境影响评价以及监测结果确定的民用航空器噪声对机场周围生活环境产生影响的范围和程度，划定噪声敏感建筑物禁止建设区域和限制建设区域，并实施控制；在禁止建设区域禁止新建与航空无关的噪声敏感建筑物；在限制建设区域确需建设噪声敏感建筑物的，建设单位应当对噪声敏感建筑物进行建筑隔声设计，符合民用建筑隔声设计相关标准要求
交通运输噪声污染防治	交通运输噪声，是指机动车、铁路机车车辆、城市轨道交通车辆、机动船舶、航空器等交通运输工具在运行时产生的干扰周围生活环境的声音。机动车的消声器和喇叭应当符合国家规定。禁止驾驶拆除或者损坏消声器、加装排气管等擅自改装的机动车以轰鸣、疾驶等方式造成噪声污染。机动车应当加强维修和保养，保持性能良好，防止噪声污染。机动车、铁路机车车辆、城市轨道交通车辆、机动船舶等交通运输工具运行时，应当按照规定使用喇叭等声响装置。消防救援车、工程救险车等机动车安装、使用警报器，应当符合国务院公安等部门的规定；非执行紧急任务，不得使用警报器

续表

违反建筑施工噪声污染防治的法律责任	建设单位、施工单位有下列行为之一，由工程所在地人民政府指定的部门责令改正，处1万元以上10万元以下的罚款；拒不改正的，可以责令暂停施工：（1）超过噪声排放标准排放建筑施工噪声的；（2）未按照规定取得证明，在噪声敏感建筑物集中区域夜间进行产生噪声的建筑施工作业的。违反规定，有下列行为之一，由工程所在地人民政府指定的部门责令改正，处5000元以上5万元以下的罚款；拒不改正的，处5万元以上20万元以下的罚款：（1）建设单位未按照规定将噪声污染防治费用列入工程造价的；（2）施工单位未按照规定制定噪声污染防治实施方案，或者未采取有效措施减少振动、降低噪声的；（3）在噪声敏感建筑物集中区域施工作业的建设单位未按照国家规定设置噪声自动监测系统，未与监督管理部门联网，或者未保存原始监测记录的；（4）因特殊需要必须连续施工作业，建设单位未按照规定公告附近居民的

一　单项选择题

1．关于建设项目噪声污染防治的说法，正确的是（　　　）。

　　A．建设项目在投入生产或者使用之后，建设单位应当依照有关法律法规的规定，对配套建设的噪声污染防治设施进行验收，编制验收报告，并向社会公开

　　B．在交通干线两侧、工业企业周边等地方建设噪声敏感建筑物，还应当高密度地采取减少振动、降低噪声的措施

　　C．新建公路、铁路线路选线设计，应当尽量避开噪声敏感建筑物集中区域

　　D．在噪声敏感建筑物集中区域，新建排放噪声的工业企业，应当采取有效措施防止工业噪声污染

2．关于建设工程大气污染防治的说法，正确的是（　　　）。

　　A．编制可能对国家大气污染防治区域的大气环境造成严重污染的有关工业园区、开发区、区域产业和发展等规划，应当依法进行环境影响评价

　　B．国家大气污染防治重点区域内新建、改建、扩建用煤项目的，应当实行煤炭的等量替代

　　C．国家对污染大气环境的工艺、设备和产品实行淘汰制度

　　D．国家鼓励和支持高排放机动车船、非道路移动机械提前报废

3．暂时不能开工的施工工地，建设单位应当对裸露地面进行覆盖；超过（　　　）个月的，应当进行绿化、铺装或者遮盖。

　　A．2　　　　　　　　　　　　　　B．3

　　C．4　　　　　　　　　　　　　　D．6

4．关于施工现场大气污染防治的说法，正确的是（　　　）。

　　A．施工单位应当在施工工地公示扬尘污染防治措施、防治扬尘污染的费用和扬尘监督管理主管部门等信息

　　B．暂时不能开工的建设用地，施工企业应当对裸露地面进行覆盖

　　C．限制禁止在人口集中地区焚烧沥青、油毡、橡胶等产生有毒有害和恶臭气体的物质

　　D．码头、矿山、填埋场和消纳场应当实施分区作业，并采取有效措施防治扬

尘污染

5. 应当制定包括源头减量、分类、处理、消纳设施和场所布局及建设等在内的建筑垃圾污染环境防治工作规划的单位是（　　　）。

A．乡镇以上地方人民政府　　　　B．县级以上地方人民政府

C．市级以上地方人民政府　　　　D．省级以上地方人民政府

6. 根据《城市排水与污水处理条例》，下列说法正确的是（　　　）。

A．新建、改建、扩建市政基础设施工程应当配套建设雨水收集利用设施，增加绿地、砂石地面、可渗透路面和自然地面对雨水的滞渗能力

B．新区建设应当按照城镇排水与污水处理规划确定的雨水径流控制要求建设相关设施。旧城区改建，无需按照城镇排水与污水处理规划确定的雨水径流控制要求建设相关设施

C．排水单位和个人应当按照国家有关规定缴纳污水处理费。向城镇污水处理设施排放污水、缴纳污水处理费的，仍需缴纳排污费

D．建设工程施工范围内有排水管网等城镇排水与污水处理设施的，建设单位应当与施工单位、设施维护运营单位各自制定设施保护方案，并采取相应的安全保护措施

7. 关于建设项目噪声污染防治的说法，正确的是（　　　）。

A．噪声敏感建筑物集中区域，可以夜间进行产生噪声的建筑施工作业

B．抢修、抢险施工作业，因生产工艺要求或者其他特殊需要必须连续作业的可以直接进行作业

C．因特殊需要必须连续作业的，应当取得地方人民政府住房和城乡建设、生态环境主管部门或者地方人民政府指定的部门的证明

D．因特殊需要必须连续作业，施工现场无需在显著位置公示或者以其他方式公告附近居民

8. 关于固体废物污染防治的说法，正确的是（　　　）。

A．煤炭、煤矸石、煤渣、煤灰、水泥、石灰、石膏、砂土等物料可以不进行密闭

B．对不能密闭的易产生扬尘的物料，应当设置不低于堆放物高度的严密围挡并采取有效覆盖措施防治扬尘污染

C．装卸物料不可以采取密闭或者喷淋等方式控制扬尘排放

D．存放煤炭、煤矸石、煤渣、煤灰等物料，通常可以不采取防燃措施

9. 位于甲省的某项目产生大量建筑垃圾，经协商可转移至乙省某地进行无害化处理，关于该固体废物转移的说法，正确的是（　　　）。

A．应当向甲省生态环境部门提出申请并经乙省生态环境部门同意

B．应当向甲省生态环境部门和乙省生态环境部门提出申请

C．应当向乙省生态环境部门提出申请并经甲省生态环境部门同意

D．应当经过乙省生态环境部门和甲省生态环境部门同意

10. 关于施工现场水污染防治的说法，正确的是（　　　）。

A．禁止利用无防渗漏措施的沟渠输送含有毒污染物的废水

    B. 在具有特殊经济文化价值的水体保护区内，可以新建排污口

    C. 禁止向水体排放含低放射性物质的废水

    D. 禁止向水体排放生活污水

11. 关于施工现场大气污染防治的说法，正确的是（　　）。

    A. 施工单位应当将防治扬尘污染的费用列入工程造价

    B. 施工承包合同中明确建设单位扬尘污染防治责任

    C. 建设单位应当制定具体的施工扬尘污染防治实施方案

    D. 施工单位应当在施工工地设置硬质围挡，并采取覆盖、分段作业、择时施工、洒水抑尘、冲洗地面和车辆等有效防尘降尘措施

12. 关于施工扬尘污染防治的说法，正确的是（　　）。

    A. 施工现场的建筑材料、构件、料具可以不按总平面布局进行码放

    B. 施工现场应使用预拌混凝土及预拌砂浆

    C. 采用预拌混凝土或砂浆的场所应采取封闭、降尘、降噪措施

    D. 水泥和其他易飞扬的细颗粒建筑材料应密闭存放或采取覆盖等措施

13. 关于建设项目固体废物污染环境防治的说法，正确的是（　　）。

    A. 建设项目的总体设计，应当按照环境保护设计规范的要求，将固体废物污染环境防治内容纳入环境影响评价文件，落实防治固体废物污染环境和破坏生态的措施以及固体废物污染环境防治设施投资概算

    B. 建设产生、贮存、利用、处置固体废物的项目，应当依法进行环境影响评价，并遵守国家有关建设项目环境保护管理的规定

    C. 建设单位应当依照有关法律法规的规定，对配套建设的固体废物污染环境防治设施进行验收，编制验收报告，并可以向社会公开

    D. 只有从事城市新区开发、旧区改建和住宅小区开发建设、村镇建设的单位，应当按照国家有关环境卫生的规定，配套建设生活垃圾收集设施

14. 在噪声敏感建筑物集中区域，不属于法律规定的可以在夜间进行产生环境噪声污染的建筑施工作业的是（　　）。

    A. 抢修施工作业　　　　　　　　B. 抢险施工作业

    C. 抢工期施工作业　　　　　　　D. 因生产工艺要求必须连续的作业

15. 企业事业单位发生事故或者其他灾害性事件，造成或者可能造成水污染事故的，应当立即启动本单位的应急方案，采取应急措施，并向（　　）的县级以上地方人民政府或者生态环境主管部门报告。

    A. 单位所在地　　　　　　　　　B. 污染影响地

    C. 单位登记地　　　　　　　　　D. 事故发生地

16. 关于固体废物的说法，正确的是（　　）。

    A. 在生态保护区外可以擅自倾倒、堆放、丢弃、遗撒固体废物

    B. 在生态保护红线区域外，建设工业固体废物、危险废物集中贮存、利用、处置的设施、场所和生活垃圾填埋场

    C. 禁止将危险废物提供或者委托给无许可证的单位或者其他生产经营者堆放、利用、处置

D．产生工业固体废物的单位应当根据经济、技术条件对工业固体废物加以利用；对暂时不利用或者不能利用的，必须采取无害化处置措施

二　多项选择题

1．因生产工艺要求或者其他特殊需要必须连续作业的施工，以下做法正确的有（　　）。

A．取得地方人民政府住房和城乡建设、生态环境主管部门的证明

B．取得地方人民政府住房和城乡建设、生态环境主管部门或地方人民政府指定的部门的证明

C．在施工现场显著位置公示或者以其他方式公告附近居民

D．在噪声敏感建筑物集中区域，禁止夜间进行产生噪声的建筑施工作业，但抢修、抢险施工作业，因生产工艺要求或者其他特殊需要必须连续施工作业的除外

E．连续施工作业无需对附近居民进行公告

2．使用警报器，应当符合国务院公安等部门的规定，执行非紧急任务时，不得使用警报器。可以使用报警器的情形有（　　）。

A．警察开警车抓捕罪犯　　　　　B．消防车前往事故现场

C．救护车送伤员前往医院　　　　D．参加政府采购会议

E．进行工程抢险

3．关于施工工地和道路扬尘管控工作的说法，正确的是（　　）。

A．施工现场土方作业应采取防止扬尘措施，主要道路应定期清扫、洒水

B．拆除建筑物或构筑物时，应采用隔离、洒水等降噪、降尘措施

C．施工进行铣刨、切割等作业时，应采取有效防扬尘措施

D．灰土和无机料应采用预拌进场，碾压过程中应洒水降尘

E．拆除建筑物或构筑物时，无需及时清理废物

4．建设工程施工范围内有排水管网等城镇排水与污水处理设施的，应当制定设施保护方案，并采取相应的安全保护措施的单位包括（　　）。

A．建设单位　　　　　　　　　　B．行政管理单位

C．施工单位　　　　　　　　　　D．设施维护运营单位

E．环境保护组织

5．关于水污染防治的说法，正确的有（　　）。

A．未依法取得排污许可证禁止排放水污染物

B．禁止超过水污染物排放标准或者超过重点水污染物排放总量控制指标排放水污染物的

C．可以利用渗井、渗坑、裂隙、溶洞等天然资源接设暗管提供检测数据

D．按照规定进行预处理，可以向河道排放符合处理工艺要求的工业废水的

E．禁止在江河、湖泊、运河、渠道、水库最高水位线以下的滩地和岸坡堆放、存贮固体废弃物和其他污染物

6. 根据《固体废物污染环境防治法》的规定，下列说法正确的是（　　）。
   A. 产生、收集、贮存、运输、利用、处置固体废物的单位应当依法及时公开固体废物污染环境防治信息
   B. 生活垃圾处理单位应当按照国家有关规定安装使用监测设备、实时监测污染物的排放情况并公开污染排放数据
   C. 可以将列入限期淘汰名录的被淘汰设备转让给他人使用
   D. 产生工业固体废物的单位可以根据实际情况建立固体废物管理台账
   E. 尾矿、煤矸石、废石等矿业固体废物贮存设施停止使用后，可以不进行封场

7. 建设项目的噪声污染防治设施应当与主体工程（　　）。
   A. 同时立项　　　　　　　　　B. 同时设计
   C. 同时施工　　　　　　　　　D. 同时投产使用
   E. 同时完工

8. 关于固体废物污染防治的说法，正确的是（　　）。
   A. 禁止随意倾倒、抛撒、堆放或者焚烧生活垃圾
   B. 禁止擅自关闭、闲置或者拆除生活垃圾处理设施、场所
   C. 禁止工程施工单位未编制建筑垃圾处理方案报备案，或者未及时清运施工过程中产生的固体废物
   D. 禁止工程施工单位擅自倾倒、抛撒或者堆放工程施工过程中产生的建筑垃圾，或者未按照规定对施工过程中产生的固体废物进行利用或者处置
   E. 处置建筑垃圾的单位在运输建筑垃圾时，无需随车携带建筑垃圾处置核准文件

9. 关于水污染防治的说法，正确的是（　　）。
   A. 禁止向水体排放油类、酸液、碱液
   B. 禁止向水体排放剧毒废液，或者将含有汞、镉、砷、铬、铅、氰化物、黄磷等的可溶性剧毒废渣向水体排放、倾倒，应当采取埋入地下的方式处理
   C. 禁止在水体清洗装贮过油类、有毒污染物的车辆或者容器的
   D. 禁止向水体排放、倾倒放射性固体废物或者含有高放射性、中放射性物质的废水
   E. 出于保护风景名胜区水体的需要，可以在保护区内新建排污口

【答案与解析】

一、单项选择题

1. C；　2. D；　3. B；　*4. D；　5. B；　6. A；　*7. C；　*8. B；
9. A；　10. A；　11. D；　12. D；　13. B；　14. C；　15. D；　*16. C

【解析】
4.【答案】D
建设单位扬尘污染防治责任。建设单位应当将防治扬尘污染的费用列入工程造价，并在施工承包合同中明确施工单位扬尘污染防治责任。暂时不能开工的建设用地，建设

单位应当对裸露地面进行覆盖，故 B 选项错误；超过三个月的，应当进行绿化、铺装或者遮盖。

施工单位应当在施工工地公示扬尘污染防治措施、负责人、扬尘监督管理主管部门等信息，故 A 选项错误。清运建筑垃圾。土方和建筑垃圾的运输应采用封闭式运输车辆或采取覆盖措施。建筑物内施工垃圾的清运，应采用器具或管道运输，严禁随意抛掷。施工现场严禁焚烧各类废弃物，故 C 选项错误。码头、矿山、填埋场和消纳场应当实施分区作业，并采取有效措施防治扬尘污染，故 D 选项正确。

7.【答案】C

在噪声敏感建筑物集中区域，禁止夜间进行产生噪声的建筑施工作业，故 A 选项错误。但抢修、抢险施工作业，因生产工艺要求或者其他特殊需要必须连续作业的除外。因特殊需要必须连续作业的，应当取得地方人民政府住房和城乡建设、生态环境主管部门或者地方人民政府指定的部门的证明，故 B 选项错误。并在施工现场显著位置公示或者以其他方式公告附近居民，故 D 选项错误，C 选项正确。

8.【答案】B

有下行列为之一的，由县级以上人民政府生态环境等主管部门按照职责责令改正，处 1 万元以上 10 万元以下的罚款；拒不改正的，责令停工整治或者停业整治：未密闭煤炭、煤矸石、煤渣、煤灰、水泥、石灰、石膏、砂土等易产生扬尘的物料的，故 A 选项错误。对不能密闭的易产生扬尘的物料，未设置不低于堆放物高度的严密围挡，或者未采取有效覆盖措施防治扬尘污染的，故 B 选项正确。装卸物料未采取密闭或者喷淋等方式控制扬尘排放的，故 C 选项错误。存放煤炭、煤矸石、煤渣、煤灰等物料，未采取防燃措施的，故 D 选项错误。

16.【答案】C

违反法律规定，有下列行为之一，尚不构成犯罪的，由公安机关对法定代表人、主要负责人、直接负责的主管人员和其他责任人员处 10 日以上 15 日以下的拘留；情节较轻的，处 5 日以上 10 日以下的拘留：（1）擅自倾倒、堆放、丢弃、遗撒固体废物，造成严重后果的；法律规定表明任何地方都不可以擅自倾倒、堆放、丢弃、遗撒固体废物，故 A 选项错误。（2）在生态保护红线区域、永久基本农田集中区域和其他需要特别保护的区域内，建设工业固体废物、危险废物集中贮存、利用、处置的设施、场所和生活垃圾填埋场的；故 B 选项错误。（3）将危险废物提供或者委托给无许可证的单位或者其他生产经营者堆放、利用、处置的；故 C 选项正确。（4）无许可证或者未按照许可证规定从事收集、贮存、利用、处置危险废物经营活动的；根据法律规定，要先取得许可证才可以进行危险废物经营活动，不可以后续补办，故 D 选项错误。

二、多项选择题

1. B、C、D；　　　2. A、B、C、E；　　　3. A、B、C、D；　　　4. A、C、D；
*5. A、B、E；　　　6. A、B；　　　7. B、C、D；　　　8. A、B、C、D；
*9. A、C、D

【解析】

5.【答案】A、B、E

根据《水污染防治法》规定，违反本法规定，有下列行为之一的，由县级以上人民政府环境保护主管部门责令改正或者责令限制生产、停产整治，并处 10 万元以上 100 万元以下的罚款；情节严重的，报经有批准权的人民政府批准，责令停业、关闭：（1）未依法取得排污许可证排放水污染物的，故 A 选项正确。（2）超过水污染物排放标准或者超过重点水污染物排放总量控制指标排放水污染物的，故 B 选项正确。（3）利用渗井、渗坑、裂隙、溶洞，私设暗管，篡改、伪造监测数据，或者不正常运行水污染防治设施等逃避监管的方式排放水污染物的，故 C 选项错误。（4）未按照规定进行预处理，向污水集中处理设施排放不符合处理工艺要求的工业废水的，根据法律规定，进行预处理且符合工艺要求的工业废水应当向污水集中处理设施排放而不是河道，故 D 选项错误。有下列行为之一的，由县级以上地方人民政府生态环境主管部门责令停止违法行为，限期采取治理措施，消除污染，处以罚款；逾期不采取治理措施的，生态环境主管部门可以指定有治理能力的单位代为治理，所需费用由违法者承担：向水体排放、倾倒工业废渣、城镇垃圾或者其他废弃物，或者在江河、湖泊、运河、渠道、水库最高水位线以下的滩地、岸坡堆放、存贮固体废弃物或者其他污染物的；E 选项正确。

9. 【答案】A、C、D

有下列行为之一的，由县级以上地方人民政府生态环境主管部门责令停止违法行为，限期采取治理措施，消除污染，处以罚款；逾期不采取治理措施的，生态环境主管部门可以指定有治理能力的单位代为治理，所需费用由违法者承担：（1）向水体排放油类、酸液、碱液的；故 A 选项正确。（2）向水体排放剧毒废液，或者将含有汞、镉、砷、铬、铅、氰化物、黄磷等的可溶性剧毒废渣向水体排放、倾倒或者直接埋入地下的；根据规定剧毒废液不可以直接埋入地下，故 B 选项错误。（3）在水体清洗装贮过油类、有毒污染物的车辆或者容器的；故 C 选项正确。（4）向水体排放、倾倒工业废渣、城镇垃圾或者其他废弃物，或者在江河、湖泊、运河、渠道、水库最高水位线以下的滩地、岸坡堆放、存贮固体废弃物或者其他污染物的，故 D 选项正确。在风景名胜区水体、重要渔业水体和其他具有特殊经济文化价值的水体的保护区内，不得新建排污口，因此根据法律规定，在风景名胜水体保护区范围内，不得新建排污口，故 E 选项错误。

8.2   施工中历史文化遗产保护制度

复习要点

1. 受法律保护的各类历史文化遗产范围
1) 水下文物的类别

水下文物类别	遗存于中国内水、领海内的一切起源于中国的、起源国不明的和起源于外国的文物
	遗存于中国领海以外依照中国法律由中国管辖的其他海域内的起源于中国的和起源国不明的文物
	遗存于外国领海以外的其他管辖海域以及公海区域内的起源于中国的文物

2）历史文化名城名镇名村的认定

类别	认定主体
保存文物特别丰富并且具有重大历史价值或者革命纪念意义的城市	国务院核定公布
保存文物特别丰富并且具有重大历史价值或者革命纪念意义的城镇、街道、村庄	省、自治区、直辖市人民政府核定公布，并报国务院备案

2．在各类历史文化遗产保护范围和建设控制地带施工、施工发现文物报告和保护

1）在文物保护单位保护范围和建设控制地带施工的规定

保护范围内	原则上	不得进行其他建设工程或者爆破、钻探、挖掘等作业	
	特殊需要	必须保证文物保护单位的安全	
		经核定公布该文物保护单位的人民政府批准	批准前应当征得上一级人民政府文物行政部门同意
	全国重点文物	必须经省、自治区、直辖市人民政府批准	批准前应当征得国务院文物行政部门同意
建设控制地带内	不得破坏文物保护单位的历史风貌		
	工程设计方案应当根据文物保护单位的级别，经相应的文物行政部门同意后，报城乡建设规划部门批准		

一　单项选择题

1. 制定文物认定的标准和办法的是（　　）。
   A．地方人民政府文物行政部门　　B．国务院文物行政部门
   C．国务院住房和城乡建设部　　D．国家文物局

2. 关于我国国家所有的文物的说法，正确的是（　　）。
   A．国有不可移动文物的所有权与其所依附的土地所有权或者使用权保持一致
   B．国有可移动文物的所有权受其保管、收藏单位的终止或者变更而影响
   C．中华人民共和国境内地下、内水和领海中遗存的一切文物都属于国家所有
   D．国家指定保护的近代现代代表性建筑属于建造者所有

3. 关于我国历史文化名城名镇名村的认定的说法，正确的是（　　）。
   A．保存文物特别丰富并且具有重大历史价值或者革命纪念意义的城市，由省级人民政府核定公布为历史文化名城
   B．保存文物特别丰富并且具有重大历史价值或者革命纪念意义的城镇、街道、村庄，由省级人民政府核定公布为历史文化街区、村镇
   C．保存文物特别丰富并且具有重大历史价值或者革命纪念意义的城镇、街道、村庄，由县级人民政府核定公布为历史文化街区、村镇
   D．历史文化名城和历史文化街区、村镇所在地的省级以上地方人民政府应当

　　　　组织编制专门的历史文化名城和历史文化街区、村镇保护规划，并纳入城市总体规划

4．关于文物保护单位及其控制地带的说法，正确的是（　　　）。

　　A．文物保护单位的保护范围，是指对文物保护单位本体实施重点保护的区域

　　B．在全国重点文物保护单位的保护范围内进行其他建设工程或者爆破、钻探、挖掘等作业的，必须经国务院文物行政部门批准

　　C．文物保护单位的建设控制地带，是指在文物保护单位的保护范围外，为保护文物保护单位的安全、环境、历史风貌对建设项目加以限制的区域

　　D．在文物保护单位的建设控制地带内不得进行其他建设工程或者爆破、钻探、挖掘等作业

5．在文物保护单位的建设控制地带内进行建设工程，其工程设计方案应当根据文物保护单位的级别，经相应的（　　　）同意后，报（　　　）批准。

　　A．文物行政部门，城乡建设规划部门

　　B．城乡建设规划部门，文物行政部门

　　C．文物行政部门，上级文物行政部门

　　D．城乡建设规划部门，上级城乡建设规划部门

6．在历史文化街区、名镇、名村核心保护范围内允许建设的工程是（　　　）。

　　A．新建住宅　　　　　　　　　　B．扩建公路

　　C．新建娱乐城　　　　　　　　　D．扩建办公楼

7．在历史文化街区、名镇、名村核心保护范围内，拆除历史建筑以外的建筑物、构筑物或者其他设施的，应当经城市、县人民政府城乡规划主管部门会同（　　　）批准。

　　A．同级文物主管部门　　　　　　B．上级文物主管部门

　　C．同级建设行政主管部门　　　　D．上级建设行政主管部门

8．违反《文物保护法》规定，构成走私行为，尚不构成犯罪的，由（　　　）依照有关法律、行政法规的规定给予处罚。

　　A．公安机关　　　　　　　　　　B．县级以上人民政府文物主管部门

　　C．文物所在单位　　　　　　　　D．海关

9．在文物保护单位的保护范围内或者建设控制地带内建设污染文物保护单位及其环境的设施的，或者对已有的污染文物保护单位及其环境的设施未在规定的期限内完成治理的，由（　　　）依照有关法律、法规的规定给予处罚。

　　A．公安机关　　　　　　　　　　B．文物所在单位

　　C．文物主管部门　　　　　　　　D．环境保护行政部门

10．应当按照保护规划的要求，负责历史建筑的维护和修缮的是（　　　）。

　　A．县级以上地方人民政府　　　　B．历史建筑的所有权人

　　C．国务院文物行政部门　　　　　D．国家文物局

11．关于违反《文物保护法》的行为的说法，正确的是（　　　）。

　　A．违反《文物保护法》规定，造成文物灭失、损毁，构成违反治安管理行为的，由公安机关依法给予治安管理处罚

　　B．擅自在文物保护单位的保护范围内进行建设工程或者爆破、钻探、挖掘等

作业，尚不构成犯罪的，由县级以上人民政府城乡规划主管部门责令改正

  C．发现文物隐匿不报或者拒不上交，尚不构成犯罪的，由县级以上人民政府文物主管部门追缴文物

  D．在历史文化名城、名镇、名村保护范围内占用保护规划确定保留的园林绿地、河湖水系、道路等的，由城市、县人民政府文物主管部门责令停止违法行为、限期恢复原状或者采取其他补救措施

二 多项选择题

1．根据《水下文物保护管理条例》，属于水下文物的有（   ）。

  A．遗存于中国内水、领海内的起源国不明的文物

  B．遗存于中国内水、领海内的起源于外国的文物

  C．遗存于中国领海以外依照中国法律由中国管辖的其他海域内的起源国不明的文物

  D．遗存于中国领海以外依照中国法律由中国管辖的其他海域内的起源于外国的文物

  E．遗存于外国领海以外的其他管辖海域以及公海区域内的起源国不明的文物

2．下列条件中，属于可以申报历史文化名城、名镇、名村的有（   ）。

  A．保存文物的

  B．保存历史建筑的

  C．保留着传统格局和历史风貌的

  D．历史上曾经作为政治、经济、文化、交通中心或者军事要地的

  E．能够集中反映本地区建筑的文化特色、民族特色的

3．在历史文化名城、名镇、名村保护范围内禁止进行的活动有（   ）。

  A．占用保护规划确定保留的园林绿地、河湖水系、道路等

  B．改变园林绿地、河湖水系等自然状态的活动

  C．在核心保护范围内进行影视摄制、举办大型群众性活动

  D．开山、采石、开矿

  E．在历史建筑上刻划、涂污

4．下列单位中，可以对违反水下文物保护的行为责令改正，追缴有关文物，并给予警告的有（   ）。

  A．公安机关   B．县级以上人民政府文物主管部门

  C．海上执法机关   D．海关

  E．国家文物局

5．对于刻划、涂污或者损坏文物尚不严重的，或者损毁依照《文物保护法》规定设立的文物保护单位标志的行为，可以给予警告、并处罚款的单位有（   ）。

  A．文物主管部门   B．国家文物局

  C．公安机关   D．环境保护行政部门

  E．文物所在单位

【答案与解析】

一、单项选择题

1. B;　*2. C;　*3. B;　*4. C;　5. A;　*6. B;　7. A;　8. D;
9. D;　10. B;　*11. A

【解析】

2.【答案】C

国有不可移动文物的所有权不因其所依附的土地所有权或者使用权的改变而改变。A 选项错误。

属于国家所有的可移动文物的所有权不因其保管、收藏单位的终止或者变更而改变。B 选项错误。

根据《文物保护法》，中华人民共和国境内地下、内水和领海中遗存的一切文物，属于国家所有。C 选项正确。

国家指定保护的纪念建筑物、古建筑、石刻、壁画、近代现代代表性建筑等不可移动文物，除国家另有规定的以外，属于国家所有。D 选项错误。

3.【答案】B

保存文物特别丰富并且具有重大历史价值或者革命纪念意义的城市，由国务院核定公布为历史文化名城。A 选项错误。

保存文物特别丰富并且具有重大历史价值或者革命纪念意义的城镇、街道、村庄，由省、自治区、直辖市人民政府核定公布为历史文化街区、村镇，并报国务院备案。B 选项正确，C 选项错误。

历史文化名城和历史文化街区、村镇所在地的县级以上地方人民政府应当组织编制专门的历史文化名城和历史文化街区、村镇保护规划，并纳入城市总体规划。D 选项错误。

4.【答案】C

文物保护单位的保护范围，是指对文物保护单位本体及周围一定范围实施重点保护的区域。A 选项错误。

在全国重点文物保护单位的保护范围内进行其他建设工程或者爆破、钻探、挖掘等作业的，必须经省、自治区、直辖市人民政府批准，在批准前应当征得国务院文物行政部门同意。B 选项正确。

文物保护单位的建设控制地带，是指在文物保护单位的保护范围外，为保护文物保护单位的安全、环境、历史风貌对建设项目加以限制的区域。C 选项正确。

文物保护单位的保护范围内不得进行其他建设工程或者爆破、钻探、挖掘等作业。D 选项错误。

6.【答案】B

在历史文化街区、名镇、名村核心保护范围内，不得进行新建、扩建活动。但是，新建、扩建必要的基础设施和公共服务设施除外。故 B 选项正确。

11.【答案】A

违反《文物保护法》规定，造成文物灭失、损毁，构成违反治安管理行为的，由公安机关依法给予治安管理处罚。A 选项正确。

擅自在文物保护单位的保护范围内进行建设工程或者爆破、钻探、挖掘等作业，尚不构成犯罪的，由县级以上人民政府文物主管部门责令改正。B 选项错误。

发现文物隐匿不报或者拒不上交，尚不构成犯罪的，由县级以上人民政府文物主管部门会同公安机关追缴文物。C 选项错误。

在历史文化名城、名镇、名村保护范围内占用保护规划确定保留的园林绿地、河湖水系、道路等的，由城市、县人民政府城乡规划主管部门责令停止违法行为、限期恢复原状或者采取其他补救措施。D 选项错误。

二、多项选择题

*1. A、B、C；　　*2. C、D、E；　　*3. A、D、E；　　4. B、C；

5. C、E

【解析】

1.【答案】A、B、C

根据《水下文物保护管理条例》第 2 条，水下文物，是指遗存于下列水域的具有历史、艺术和科学价值的人类文化遗产：（1）遗存于中国内水、领海内的一切起源于中国的、起源国不明的和起源于外国的文物；（2）遗存于中国领海以外依照中国法律由中国管辖的其他海域内的起源于中国的和起源国不明的文物；（3）遗存于外国领海以外的其他管辖海域以及公海区域内的起源于中国的文物。故答案 A、B、C 选项正确，D、E 选项错误。

2.【答案】C、D、E

根据《历史文化名城名镇名村保护条例》第 7 条，具备下列条件的城市、镇、村庄，可以申报历史文化名城、名镇、名村：（1）保存文物特别丰富；（2）历史建筑集中成片；（3）保留着传统格局和历史风貌；（4）历史上曾经作为政治、经济、文化、交通中心或者军事要地，或者发生过重要历史事件，或者其传统产业、历史上建设的重大工程对本地区的发展产生过重要影响，或者能够集中反映本地区建筑的文化特色、民族特色。故 A、B 选项错误，C、D、E 选项正确。

3.【答案】A、D、E

根据《历史文化名城名镇名村保护条例》，在历史文化名城、名镇、名村保护范围内禁止进行下列活动：（1）开山、采石、开矿等破坏传统格局和历史风貌的活动；（2）占用保护规划确定保留的园林绿地、河湖水系、道路等；（3）修建生产、储存爆炸性、易燃性、放射性、毒害性、腐蚀性物品的工厂、仓库等；（4）在历史建筑上刻划、涂污。

在历史文化名城、名镇、名村保护范围内进行下列活动，应当保护其传统格局、历史风貌和历史建筑；制订保护方案，并依照有关法律、法规的规定办理相关手续：（1）改变园林绿地、河湖水系等自然状态的活动；（2）在核心保护范围内进行影视摄制、举办大型群众性活动；（3）其他影响传统格局、历史风貌或者历史建筑的活动。

故 A、D、E 选项是在历史文化名城、名镇、名村保护范围内禁止进行的活动，B、C 选项是依照有关法律、法规的规定办理相关手续后，在保护历史文化名城、名镇、名城传统格局、历史风貌和历史建筑的前提下可以进行的活动。

第9章 建设工程劳动保障法律制度

9.1 劳动合同制度

复习要点

1. 订立原则

《劳动法》规定，订立和变更劳动合同，应当遵循平等自愿、协商一致的原则，不得违反法律、行政法规的规定。《劳动合同法》进一步规定，订立劳动合同，应当遵循合法、公平、平等自愿、协商一致、诚实信用的原则。其中合法的原则主要包括劳动合同的主体合法、形式合法和内容合法三个方面。

2. 劳动合同分类

根据不同的分类标准可以把劳动合同分为不同的类型。常用的三种分类具体如下：

按照就业方式划分	按照就业方式的不同，劳动合同可以分为全日制劳动合同和非全日制劳动合同。 （1）全日制劳动合同 全日制劳动合同是劳动者依照国家法定工作时间，从事全日制劳动而订立的劳动合同，是传统就业的主要方式。现行《劳动合同法》的一般规定主要是以全日制劳动合同为对象。 （2）非全日制劳动合同 非全日制劳动合同是基于非全日制用工而订立的劳动合同。根据《劳动合同法》，集体合同、劳务派遣与非全日制用工是劳动用工的三种特别形式
按照劳动合同的期限划分	（1）固定期限劳动合同 固定期限劳动合同，也称为定期劳动合同。《劳动合同法》规定，固定期限劳动合同，是指用人单位与劳动者约定合同终止时间的劳动合同。用人单位与劳动者协商一致，可以订立固定期限劳动合同。 （2）无固定期限劳动合同 无固定期限劳动合同，也称不定期劳动合同。《劳动合同法》规定，无固定期限劳动合同，是指用人单位与劳动者约定无确定终止时间的劳动合同。用人单位与劳动者协商一致，可以订立无固定期限劳动合同。 （3）以完成一定工作任务为期限的劳动合同 《劳动合同法》规定，以完成一定工作任务为期限的劳动合同，是指用人单位与劳动者约定以某项工作的完成为合同期限的劳动合同。用人单位与劳动者协商一致，可以订立以完成一定工作任务为期限的劳动合同
按照劳动合同主体的数量划分	按照劳动合同主体的数量，劳动合同可以分为个人劳动合同和集体劳动合同两类。 个人劳动合同，是指由单个的劳动者本人与用人单位依法订立的劳动合同，合同主体一方为单一或者唯一劳动主体，是劳动合同的主流形态。 集体劳动合同的主体一方为多个劳动者。《劳动法》规定，企业职工一方与企业可以就劳动报酬、工作时间、休息休假、劳动安全卫生、保险福利等事项，签订集体合同。《劳动合同法》规定，企业职工一方与用人单位通过平等协商，可以就劳动报酬、工作时间、休息休假、劳动安全卫生、保险福利等事项订立集体合同

3. 劳动合同的形式、内容、主体义务、效力

劳动合同形式	（1）订立书面劳动合同 劳动合同订立的形式是指劳动合同依法成立的外在表现方式。《劳动法》与《劳动合同法》明确规定，劳动合同应当以书面形式订立。 《劳动合同法》规定，用人单位自用工之日起即与劳动者建立劳动关系。已建立劳动关系，未同时订立书面劳动合同的，应当自用工之日起1个月内订立书面劳动合同。用人单位与劳动者在用工前订立劳动合同的，劳动关系自用工之日起建立。 （2）例外情形的口头协议 《劳动合同法》规定，非全日制用工双方当事人可以订立口头协议。《劳动合同法》作出特别规定，允许非全日制用工"可以"订立口头劳动合同，并非必须是口头劳动合同。如果条件允许，应当鼓励用人单位订立书面劳动合同
劳动合同内容	《劳动法》和《劳动合同法》先后分别规定了劳动合同的内容，总体来看，都由必备条款和约定条款两部分组成，这两部分也被称为法定内容和约定内容。 （1）劳动合同的必备条款 《劳动合同法》规定，劳动合同应当具备以下条款：① 用人单位的名称、住所和法定代表人或者主要负责人；② 劳动者的姓名、住址和居民身份证或者其他有效身份证件号码；③ 劳动合同期限；④ 工作内容和工作地点；⑤ 工作时间和休息休假；⑥ 劳动报酬；⑦ 社会保险；⑧ 劳动保护、劳动条件和职业危害防护；⑨ 法律、法规规定应当纳入劳动合同的其他事项。 （2）劳动合同的约定条款 《劳动合同法》规定，劳动合同除前款规定的必备条款外，用人单位与劳动者可以约定试用期、培训、保守秘密、补充保险和福利待遇等其他事项。 劳动合同的试用期是一个重要的约定条款。试用期是指用人单位与劳动者约定彼此互相衡量以确定是否继续履行劳动合同的期限。劳动者和用人单位双方在不违背《劳动合同法》的强制性规定的前提下可以在劳动合同中约定试用期的期限
劳动合同订立时双方主体的义务	（1）如实告知的义务 《劳动合同法》规定，用人单位招用劳动者时，应当如实告知劳动者工作内容、工作条件、工作地点、职业危害、安全生产状况、劳动报酬，以及劳动者要求了解的其他情况；用人单位有权了解劳动者与劳动合同直接相关的基本情况，劳动者应当如实说明。 双方当事人了解对方的必要信息方面不仅有利于劳动的具体实现，另外关系到劳动者在劳动中的生命健康以及劳动待遇等问题。 （2）用人单位不得扣押劳动者有效证件或要求劳动者提供担保的义务。 《劳动合同法》规定，用人单位招用劳动者，不得扣押劳动者的居民身份证和其他证件，不得要求劳动者提供担保或者以其他名义向劳动者收取财物
劳动合同的效力	（1）劳动合同的生效。劳动合同由用人单位与劳动者协商一致，并经用人单位与劳动者在劳动合同文本上签字或者盖章生效。 （2）劳动合同无效或者部分无效：① 以欺诈、胁迫的手段或者乘人之危，使对方在违背真实意思的情况下订立或者变更劳动合同的；② 用人单位免除自己的法定责任、排除劳动者权利的；③ 违反法律、行政法规强制性规定的。劳动合同部分无效，不影响其他部分效力的，其他部分仍然有效

4. 劳动合同的履行和变更

劳动合同履行的原则	1）劳动合同履行的原则 （1）全面履行原则 《劳动法》规定，劳动合同依法订立即具有法律约束力，当事人必须履行劳动合同规定的义务。用人单位与劳动者应当按照劳动合同的约定，全面履行各自的义务。

劳动合同履行的原则	（2）亲自履行原则 亲自履行原则是劳动合同的双方当事人必须亲自完成合同约定的义务，未经对方同意，一方当事人不得让他人代替履行义务。 《劳动合同法》规定，劳动者拒绝用人单位管理人员违章指挥、强令冒险作业的，不视为违反劳动合同
用人单位的主要义务	用人单位变更名称、法定代表人、主要负责人或者投资人等事项，不影响劳动合同的履行。用人单位发生合并或者分立等情况，原劳动合同继续有效，劳动合同由承继其权利和义务的用人单位继续履行
劳动合同的变更	变更劳动合同，应当采用书面形式。变更后的劳动合同文本由用人单位和劳动者各执一份。注意：（1）必须在劳动合同依法订立之后，在合同没有履行或者尚未履行完毕之前的有效时间内进行；（2）必须坚持平等自愿、协商一致的原则，即须经用人单位和劳动者双方当事人的同意；（3）不得违反法律法规的强制性规定；（4）劳动合同的变更须采用书面形式

5. 劳动合同的解除和终止

劳动者可以单方解除劳动合同的规定	劳动者提前 30 日以书面形式通知用人单位，可以解除劳动合同。劳动者在试用期内提前 3 日通知用人单位，可以解除劳动合同。 用人单位有下列情形之一的，劳动者可以解除劳动合同：（1）未按照劳动合同约定提供劳动保护或者劳动条件的；（2）未及时足额支付劳动报酬的；（3）未依法为劳动者缴纳社会保险费的；（4）用人单位的规章制度违反法律、法规的规定，损害劳动者权益的；（5）因《劳动合同法》第 26 条第 1 款规定的情形致使劳动合同无效的；（6）法律、行政法规规定劳动者可以解除劳动合同的其他情形。 用人单位以暴力、威胁或者非法限制人身自由的手段强迫劳动者劳动的，或者用人单位违章指挥、强令冒险作业危及劳动者人身安全的，劳动者可以立即解除劳动合同，不需事先告知用人单位
用人单位可以单方解除劳动合同的规定	劳动者有下列情形之一的，用人单位可以解除劳动合同：（1）在试用期间被证明不符合录用条件的；（2）严重违反用人单位的规章制度的；（3）严重失职，营私舞弊，给用人单位造成重大损害的；（4）劳动者同时与其他用人单位建立劳动关系，对完成本单位的工作任务造成严重影响，或者经用人单位提出，拒不改正的；（5）因《劳动合同法》第 26 条第 1 款第 1 项规定的情形致使劳动合同无效的；（6）被依法追究刑事责任的。 有下列情形之一的，用人单位提前 30 日以书面形式通知劳动者本人或者额外支付劳动者 1 个月工资后，可以解除劳动合同：（1）劳动者患病或者非因工负伤，在规定的医疗期满后不能从事原工作，也不能从事由用人单位另行安排的工作的；（2）劳动者不能胜任工作，经过培训或者调整工作岗位，仍不能胜任工作的；（3）劳动合同订立时所依据的客观情况发生重大变化，致使劳动合同无法履行，经用人单位与劳动者协商，未能就变更劳动合同内容达成协议的
用人单位经济性裁员的规定	有下列情形之一，需要裁减人员 20 人以上或者裁减不足 20 人但占企业职工总数 10% 以上的，用人单位提前 30 日向工会或者全体职工说明情况，听取工会或者职工的意见后，裁减人员方案经向劳动行政部门报告，可以裁减人员：（1）依照企业破产法规定进行重整的；（2）生产经营发生严重困难的；（3）企业转产、重大技术革新或者经营方式调整，经变更劳动合同后，仍需裁减人员的；（4）其他因劳动合同订立时所依据的客观经济情况发生重大变化，致使劳动合同无法履行的。 裁减人员时，应当优先留用下列三种人员：（1）与本单位订立较长期限的固定期限劳动合同的；（2）与本单位订立无固定期限劳动合同的；（3）家庭无其他就业人员，有需要扶养的老人或者未成年人的。用人单位在 6 个月内重新招用人员的，应当通知被裁减的人员，并在同等条件下优先招用被裁减人员

续表

用人单位不得解除劳动合同的规定	劳动者有下列情形之一的，用人单位不得依照《劳动合同法》第40、41条的规定解除劳动合同： (1)从事接触职业病危害作业的劳动者未进行离岗前职业健康检查，或者疑似职业病病人在诊断或者医学观察期间的；(2)在本单位患职业病或者因工负伤并被确认丧失或者部分丧失劳动能力的；(3)患病或者非因工负伤，在规定的医疗期内的；(4)女职工在孕期、产期、哺乳期的；(5)在本单位连续工作满15年，且距法定退休年龄不足5年的；(6)法律、行政法规规定的其他情形
劳动合同的终止	(1)劳动合同期满的；(2)劳动者开始依法享受基本养老保险待遇的；(3)劳动者死亡，或者被人民法院宣告死亡或者宣告失踪的；(4)用人单位被依法宣告破产的；(5)用人单位被吊销营业执照、责令关闭、撤销或者用人单位决定提前解散的；(6)法律、行政法规规定的其他情形
终止劳动合同的经济补偿	(1)劳动者依照《劳动合同法》第38条规定解除劳动合同的；(2)用人单位向劳动者提出解除劳动合同并与劳动者协商一致解除劳动合同的；(3)用人单位依照《劳动合同法》第40条规定解除劳动合同的；(4)用人单位依照《劳动合同法》第41条第1款规定解除劳动合同的；(5)除用人单位维持或者提高劳动合同约定条件续订劳动合同，劳动者不同意续订的情形外，依照《劳动合同法》第44条第1项规定终止固定期限劳动合同的；(6)依照《劳动合同法》第44条第4项、第5项规定终止劳动合同的；(7)法律、行政法规规定的其他情形

一 单项选择题

1. 根据《劳动合同法》，用人单位与劳动者已建立劳动关系，但未同时订立书面劳动合同的，应当自用工之日起（　　）内订立书面劳动合同。

　　A．1个月　　　　　　　　　　B．2个月

　　C．3个月　　　　　　　　　　D．半年

2. 根据《劳动合同法》，关于劳动者试用期的说法，正确的是（　　）。

　　A．试用期不包含在劳动合同期限之内

　　B．以完成一定工作任务为期限的劳动合同，不得约定试用期

　　C．劳动合同期限为2年的，试用期不得超过6个月

　　D．同一用人单位与同一劳动者只能约定一次试用期

3. 甲某与某施工企业订立了期限为2年的劳动合同，合同生效时间为3月5日，则该劳动合同试用期结束的最迟日期为（　　）。

　　A．4月5日　　　　　　　　　　B．5月5日

　　C．6月5日　　　　　　　　　　D．9月5日

4. 关于劳动合同效力的说法，正确的是（　　）。

　　A．用人单位发生合并或者分立的，须与劳动者重新签订劳动合同

　　B．用人单位免除自己的法定责任，排除劳动者权利的，该合同全部无效

　　C．用人单位的投资人发生变更，原劳动合同继续有效

　　D．双方当事人签字或者盖章时间不一致的，以在先的时间为劳动合同的生效时间

5. 根据《劳动合同法》，用人单位与劳动者建立劳动关系的时间是（　　）。

　　A．通知录用之日　　　　　　　　B．用工之日

　　C. 劳动合同订立之日　　　　　　　D. 劳动合同生效之日

6. 根据《劳动合同法》，视为用人单位与劳动者已订立无固定期限劳动合同的情形，是指用人单位已经开始用工但不与劳动者订立书面劳动合同，自用工之日起（　　　）。

　　A. 3 个月　　　　　　　　　　　　B. 6 个月

　　C. 9 个月　　　　　　　　　　　　D. 1 年

7. 根据《劳动合同法》，劳动者拒绝用人单位管理人员违章指挥、强令冒险作业的，不视为违反劳动合同。该规定体现了劳动合同履行原则的（　　　）。

　　A. 全面履行原则　　　　　　　　　B. 亲自履行原则

　　C. 禁止强迫劳动原则　　　　　　　D. 平等自愿原则

8. 关于劳动合同履行的说法，正确的是（　　　）。

　　A. 用人单位名称变更，原劳动合同变更

　　B. 用人单位发生合并或者分立，原劳动合同解除

　　C. 用人单位法定代表人变更，应当重新订立劳动合同

　　D. 用人单位投资人变更不影响劳动合同的履行

9. 甲施工企业与乙施工企业合并，甲企业在合并前与其职工订立的劳动合同（　　　）。

　　A. 效力待定　　　　　　　　　　　B. 自动解除

　　C. 自动终止　　　　　　　　　　　D. 继续有效

10. 根据《劳动合同法》，劳动者的下列情形中，用人单位可以即时解除劳动合同的是（　　　）。

　　A. 在试用期结束后被证明不符合录用条件

　　B. 严重违反用人单位的规章制度

　　C. 因企业转产致使劳动合同无法履行

　　D. 不能胜任工作，经过培训仍然不能胜任

11. 根据《劳动合同法》，劳动者患病或者非因工负伤，在规定的医疗期满后不能从事原工作，也不能从事由用人单位另行安排的工作的，用人单位有权解除劳动合同，但需要提前（　　　）以书面形式通知劳动者本人。

　　A. 10 日　　　　　　　　　　　　B. 15 日

　　C. 20 日　　　　　　　　　　　　D. 30 日

12. 下列情形中，用人单位可以解除劳动合同的是（　　　）。

　　A. 职工患病，在规定的医疗期内

　　B. 女职工在孕期、哺乳期内

　　C. 因工负伤丧失或者部分丧失劳动能力

　　D. 在试用期间被证明不符合录用条件

13. 根据《劳动合同法》，用人单位拖欠或者未足额支付劳动报酬的，劳动者可以依法向当地（　　　）申请支付令。

　　A. 工会　　　　　　　　　　　　　B. 人民法院

　　C. 劳动行政部门　　　　　　　　　D. 劳动争议仲裁机构

14. 甲某被某施工企业录用，双方于本年度 3 月 15 日订立了为期 2 年的劳动合同，并约定试用期 3 个月，次日合同开始履行。同年 7 月 8 日，甲某决定解除该劳动合同。

下列做法中正确的是（   ）。

    A．必须取得用人单位同意

    B．可提前 3 日通知用人单位

    C．应提前 30 日以书面形式通知用人单位

    D．应向用人单位支付违约金

15．根据《劳动合同法》，下列情形中，用人单位不得与劳动者解除劳动合同的是（   ）。

    A．在试用期间被证明不符合录用条件的

    B．严重违反用人单位的规章制度的

    C．患病或非因工负伤，在规定的医疗期内的

    D．被依法追究刑事责任的

16．根据《劳动合同法》，下列情形中，劳动者可以立即解除劳动合同而无需事先告知用人单位的情形是（   ）。

    A．用人单位未按照劳动合同约定提供劳动保护或者劳动条件

    B．用人单位以暴力、威胁或者非法限制人身自由的手段强迫劳动者劳动

    C．用人单位未及时足额支付劳动报酬

    D．用人单位制定的规章制度违反法律法规，损害劳动者的权益

17．根据《劳动合同法》，关于劳动合同变更的说法，错误的是（   ）。

    A．双方协商一致，可以变更劳动合同

    B．变更劳动合同，应当采用书面形式

    C．变更劳动合同，可以采用口头形式

    D．变更后的劳动合同文本由双方各执一份

18．根据《劳动合同法》，用人单位违反相关规定不与劳动者订立无固定期限劳动合同的，自应当订立无固定期限劳动合同之日起向劳动者每月支付（   ）的工资。

    A．1.5 倍   B．2 倍

    C．3 倍   D．4 倍

二　多项选择题

1．根据《劳动合同法》，按照合同期限，劳动合同可以划分为（   ）。

    A．全日制劳动合同

    B．非全日制劳动合同

    C．固定期限劳动合同

    D．无固定期限劳动合同

    E．以完成一定工作任务为期限的劳动合同

2．关于劳动合同订立的说法，正确的有（   ）。

    A．试用期包含在劳动合同期限内

    B．固定期限劳动合同不能超过 10 年

    C．社会保险是劳动合同的必备条款

D．劳动关系自劳动合同订立之日起建立

E．非全日制用工双方当事人可以订立口头协议

3．根据《劳动合同法》，用人单位在招用劳动者时，不得（　　）。

A．约定保守秘密　　　　　　　B．扣押劳动者的证件

C．向劳动者收取财物　　　　　D．要求劳动者提供担保

E．订立无终止时间的劳动合同

4．根据《劳动合同法》，对劳动合同的无效或者部分无效有争议的，提请确认的机构有（　　）。

A．工会　　　　　　　　　　　B．人民法院

C．仲裁机构　　　　　　　　　D．劳动行政部门

E．劳动争议仲裁机构

5．根据《劳动合同法》，下列合同条款中属于劳动合同必备条款的有（　　）。

A．试用期　　　　　　　　　　B．劳动报酬

C．社会保险　　　　　　　　　D．工作内容与工作地点

E．劳动条件和职业危害防护

6．根据《劳动合同法》，下列合同条款中属于劳动合同约定条款的有（　　）。

A．培训　　　　　　　　　　　B．试用期

C．保守秘密　　　　　　　　　D．劳动报酬

E．补充保险和福利待遇

7．下列劳动合同中，不能约定适用期的特殊情形包括（　　）。

A．全日制用工劳动合同

B．非全日制用工劳动合同

C．期限不满 3 个月的劳动合同

D．期限为 6 个月的劳动合同

E．以完成一定的工作任务为期限的劳动合同

8．根据《劳动合同法》，下列劳动合同无效或者部分无效情形的说法中，正确的有（　　）。

A．用人单位免除自己的法定责任、排除劳动者权利的

B．违反法律、行政法规强制性规定的

C．以欺诈、胁迫的手段或者乘人之危，违背真实意思的情况下订立或变更劳动合同的

D．对劳动合同的无效或者部分无效有争议的，由劳动当地劳动行政部门确认

E．对劳动合同的无效或者部分无效有争议的，由劳动争议仲裁机构或者人民法院确认

9．根据《劳动合同法》，下列用人单位的变更事项中，不影响劳动合同履行的情形有（　　）。

A．名称变更　　　　　　　　　B．法定代表人变更

C．主要负责人变更　　　　　　D．投资人变更

E．经营范围变更

10．根据《劳动合同法》，用人单位提供的劳动合同文本未载明本法规定的劳动合同必备条款或者用人单位未将劳动合同文本交付劳动者的，下列说法正确的有（　　　）。

  A．由工会责令改正

  B．由劳动行政部门责令改正

  C．由劳动争议仲裁机构责令改正

  D．由当地人民法院责令改正

  E．给劳动者造成损害的，应当承担赔偿责任

11．根据《劳动合同法》，下列情形中，用人单位应当向劳动者支付经济补偿金的有（　　　）。

  A．用人单位决定提前解散的

  B．用人单位被依法宣告破产的

  C．用人单位被吊销营业执照、责令关闭、撤销的

  D．用人单位与其他单位合并的

  E．用人单位因市场变化改变经营范围的

12．根据《劳动合同法》，下列劳动合同履行的情形中，属于劳动者不需预先告知用人单位，可以即时与用人单位解除劳动合同的有（　　　）。

  A．在试用期内的

  B．用人单位合并或者分立的

  C．用人单位未依法缴纳社会保险费的

  D．用人单位以暴力、威胁手段强迫劳动者劳动

  E．用人单位违章指挥、强令冒险作业危及劳动者人身安全

13．根据《劳动合同法》，关于经济性裁员的说法，正确的有（　　　）。

  A．应当优先留用与本单位订立较长期限的固定期限劳动合同的人员

  B．应当优先留用与本单位订立无固定期限劳动合同的人员

  C．应当优先留用家庭无其他就业人员，有需要扶养的老人或者未成年人的

  D．应当优先留用高学历的研发人员

  E．在六个月内重新招用人员的，应当在同等条件下优先招用被裁减的人员

14．根据《劳动合同法》，用人单位有权与劳动者约定由劳动者承担违约金的情形有（　　　）。

  A．用人单位为劳动者提供劳动报酬的

  B．用人单位为劳动者提供社会保险的

  C．用人单位为劳动者提供劳动保护、劳动条件和职业危害防护的

  D．用人单位为劳动者提供专项培训费用，对其进行专业技术培训的

  E．用人单位与劳动者约定保守商业秘密和与知识产权相关的保密事项的

15．根据《劳动合同法》，关于用人单位与劳动者约定竞业限制的说法，正确的有（　　　）。

  A．对负有保密义务的劳动者，用人单位可以与其约定竞业限制条款

  B．在解除或终止劳动合同后，在竞业限制期限内按月给予劳动者经济补偿

  C．劳动者违反竞业限制约定的，应当按照约定向用人单位支付违约金

D．竞业限制适用于用人单位的全体人员

E．解除或者终止劳动合同后，竞业限制期限不得超过 2 年

16．用人单位可以不提前通知，直接解除劳动合同的情形有（　　）。

A．在试用期间被证明不符合录用条件的

B．严重违反用人单位的规章制度的

C．劳动者不能胜任工作的

D．劳动者非因工负伤，在规定的医疗期满后不能从事原工作的

E．被依法追究刑事责任的

17．根据《劳动合同法》，下列情形中，属于用人单位不得解除劳动合同的有
（　　）。

A．在本单位患职业病或者因工负伤并被确认丧失或者部分丧失劳动能力的

B．患病或者非因工负伤，在规定的医疗期的

C．女职工在孕期、产期、哺乳期的

D．劳动者被依法追究刑事责任的

E．劳动者不能胜任工作，经过培训，仍不能胜任工作

【答案与解析】

一、单项选择题

1．A；　　2．D；　3．B；　　4．C；　　5．B；　　6．D；　　7．C；　　8．D；

9．D；　　10．B；　11．D；　12．D；　13．B；　14．C；　15．C；　16．B；

17．C；　*18．B

【解析】

18．【答案】B

根据《劳动合同法》规定，用人单位违反本法规定不与劳动者订立无固定期限劳动合同的，自应当订立无固定期限劳动合同之日起向劳动者每月支付 2 倍的工资。显然，A、C、D 选项错误，B 选项正确。因此，本题的答案是 B 选项。

二、多项选择题

1．C、D、E；　　2．A、E；　　3．B、C、D；　　4．B、E；

*5．B、C、D、E；　6．A、B、C、E；　7．B、C、E；　　8．A、B、C、E；

9．A、B、C、D；　10．B、E；　　11．A、B、C；　　12．C、D、E；

13．A、B、C、E；　14．D、E；　　15．A、B、C、E；　16．A、B、E；

17．A、B、C

【解析】

5．【答案】B、C、D、E

《劳动合同法》规定，劳动合同应当具备以下条款：① 用人单位的名称、住所和法定代表人或者主要负责人；② 劳动者的姓名、住址和居民身份证或者其他有效身份证件号码；③ 劳动合同期限；④ 工作内容和工作地点；⑤ 工作时间和休息休假；⑥ 劳动报酬；⑦ 社会保险；⑧ 劳动保护、劳动条件和职业危害防护；⑨ 法律、法规规定应

当纳入劳动合同的其他事项。劳动合同除前款规定的必备条款外，用人单位与劳动者可以约定试用期、培训、保守秘密、补充保险和福利待遇等其他事项。显然，B、C、D、E 选项为必备条款，而 A 选项为约定条款。因此，本题的答案是 B、C、D、E 选项。

9.2 劳动用工和工资支付保障

复习要点

1. 劳动用工管理

"包工队"用工模式	"包工队"用工模式特指"包工头"通过挂靠施工企业取得施工许可，再利用传统社会关系从农村募集劳动力，为建筑业提供施工生产一线的"农民工"劳动大军的模式。根据《保障农民工工资支付条例》，农民工是指为用人单位提供劳动的农村居民
劳务派遣	1）主体关系特征 劳务派遣是指依法设立的劳务派遣机构（派遣单位）与接受派遣的单位（用工单位）订立劳务派遣协议，约定由派遣单位根据用工单位的用工需求招聘劳动者，并把劳动者派到用工单位去劳动的一种用工方式。 （1）劳务派遣关系涉及三方主体。劳务派遣涉及劳务派遣单位、用工单位和被派遣的劳动者三方主体，形成特殊的三方法律关系。 （2）劳动关系与用工关系相分离。对于劳动者而言，劳动关系存在于劳动者与派遣单位之间订立的劳动合同中，劳务派遣单位是劳动者的用人单位，而接受派遣的单位才是用工单位，劳动者的劳动发生在用工单位。 （3）劳务派遣用工属于补充形式。只能在临时性、辅助性或者替代性的工作岗位上实施
劳动合同与劳务派遣协议	（1）劳动合同应当载明的内容。《劳动合同法》规定，劳务派遣单位与被派遣劳动者订立的劳动合同，除应当载明本法第 17 条规定的事项即一般劳动合同应当具备的条款外，还应当载明被派遣劳动者的用工单位以及派遣期限、工作岗位等情况。 （2）劳务派遣协议应当载明的内容。《劳务派遣暂行规定》规定，劳务派遣协议应当载明下列内容：派遣的工作岗位名称和岗位性质；工作地点；派遣人员数量和派遣期限；按照同工同酬原则确定的劳动报酬数额和支付方式；社会保险费的数额和支付方式；工作时间和休息休假事项；被派遣劳动者工伤、生育或者患病期间的相关待遇；劳动安全卫生以及培训事项；经济补偿等费用；劳务派遣协议期限；劳务派遣服务费的支付方式和标准；违反劳务派遣协议的责任；法律、法规、规章规定应当纳入劳务派遣协议的其他事项
用工单位	有下列情形之一的，用工单位可以将被派遣劳动者退回劳务派遣单位：（1）用工单位有《劳动合同法》第 40 条第 3 项、第 41 条规定情形的；（2）用工单位被依法宣告破产、吊销营业执照、责令关闭、撤销、决定提前解散或者经营期限届满不再继续经营的；（3）劳务派遣协议期满终止的。被派遣劳动者退回后在无工作期间，劳务派遣单位应当按照不低于所在地人民政府规定的最低工资标准，向其按月支付报酬。被派遣劳动者有《劳动合同法》第 42 条规定情形的，在派遣期限届满前，用工单位不得依据上述第（1）项规定将被派遣劳动者退回劳务派遣单位；派遣期限届满的，应当延续至相应情形消失时方可退回
劳务派遣单位的义务	《劳动合同法》规定，劳务派遣单位应当将劳务派遣协议的内容告知被派遣劳动者。劳务派遣单位不得克扣用工单位按照劳务派遣协议支付给被派遣劳动者的劳动报酬。劳务派遣单位和用工单位不得向被派遣劳动者收取费用。 同时，《劳务派遣暂行规定》具体规定了劳务派遣单位应当对被派遣劳动者履行的八项义务

续表

被派遣劳动者的权利	（1）同工同酬权利 《劳动合同法》规定，被派遣劳动者享有与用工单位的劳动者同工同酬的权利。用工单位应当按照同工同酬原则，对被派遣劳动者与本单位同类岗位的劳动者实行相同的劳动报酬分配办法。 （2）参加或者组织工会的权利 《劳动合同法》规定，被派遣劳动者有权在劳务派遣单位或者用工单位依法参加或者组织工会，维护自身的合法权益。 （3）依法解除劳动合同的权利 《劳动合同法》规定，被派遣劳动者可以依照《劳动合同法》第 36 条、第 38 条的规定与劳务派遣单位解除劳动合同。即被派遣劳动者与一般劳动者一样，也享有与用人单位（劳务派遣单位）协商一致解除合同和单方解除合同的权利
用工单位的义务	（1）用工单位的一般义务 《劳动合同法》规定，用工单位应当履行下列义务：① 执行国家劳动标准，提供相应的劳动条件和劳动保护；② 告知被派遣劳动者的工作要求和劳动报酬；③ 支付加班费、绩效奖金，提供与工作岗位相关的福利待遇；④ 对在岗被派遣劳动者进行工作岗位所必需的培训；⑤ 连续用工的，实行正常的工资调整机制。用工单位不得将被派遣劳动者再派遣到其他用人单位。 （2）用工单位的特定义务 ① 不得歧视被派遣劳动者。《劳务派遣暂行规定》规定，用工单位应当按照《劳动合同法》第 62 条规定，向被派遣劳动者提供与工作岗位相关的福利待遇，不得歧视被派遣劳动者。 ② 协助工伤认定的调查核实工作。《劳务派遣暂行规定》规定，被派遣劳动者在用工单位因工作遭受事故伤害的，劳务派遣单位应当依法申请工伤认定，用工单位应当协助工伤认定的调查核实工作
建筑业劳动用工规范管理	（1）倡导多元化建筑用工方式，推行实名制管理。 （2）落实企业责任，保障劳务人员合法权益
改革工程建设领域用工方式	（1）培育壮大产业工人队伍。 （2）鼓励群众参与、促进就业增收

2. 工资支付保障

最低工资保障制度	国家实行最低工资保障制度。最低工资的具体标准由省、自治区、直辖市人民政府规定，报国务院备案。用人单位支付劳动者的工资不得低于当地最低工资标准。 在劳动者提供正常劳动的情况下，用人单位应支付给劳动者的工资在剔除下列各项以后，不得低于当地最低工资标准：（1）延长工作时间工资；（2）中班、夜班、高温、低温、井下、有毒有害等特殊工作环境、条件下的津贴；（3）法律、法规和国家规定的劳动者福利待遇等。实行计件工资或提成工资等工资形式的用人单位，在科学合理的劳动定额基础上，其支付劳动者的工资不得低于相应的最低工资标准
农民工工资支付的规定	建设单位或者施工总承包单位将建设工程发包或者分包给个人或者不具备合法经营资格的单位，导致拖欠农民工工资的，由建设单位或者施工总承包单位清偿。施工单位允许其他单位和个人以施工单位的名义对外承揽建设工程，导致拖欠农民工工资的，由施工单位清偿。 总包单位应当在工程施工合同签订之日起 30 日内开立专用账户，并与建设单位、开户银行签订资金管理三方协议。除法律另有规定外，专用账户资金不得因支付为本项目提供劳动的农民工工资之外的原因被查封、冻结或者划拨

一　单项选择题

1. 下列主体中，不属于劳务派遣关系主体的是（　　）。

　　A．劳动者　　　　　　　　　　B．用工单位

　　C．建设单位　　　　　　　　　　D．劳务派遣单位

　2．在建筑行业劳务派遣中，劳务派遣协议的订立主体是（　　　）。

　　A．劳务派遣单位与用工单位　　B．劳务派遣单位与建设单位

　　C．劳务派遣单位与劳动者　　　D．劳动者与用工单位

　3．根据《劳务派遣暂行规定》，用工单位使用的被派遣劳动者数量不得超过其用工总量的（　　　）。

　　A．10%　　　　　　　　　　　　B．20%

　　C．30%　　　　　　　　　　　　D．50%

　4．根据《劳务派遣暂行规定》，用工单位可以使用被派遣劳动者的工作岗位不包括（　　　）岗位。

　　A．临时性　　　　　　　　　　　B．辅助性

　　C．替代性　　　　　　　　　　　D．永久性

　5．根据《劳务派遣暂行规定》，临时性工作岗位是指该岗位的存续时间不超过（　　　）。

　　A．1个月　　　　　　　　　　　B．3个月

　　C．6个月　　　　　　　　　　　D．12个月

　6．根据《劳务派遣暂行规定》，关于劳务派遣关系的说法，错误的是（　　　）。

　　A．劳务派遣单位应当与被派遣劳动者订立劳务派遣协议

　　B．劳务派遣单位应当与被派遣劳动者订立固定期限书面劳动合同

　　C．劳务派遣单位可以依法与被派遣劳动者约定试用期

　　D．劳务派遣单位与同一被派遣劳动者只能约定一次试用期

　7．根据《劳务派遣暂行规定》，劳务派遣单位与被派遣劳动者订立的固定期限书面劳动合同期限应当为（　　　）以上。

　　A．3个月　　　　　　　　　　　B．6个月

　　C．12个月　　　　　　　　　　D．24个月

　8．根据《劳动合同法》，被派遣劳动者在无工作期间，劳务派遣单位应当向其按月支付报酬，其标准为所在地人民政府规定的（　　　）。

　　A．最低工资标准　　　　　　　　B．最低生活保障标准

　　C．行业工资指导线　　　　　　　D．失业保险金领取标准

　9．关于劳务派遣的说法，正确的是（　　　）。

　　A．劳务派遣用工是劳动用工的主要方式

　　B．被派遣劳动者与用工单位的劳动者同工同酬

　　C．劳务派遣用工不受用工单位的岗位限制

　　D．用人单位可以设立劳务派遣单位向本单位派遣劳动者

　10．根据《劳动合同法》，劳动者在试用期的工资不得低于本单位相同岗位最低档工资或者劳动合同约定工资的（　　　），并不得低于用人单位所在地的最低工资标准。

　　A．60%　　　　　　　　　　　　B．80%

　　C．50%　　　　　　　　　　　　D．70%

11. 根据《最低工资规定》，下列款项中属于最低工资组成部分的是（　　）。

    A. 加班工资

    B. 特殊工作环境条件下的津贴

    C. 法定的劳动者保险福利待遇

    D. 法定工作时间内正常劳动应支付的工资

12. 根据《工资支付暂行规定》，关于工资支付时间保障制度的说法，错误的是（　　）。

    A. 工资必须在用人单位与劳动者约定的日期支付

    B. 如遇节假日或休息日，则应提前在最近的工作日支付

    C. 如遇节假日或休息日，则应推后在最近的工作日支付

    D. 工资至少每月支付一次

13. 根据《保障农民工工资支付条例》，政府投资项目政府投资资金不到位拖欠农民工工资的，由人力资源社会保障行政部门报（　　）批准，责令限期足额拨付所拖欠的资金。

    A. 国务院   B. 本级人民政府

    C. 上级人民政府   D. 本级人民政府财政主管部门

14. 根据《保障农民工工资支付条例》，工程完工且未拖欠农民工工资的，施工总承包单位公示（　　）后，可以申请注销农民工工资专用账户。

    A. 20日   B. 60日

    C. 30日   D. 15日

15. 根据《保障农民工工资支付条例》，分包单位对所招用农民工的实名制管理和工资支付负（　　）。

    A. 连带责任   B. 主要责任

    C. 间接责任   D. 直接责任

16. 根据《保障农民工工资支付条例》，关于农民工工资专用账户的说法，错误的是（　　）。

    A. 施工总承包单位应按规定开设农民工工资专用账户

    B. 工程完工且未拖欠农民工工资的，施工总承包单位公示期结束后，可以申请注销农民工工资专用账户

    C. 注销农民工工资专用账户后，账户内余额归施工总承包单位所有

    D. 农民工工资专用账户资金和工资保证金被查封、冻结或者划拨

二　多项选择题

1. 根据《劳务派遣暂行规定》，劳务派遣协议的内容应当包括（　　）。

    A. 工作地点

    B. 派遣的工作岗位名称和岗位性质

    C. 派遣人员姓名

    D. 派遣人员数量和派遣期限

E．法定的劳动报酬数额和支付方式

2．根据《劳务派遣暂行规定》，关于被派遣劳动者在用工单位因工作遭受事故伤害时承担工伤保险责任的说法，正确的有（　　　　）。

A．劳务派遣单位应当依法申请工伤认定

B．用工单位应当协助工伤认定的调查核实工作

C．工会应当协助工伤认定的调查核实工作

D．劳务派遣单位承担工伤保险责任，但可以与用工单位约定补偿办法

E．劳务派遣单位与用工单位共同承担工伤保险责任

3．根据《劳务派遣暂行规定》，劳务派遣单位应当对被派遣劳动者履行的义务包括（　　　　）。

A．如实告知被派遣劳动者劳动合同及劳务派遣协议的内容

B．对被派遣劳动者进行上岗知识、安全教育培训

C．依法支付被派遣劳动者的劳动报酬和相关待遇

D．依法为被派遣劳动者缴纳社会保险费，并办理社会保险相关手续

E．为被派遣劳动者提供劳动保护和劳动安全卫生条件

4．根据《劳动合同法》，下列合同条款中，属于劳务派遣单位与被派遣劳动者订立的劳动合同所特有的条款包括（　　　　）。

A．用工单位　　　　　　　　　B．派遣期限

C．工作岗位　　　　　　　　　D．社会保险

E．劳动合同期限

5．关于劳务派遣的说法，正确的有（　　　　）。

A．劳务派遣用工属于劳动用工的补充形式

B．劳务派遣用工方式使劳动关系与用工关系相分离

C．劳务派遣涉及劳务派遣单位、用工单位和被派遣劳动者三方主体

D．劳务派遣包含劳务派遣协议和劳动合同两种法律关系

E．经营劳务派遣业务无需申请行政许可

6．根据《劳动合同法》，关于劳务派遣的说法，正确的有（　　　　）。

A．劳务派遣单位和用工单位不得向被派遣劳动者收取费用

B．用工单位不得将连续用工期限分割订立数个短期劳务派遣协议

C．劳务派遣单位不得跨地区派遣劳动者

D．用工单位不得将被派遣劳动者再派遣到其他用人单位

E．劳务派遣单位不得克扣用工单位支付给被派遣劳动者的劳动报酬

7．根据《劳动合同法》，关于劳动者在试用期内工资的说法，正确的有（　　　　）。

A．不得低于本单位相同岗位最低档工资的 80%

B．不得低于劳动合同约定工资的 80%

C．不得低于本单位相同岗位平均工资的 80%

D．不得低于用人单位所在地的最低工资标准

E．不得低于用人单位所在地相同岗位最低工资标准

8．根据《劳动合同法》，关于最低工资的说法，正确的有（　　　　）。

A. 国家实行最低工资保障制度

B. 用人单位支付劳动者的工资不得低于当地最低工资标准

C. 用人单位支付劳动者的工资不得低于当地相同岗位最低工资标准

D. 最低工资的具体标准由省、自治区、直辖市人民政府规定，报国务院备案

E. 最低工资由用人单位支付

9. 根据《工资支付暂行规定》，属于特殊情况工资保障的有（　　）。

A. 劳动者依法享受年休假、探亲假等假期工资保障

B. 依法解除或终止劳动合同时，用人单位应一次付清劳动者工资

C. 劳动者在法定工作时间内依法参加社会活动期间，享受工资保障

D. 非因劳动者原因造成单位停工、停产在一个工资支付周期内的，劳动者享受工资保障

E. 国家实行最低工资保障制度

10. 根据《保障农民工工资支付条例》，关于农民工工资基本保障制度的说法，正确的有（　　）。

A. 农民工有按时足额获得工资的权利

B. 任何单位和个人不得拖欠农民工工资

C. 用人单位拖欠农民工工资的，应当依法予以清偿

D. 实行计件工资制的，工资支付周期按周支付

E. 用人单位应当按照约定或法定的支付周期和日期足额支付工资

11. 根据《保障农民工工资支付条例》，关于工程分包单位所招用农民工工资的说法，正确的有（　　）。

A. 分包单位对所招用农民工的实名制管理和工资支付负直接责任

B. 施工总承包单位对分包单位劳动用工和工资发放等情况进行监督

C. 分包单位拖欠农民工工资的，由施工总承包单位先行清偿，再依法追偿

D. 工程转包拖欠农民工工资的，由施工总承包单位先行清偿，再依法追偿

E. 工程转包拖欠农民工工资的，由建设单位先行清偿，再依法追偿

【答案与解析】

一、单项选择题

1. C;　　2. A;　　3. A;　　4. D;　　5. C;　　6. A;　　7. D;　　8. A;

9. B;　　10. B;　　11. D;　　12. C;　　13. B;　　14. C;　　15. D;　　16. D

二、多项选择题

1. A、B、D、E;　　2. A、B、D;　　3. A、B、C、D;　　4. A、B、C;

5. A、B、C、D;　　6. A、B、D、E;　　7. A、B、D;　　8. A、B、D、E;

9. A、B、C、D;　　10. A、B、C、E;　　11. A、B、C、D

9.3 劳动安全卫生和保护

复习要点

产生职业病危害的工作场所应当符合的职业卫生要求	《职业病防治法》规定，产生职业病危害的用人单位的设立除应当符合法律、行政法规规定的设立条件外，其工作场所还应当符合下列职业卫生要求：① 职业病危害因素的强度或者浓度符合国家职业卫生标准；② 有与职业病危害防护相适应的设施；③ 生产布局合理，符合有害与无害作业分开的原则；④ 有配套的更衣间、洗浴间、孕妇休息间等卫生设施；⑤设备、工具、用具等设施符合保护劳动者生理、心理健康的要求；⑥ 法律、行政法规和国务院卫生行政部门关于保护劳动者健康的其他要求
用人单位应当在劳动过程中采取的职业病防治管理措施	《职业病防治法》规定，用人单位应当采取下列职业病防治管理措施：① 设置或者指定职业卫生管理机构或者组织，配备专职或者兼职的职业卫生管理人员，负责本单位的职业病防治工作；② 制定职业病防治计划和实施方案；③ 建立、健全职业卫生管理制度和操作规程；④ 建立、健全职业卫生档案和劳动者健康监护档案；⑤ 建立、健全工作场所职业病危害因素监测及评价制度；⑥ 建立、健全职业病危害事故应急救援预案
劳动者享有的职业卫生保护权利	《职业病防治法》规定，劳动者享有下列职业卫生保护权利：① 获得职业卫生教育、培训；② 获得职业健康检查、职业病诊疗、康复等职业病防治服务；③ 了解工作场所产生或者可能产生的职业病危害因素、危害后果和应当采取的职业病防护措施；④ 要求用人单位提供符合防治职业病要求的职业病防护设施和个人使用的职业病防护用品，改善工作条件；⑤ 对违反职业病防治法律、法规以及危及生命健康的行为提出批评、检举和控告；⑥ 拒绝违章指挥和强令进行没有职业病防护措施的作业；⑦ 参与用人单位职业卫生工作的民主管理，对职业病防治工作提出意见和建议。 用人单位应当保障劳动者行使职业卫生保护权利。因劳动者依法行使正当权利而降低其工资、福利等待遇或者解除、终止与其订立的劳动合同的，其行为无效
劳动保护管理制度内容	（1）劳动安全卫生监察制度。 （2）职业病防治管理制度。包括以下制度：职业病危害项目申报制度；建设项目职业病危害的预评价和审核制度；工作场所职业病危害因素监测及检测、评价制度；职业危害的警示告知制度；职业健康监护制度。 （3）职业病诊断、鉴定制度
女职工的特殊保护	（1）保障妇女就业权，实行男女同工同酬。 （2）禁止安排女职工从事繁重体力劳动及有毒有害工作。 （3）侵害女职工权益的法律责任
未成年工的特殊保护	（1）禁止使用童工 招用不满16周岁的未成年人，统称使用童工。《未成年人保护法》规定，任何组织或者个人不得招用未满16周岁未成年人，国家另有规定的除外。 （2）对未成年工保护的基本规定 招用已满16周岁未成年人的单位和个人应当执行国家在工种、劳动时间、劳动强度和保护措施等方面的规定，不得安排其从事过重、有毒、有害等危害未成年人身心健康的劳动或者危险作业。 （3）工作时间限制、种类限制 （4）进行定期身体健康检查 （5）实施登记发证制度

一 单项选择题

1. 根据《职业病防治法》，关于职业病的说法，正确的是（　　　）。

A．劳动者在劳动过程中所患的疾病

B．用人单位的工人在生产劳动过程中因噪音引起的听力障碍

C．用人单位的工人在生产劳动过程中因接触粉尘、有毒物质而引起的疾病

D．用人单位的劳动者在职业活动中，因接触粉尘、放射性物质和其他有毒、有害物质等因素而引起的疾病

2．根据《职业病防治法》，关于疑似职业病病人诊断或者医学观察期间，用人单位能否与其解除或者终止劳动合同的说法，正确的是（   ）。

A．不得解除或者终止劳动合同

B．可以解除或者终止劳动合同

C．经用人单位职工代表大会同意可以解除或者终止劳动合同

D．经与职业病病人协商一致可以解除或者终止劳动合同

3．根据《职业病防治法》，我国职业卫生监督管理部门是指（   ）。

A．县级以上人民政府卫生行政部门

B．县级以上人民政府劳动保障行政部门

C．县级以上人民政府安全生产监督部门

D．县级以上人民政府卫生行政部门和劳动保障部门

4．根据《职业病防治法》，用人单位组织的职业健康检查费用由（   ）承担。

A．劳动者   B．用人单位

C．劳动和社会保障部门   D．工会组织

5．根据《职业病防治法》，对遭受或者可能遭受急性职业病危害的劳动者，用人单位应当及时组织救治、进行健康检查和医学观察，所需费用由（   ）承担。

A．劳动者   B．用人单位

C．劳动和社会保障部门   D．工会组织

6．根据《职业病防治法》，劳动者被诊断患有职业病，但用人单位没有依法参加工伤保险的，其医疗和生活保障由（   ）承担。

A．劳动者   B．用人单位

C．劳动和社会保障部门   D．工会组织

7．根据《职业病防治法》，建设项目可能产生职业病危害的，建设单位应当进行职业病危害预评价的阶段是指（   ）。

A．可行性论证阶段   B．招标投标阶段

C．设计阶段   D．施工阶段

8．根据《职业病防治法》，关于劳动者原有工作单位变动后对职业病待遇的说法，错误的是（   ）。

A．职业病病人变动工作单位，其依法享有的待遇随之变化

B．用人单位在发生分立、合并、解散、破产等情形时，应当对从事接触职业病危害的作业的劳动者进行健康检查

C．用人单位在发生分立、合并、解散、破产等情形时，应当按照国家有关规定妥善安置职业病病人

D．用人单位已经不存在或者无法确认劳动关系的职业病病人，可以向地方人

民政府医疗保障、民政部门申请救助

9. 根据《未成年工特殊保护规定》，关于未成年工特殊保护的说法，错误的是（   ）。

A. 未成年工须持《未成年工登记证》上岗

B. 对未成年工的使用和特殊保护实行登记制度

C. 未成年工上岗前用人单位应对其进行有关的职业安全卫生教育、培训

D. 未成年工体检和登记，由劳动保障部门统一办理和承担费用

二　多项选择题

1. 根据《职业病防治法》，关于用人单位用工管理的说法，正确的有（   ）。

A. 不得安排未成年工从事接触职业病危害的作业

B. 不得安排孕期、哺乳期的女职工从事对本人和胎儿、婴儿有危害的作业

C. 不得安排未经上岗前职业健康检查的劳动者从事接触职业病危害的作业

D. 不得安排有职业禁忌的劳动者从事其所禁忌的作业

E. 不得安排新入职的职工从事接触职业病危害的作业

2. 根据《职业病防治法》，对从事接触职业病危害的作业的劳动者，关于用人单位应当按照规定组织其职业健康检查的时间要求的说法，正确的有（   ）。

A. 上岗前　　　　　　　　　　B. 休假期间

C. 在岗期间　　　　　　　　　D. 生病期间

E. 离岗时

3. 根据《职业病防治法》，关于用人单位对从事接触职业病危害的作业的劳动者职业健康检查的说法，正确的有（   ）。

A. 用人单位应当组织其职业健康检查，并将检查结果书面告知劳动者

B. 职业健康检查费用由劳动者承担

C. 用人单位不得安排未经上岗前职业健康检查的劳动者从事接触职业病危害的作业

D. 用人单位不得安排有职业禁忌的劳动者从事其所禁忌的作业

E. 对未进行离岗前职业健康检查的劳动者不得解除或者终止劳动合同

4. 根据《职业病防治法》，关于用人单位对职业病病人保障的说法，正确的有（   ）。

A. 应当保障职业病病人依法享受国家规定的职业病待遇

B. 按国家规定安排职业病病人进行治疗、康复和定期检查

C. 对不适宜继续从事原工作的职业病病人，应当调离原岗位，并妥善安置

D. 对从事接触职业病危害的作业的劳动者，应当给予适当岗位津贴

E. 负责职业病病人的一切生活、医疗费用

5. 根据《职业病防治法》，下列措施中，属于用人单位应当采取的职业病防治管理措施的有（   ）。

A. 设置或指定职业卫生管理机构或者组织，制定职业病防治计划和实施方案

B．建立、健全职业病危害事故应急救援预案

C．建立、健全职业卫生管理制度和操作规程

D．建立、健全职业卫生档案和劳动者健康监护档案

E．建立、健全工作与生活场所职业病危害因素监测及评价制度

6．根据《职业病防治法》，下列权利中，属于劳动者享有的职业卫生保护权利的有（　　）。

A．获得职业卫生教育和培训

B．获得职业健康检查、职业病诊疗、康复等职业病防治服务及带薪假

C．了解工作场所产生或者可能产生的职业病危害情况与防护措施

D．要求用人单位提供合格的职业病防护设施和个人使用的职业病防护用品

E．拒绝违章指挥和强令进行没有职业病防护措施的作业

7．根据《职业病防治法》，下列职业卫生监督制度的说法中，正确的有（　　）。

A．国家实行职业卫生监督制度

B．国务院卫生行政部门、劳动保障行政部门，负责全国职业病防治的监督管理工作

C．县级以上人民政府卫生行政部门、劳动保障行政部门，负责本行政区域内职业病防治的监督管理工作

D．县级以上地方人民政府有关部门在各自的职责范围内负责职业病防治的有关监督管理工作

E．县级以上人民政府卫生行政部门、劳动保障部门和县级以上人民政府有关部门统称职业卫生监督管理部门

8．根据《职业病防治法》，关于职业病前期预防的说法，正确的有（　　）。

A．产生职业病危害的用人单位的设立应当符合法律法规

B．产生职业病危害的用人单位的工作场所应当符合法定职业卫生要求

C．国家建立职业病危害项目申报制度

D．用人单位工作场所存在职业病目录所列职业病的危害因素的，应当及时、如实申报

E．职业病危害因素分类目录由国务院劳动保障行政部门制定、调整并公布

9．根据《职业病防治法》，建设项目可能产生职业病危害的前期预防的，建设单位应当进行职业病危害预评价。其中可能产生职业病危害的建设项目具体包括（　　）。

A．新建项目　　　　　　　　　B．扩建项目

C．改建项目　　　　　　　　　D．技术开发项目

E．技术引进项目

10．根据《职业病防治法》，关于建设项目可能产生职业病危害的前期预防的说法，正确的有（　　）。

A．建设项目可能产生职业病危害的，建设单位在可行性论证阶段应当进行职业病危害预评价

B．建设项目包括新建、扩建、改建建设项目和技术改造、技术引进项目

C．建设项目职业病危害分类管理办法由国务院建设行政主管部门制定

  D. 医疗机构建设项目可能产生放射性职业病危害的，建设单位应当向卫生行政部门提交放射性职业病危害预评价报告

  E. 医疗机构建设项目可能产生放射性职业病危害的，未提交预评价报告或者预评价报告未经审核同意的，不得开工建设

11. 根据《职业病防治法》，关于建设项目实施的说法，正确的有（　　）。

  A. 建设项目的职业病防护设施所需费用应当纳入建设项目工程预算

  B. 建设项目的职业病防护设施要与主体工程同时设计，同时施工，同时投入生产和使用

  C. 建设项目的职业病防护设施设计应当符合国家职业卫生标准和卫生要求

  D. 建设项目在竣工验收前，建设单位应当进行职业病危害控制效果评价

  E. 建设项目的职业病防护设施经卫生行政部门验收合格后，方可投入使用

12. 根据《职业病防治法》，国家对部分从事职业病危害的作业实行特殊管理，其范围具体包括（　　）。

  A. 放射性作业　　　　　　　　B. 高毒作业

  C. 高危粉尘作业　　　　　　　D. 高空作业

  E. 水下作业

13. 根据《劳动保障监察条例》，关于劳动安全卫生监察制度的说法，正确的有（　　）。

  A. 国务院劳动保障行政部门主管全国的劳动保障监察工作

  B. 劳动保障监察员应当经过相应的考核或者考试录用

  C. 劳动者对违反劳动保障法律、法规或规章的行为，有权举报

  D. 劳动者认为用人单位侵犯其劳动保障合法权益的，有权投诉

  E. 劳动保障行政部门应当为举报人保密

14. 根据《劳动保障监察条例》，劳动保障行政部门实施劳动保障监察应当履行的职责包括（　　）。

  A. 制定劳动保障法规和规章

  B. 宣传劳动保障法律、法规和规章，督促用人单位贯彻执行

  C. 检查用人单位遵守劳动保障法律、法规和规章的情况

  D. 受理对违反劳动保障法律、法规或者规章的行为的举报、投诉

  E. 依法纠正和查处违反劳动保障法律、法规或者规章的行为

15. 根据《劳动保障监察条例》，劳动保障行政部门对用人单位实施劳动保障监察的事项范围包括（　　）。

  A. 制定内部劳动保障规章制度的情况

  B. 与劳动者订立劳动合同的情况

  C. 遵守女职工和未成年工特殊劳动保护规定的情况

  D. 支付劳动者工资和执行最低工资标准的情况

  E. 参加商业保险和缴纳社会保险费的情况

16. 根据《职业病防治法》，下列用人单位劳动保护管理的说法中，属于职业危害警示告知制度的有（　　）。

A. 将工作中可能产生的职业病危害及其后果、职业病防护措施和待遇等如实告知劳动者，并在劳动合同中写明

B. 组织从事接触职业病危害作业的劳动者进行职业健康检查，并将检查结果书面告知劳动者

C. 对产生严重职业病危害的作业岗位，应当在其醒目位置，设置标识和中文警示说明

D. 产生职业病危害的用人单位，应当在醒目位置公布有关职业病防治的规章制度和工作场所职业病危害因素检测结果

E. 工作场所存在职业病目录所列职业病的危害因素的，应当及时、如实申报危害项目，接受监督

17. 根据《女职工劳动保护特别规定》，用人单位对于女职工因为怀孕、生育、哺乳的做法中，违反规定的有（　　　）。

A. 降低工资　　　　　　　　B. 予以辞退

C. 解除劳动合同　　　　　　D. 减轻劳动量

E. 安排其他能够适应的劳动

18. 根据《劳动法》，关于未成年工劳动特殊保护的说法，正确的有（　　　）。

A. 未成年工是指年满十六周岁未满十八周岁的劳动者

B. 不得安排未成年工从事矿山井下、有毒有害的劳动

C. 不得安排未成年工从事高处、低温、冷水作业

D. 不得安排未成年工从事国家规定的第四级体力劳动强度的劳动

E. 用人单位应当对未成年工定期进行健康检查

19. 根据《劳动法》，关于女职工劳动特殊保护的说法，正确的有（　　　）。

A. 不得安排女职工从事高处、低温、冷水作业

B. 禁止安排女职工从事矿山井下、国家规定的第四级体力劳动强度的劳动

C. 不得安排女职工怀孕期间从事国家规定的第三级体力劳动强度的劳动

D. 对怀孕七个月以上的女职工，不得安排其延长工作时间和夜班劳动

E. 用人单位应当对未成年工定期进行健康检查

20. 根据《未成年工特殊保护规定》，未成年工禁忌从事的劳动范围包括（　　　）。

A. 锅炉司炉

B. 矿山井下及矿山地面采石作业

C. 工作场所接触放射性物质的作业

D. 地质勘探和资源勘探的野外作业

E. 国家标准中第三级体力劳动强度的作业

【答案】

一、单项选择题

1. D;　　2. A;　　3. D;　　4. B;　　5. B;　　6. B;　　7. A;　　8. A;

9. D

二、多项选择题

1．A、B、C、D；	2．A、C、E；	3．A、C、D、E；	4．A、B、C、D；
5．A、B、C、D；	6．A、C、D、E；	7．A、B、C、D；	8．A、B、C、D；
9．A、B、C、E；	10．A、B、D、E；	11．A、B、C、D；	12．A、B、C；
13．A、B、D、E；	14．B、C、D、E；	15．A、B、C、D；	16．A、B、C、D；
17．A、B、C；	18．A、B、D、E；	19．B、C、D；	20．A、B、C、D

9.4　工伤保险制度

复习要点

1．工伤认定

认定工伤情形	《工伤保险条例》规定，职工有下列情形之一的，应当认定为工伤：（1）在工作时间和工作场所内，因工作原因受到事故伤害的；（2）工作时间前后在工作场所内，从事与工作有关的预备性或者收尾性工作受到事故伤害的；（3）在工作时间和工作场所内，因履行工作职责受到暴力等意外伤害的；（4）患职业病的；（5）因工外出期间，由于工作原因受到伤害或者发生事故下落不明的；（6）在上下班途中，受到非本人主要责任的交通事故或者城市轨道交通、客运轮渡、火车事故伤害的；（7）法律、行政法规规定应当认定为工伤的其他情形
视同工伤情形	《工伤保险条例》规定，职工有下列情形之一的，视同工伤：（1）在工作时间和工作岗位，突发疾病死亡或者在48小时之内经抢救无效死亡的；（2）在抢险救灾等维护国家利益、公共利益活动中受到伤害的；（3）职工原在军队服役，因战、因公负伤致残，已取得革命伤残军人证，到用人单位后旧伤复发的。 职工有上述第（1）项、第（2）项情形的，按照《工伤保险条例》的有关规定享受工伤保险待遇；职工有上述第（3）项情形的，按照本条例的有关规定享受除一次性伤残补助金以外的工伤保险待遇

2．工伤保险待遇

一级至四级伤残待遇	《工伤保险条例》规定，职工因工致残被鉴定为一级至四级伤残的，保留劳动关系，退出工作岗位，享受以下待遇：① 从工伤保险基金按伤残等级支付一次性伤残补助金，标准为：一级伤残为27个月的本人工资，二级伤残为25个月的本人工资，三级伤残为23个月的本人工资，四级伤残为21个月的本人工资；② 从工伤保险基金按月支付伤残津贴，标准为：一级伤残为本人工资的90%，二级伤残为本人工资的85%，三级伤残为本人工资的80%，四级伤残为本人工资的75%。伤残津贴实际金额低于当地最低工资标准的，由工伤保险基金补足差额；③ 工伤职工达到退休年龄并办理退休手续后，停发伤残津贴，按照国家有关规定享受基本养老保险待遇。基本养老保险待遇低于伤残津贴的，由工伤保险基金补足差额。 职工因工致残被鉴定为一级至四级伤残的，由用人单位和职工个人以伤残津贴为基数，缴纳基本医疗保险费
五级、六级伤残待遇	《工伤保险条例》规定，职工因工致残被鉴定为五级、六级伤残的，享受以下待遇：①从工伤保险基金按伤残等级支付一次性伤残补助金，标准为：五级伤残为18个月的本人工资，六级伤残为16个月的本人工资；②保留与用人单位的劳动关系，由用人单位安排适当工作。难以安排工作的，由用人单位按月发给伤残津贴，标准为：五级伤残为本人工资的70%，六级伤残为本人工资的60%，并由用人单位按照规定为其缴纳应缴纳的各项社会保险费。伤残津贴实际金额低于当地最低工资标准的，由用人单位补足差额。

五级、六级伤残待遇	经工伤职工本人提出，该职工可以与用人单位解除或者终止劳动关系，由工伤保险基金支付一次性工伤医疗补助金，由用人单位支付一次性伤残就业补助金。一次性工伤医疗补助金和一次性伤残就业补助金的具体标准由省、自治区、直辖市人民政府规定
七级至十级伤残待遇	《工伤保险条例》规定，职工因工致残被鉴定为七级至十级伤残的，享受以下待遇：① 从工伤保险基金按伤残等级支付一次性伤残补助金，标准为：七级伤残为 13 个月的本人工资，八级伤残为 11 个月的本人工资，九级伤残为 9 个月的本人工资，十级伤残为 7 个月的本人工资；② 劳动、聘用合同期满终止，或者职工本人提出解除劳动、聘用合同的，由工伤保险基金支付一次性工伤医疗补助金，由用人单位支付一次性伤残就业补助金。一次性工伤医疗补助金和一次性伤残就业补助金的具体标准由省、自治区、直辖市人民政府规定

一 单项选择题

1. 我国工伤保险制度中，工伤保险待遇的种类不包括（　　　）。
    A. 工伤医疗待遇　　　　　　　　　　B. 工伤致残待遇
    C. 因工死亡待遇　　　　　　　　　　D. 工伤康复待遇

2. 根据《工伤保险条例》，职工或者其直系亲属认为是工伤，用人单位不认为是工伤的，承担举证责任的主体是（　　　）。
    A. 用人单位　　　　　　　　　　　　B. 劳动保障部门
    C. 职工或者其直系亲属　　　　　　　D. 劳动能力鉴定委员会

3. 根据《工伤保险条例》，对于工伤的认定，社会保险行政部门应当将《认定工伤决定书》或者《不予认定工伤决定书》送达受伤害职工（或者其近亲属）和用人单位，并抄送社会保险经办机构。该期限为自工伤认定决定作出之日起（　　　）日内。
    A. 10　　　　　　　　　　　　　　　B. 20
    C. 30　　　　　　　　　　　　　　　D. 60

4. 根据《工伤保险条例》，职工与用人单位发生工伤待遇方面的争议，按照处理（　　　）的有关规定处理。
    A. 民事纠纷　　　　　　　　　　　　B. 行政纠纷
    C. 劳动争议　　　　　　　　　　　　D. 侵权纠纷

5. 根据《工伤保险条例》，劳动功能障碍分为（　　　）个伤残等级。
    A. 十　　　　　　　　　　　　　　　B. 八
    C. 五　　　　　　　　　　　　　　　D. 三

6. 根据《工伤保险条例》，职工因工致残被鉴定为一级至四级伤残的，由用人单位和职工个人以伤残津贴为基数，缴纳（　　　）保险费。
    A. 基本养老　　　　　　　　　　　　B. 基本医疗
    C. 工伤　　　　　　　　　　　　　　D. 失业

7. 根据《工伤保险条例》，应当参加工伤保险而未参加工伤保险的用人单位职工发生工伤的，则应为工伤职工支付费用的主体是（　　　）。
    A. 用人单位　　　　　　　　　　　　B. 工伤职工
    C. 工伤保险基金　　　　　　　　　　D. 工伤保险基金和用人单位

8. 根据《工伤保险条例》，关于停工留薪期内，工伤职工原工资福利待遇的说法，正确的是（　　）。

A．由所在单位按月支付　　　　B．由工伤保险基金按月支付

C．不再享受原工资福利待遇　　D．仅享受部分工资福利待遇

9. 根据《工伤保险条例》，停工留薪期一般不超过（　　）个月。

A．6　　　　　　　　　　　　B．9

C．10　　　　　　　　　　　D．12

10. 根据《工伤保险条例》，一级至四级工伤职工达到退休年龄并办理退休手续后，停发伤残津贴，按照国家有关规定享受基本养老保险待遇。基本养老保险待遇低于伤残津贴的，则由（　　）补足差额。

A．用人单位　　　　　　　　B．民政

C．工伤保险基金　　　　　　D．工会组织

11. 根据《工伤保险条例》，职工因工死亡，其近亲属按照规定从工伤保险基金领取的费用不包括（　　）。

A．丧葬补助金　　　　　　　B．供养亲属抚恤金

C．一次性工亡补助金　　　　D．一次性伤残补助金

12. 根据《工伤保险条例》，一次性工亡补助金标准是（　　）的20倍。

A．上一年度全省城镇居民人均可支配收入

B．上一年度全国居民人均可支配收入

C．上一年度全国城镇居民人均可支配收入

D．本年度工伤保险统筹区内城镇居民人均可支配收入

13. 根据《工伤保险条例》，伤残津贴、供养亲属抚恤金、生活护理费由统筹地区社会保险行政部门根据适时调整的依据是（　　）。

A．当地的生活费用　　　　　B．相关岗位工资水平

C．用人单位的工资水平　　　D．职工平均工资和生活费用变化等情况

14. 职工因工外出期间发生事故或者在抢险救灾中下落不明的，从事故发生当月起（　　）个月内照发工资。

A．1　　　　　　　　　　　　B．3

C．6　　　　　　　　　　　　D．12

15. 关于工伤保险的说法，正确的是（　　）。

A．工伤保险是面向用人单位全体职工的强制性保险

B．事业单位、社会团体不参加工伤保险

C．工伤保险费用由用人单位和职工共同缴纳

D．工伤保险基金由用人单位缴纳的工伤保险费及其利息构成

16. 根据《工伤保险条例》，下列情形中，属于视同工伤的是（　　）。

A．患职业病的

B．自残或自杀的

C．在工作时间和工作岗位，突发疾病死亡的

D．因公外出期间，因为工作原因受到伤害的

二 多项选择题

1. 根据《工伤保险条例》，下列施工企业职工的情形中，应当认定为工伤的有（　　　）。

　　A．甲某下班后在单位餐厅用餐滑倒摔伤

　　B．乙某值夜班时上厕所因地滑摔伤

　　C．丙某上班时接收私人快递摔倒受伤

　　D．丁某下班后在施工现场清点建材被砸伤

　　E．戊某下班途中因公交车事故导致重伤

2. 根据《工伤保险条例》，下列施工企业职工的情形中，不应当认定为工伤的有（　　　）。

　　A．甲某上班时因醉酒摔伤

　　B．乙某因吸毒致使工作中受伤

　　C．丙某上班时因职场挫败自残

　　D．丁某上班时因纵火导致重伤

　　E．戊某上班时因机器操作失误导致重伤

3. 根据《工伤保险条例》，关于职工因工致残被鉴定为一级至四级伤残应当享受待遇的说法，正确的有（　　　）。

　　A．保留劳动关系，退出工作岗位

　　B．从工伤保险基金按伤残等级支付一次性伤残补助金

　　C．从工伤保险基金按月支付伤残津贴

　　D．退休后停发伤残津贴，按规定享受基本养老保险待遇

　　E．基本养老保险待遇低于伤残津贴的，由用人单位补足差额

4. 根据《工伤保险条例》，关于职工因工致残被鉴定为五级、六级伤残应当享受待遇的说法，正确的有（　　　）。

　　A．从工伤保险基金按伤残等级支付一次性伤残补助金

　　B．保留与用人单位的劳动关系，由用人单位安排适当工作

　　C．难以安排工作的，由用人单位按月发给伤残津贴

　　D．伤残津贴实际金额低于当地最低工资标准的，由用人单位补足差额

　　E．如该职工与用人单位解除或者终止劳动关系，则用人单位无需支付一次性伤残就业补助金

5. 关于工伤认定申请程序的说法，正确的有（　　　）。

　　A．用人单位或者劳动者一方应当自事故伤害发生之日或者被诊断、鉴定为职业病之日起30日内提出工伤认定申请

　　B．社会保险行政部门收到工伤认定申请后，应当在15日内作出受理或者不予受理的决定

　　C．社会保险行政部门应当自受理工伤认定申请之日起60日内作出工伤认定的决定

　　D．事实清楚、权利义务明确的工伤认定申请，应当在15日内作出工伤认定的

决定

E．社会保险行政部门应当自工伤认定决定作出之日起 20 日内，将认定结论文件送达受伤害职工（或者其近亲属）和用人单位

6．根据《工伤认定办法》，职工或者其近亲属、用人单位对不予受理决定不服或者对工伤认定决定不服的，可以采取的办法有（　　　）。

A．申请调解　　　　　　　　　　B．申请专家评议

C．申请劳动仲裁　　　　　　　　D．申请行政复议

E．提起行政诉讼

【答案与解析】

一、单项选择题

1. D；　　2. A；　　3. B；　　4. B；　　5. A；　　6. B；　　*7. A；　　*8. A；

9. D；　　10. C；　　11. D；　　12. C；　　*13. A；　　14. B；　　15. A；　　16. C

【解析】

7.【答案】A

根据《工伤保险条例》第 62 条第 2 款，应当参加工伤保险而未参加工伤保险的用人单位职工发生工伤的，由该用人单位按照本条例规定的工伤保险待遇项目和标准支付费用。因此，本题的答案是 A 选项。

8.【答案】A

根据《工伤保险条例》第 33 条，职工因工作遭受事故伤害或者患职业病需要暂停工作接受工伤医疗的，在停工留薪期内，原工资福利待遇不变，由所在单位按月支付。因此，本题的答案是 A 选项。

13.【答案】A

根据《工伤保险条例》第 40 条，伤残津贴、供养亲属抚恤金、生活护理费由统筹地区社会保险行政部门根据职工平均工资和生活费用变化等情况适时调整。调整办法由省、自治区、直辖市人民政府规定。因此，本题的答案是 A 选项。

二、多项选择题

*1. A、B、D、E；　　2. A、B、C、D；　　*3. A、B、C、D；　　4. A、B、C、D；

5. B、C、D、E；　　6. D、E

【解析】

1.【答案】A、B、D、E

根据《工伤保险条例》，下列情形中，应当认定为工伤的有：（1）在工作时间和工作场所内，因工作原因受到事故伤害的；（2）工作时间前后在工作场所内，从事与工作有关的预备性或者收尾性工作受到事故伤害的；（3）在工作时间和工作场所内，因履行工作职责受到暴力等意外伤害的；（4）患职业病的；（5）因工外出期间，由于工作原因受到伤害或者发生事故下落不明的；（6）在上下班途中，受到非本人主要责任的交通事故或者城市轨道交通、客运轮渡、火车事故伤害的。显然 A、B、D、E 选项正确，而 C 选项错误。

3.【答案】A、B、C、D

根据《工伤保险条例》，职工因工致残被鉴定为一级至四级伤残的，保留劳动关系，退出工作岗位，享受以下待遇：……②……四级伤残为本人工资的75%。伤残津贴实际金额低于当地最低工资标准的，由工伤保险基金补足差额；③工伤职工达到退休年龄并办理退休手续后，停发伤残津贴，按照国家有关规定享受基本养老保险待遇。基本养老保险待遇低于伤残津贴的，由工伤保险基金补足差额。职工因工致残被鉴定为一级至四级伤残的，由用人单位和职工个人以伤残津贴为基数，缴纳基本医疗保险费。显然A、B、C、D选项正确，而E选项错误。因此，本题的答案是A、B、C、D选项。

9.5　劳动争议的解决

复习要点

1.　劳动争议调解

1）劳动争议的概念和特征

劳动争议的概念和特征	劳动争议又称劳动纠纷，在国外也称劳资纠纷或劳资争议，是指劳动关系双方当事人之间因实现劳动权利、履行劳动义务而发生的纠纷或争议。劳动争议概念的理解： （1）劳动争议的产生建立在劳动法律关系的基础之上，即劳动争议的前提必须是双方当事人之间存在一定的劳动法律关系，根据法律或者劳动合同确立下来的。 （2）劳动争议双方当事人一方为用人单位，另一方为劳动者或代表劳动者利益的工会组织。如果争议不是发生在用人单位与劳动者或劳动者的代表者之间，即使争议内容涉及劳动方面的问题，也不构成劳动争议，如用人单位与劳动行政主管部门在劳动行政管理过程中发生的争议或者用人单位之间关于劳动者使用的争议都不属于劳动争议。 （3）劳动争议的标的是劳动权利或劳动义务。劳动权利和劳动义务的内容，是通过劳动基准法、劳动合同和集体合同确定下来的，主要涉及就业、工时工资、劳动保护、社会福利、职业培训、民主管理、奖励惩罚等方面。不属于劳动权利和劳动义务的，以其他权利义务为标的的争议，不属于劳动争议的范围

2）劳动争议的范围

劳动争议的范围	（1）因确认劳动关系发生的争议；（2）因订立、履行、变更、解除和终止劳动合同发生的争议；（3）因除名、辞退和辞职、离职发生的争议；（4）因工作时间、休息休假、社会保险、福利、培训以及劳动保护发生的争议；（5）因劳动报酬、工伤医疗费、经济补偿或者赔偿金等发生的争议；（6）劳动者与用人单位在履行劳动合同过程中发生的纠纷；（7）劳动者与用人单位之间没有订立书面劳动合同，但已形成劳动关系后发生的纠纷；（8）劳动者与用人单位因劳动关系是否已经解除或者终止，以及应否支付解除或者终止劳动关系经济补偿金发生的纠纷；（9）劳动者与用人单位解除或者终止劳动关系后，请求用人单位返还其收取的劳动合同定金、保证金、抵押金、抵押物发生的纠纷，或者办理劳动者的人事档案、社会保险关系等移转手续发生的纠纷；（10）劳动者以用人单位未为其办理社会保险手续，且社会保险经办机构不能补办导致其无法享受社会保险待遇为由，要求用人单位赔偿损失发生的纠纷；（11）劳动者退休后，与尚未参加社会保险统筹的原用人单位因追索养老金、医疗费、工伤保险待遇和其他社会保险待遇而发生的纠纷；（12）劳动者因为工伤、职业病，请求用人单位依法给予工伤保险待遇发生的纠纷；（13）劳动者依据《劳动合同法》第85条规定，要求用人单位支付加付赔偿金发生的纠纷；（14）因企业自主进行改制发生的纠纷；（15）法律、法规规定的其他劳动争议

续表

不属于劳动争议的纠纷	根据《最高人民法院关于审理劳动争议案件适用法律问题的解释（一）》，下列纠纷不属于劳动争议：（1）劳动者请求社会保险经办机构发放社会保险金的纠纷；（2）劳动者与用人单位因住房制度改革产生的公有住房转让纠纷；（3）劳动者对劳动能力鉴定委员会的伤残等级鉴定结论或者对职业病诊断鉴定委员会的职业病诊断鉴定结论的异议纠纷；（4）家庭或者个人与家政服务人员之间的纠纷；（5）个体工匠与帮工、学徒之间的纠纷；（6）农村承包经营户与受雇人之间的纠纷

3）劳动争议的解决方式

调解	我国境内的用人单位与劳动者发生的下列劳动争议，适用《劳动争议调解仲裁法》：（1）因确认劳动关系发生的争议；（2）因订立、履行、变更、解除和终止劳动合同发生的争议；（3）因除名、辞退和辞职、离职发生的争议；（4）因工作时间、休息休假、社会保险、福利、培训以及劳动保护发生的争议；（5）因劳动报酬、工伤医疗费、经济补偿或者赔偿金等发生的争议；（6）法律、法规规定的其他劳动争议
仲裁	当事人一方也可以直接向劳动争议仲裁委员会申请仲裁。劳动争议仲裁委员会由劳动行政部门代表、同级工会代表、用人单位方面的代表组成。劳动争议申请仲裁的时效期间为1年。仲裁时效期间从当事人知道或者应当知道其权利被侵害之日起计算

一　单项选择题

1. 根据《劳动法》，下列纠纷中属于劳动争议的是（　　）。
   A. 公司股东甲某因股息分配与其公司发生纠纷
   B. 职工乙某与因支付劳动报酬与其公司发生纠纷
   C. 丙某因不服对其工伤认定结论与社保局发生纠纷
   D. 丁某因求职因性别原因被拒绝聘用发生纠纷

2. 根据《劳动法》，关于劳动争议解决方式的说法，正确的是（　　）。
   A. 劳动者与用人单位发生劳动争议的，应当先申请本单位劳动争议调解委员会调解
   B. 调解不成的，当事人才能向劳动争议仲裁委员会申请仲裁
   C. 用人单位与劳动者发生劳动争议，劳动者可以依法申请调解、仲裁、提起诉讼，也可以协商解决
   D. 用人单位与劳动者发生劳动争议的，可以向仲裁委员会申请仲裁

3. 甲某所在的施工企业连续三个月未发工资，则其维护权益最直接的途径是（　　）。
   A. 申请劳动仲裁　　　　　B. 向人民法院提起劳动纠纷诉讼
   C. 向人民法院申请支付令　D. 向人民法院申请强制执行

4. 关于用人单位与劳动者发生劳动争议申请劳动仲裁的说法，正确的是（　　）。
   A. 双方必须在调解不成时，才可以申请劳动仲裁
   B. 劳动争议申请仲裁的时效期限为2年
   C. 仲裁时效期间从权利被侵害之日起计算

　　D．劳动关系存续期间因拖欠劳动报酬发生争议的，不受仲裁时效期间限制

　　5．根据《劳动法》，劳动争议仲裁委员会主任由（　　）担任。

　　　　A．同级工会代表　　　　　　　B．用人单位代表

　　　　C．劳动行政部门代表　　　　　D．人民法院指定的人员

　　6．某施工企业职工甲某与企业发生了劳动争议，拟申请劳动争议仲裁。关于劳动
争议仲裁的说法，正确的是（　　）。

　　　　A．劳动争议调解不成的，才可以申请劳动仲裁

　　　　B．必须是当事人双方都要求仲裁的，才可以申请劳动仲裁

　　　　C．劳动仲裁申请，应该自劳动争议发生之日起 60 日内提出

　　　　D．仲裁裁决一般应在收到仲裁申请的 30 日内作出

　　7．根据《劳动争议调解仲裁法》，劳动争议申请仲裁的时效期间为（　　）。

　　　　A．6 个月　　　　　　　　　　B．1 年

　　　　C．2 年　　　　　　　　　　　D．3 年

　　8．根据《最高人民法院关于审理劳动争议案件适用法律问题的解释（一）》，下列
纠纷中，不属于劳动争议的是（　　）。

　　　　A．劳动者与用人单位在履行劳动合同过程中发生的纠纷

　　　　B．劳动者与用人单位因劳动关系是否已经解除或者终止发生的纠纷

　　　　C．劳动关系后，请求用人单位返还劳动合同定金等发生的纠纷

　　　　D．劳动者与用人单位因住房制度改革产生的公有住房转让纠纷

　　9．根据《劳动争议调解仲裁法》，劳动争议调解组织不包括（　　）。

　　　　A．基层人民调解组织

　　　　B．企业劳动争议调解委员会

　　　　C．行业协会劳动争议调解组织

　　　　D．乡镇、街道设立的具有劳动争议调解职能的组织

　　10．根据《劳动法》，劳动争议一方当事人在法定期限内不起诉又不履行仲裁裁决
的，另一方当事人可以申请（　　）。

　　　　A．劳动争议调解委员会强制执行　　B．劳动争议仲裁委员会强制执行

　　　　C．人民法院强制执行　　　　　　　D．劳动行政部门强制执行

二　多项选择题

　　1．根据《最高人民法院关于审理劳动争议案件适用法律问题的解释（一）》，下列
纠纷中，属于劳动争议的有（　　）。

　　　　A．因订立、履行、变更、解除和终止劳动合同发生的争议

　　　　B．劳动者请求社会保险经办机构发放社会保险金的纠纷

　　　　C．因劳动报酬、工伤医疗费、经济补偿或者赔偿金等发生的争议

　　　　D．劳动者因为工伤、职业病，请求用人单位依法给予工伤保险待遇发生的纠纷

　　　　E．家庭或者个人与家政服务人员之间的纠纷

　　2．根据《劳动争议调解仲裁法》，下列争议中，属于其适用范围的有（　　）。

A．因确认劳动关系发生的争议

B．因除名、辞退和辞职、离职发生的争议

C．因订立、履行、变更、解除和终止劳动合同发生的争议

D．因劳动报酬、工伤医疗费、经济补偿或赔偿金等发生的争议

E．因企业自主进行改制发生的纠纷

3．根据《劳动法》，关于集体合同发生争议解决的说法，正确的有（　　）。

A．因签订集体合同发生争议，当事人可以协商解决

B．签订发生争议协商解决不成的，由当地工会组织相关方协调处理

C．因履行集体合同发生争议，当事人可以协商解决

D．协商解决不成的，可以向劳动争议仲裁委员会申请仲裁

E．对仲裁裁决不服的，可以向人民法院提起诉讼

4．根据《劳动法》，解决劳动争议的机构包括（　　）。

A．行业协会　　　　　　　　B．人民法院

C．仲裁委员会　　　　　　　D．劳动争议调解委员会

E．劳动争议仲裁委员会

【答案与解析】

一、单项选择题

*1．B；　*2．C；　*3．A；　*4．D；　5．C；　*6．C；　7．B；　*8．D；
*9．C；　10．C

【解析】

1.【答案】B

根据《劳动法》，在中华人民共和国境内的企业、个体经济组织（即用人单位）和与之形成劳动关系的劳动者，适用本法。因此，劳动争议为用人单位与劳动者发生的纠纷，显然，A、C、D选项错误，B选项正确。因此，本题的答案是B选项。

2.【答案】C

根据《劳动法》第77、79条，用人单位与劳动者发生劳动争议，当事人可以依法申请调解、仲裁、提起诉讼，也可以协商解决。劳动争议发生后，当事人可以向本单位劳动争议调解委员会申请调解；调解不成，当事人一方要求仲裁的，可以向劳动争议仲裁委员会申请仲裁。当事人一方也可以直接向劳动争议仲裁委员会申请仲裁。对仲裁裁决不服的，可以向人民法院提起诉讼。显然，调解不是必须的程序，所以，A、B选项错误，C选项正确，因此，本题答案是C选项。

3.【答案】A

如上题解析，根据《劳动法》第77、79条，用人单位与劳动者发生劳动争议，当事人一方也可以直接向劳动争议仲裁委员会申请仲裁。对仲裁裁决不服的，可以向人民法院提起诉讼。也即，用人单位与劳动者发生劳动争议，可以直接向劳动争议仲裁委员会申请仲裁，但不能直接向法院提起诉讼，更不能直接申请支付令或者申请强制执行。所以，A选项正确，而B、C、D选项错误。因此，本题的答案是A选项。

4.【答案】D

根据《劳动法》第 79 条，当事人一方可以直接向劳动争议仲裁委员会申请仲裁，所以，A 选项错误。根据《劳动争议调解仲裁法》第 27 条第 1 款规定，劳动争议申请仲裁的时效期间为 1 年，仲裁时效期间从当事人知道或者应当知道其权利被侵害之日起计算。所以，B、C 选项错误。第 27 条第 4 款规定，劳动关系存续期间因拖欠劳动报酬发生争议的，劳动者申请仲裁不受仲裁时效期间 1 年的限制；但是劳动关系终止的，应当自劳动关系终止之日起 1 年内提出。所以 D 选项错误。因此，本题的答案是 D 选项。

6.【答案】C

根据《劳动法》第 79 条，当事人一方可以直接向劳动争议仲裁委员会申请仲裁，所以，A、B 选项错误。根据第 82 条，提出仲裁要求的一方应当自劳动争议发生之日起 60 日内向劳动争议仲裁委员会提出书面申请。仲裁裁决一般应在收到仲裁申请的 60 日内作出。所以，C 选项正确，D 选项错误。因此，本题的答案是 C 选项。

8.【答案】D

根据《最高人民法院关于审理劳动争议案件适用法律问题的解释（一）》第 1 条劳动争议范围，劳动者与用人单位之间发生的下列纠纷，属于劳动争议，当事人不服劳动争议仲裁机构作出的裁决，依法提起诉讼的，人民法院应予受理：（1）劳动者与用人单位在履行劳动合同过程中发生的纠纷；……（3）劳动者与用人单位因劳动关系是否已经解除或者终止，以及应否支付解除或者终止劳动关系经济补偿金发生的纠纷；（4）劳动者与用人单位解除或者终止劳动关系后，请求用人单位返还其收取的劳动合同定金、保证金、抵金、抵押物发生的纠纷，或者办理劳动者的人事档案、社会保险关系等移转手续发生的纠纷；……。所以，A、B、C 选项均属于劳动争议。根据第 2 条不属于劳动争议范围，下列纠纷不属于劳动争议：……（2）劳动者与用人单位因住房制度改革产生的公有住房转让纠纷；……。所以，D 选项不属于劳动争议。因此，本题的答案是 D 选项。

9.【答案】C

根据《劳动争议调解仲裁法》第 10 条，发生劳动争议，当事人可以到下列调解组织申请调解：（1）企业劳动争议调解委员会；（2）依法设立的基层人民调解组织；（3）在乡镇、街道设立的具有劳动争议调解职能的组织。所以 A、B、D 选项是法定的劳动争议调解组织，而 C 选项不是。因此，本题的答案是 C 选项。

二、多项选择题

*1. A、C、D；　　　*2. A、B、C、D；　　*3. A、C、D、E；　　*4. B、D、E

【解析】

1.【答案】A、C、D

根据《最高人民法院关于审理劳动争议案件适用法律问题的解释（一）》第 1 条，劳动争议的范围主要是：……（2）因订立、履行、变更、解除和终止劳动合同发生的争议；……（5）因劳动报酬、工伤医疗费、经济补偿或者赔偿金等发生的争议；……（12）劳动者因为工伤、职业病，请求用人单位依法给予工伤保险待遇发生的纠纷；……。所以 A、C、D 选项均属于劳动争议。根据第 2 条不属于劳动争议范围，下列纠纷不属于劳动争议：（1）劳动者请求社会保险经办机构发放社会保险金的纠纷；……（4）家庭或者个人与家政服务人员之间的纠纷；……。所以，B、E选项不属于劳动争议。因此，本题的答案是 A、C、D 选项。

2.【答案】A、B、C、D

根据《劳动争议调解仲裁法》第 2 条，中华人民共和国境内的用人单位与劳动者发生的下列劳动争议，适用本法：（1）因确认劳动关系发生的争议；（2）因订立、履行、变更、解除和终止劳动合同发生的争议；（3）因除名、辞退和辞职、离职发生的争议；（4）因工作时间、休息休假、社会保险、福利、培训以及劳动保护发生的争议；（5）因劳动报酬、工伤医疗费、经济补偿或者赔偿金等发生的争议；（6）法律、法规规定的其他劳动争议。所以，A、B、C、D 选项均属于该法的适用范围，而 E 选项不在其内。因此，本题的答案是 A、B、C、D 选项。

3.【答案】A、C、D、E

根据《劳动法》第 84 条，因签订集体合同发生争议，当事人协商解决不成的，当地人民政府劳动行政部门可以组织有关各方协调处理。因履行集体合同发生争议，当事人协商解决不成的，可以向劳动争议仲裁委员会申请仲裁；对仲裁裁决不服的，可以自收到仲裁裁决书之日起 15 日内向人民法院提起诉讼。所以，A、C、D、E 选项正确，B 选项错误。因此，本题的答案是 A、C、D、E 选项。

4.【答案】B、D、E

根据《劳动法》第 79 条，劳动争议发生后，当事人可以向本单位劳动争议调解委员会申请调解；调解不成，当事人一方要求仲裁的，可以向劳动争议仲裁委员会申请仲裁。当事人一方也可以直接向劳动争议仲裁委员会申请仲裁。对仲裁裁决不服的，可以向人民法院提起诉讼。显然解决劳动争议的机构包括劳动争议调解委员会、劳动争议仲裁委员会和人民法院，所以，B、D、E 选项正确，A、C 选项错误。因此，本题的答案是 B、D、E 选项。

第 10 章 建设工程争议解决法律制度

10.1 建设工程争议和解、调解制度

复习要点

和解和调解均是当事人自愿达成协议解决争议的方式。和解无需借助第三人的介入，而调解则是在第三人的主持、协调之下达成。

1. 和解

民事诉讼中的和解	双方当事人可以自行和解。 在执行中，双方当事人可以自行和解达成协议，如义务人不履行和解协议的，人民法院可以根据当事人的申请，恢复对原生效法律文书的执行
仲裁和解	仲裁案件当事人可以在仲裁中达成和解。当事人达成和解协议的，可以请求仲裁庭根据和解协议作出裁决书，也可以撤回仲裁申请。当事人达成和解协议，撤回仲裁申请后反悔的，可以根据仲裁协议申请仲裁

2. 调解
1）人民调解

概念	人民调解是指人民调解委员会通过说服、疏导等方法，促使当事人在平等协商基础上自愿达成调解协议，解决民间纠纷的活动
人民调解委员会	人民调解委员会是依法设立的调解民间纠纷的群众性组织。人民调解委员会调解民间纠纷，不收取任何费用
调解协议的效力	经人民调解委员会调解达成的调解协议，具有法律约束力，当事人应当按照约定履行。经人民调解委员会调解达成调解协议后，当事人之间就调解协议的履行或者调解协议的内容发生争议的，一方当事人可以向人民法院提起诉讼
司法确认	经人民调解委员会调解达成调解协议后，双方当事人认为有必要的，可以自调解协议生效之日起 30 日内共同向人民法院申请司法确认。人民法院依法确认调解协议有效，一方当事人拒绝履行或者未全部履行的，对方当事人可以向人民法院申请强制执行

2）法院调解

概念	法院调解，是指审判人员依据平等自愿原则，在事实清楚的基础上，分清是非，进行调解，促使双方当事人就诉争事项达成一致、解决纠纷的诉讼活动和结案方式
基本原则	人民法院调解案件，应当遵循自愿原则，当事人一方或者双方坚持不愿调解、调解未达成协议或者调解书送达前一方反悔的，人民法院应当及时判决。 人民法院调解案件，应当遵循合法原则。 人民法院审理民事案件，除当事人同意公开的外，调解过程不公开；调解协议内容不公开，但为保护国家利益、社会公共利益、他人合法权益，人民法院认为确有必要公开的除外

调解协议	调解达成协议,人民法院应当制作调解书。调解书经双方当事人签收后,即具有法律效力,最后收到调解书的当事人签收的日期为调解书生效日期。 下列案件调解达成协议,人民法院可以不制作调解书:(1)调解和好的离婚案件;(2)调解维持收养关系的案件;(3)能够即时履行的案件;(4)其他不需要制作调解书的案件。对不需要制作调解书的协议,应当记入笔录,由双方当事人、审判人员、书记员签名或者盖章后,即具有法律效力。 当事人自行和解或者调解达成协议后,请求人民法院按照和解协议或者调解协议的内容制作判决书的,人民法院不予准许。 适用特别程序、督促程序、公示催告程序的案件,婚姻等身份关系确认案件以及其他根据案件性质不能进行调解的案件,不得调解
司法确认	经人民调解委员会调解达成调解协议后,双方当事人认为有必要的,可以自调解协议生效之日起 30 日内共同向人民法院申请司法确认。人民法院依法确认调解协议有效,一方当事人拒绝履行或者未全部履行的,对方当事人可以向人民法院申请强制执行

3)仲裁调解

先行调解	仲裁庭在作出裁决前,可以先行调解。当事人自愿调解的,仲裁庭应当调解。调解不成的,应当及时作出裁决
调解书	调解达成协议的,仲裁庭应当制作调解书或者根据协议的结果制作裁决书。调解书与裁决书具有同等法律效力。调解书经双方当事人签收后,即发生法律效力。在调解书签收前当事人反悔的,仲裁庭应当及时作出裁决

一 单项选择题

1. 关于和解的说法,正确的是(   )。

   A. 和解达成的协议不具有法律效力

   B. 和解协议必须采用书面形式

   C. 和解达成的协议不具有强制执行力

   D. 达成和解后当事人不得再行起诉

2. 根据《民事诉讼法》,关于法院调解的说法,正确的是(   )。

   A. 调解书的效力低于判决书

   B. 人民法院进行调解,可以邀请有关单位和个人协助

   C. 调解达成的所有协议,人民法院均应当制作调解书

   D. 人民法院审理民事案件,在判决作出之前应当进行调解

3. 关于仲裁调解的说法,正确的是(   )。

   A. 仲裁裁决书的法律效力高于仲裁调解书

   B. 仲裁调解达成协议的,仲裁庭应当根据协议的内容制作裁决书

   C. 仲裁调解书经双方当事人签收后,即发生法律效力

   D. 仲裁调解书签收前当事人反悔的,当事人应当重新申请仲裁

4. 关于人民调解的说法,正确的是(   )。

   A. 经人民调解委员会调解达成调解协议的,必须制作调解协议书

  B．经人民调解委员会调解达成的调解协议具有法律强制力

  C．调解协议的履行发生争议的，一方当事人可以向人民法院申请强制执行

  D．经人民调解委员会调解达成调解协议后，双方当事人可以共同向调解组织
所在地基层人民法院申请司法确认

5．关于民事纠纷和解的说法，正确的是（　　）。

  A．当事人达成和解协议的，进行中的诉讼程序自行终结

  B．和解协议具有强制执行力

  C．和解可以与仲裁、诉讼程序相结合

  D．和解只能发生在诉讼或仲裁程序中

6．甲乙因损害赔偿纠纷诉至法院，双方在诉讼中达成和解协议，下列说法正确的
是（　　）。

  A．当事人无权向法院申请撤诉

  B．因当事人已达成和解协议，法院应当裁定终结诉讼程序

  C．当事人可以申请法院依和解协议的内容制作调解书

  D．当事人可以申请法院依和解协议的内容制作判决书

7．下列法律文书中，不具有强制执行效力的是（　　）。

  A．由国家行政机关作出的调解书

  B．由仲裁机构作出的仲裁调解书

  C．经法院司法确认的人民调解委员会作出的调解协议书

  D．由人民法院对民事纠纷案件作出的调解书

8．关于建设工程合同纠纷和解的说法，正确的是（　　）。

  A．诉中和解达成协议的，即可结束全部或部分诉讼程序

  B．诉前和解成立后，当事人不得任意反悔要求撤销

  C．执行中和解达成协议的，即可结束执行程序，且不可恢复

  D．仲裁中和解达成协议的，视为撤回仲裁申请，且不可反悔

9．关于仲裁调解的说法，正确的是（　　）。

  A．仲裁庭在作出裁决前，应当先行调解

  B．法院在强制执行仲裁裁决时应当进行调解

  C．调解书经双方当事人签收后，若当事人反悔，则调解书不具有法律效力

  D．在调解书签收前当事人反悔的，仲裁庭应当及时作出裁决

10．关于和解的说法，正确的是（　　）。

  A．和解只能在一审开庭审理前进行

  B．和解不可以与仲裁诉讼程序相结合

  C．当事人自行达成的和解协议具有强制执行力

  D．和解是民事纠纷的当事人在自愿互谅的基础上就已经发生的争议进行协商、
妥协与让步并达成协议，自行解决争议的一种方式

11．关于仲裁和解的说法，正确的是（　　）。

  A．当事人申请仲裁后达成和解协议的，应当撤回仲裁申请

  B．仲裁庭可以根据当事人的和解协议作出裁决书

C．当事人达成和解协议，撤回仲裁申请后反悔的，不得再根据仲裁协议申请仲裁

D．当事人申请仲裁后和解的，应当在仲裁庭的主持下进行

12．下列法律文书中，不具有强制执行效力的是（　　）。

A．在仲裁程序中形成的仲裁调解书

B．由行政主管部门主持达成的调解书

C．人民法院在民事案件审理中制作的调解书

D．司法确认的人民调解委员会主持达成的调解协议

13．根据《民事诉讼法》，在执行中当事人自行和解达成协议后，一方当事人不履行和解协议的，另一方当事人可以（　　）。

A．向人民法院起诉

B．向仲裁机构申请仲裁

C．申请人民法院强制执行和解协议

D．申请人民法院强制执行原生效法律文书

14．根据《民事诉讼法》，关于法院调解的说法，正确的是（　　）。

A．调解书的效力低于判决书

B．调解达成协议的，人民法院均应制作调解书

C．人民法院进行调解，可以邀请有关单位和个人协助

D．人民法院审理民事案件，在判决作出之前均应进行调解

15．根据《民事诉讼法》，当事人申请司法确认调解协议，由双方当事人依法共同向（　　）基层人民法院提出。

A．当事人住所地　　　　　　　　B．调解协议履行地

C．调解组织所在地　　　　　　　D．调解协议签订地

16．人民法院制作的调解书，（　　）即具有法律效力。

A．一经作出　　　　　　　　　　B．上诉期满后

C．人民法院盖章后　　　　　　　D．经双方当事人签收后

17．国家行政机关应对纠纷当事人的请求，依据法律、法规和政策，对属于其职权管辖范围内的纠纷，通过耐心的说服教育，使纠纷的双方当事人互相谅解，在平等协商的基础上达成一致协议，促成当事人解决纠纷的方式为（　　）。

A．行政裁决　　　　　　　　　　B．行政调解

C．专业机构调解　　　　　　　　D．行政强制

18．关于人民调解的说法，正确的是（　　）。

A．人民调解委员会是依法设立的调解民间纠纷的群众性组织

B．人民调解委员会经调解达成的调解书与仲裁调解书有相同的法律效力

C．人民调解委员会经调解达成的调解协议具有法律约束力

D．当事人对人民调解委员会经调解达成的调解协议有争议的，不得起诉

19．甲乙因合同纠纷申请仲裁，在审理过程中，双方和解并根据和解协议制作了仲裁裁决书。后甲反悔，则（　　）。

A．该裁决书不需履行　　　　　　B．甲应当履行裁决书

C．甲可以申请法院撤销裁决书　　D．乙可以向法院起诉

二 多项选择题

1. 关于民事纠纷解决方式的说法，正确的有（　　　）。
    A. 调解只能在民事诉讼阶段进行
    B. 和解可以在民事纠纷的任何阶段进行
    C. 仲裁机构受理案件的管辖权来自于当事人双方的协议
    D. 仲裁实行一裁终局制
    E. 民事诉讼实行两审终审制

2. 关于人民法院调解民事案件的说法，正确的有（　　　）。
    A. 人民法院进行调解，只能由审判员一人进行调解
    B. 人民法院只能在双方当事人都同意的情况下才能进行调解
    C. 调解达成协议，人民法院应当制作调解书
    D. 调解书一经制作，即发生法律效力
    E. 能够即时履行的案件，人民法院可以不制作调解书

3. 关于调解文书法律效力的说法，正确的有（　　　）。
    A. 法院调解书经双方当事人签收后，具有强制执行的法律效力
    B. 人民调解委员会的调解协议具有法律约束力
    C. 人民调解委员会的调解协议具有强制执行的法律效力
    D. 仲裁调解书经人民法院司法确认后，即发生法律约束力
    E. 基层人民政府的调解协议具有法律约束力

4. 关于人民调解的说法，正确的有（　　　）。
    A. 人民调解制度是一种信访辅助制度
    B. 人民调解的组织形式是居民委员会
    C. 人民调解达成调解协议的，可以采取口头协议的方式
    D. 人民调解达成的调解协议，具有强制执行效力
    E. 当事人认为有必要的，可以自调解协议生效之日起 30 日内向人民法院申请
       司法确认

5. 下列案件中，调解达成协议，人民法院可以不制作调解书的有（　　　）。
    A. 调解和好的离婚案件　　　　　B. 调解维持收养关系的案件
    C. 能够即时履行的案件　　　　　D. 适用督促程序的案件
    E. 适用公示催告程序的案件

【答案与解析】

一、单项选择题

1. C；　　2. B；　　3. C；　　4. D；　　5. C；　　6. C；　　7. A；　　8. B；

9. D；　　10. D；　　*11. B；　　12. B；　　13. D；　　14. C；　　15. D；　　*16. D；

17. B；　　18. A；　　19. B

【解析】

11.【答案】B

当事人申请仲裁后，可以自行和解。达成和解协议的，可以请求仲裁庭根据和解协议作出裁决书，也可以撤回仲裁申请。当事人达成和解协议，撤回仲裁申请后反悔的，仍可以根据原仲裁协议申请仲裁。因此，A、C、D选项错误，B选项为正确答案。

16.【答案】D

调解达成协议，人民法院应当制作调解书。调解书经双方当事人签收后，即具有法律效力，最后收到调解书的当事人签收的日期为调解书生效日期。

二、多项选择题

*1. B、C、D、E;　　2. B、C、E;　　3. A、B、E;　　*4. C、E;

*5. A、B、C

【解析】

1.【答案】B、C、D、E

本题考查的是建设工程纠纷主要种类和法律解决途径。A选项错误，调解是可以在仲裁阶段中进行。在我国，调解的主要方式是人民调解、行政调解、仲裁调解、司法调解、行业调解以及专业机构调解，并非只能在诉讼阶段进行。

4.【答案】C、E

人民调解制度是一种司法辅助制度，A选项错误。人民调解的组织形式是人民调解委员会，B选项错误。当事人认为无需制作调解协议的，可以采取口头协议的方式，人民调解员应当记录协议内容，C选项正确。人民调解达成的调解协议，不具有强制执行效力，D选项错误。

5.【答案】A、B、C

下列案件调解达成协议，人民法院可以不制作调解书：（1）调解和好的离婚案件；（2）调解维持收养关系的案件；（3）能够即时履行的案件；（4）其他不需要制作调解书的案件。适用特别程序、督促程序、公示催告程序的案件，婚姻等身份关系确认案件以及其他根据案件性质不能进行调解的案件，不得调解。

10.2　仲裁制度

复习要点

1. 仲裁协议

仲裁协议是争议得以提交仲裁解决的前提和基础，既是取得仲裁管辖权并排斥司法管辖权的依据，也是仲裁裁决得以作出和执行的根据。

概念	仲裁协议是当事人之间达成的，旨在将其间业已发生或将来产生于特定法律关系的争议提交仲裁解决的书面协议。合同中的仲裁条款和独立的仲裁协议这两种类型，都属于仲裁协议
特征	仲裁协议必须以书面形式作出
	仲裁协议具有自治性和合意性

续表

特征	仲裁协议的内容是对纠纷解决途径的处分
	仲裁协议的主体具有缔约能力
	仲裁协议所处分的客体范围受一定程度的法律限制。下列纠纷不能仲裁：① 婚姻、收养、监护、扶养、继承纠纷；② 依法应当由行政机关处理的行政争议
	仲裁协议具有相对独立性。仲裁协议独立存在，合同的变更、解除、终止或者无效，不影响仲裁协议的效力
仲裁协议的内容	① 请求仲裁的意思表示；② 仲裁事项；③ 选定的仲裁委员会。这三项内容必须同时具备，仲裁协议才能有效
仲裁协议的效力	仲裁协议对当事人的效力范围通常仅限于签订仲裁协议的当事人，而不及于第三人
	没有仲裁协议，一方申请仲裁的，仲裁委员会不予受理。同时，仲裁协议也限制仲裁的范围，仲裁庭只能对当事人在仲裁协议中约定的仲裁事项进行仲裁，对仲裁协议约定范围之外的其他争议无权仲裁
	当事人达成仲裁协议，一方向人民法院起诉的，人民法院不予受理，但仲裁协议无效的除外。当事人达成仲裁协议，一方向人民法院起诉未声明有仲裁协议，人民法院受理后，另一方在首次开庭前提交仲裁协议的，人民法院应当驳回起诉，但仲裁协议无效的除外；另一方在首次开庭前未对人民法院受理该案提出异议的，视为放弃仲裁协议，人民法院应当继续审理
仲裁协议的独立性	仲裁协议独立存在，合同的变更、解除、终止或者无效，以及合同成立后未生效、被撤销等，均不影响仲裁协议的效力。有下列情形之一的，仲裁协议无效：① 约定的仲裁事项超出法律规定的仲裁范围的；② 无民事行为能力人或者限制民事行为能力人订立的仲裁协议；③ 一方采取胁迫手段，迫使对方订立仲裁协议的
仲裁协议效力的确认	当事人对仲裁协议的效力有异议的，可以请求仲裁委员会作出决定或者请求人民法院作出裁定。一方请求仲裁委员会作出决定，另一方请求人民法院作出裁定的，由人民法院裁定。当事人对仲裁协议的效力有异议，应当在仲裁庭首次开庭前提出

2. 仲裁的申请和受理

当事人申请仲裁应当符合下列条件：① 有仲裁协议；② 有具体的仲裁请求和事实、理由；③ 属于仲裁委员会的受理范围。

仲裁委员会收到仲裁申请书之日起 5 日内，认为符合受理条件的，应当受理，并通知当事人；认为不符合受理条件的，应当书面通知当事人不予受理，并说明理由。

3. 仲裁庭的组成、开庭和裁决
1）仲裁庭的组成

合议仲裁庭	合议仲裁庭，是指由 3 名仲裁员组成的仲裁庭。由 3 名仲裁员组成的合议仲裁庭，设首席仲裁员。当事人约定由 3 名仲裁员组成仲裁庭的，应当各自选定或者各自委托仲裁委员会主任指定 1 名仲裁员，第 3 名仲裁员由当事人共同选定或者共同委托仲裁委员会主任指定。第 3 名仲裁员是首席仲裁员
独任仲裁庭	独任仲裁庭，是指由 1 名仲裁员组成的仲裁庭。当事人约定由 1 名仲裁员成立仲裁庭的，应当由当事人共同选定或者共同委托仲裁委员会主任指定仲裁员
仲裁员回避	仲裁员有下列情形之一的，必须回避，当事人也有权提出回避申请：① 是本案当事人或者当事人、代理人的近亲属；② 与本案有利害关系；③ 与本案当事人、代理人有其他关系，可能影响公正仲裁的；④ 私自会见当事人、代理人，或者接受当事人、代理人的请客送礼的
	当事人提出回避申请，应当说明理由，在首次开庭前提出。回避事由在首次开庭后知道的，可以在最后一次开庭终结前提出。仲裁员是否回避，由仲裁委员会主任决定；仲裁委员会主任担任仲裁员时，由仲裁委员会集体决定

2）开庭

开庭	仲裁应当开庭进行，当事人协议不开庭的，仲裁庭可以根据仲裁申请书、答辩书以及其他材料作出裁决。仲裁不公开进行。当事人协议公开的，可以公开进行，但涉及国家秘密的除外
	仲裁委员会应当在仲裁规则规定的期限内将开庭日期通知双方当事人。当事人有正当理由的，可以在仲裁规则规定的期限内请求延期开庭。是否延期，由仲裁庭决定
	证据应当在开庭时出示，当事人可以质证
	当事人在仲裁过程中有权进行辩论。辩论终结时，首席仲裁员或者独任仲裁员应当征询当事人的最后意见。仲裁庭应将开庭情况记入笔录

3）裁决

仲裁和解	当事人申请仲裁后，可以自行和解。达成和解协议的，可以请求仲裁庭根据和解协议作出裁决书，也可以撤回仲裁申请。当事人达成和解协议，撤回仲裁申请后反悔的，可以根据仲裁协议申请仲裁
仲裁调解	仲裁庭在作出裁决前，可以先行调解。当事人自愿调解的，仲裁庭应当调解。调解不成的，应当及时作出裁决。调解达成协议的，仲裁庭应当制作调解书或者根据协议的结果制作裁决书。调解书与裁决书具有同等法律效力。调解书经双方当事人签收后，即发生法律效力
仲裁裁决	裁决应当按照多数仲裁员的意见作出，少数仲裁员的不同意见可以记入笔录。仲裁庭不能形成多数意见时，裁决应当按照首席仲裁员的意见作出。裁决书自作出之日起发生法律效力
申请撤销裁决	当事人提出证据证明裁决有下列情形之一的，可以向仲裁委员会所在地的中级人民法院申请撤销裁决：① 没有仲裁协议的；② 裁决的事项不属于仲裁协议的范围或者仲裁委员会无权仲裁的；③ 仲裁庭的组成或者仲裁的程序违反法定程序的；④ 裁决所根据的证据是伪造的；⑤ 对方当事人隐瞒了足以影响公正裁决的证据的；⑥ 仲裁员在仲裁该案时有索贿受贿、徇私舞弊、枉法裁决行为的。人民法院经组成合议庭审查核实裁决有前款规定情形之一的，应当裁定撤销。人民法院认定该裁决违背社会公共利益的，应当裁定撤销。 当事人申请撤销裁决的，应当自收到裁决书之日起 6 个月内提出
仲裁裁决执行	当事人申请执行仲裁裁决案件，由被执行人住所地或者被执行的财产所在地的中级人民法院管辖。申请执行的期间为 2 年。申请执行时效的中止、中断，适用法律有关诉讼时效中止、中断的规定
裁定不予执行仲裁裁决	被申请人提出证据证明仲裁裁决有下列情形之一的，经人民法院组成合议庭审查核实，裁定不予执行：① 当事人在合同中没有订有仲裁条款或者事后没有达成书面仲裁协议的；② 裁决的事项不属于仲裁协议的范围或者仲裁机构无权仲裁的；③ 仲裁庭的组成或者仲裁的程序违反法定程序的；④ 裁决所根据的证据是伪造的；⑤ 对方当事人向仲裁机构隐瞒了足以影响公正裁决的证据的；⑥ 仲裁员在仲裁该案时有贪污受贿、徇私舞弊、枉法裁决行为的。人民法院认定执行该裁决违背社会公共利益的，裁定不予执行。裁定书应当送达双方当事人和仲裁机构。仲裁裁决被人民法院裁定不予执行的，当事人可以根据双方达成的书面仲裁协议重新申请仲裁，也可以向人民法院起诉

一　单项选择题

1. 关于仲裁裁决撤销的说法，正确的是（　　　）。

    A. 仲裁庭的组成或者仲裁的程序违反法定程序的，当事人只能申请撤销仲裁裁决，不得申请不予执行仲裁裁决

    B. 当事人申请撤销仲裁裁决的，应当在收到裁决书之日起 3 个月内提出

C．当事人可以向仲裁委员会所在地的中级人民法院申请撤销仲裁裁决

D．仲裁裁决被人民法院依法撤销后，当事人不得就该纠纷再行申请仲裁，只能向人民法院起诉

2．仲裁委员会就某施工合同纠纷案件进行仲裁，首席仲裁员甲认为应当裁定合同无效，仲裁员乙和丙认为应当裁定合同有效，则仲裁庭应当（　　）。

A．按甲的意见作出裁决

B．请示仲裁委员会主任，并按其意见作出裁决

C．重新组成仲裁庭，经评议后作出裁决

D．按乙和丙的意见作出裁决

3．当事人对于仲裁协议的效力有异议，一方请求仲裁委员会作出决定，另一方请求人民法院作出裁定的，则该仲裁协议的效力由（　　）。

A．仲裁协议约定的仲裁委员会所在地的中级人民法院裁定

B．仲裁协议约定的仲裁委员会决定

C．仲裁协议约定的仲裁委员会所在地的基层人民法院裁定

D．申请人住所地的基层人民法院裁定

4．有效仲裁协议的内容不包括（　　）。

A．请求仲裁的意思表示　　　　　B．仲裁事项

C．选定的仲裁委员会　　　　　　D．具体的仲裁事实、理由

5．关于仲裁协议效力确认的说法，正确的是（　　）。

A．当事人对仲裁协议效力有异议的，应当在仲裁裁决作出前提出

B．当事人既可以请求仲裁委员会作出决定，也可以请求人民法院裁定

C．当事人对仲裁委员会就仲裁协议效力作出的决定不服的，可以向人民法院申请撤销该决定

D．当事人向人民法院申请确认仲裁协议效力的案件，只能由仲裁协议约定的仲裁委员会所在地的中级人民法院管辖

6．关于申请撤销仲裁裁决的说法，正确的是（　　）。

A．仲裁裁决认定事实不清的，当事人可以申请撤销仲裁裁决

B．当事人可以向仲裁委员会所在地的中级人民法院申请撤销裁决

C．当事人申请撤销裁决的，应当在收到裁决书之日起 3 个月内提出

D．仲裁裁决被人民法院依法撤销后，当事人就该纠纷不得再行申请仲裁

7．根据《仲裁法》，关于仲裁庭组成的说法，正确的是（　　）。

A．采用简易程序审理仲裁案件，由 3 名仲裁员组成仲裁庭

B．首席仲裁员必须由仲裁委员会主任指定

C．当事人约定 3 名仲裁员组成仲裁庭的，必须各自选定 1 名仲裁员

D．当事人未在仲裁规则规定的期限内选定仲裁员的，由仲裁委员会主任指定

8．甲建设单位与乙施工企业在施工合同中约定因合同所发生的争议，提交 A 仲裁委员会仲裁。后双方对仲裁协议的效力有异议，甲请求 A 仲裁委员会作出决定，但乙请求人民法院作出裁定。该案中仲裁协议效力的确认权属于（　　）。

A．A 仲裁委员会所在地的基层人民法院

B．仲裁协议签订地的中级人民法院

C．仲裁协议签订地的基层人民法院

D．A 仲裁委员会所在地的中级人民法院

9．下列情形中，属于人民法院对仲裁裁决裁定不予执行的是（　　）。

A．仲裁庭的组成违反法定程序的

B．对仲裁裁决持不同意见的仲裁员没有在裁决书上签名的

C．合同中没有仲裁条款，争议发生后当事人才达成书面仲裁协议的

D．载有仲裁条款的合同被人民法院确认无效的

10．关于仲裁审理的说法，正确的是（　　）。

A．被申请人提出了反请求，却无正当理由开庭时不到庭的，视为撤回反请求

B．仲裁审理，必须开庭审理作出裁决

C．涉及当事人商业秘密的案件，当事人不得协议公开审理

D．申请人在开庭审理时未经仲裁庭许可中途退庭的，仲裁庭可以缺席裁决

11．关于仲裁庭组成的说法，正确的是（　　）。

A．首席仲裁员应当由仲裁委员会指定

B．当事人双方必须各自选定合议仲裁庭中的一名仲裁员

C．当事人未在规定期限内选定仲裁员的，由仲裁委员会主任指定

D．仲裁庭应当由 3 名仲裁员组成

12．关于仲裁协议效力的说法，正确的是（　　）。

A．仲裁协议独立存在，不受合同变更、撤销、终止、无效等的影响

B．口头的仲裁协议对当事人同样有法律约束力

C．仲裁协议并不排除法院的司法管辖权

D．当事人对仲裁协议效力有异议的，应当请求仲裁委员会作出决定

13．根据《仲裁法》，关于仲裁裁决撤销的说法，正确的是（　　）。

A．违约金的计算不符合合同约定，当事人可以申请撤销仲裁裁决

B．仲裁的程序违反法定程序，当事人可以申请撤销仲裁裁决

C．当事人需要申请撤销仲裁裁决时，可以向财产所在地的中级人民法院申请

D．仲裁裁决被撤销后，当事人可以根据双方重新达成的仲裁协议申请仲裁，不可以向人民法院起诉

14．甲施工企业就施工合同纠纷向仲裁委员会申请仲裁，该仲裁案件由 3 名仲裁员组成仲裁庭，该案件的仲裁员（　　）。

A．只能由仲裁委员会主任指定　　B．由甲施工企业选定 1 名

C．由甲施工企业选定 2 名　　D．由甲施工企业选定 3 名

15．当事人约定由 3 名仲裁员组成仲裁庭的，应各自选定 1 名或各自委托仲裁委员会主任指定 1 名仲裁员，第 3 名仲裁员的产生方式可以是（　　）。

A．由当事人共同选定

B．由仲裁委员会主任直接指定

C．由已选定或已指定的 2 名仲裁员共同选定

D．由已选定或已指定的 2 名仲裁员共同委托仲裁委员会主任指定

16. 根据《仲裁法》，关于仲裁庭组成的说法，正确的是（   ）。

    A．仲裁庭必须由 3 名及 3 名以上的单数仲裁员组成

    B．仲裁庭可由当事人双方各选定 2 名仲裁员组成

    C．首席仲裁员可以由当事人双方共同选定

    D．首席仲裁员由仲裁委员会任命产生

17. 有效的仲裁裁决作出后，一方当事人不履行的，另一方当事人可以（   ）。

    A．向仲裁机构申请强制执行　　　B．向人民法院申请强制执行

    C．就争议事项向人民法院起诉　　D．请求仲裁庭向人民法院申请强制执行

18. 甲乙两公司就某一合同纠纷进行仲裁，达成和解协议，向仲裁委员会撤回仲裁申请。后乙公司未按和解协议履行其义务，则甲公司（   ）。

    A．可以根据仲裁协议申请仲裁

    B．只能向人民法院起诉

    C．既可以根据仲裁协议申请仲裁，也可以向人民法院起诉

    D．可以向仲裁委员会申请恢复仲裁程序

19. 关于仲裁开庭和审理的说法，正确的是（   ）。

    A．仲裁开庭审理必须经当事人达成一致

    B．仲裁审理案件应当公开进行

    C．当事人可以协议仲裁不开庭审理

    D．仲裁庭不能作出缺席裁决

20. 当事人对仲裁协议的效力有异议，应当（   ）。

    A．在仲裁庭首次开庭前提出　　　B．在答辩时提出

    C．在裁决前提出　　　　　　　　D．在执行前提出

21. 关于仲裁调解的说法，正确的是（   ）。

    A．仲裁裁决书的法律效力高于仲裁调解书

    B．仲裁调解达成协议的，仲裁庭应当根据协议的结果制作裁决书

    C．仲裁调解书经双方当事人签收后，即发生法律效力

    D．在仲裁调解书签收前当事人反悔的，当事人应当重新申请仲裁

22. 关于仲裁协议效力确认的说法，正确的是（   ）。

    A．当事人对仲裁协议效力有异议的，应当在仲裁裁决作出前提出

    B．当事人既可以请求仲裁委员会作出决定，也可以请求人民法院裁定

    C．一方请求仲裁委员会作出决定，另一方请求人民法院作出裁定的，由仲裁委员会裁定

    D．当事人向人民法院申请确认仲裁协议效力的案件，只能由仲裁协议约定的仲裁机构所在地中级人民法院管辖

23. 关于仲裁裁决效力的说法，正确的是（   ）。

    A．仲裁裁决具有强制执行力，一方当事人不履行，对方当事人可以向仲裁委员会申请强制执行

    B．仲裁裁决在所有《承认和执行外国仲裁裁决公约》缔约国或地区，不能直接承认和执行

C．当事人向人民法院请求撤销裁决决定的，该裁决书不发生法律效力

D．一裁终局，当事人就同一纠纷再申请仲裁或向人民法院起诉的不予受理

24．仲裁裁决书自（　　）之日起发生法律效力。

A．发出 B．当事人收到

C．申请撤销期限届满 D．作出

25．申请仲裁裁决强制执行的期间为（　　）。

A．3个月 B．6个月

C．1年 D．2年

26．当事人申请撤销仲裁裁决应当在收到裁决书之日起（　　）内提出。

A．3个月 B．6个月

C．1年 D．2年

27．根据《仲裁法》，合议仲裁庭作出仲裁裁决应当（　　）。

A．按照首席仲裁员的意见作出

B．按照多数仲裁员的意见作出

C．按照仲裁委员会主任的意见作出

D．按照首席仲裁员和仲裁委员会主任的共同意见作出

28．关于我国仲裁基本制度的说法，正确的是（　　）。

A．当事人对仲裁不服的，可以提起诉讼

B．当事人达成有仲裁协议，一方向法院起诉的，人民法院不予受理

C．当事人没有仲裁协议而申请仲裁的，仲裁委员会应当受理

D．仲裁协议不能排除法院对案件的司法管辖权

29．根据《仲裁法》，关于我国仲裁基本制度的说法，正确的是（　　）。

A．平等主体的公民、法人和其他组织之间发生的财产权益纠纷，可以仲裁

B．仲裁委员会是按行政区划层层设立的

C．仲裁委员会是行政机关

D．限制民事行为能力人订立的仲裁协议效力待定

二　多项选择题

1．关于仲裁裁决的说法，正确的有（　　）。

A．仲裁裁决应当根据仲裁庭多数仲裁员的意见作出，形不成多数意见的，由仲裁委员会讨论决定

B．仲裁裁决没有强制执行力

C．当事人可以请求仲裁庭根据双方的和解协议作出裁决

D．仲裁实行一裁终局，当事人不得就已经裁决的事项再次申请仲裁

E．仲裁裁决一经作出立即发生法律效力

2．关于仲裁开庭与裁决的说法，正确的有（　　）。

A．当事人协议不开庭的，仲裁庭可以根据仲裁申请书、答辩书以及其他材料作出裁决

  B．仲裁裁决是由仲裁庭作出的具有强制执行效力的法律文书

  C．被申请人在开庭审理时未经仲裁庭许可中途退庭的，仲裁庭不可缺席审理并作出裁决

  D．仲裁裁决在所有《承认和执行外国仲裁裁决公约》缔约国或地区均可得到承认和执行

  E．申请仲裁裁决强制执行时效的中断适用法律有关诉讼时效中断的规定

3．关于仲裁庭组成的说法，正确的有（　　　）。

  A．首席仲裁员应当由仲裁委员会指定

  B．当事人双方必须各自选定合议仲裁庭中的 1 名仲裁员

  C．当事人未在规定期限内选定仲裁员的，由仲裁委员会主任指定

  D．仲裁庭可以由 3 名仲裁员组成

  E．仲裁庭可以由 1 名仲裁员组成

4．根据《仲裁法》，关于仲裁的说法，正确的有（　　　）。

  A．仲裁机构受理案件的依据是司法行政主管部门的授权

  B．当事人达成有效仲裁协议后，人民法院仍然对案件享有管辖权

  C．劳动争议仲裁不属于《仲裁法》的调整范围

  D．仲裁不公开进行

  E．仲裁裁决作出后，当事人不服的可以向人民法院起诉

5．关于仲裁协议的说法，正确的有（　　　）。

  A．仲裁协议必须在纠纷发生前达成

  B．仲裁协议可以采用口头形式，但需双方认可

  C．当事人对仲裁协议效力有异议的，应当在仲裁庭首次开庭前提出

  D．仲裁协议约定两个以上仲裁机构，当事人不能就选择达成一致的，可以由司法行政主管部门指定

  E．合同解除后，合同中的仲裁条款仍然有效

6．关于仲裁协议效力的说法，正确的是（　　　）。

  A．仲裁协议是争议合同的附属协议，合同无效则仲裁协议无效

  B．仲裁裁决具有强制执行力，一方当事人不履行，对方当事人可以向仲裁委员会申请强制执行

  C．仲裁委员会可就当事人在仲裁协议中约定的事项和未约定事项进行裁决

  D．当事人对仲裁协议效力有异议的，应当在仲裁庭首次开庭前提出

  E．当事人向人民法院申请确认仲裁协议效力的案件，可以由仲裁协议约定的仲裁机构所在地中级人民法院管辖

7．下列案件纠纷中，受《仲裁法》调整的是（　　　）。

  A．婚姻、继承纠纷　　　　　　　B．建设工程施工合同纠纷

  C．农业承包合同纠纷　　　　　　D．加工承揽合同纠纷

  E．劳动争议

8．有效的仲裁协议必须同时具有的内容包括（　　　）。

  A．选定的仲裁委员会　　　　　　B．仲裁事项

C．仲裁地点　　　　　　　D．选定的仲裁员

E．请求仲裁的意思表示

【答案与解析】

一、单项选择题

1．C；　　2．D；　　3．A；　　4．D；　　5．B；　　6．B；　　7．D；　　8．D；

9．A；　　10．A；　　*11．C；　　*12．A；　　13．B；　　*14．B；　　15．A；　　16．C；

17．B；　　18．A；　　19．C；　　20．A；　　21．C；　　22．B；　　23．D；　　24．D；

25．B；　　26．B；　　27．B；　　28．B；　　29．C

【解析】

11．【答案】C

仲裁庭可以由 3 名仲裁员或者 1 名仲裁员组成。在我国，仲裁庭的组成形式有两种，即合议仲裁庭和独任仲裁庭。（1）合议仲裁庭。合议仲裁庭，是指由 3 名仲裁员组成的仲裁庭，即以集体合议的方式对当事人交付仲裁的争议事项进行审理并作出裁决。由 3 名仲裁员组成的合议仲裁庭，设首席仲裁员。当事人约定由 3 名仲裁员组成仲裁庭的，应当各自选定或者各自委托仲裁委员会主任指定 1 名仲裁员，第 3 名仲裁员由当事人共同选定或者共同委托仲裁委员会主任指定。第 3 名仲裁员是首席仲裁员。（2）独任仲裁庭。独任仲裁庭，是指由 1 名仲裁员组成的仲裁庭，即由 1 名仲裁员组成仲裁庭对当事人交付仲裁的争议事项进行审理并作出裁决。独任仲裁是仲裁协议及案件当事人依意思自治原则行使选择权的结果。当事人约定由 1 名仲裁员成立仲裁庭的，应当由当事人共同选定或者共同委托仲裁委员会主任指定仲裁员。当事人没有在仲裁规则规定的期限内约定仲裁庭的组成方式或者选定仲裁员的，由仲裁委员会主任指定。仲裁庭组成后，仲裁委员会应当将仲裁庭的组成情况书面通知当事人。

12．【答案】A

仲裁协议独立存在，合同的变更、解除、终止或者无效，不影响仲裁协议的效力。仲裁协议应当采用书面形式，口头方式达成的仲裁意思表示无效。《最高人民法院关于适用〈中华人民共和国仲裁法〉若干问题的解释》规定，仲裁法规定的"其他书面形式"的仲裁协议，包括以合同书、信件和数据电文（包括电报、电传、传真、电子数据交换和电子邮件）等形式达成的请求仲裁的协议，故 B 选项错误。仲裁协议是当事人申请仲裁、排除法院管辖的依据。当事人达成仲裁协议，一方向人民法院起诉的，人民法院不予受理，但仲裁协议无效的除外，故 C 选项错误。当事人对仲裁协议的效力有异议的，可以请求仲裁委员会作出决定或者请求人民法院作出裁定。一方请求仲裁委员会作出决定，另一方请求人民法院作出裁定的，由人民法院裁定。当事人对仲裁协议的效力有异议，应当在仲裁庭首次开庭前提出，故 D 选项错误。

14．【答案】B

仲裁庭的组成形式包括合议仲裁庭和独任仲裁庭两种，即仲裁庭可以由 3 名仲裁员或者 1 名仲裁员组成。根据仲裁规则的规定或者当事人约定由 3 名仲裁员组成仲裁庭的，应当各自选定或者各自委托仲裁委员会主任指定 1 名仲裁员，第 3 名仲裁员由当事

人共同选定或者共同委托仲裁委员会主任指定。第 3 名仲裁员是首席仲裁员。

二、多项选择题

1．C、D、E；　　　2．A、B、D、E；　　3．C、D、E；　　*4．C、D；

*5．C、E；　　　　6．D、E；　　　　*7．B、D；　　　　8．A、B、E

【解析】

4．【答案】C、D

A 选项为错误选项，仲裁协议是当事人仲裁自愿的体现，当事人申请仲裁，仲裁委员会受理仲裁、仲裁庭对仲裁案件的审理和裁决，都必须以当事人依法订立的仲裁协议为前提。B 选项为错误选项，有效的仲裁协议可以排除法院对案件的司法管辖权，只有在没有仲裁协议或者仲裁协议无效的情况下，法院才可以对当事人的纠纷予以受理。E 选项为错误选项，仲裁实行一裁终局的制度。裁决作出后，当事人就同一纠纷再申请仲裁或者向人民法院起诉的，仲裁委员会或者人民法院不予受理。

5．【答案】C、E

仲裁协议包括双方当事人在合同中订立的仲裁条款和以其他书面方式在纠纷发生前或者纠纷发生后达成的请求仲裁的协议，A 选项错误；仲裁协议必须以书面方式订立，以口头方式订立的仲裁协议不受法律保护，B 选项错误；当事人不能就仲裁机构选择达成一致的仲裁协议无效，D 选项错误。

7．【答案】B、D

本题考查的是建设工程纠纷主要种类和法律解决途径。《仲裁法》第 2 条规定：平等主体的公民、法人和其他组织之间发生的合同纠纷和其他财产权益纠纷，可以仲裁。第 77 条规定：劳动争议和农业集体经济组织内部的农业承包合同纠纷的仲裁，另行规定。A 选项不属于财产权益纠纷，C、E 选项属于"另行规定"的范围，也不受《仲裁法》调整。

10.3　民事诉讼制度

复习要点

平等主体的公民之间、法人之间、其他组织之间以及他们相互之间因财产关系和人身关系提起的诉讼，为民事诉讼，适用《民事诉讼法》的规定。

1．民事诉讼的法院管辖

1）级别管辖

级别管辖是确定各级人民法院之间审理第一审民事案件的分工和权限的管辖制度。

基层人民法院	除法律另有规定外，第一审民事案件由基层人民法院管辖
中级人民法院	中级人民法院管辖下列第一审民事案件：（1）重大涉外案件；（2）在本辖区有重大影响的案件；（3）最高人民法院确定由中级人民法院管辖的案件。其中，重大涉外案件包括争议标的额大的案件、案情复杂的案件，或者一方当事人人数众多等具有重大影响的案件
高级人民法院	高级人民法院管辖在本辖区有重大影响的第一审民事案件
最高人民法院	最高人民法院管辖下列第一审民事案件：（1）在全国有重大影响的案件；（2）认为应当由本院审理的案件

2）地域管辖

地域管辖是按照法院辖区来确定同级法院之间受理第一审民事案件的分工和权限的一种管辖制度。

一般地域管辖	对公民提起的民事诉讼，由被告住所地人民法院管辖；被告住所地与经常居住地不一致的，由经常居住地人民法院管辖。对法人或者其他组织提起的民事诉讼，由被告住所地人民法院管辖
	下列民事诉讼，由原告住所地人民法院管辖；原告住所地与经常居住地不一致的，由原告经常居住地人民法院管辖：（1）对不在中华人民共和国领域内居住的人提起的有关身份关系的诉讼；（2）对下落不明或者宣告失踪的人提起的有关身份关系的诉讼；（3）对被采取强制性教育措施的人提起的诉讼；（4）对被监禁的人提起的诉讼
特殊地域管辖	因合同纠纷的管辖，合同履行地的确定： 合同约定履行地点的，以约定的履行地点为合同履行地。合同对履行地点没有约定或者约定不明确，争议标的为给付货币的，接收货币一方所在地为合同履行地；交付不动产的，不动产所在地为合同履行地；其他标的，履行义务一方所在地为合同履行地。即时结清的合同，交易行为地为合同履行地。合同没有实际履行，当事人双方住所地都不在合同约定的履行地的，由被告住所地人民法院管辖。 财产租赁合同、融资租赁合同以租赁物使用地为合同履行地。以信息网络方式订立的买卖合同，通过信息网络交付标的的，以买受人住所地为合同履行地；通过其他方式交付标的的，收货地为合同履行地。合同对履行地有约定的，从其约定。 因保险合同纠纷提起的诉讼，由被告住所地或者保险标的物所在地人民法院管辖
	（1）因不动产纠纷提起的诉讼，由不动产所在地人民法院管辖；农村土地承包经营合同纠纷、房屋租赁合同纠纷、建设工程施工合同纠纷、政策性房屋买卖合同纠纷，按照不动产纠纷确定管辖。不动产已登记的，以不动产登记簿记载的所在地为不动产所在地；不动产未登记的，以不动产实际所在地为不动产所在地。 （2）因港口作业中发生纠纷提起的诉讼，由港口所在地人民法院管辖。 （3）因继承遗产纠纷提起的诉讼，由被继承人死亡时住所地或者主要遗产所在地人民法院管辖。 （4）因侵权行为提起的诉讼，由侵权行为地或者被告住所地人民法院管辖
协议管辖	合同或者其他财产权益纠纷的当事人可以书面协议选择被告住所地、合同履行地、合同签订地、原告住所地、标的物所在地等与争议有实际联系的地点的人民法院管辖，但不得违反《民事诉讼法》对级别管辖和专属管辖的规定
移送管辖和指定管辖	人民法院发现受理的案件不属于本院管辖的，应当移送有管辖权的人民法院，受移送的人民法院应当受理。受移送的人民法院认为受移送的案件依照规定不属于本院管辖的，应当报请上级人民法院指定管辖，不得再自行移送。受移送的人民法院不得再行移送。 有管辖权的人民法院由于特殊原因，不能行使管辖权的，由上级人民法院指定管辖。人民法院之间因管辖权发生争议，由争议双方协商解决；协商解决不了的，报请它们的共同上级人民法院指定管辖。 上级人民法院有权审理下级人民法院管辖的第一审民事案件；确有必要将本院管辖的第一审民事案件交下级人民法院审理的，应当报请其上级人民法院批准。下级人民法院对它所管辖的第一审民事案件，认为需要由上级人民法院审理的，可以报请上级人民法院审理
管辖权的异议	人民法院受理案件后，当事人对管辖权有异议的，应当在提交答辩状期间提出。人民法院对当事人提出的异议，应当审查。异议成立的，裁定将案件移送有管辖权的人民法院；异议不成立的，裁定驳回。 当事人未提出管辖异议，并应诉答辩或者提出反诉的，视为受诉人民法院有管辖权，但违反级别管辖和专属管辖规定的除外。 当事人不服地方人民法院管辖异议裁定的，有权在裁定书送达之日起10日内向上一级人民法院提起上诉

2．民事审判组织、诉讼参加人

1）民事审判组织

合议制度	人民法院审理案件的组织形式分合议制和独任制两种。独任制主要适用于以下情形：（1）依简易程序审理的民事案件和依特别程序审理的非讼案件，但是重大或疑难的非讼案件以及在公示催告程序中作出除权判决的，应当组成合议庭；（2）基层法院审理的基本事实清楚、权利义务关系明确的第一审民事案件；（3）中级法院对第一审适用简易程序审结或者不服裁定提起上诉的，事实清楚、权利义务关系明确，经双方当事人同意的第二审民事案件。 下列民事案件，不得由审判员一人独任审理：（1）涉及国家利益、社会公共利益的案件；（2）涉及群体性纠纷，可能影响社会稳定的案件；（3）人民群众广泛关注或者其他社会影响较大的案件；（4）属于新类型或者疑难复杂的案件；（5）法律规定应当组成合议庭审理的案件；（6）其他不宜由审判员一人独任审理的案件
回避制度	审判人员有下列情形之一的，应当自行回避，当事人有权申请其回避：（1）是本案当事人或者当事人近亲属的；（2）本人或者其近亲属与本案有利害关系的；（3）担任过本案的证人、鉴定人、辩护人、诉讼代理人、翻译人员的；（4）是本案诉讼代理人近亲属的；（5）本人或者其近亲属持有本案非上市公司当事人的股份或者股权的；（6）与本案当事人或者诉讼代理人有其他利害关系，可能影响公正审理的。审判人员有下列情形之一的，当事人有权申请其回避：（1）接受本案当事人及其受托人宴请，或者参加由其支付费用的活动的；（2）索取、接受本案当事人及其受托人财物或者其他利益的；（3）违反规定会见本案当事人、诉讼代理人的；（4）为本案当事人推荐、介绍诉讼代理人，或者为律师、其他人员介绍代理本案的；（5）向本案当事人及其受托人借用款物的；（6）有其他不正当行为，可能影响公正审理的。 审判人员，包括参与本案审理的人民法院院长、副院长、审判委员会委员、庭长、副庭长、审判员和人民陪审员。法官助理、书记员、司法技术人员、翻译人员、鉴定人、勘验人适用审判人员回避的有关规定
公开审判制度	（1）人民法院审理民事案件，应当在开庭 3 日前通知当事人和其他诉讼参与人；（2）开庭审理案件的过程向群众公开；（3）人民法院对公开审理或者不公开审理的案件，一律公开宣告判决。（4）公众可以查阅发生法律效力的判决书、裁定书，但涉及国家秘密、商业秘密和个人隐私的内容除外。 人民法院审理民事案件，除涉及国家秘密、个人隐私或者法律另有规定的以外，应当公开进行。离婚案件，涉及商业秘密的案件，当事人申请不公开审理的，可以不公开审理
两审终审制度	当事人不服地方人民法院第一审判决的，有权在判决书送达之日起 15 日内向上一级人民法院提起上诉。当事人对人民法院作出的不予受理、对管辖权有异议的和驳回起诉的裁定不服的，有权在裁定书送达之日起 10 日内向上一级人民法院提起上诉。超过上诉期没有上诉的判决、裁定，是发生法律效力的判决、裁定。第二审人民法院的判决、裁定，是终审的判决、裁定

2）诉讼参加人

当事人	公民、法人和其他组织可以作为民事诉讼的当事人。法人由其法定代表人进行诉讼。其他组织由其主要负责人进行诉讼。当事人一方或者双方为 2 人以上，其诉讼标的是共同的，或者诉讼标的是同一种类、人民法院认为可以合并审理并经当事人同意的，为共同诉讼
第三人	对当事人双方的诉讼标的，第三人认为有独立请求权的，有权提起诉讼。对当事人双方的诉讼标的，第三人虽然没有独立请求权，但案件处理结果同他有法律上的利害关系的，可以申请参加诉讼，或者由人民法院通知他参加诉讼
诉讼代理人	无诉讼行为能力人由他的监护人作为法定代理人代为诉讼。当事人、法定代理人可以委托一至二人作为诉讼代理人。下列人员可以被委托为诉讼代理人：（1）律师、基层法律服务工作者；（2）当事人的近亲属或者工作人员；（3）当事人所在社区、单位以及有关社会团体推荐的公民。诉讼代理人代为承认、放弃、变更诉讼请求，进行和解，提起反诉或者上诉，必须有委托人的特别授权

3．民事诉讼证据的种类、保全和应用
1）证据的种类和保全

种类	（1）当事人的陈述；（2）书证；（3）物证；（4）视听资料；（5）电子数据；（6）证人证言；（7）鉴定意见；（8）勘验笔录
保全	因情况紧急，在证据可能灭失或者以后难以取得的情况下，利害关系人可以在提起诉讼或者申请仲裁前向证据所在地、被申请人住所地或者对案件有管辖权的人民法院申请保全证据

2）证据的应用

当事人收集证据	当事人对自己提出的主张，有责任提供证据。下列事实，当事人无需举证证明：（1）自然规律以及定理、定律；（2）众所周知的事实；（3）根据法律规定推定的事实；（4）根据已知的事实和日常生活经验法则推定出的另一事实；（5）已为人民法院发生法律效力的裁判所确认的事实；（6）已为仲裁机构生效裁决所确认的事实；（7）已为有效公证文书所证明的事实
法院收集证据	人民法院认为审理案件需要的证据，应当主动调查收集，主要包括：（1）涉及可能损害国家利益、社会公共利益的；（2）涉及身份关系的；（3）涉及《民事诉讼法》第58条规定诉讼的；（4）当事人有恶意串通损害他人合法权益可能的；（5）涉及依职权追加当事人、中止诉讼、终结诉讼、回避等程序性事项的。 当事人及其诉讼代理人因客观原因不能自行收集的证据，可以在举证期限届满前书面申请人民法院调查收集
证据的认定	证据应当在法庭上出示，并由当事人互相质证。对涉及国家秘密、商业秘密和个人隐私的证据应当保密，需要在法庭出示的，不得在公开开庭时出示
	凡是知道案件情况的单位和个人，都有义务出庭作证。不能正确表达意思的人，不能作证。经人民法院通知，证人应当出庭作证。有下列情形之一的，经人民法院许可，可以通过书面证言、视听传输技术或者视听资料等方式作证：（1）因健康原因不能出庭的；（2）因路途遥远，交通不便不能出庭的；（3）因自然灾害等不可抗力不能出庭的；（4）其他有正当理由不能出庭的
	下列证据不能单独作为认定案件事实的根据：（1）当事人的陈述；（2）无民事行为能力人或者限制民事行为能力人所作的与其年龄、智力状况或者精神健康状况不相当的证言；（3）与一方当事人或者其代理人有利害关系的证人陈述的证言；（4）存有疑点的视听资料、电子数据；（5）无法与原件、原物核对的复制件、复制品

4．民事诉讼时效

诉讼时效期间届满的，义务人可以提出不履行义务的抗辩。人民法院不得主动适用诉讼时效的规定。诉讼时效届满，权利人的实体权利仍然存在，诉讼时效期间届满后，义务人同意履行的，不得以诉讼时效期间届满为由抗辩；义务人已经自愿履行的，不得请求返还。诉讼时效的期间、计算方法以及中止、中断的事由由法律规定，当事人约定无效。当事人对诉讼时效利益的预先放弃无效。

诉讼时效的适用范围	下列请求权不适用诉讼时效的规定：（1）请求停止侵害、排除妨碍、消除危险；（2）不动产物权和登记的动产物权的权利人请求返还财产；（3）请求支付抚养费、赡养费或者扶养费；（4）依法不适用诉讼时效的其他请求权
诉讼时效期间	向人民法院请求保护民事权利的诉讼时效期间为3年。法律另有规定的，依照其规定
诉讼时效期间起算	诉讼时效期间自权利人知道或者应当知道权利受到损害以及义务人之日起计算。但是，自权利受到损害之日起超过20年的，人民法院不予保护。当事人约定同一债务分期履行的，诉讼时效期间自最后一期履行期限届满之日起计算。无民事行为能力人或者限制民事行为能力人对其法定代理人的请求权的诉讼时效期间，自该法定代理终止之日起计算

续表

诉讼时效的中止	在诉讼时效期间的最后 6 个月内，因下列障碍，不能行使请求权的，诉讼时效中止：（1）不可抗力；（2）无民事行为能力人或者限制民事行为能力人没有法定代理人，或者法定代理人死亡、丧失民事行为能力、丧失代理权；（3）继承开始后未确定继承人或者遗产管理人；（4）权利人被义务人或者其他人控制；（5）其他导致权利人不能行使请求权的障碍。 自中止时效的原因消除之日起满 6 个月，诉讼时效期间届满
诉讼时效的中断	根据《民法典》第 195 条，有下列情形之一的，诉讼时效中断，从中断、有关程序终结时起，诉讼时效期间重新计算：（1）权利人向义务人提出履行请求；（2）义务人同意履行义务；（3）权利人提起诉讼或者申请仲裁；（4）与提起诉讼或者申请仲裁具有同等效力的其他情形

5．民事诉讼的审判程序
1）起诉和受理

起诉	起诉必须符合下列条件：（1）原告是与本案有直接利害关系的公民、法人和其他组织；（2）有明确的被告；（3）有具体的诉讼请求和事实、理由；（4）属于人民法院受理民事诉讼的范围和受诉人民法院管辖
开庭审理	人民法院应当在立案之日起 5 日内将起诉状副本发送被告，被告应当在收到之日起 15 日内提出答辩状。人民法院适用普通程序审理的案件，应当在立案之日起 6 个月内审结。有特殊情况需要延长的，经本院院长批准，可以延长 6 个月；还需要延长的，报请上级人民法院批准
诉讼中止	有下列情形之一的，中止诉讼：（1）一方当事人死亡，需要等待继承人表明是否参加诉讼的；（2）一方当事人丧失诉讼行为能力，尚未确定法定代理人的；（3）作为一方当事人的法人或者其他组织终止，尚未确定权利义务承受人的；（4）一方当事人因不可抗拒的事由，不能参加诉讼的；（5）本案必须以另一案的审理结果为依据，而另一案尚未审结的；（6）其他应当中止诉讼的情形。中止诉讼的原因消除后，恢复诉讼
诉讼终结	有下列情形之一的，终结诉讼：（1）原告死亡，没有继承人，或者继承人放弃诉讼权利的；（2）被告死亡，没有遗产，也没有应当承担义务的人的；（3）离婚案件一方当事人死亡的；（4）追索赡养费、扶养费、抚养费以及解除收养关系案件的一方当事人死亡的

2）判决和裁定

判决	法庭辩论终结，应当依法作出判决。判决前能够调解的，还可以进行调解，调解不成的，应当及时判决
裁定	裁定适用于下列范围：（1）不予受理；（2）对管辖权有异议的；（3）驳回起诉；（4）保全和先予执行；（5）准许或者不准许撤诉；（6）中止或者终结诉讼；（7）补正判决书中的笔误；（8）中止或者终结执行；（9）撤销或者不予执行仲裁裁决；（10）不予执行公证机关赋予强制执行效力的债权文书；（11）其他需要裁定解决的事项。对前款第一项至第三项裁定，可以上诉

3）简易程序和小额诉讼

简易程序	基层人民法院和它派出的法庭审理事实清楚、权利义务关系明确、争议不大的简单的民事案件，可以适用简易程序。基层人民法院和它派出的法庭审理前款规定以外的民事案件，当事人双方也可以约定适用简易程序。人民法院适用简易程序审理案件，应当在立案之日起 3 个月内审结。有特殊情况需要延长的，经本院院长批准，可以延长 1 个月
小额诉讼	基层人民法院和它派出的法庭审理事实清楚、权利义务关系明确、争议不大的简单金钱给付民事案件，标的额为各省、自治区、直辖市上年度就业人员年平均工资 50% 以下的，适用小额诉讼的程序审理，实行一审终审。 基层人民法院和它派出的法庭审理前款规定的民事案件，标的额超过各省、自治区、直辖市上年度就业人员年平均工资 50% 但在 2 倍以下的，当事人双方也可以约定适用小额诉讼的程序

续表

小额诉讼	人民法院审理下列民事案件，不适用小额诉讼的程序：（1）人身关系、财产确权案件；（2）涉外案件；（3）需要评估、鉴定或者对诉前评估、鉴定结果有异议的案件；（4）一方当事人下落不明的案件；（5）当事人提出反诉的案件；（6）其他不宜适用小额诉讼的程序审理的案件
	人民法院适用小额诉讼的程序审理案件，应当在立案之日起 2 个月内审结。有特殊情况需要延长的，经本院院长批准，可以延长 1 个月

4）第二审程序

提起	当事人不服地方人民法院第一审判决的，有权在判决书送达之日起 15 日内向上一级人民法院提起上诉。当事人不服地方人民法院第一审裁定的，有权在裁定书送达之日起 10 日内向上一级人民法院提起上诉
审理	第二审人民法院应当对上诉请求的有关事实和适用法律进行审查
	第二审人民法院对上诉案件，经过审理，按照下列情形，分别处理：（1）原判决、裁定认定事实清楚，适用法律正确的，以判决、裁定方式驳回上诉，维持原判决、裁定；（2）原判决、裁定认定事实错误或者适用法律错误的，以判决、裁定方式依法改判、撤销或者变更；（3）原判决认定基本事实不清的，裁定撤销原判决，发回原审人民法院重审，或者查清事实后改判；（4）原判决遗漏当事人或者违法缺席判决等严重违反法定程序的，裁定撤销原判决，发回原审人民法院重审。原审人民法院对发回重审的案件作出判决后，当事人提起上诉的，第二审人民法院不得再次发回重审
	第二审人民法院审理上诉案件，可以进行调解。人民法院审理对判决不服的上诉案件，应当在第二审立案之日起 3 个月内审结
第三人撤销之诉	因不能归责于本人的事由未参加诉讼的第三人认为发生法律效力的判决、裁定、调解书的全部或者部分内容错误，损害其民事权益，自知道或者应当知道其民事权益受到损害之日起 6 个月内，向作出生效判决、裁定、调解书的人民法院提出撤销该生效判决、裁定、调解书的诉讼

5）审判监督程序

审判监督程序是对已经生效的判决、裁定、调解书中存在的错误予以纠正的程序。可以向上一级人民法院申请再审；当事人一方人数众多或者当事人双方为公民的案件，也可以向原审人民法院申请再审。

当事人申请再审的	当事人的申请符合下列情形之一的，人民法院应当再审：（1）有新的证据，足以推翻原判决、裁定的；（2）原判决、裁定认定的基本事实缺乏证据证明的；（3）原判决、裁定认定事实的主要证据是伪造的；（4）原判决、裁定认定事实的主要证据未经质证的；（5）对审理案件需要的主要证据，当事人因客观原因不能自行收集，书面申请人民法院调查收集，人民法院未调查收集的；（6）原判决、裁定适用法律确有错误的；（7）审判组织的组成不合法或者依法应当回避的审判人员没有回避的；（8）无诉讼行为能力人未经法定代理人代为诉讼或者应当参加诉讼的当事人，因不能归责于本人或者其诉讼代理人的事由，未参加诉讼的；（9）违反法律规定，剥夺当事人辩论权利的；（10）未经传票传唤，缺席判决的；（11）原判决、裁定遗漏或者超出诉讼请求的；（12）据以作出原判决、裁定的法律文书被撤销或者变更的；（13）审判人员审理该案件时有贪污受贿、徇私舞弊、枉法裁判行为的
人民法院决定再审	各级人民法院院长对本院已经发生法律效力的判决、裁定、调解书，发现确有错误，认为需要再审的，应当提交审判委员会讨论决定。最高人民法院对地方各级人民法院已经发生法律效力的判决、裁定、调解书，上级人民法院对下级人民法院已经发生法律效力的判决、裁定、调解书，发现确有错误的，有权提审或者指令下级人民法院再审

续表

人民检察院提起抗诉	最高人民检察院对各级人民法院已经发生法律效力的判决、裁定，上级人民检察院对下级人民法院已经发生法律效力的判决、裁定，发现有《民事诉讼法》第 207 条规定情形之一的，或者发现调解书损害国家利益、社会公共利益的，应当提出抗诉。 地方各级人民检察院对同级人民法院已经发生法律效力的判决、裁定，发现有前述第 211 条规定情形之一的，或者发现调解书损害国家利益、社会公共利益的，可以向同级人民法院提出检察建议，并报上级人民检察院备案；也可以提请上级人民检察院向同级人民法院提出抗诉

一　单项选择题

1. 下列管辖中，不属于《民事诉讼法》规定的民事案件管辖的是（　　）。
   A. 级别管辖　　　　　　　　　　B. 地域管辖
   C. 仲裁管辖　　　　　　　　　　D. 移送管辖

2. 人民法院确定举证期限，当事人提供新的证据的第二审案件不得少于（　　）。
   A. 15 日　　　　　　　　　　　　B. 20 日
   C. 30 日　　　　　　　　　　　　D. 10 日

3. 在民事诉讼执行阶段，人民法院应当裁定中止执行的是（　　）。
   A. 申请人撤销强制执行申请的
   B. 据以执行的法律文书被撤销的
   C. 案外人对执行标的提出确有理由的异议的
   D. 作为被执行人的公民因生活困难无力偿还借款，无收入来源，又丧失劳动能力的

4. 关于民事诉讼移送管辖的说法，正确的是（　　）。
   A. 移送管辖仅限于上下级法院之间
   B. 移送管辖与管辖权转移的程序完全相同
   C. 移送管辖是没有管辖权的法院把案件移送给有管辖权的法院审理
   D. 受移送的法院认为受移送的案件不属于本院管辖的，可以再自行移送

5. 关于诉讼时效的说法，正确的是（　　）。
   A. 人民法院应当主动适用诉讼时效的规定
   B. 当事人对诉讼时效利益的预先放弃无效
   C. 超过诉讼时效期间后权利人起诉的，人民法院不予受理
   D. 诉讼时效期间届满后，义务人已经自愿履行的，可以请求返还

6. 关于民事诉讼基本特征的说法，正确的是（　　）。
   A. 自愿性、独立性、保密性　　　B. 公权性、强制性、程序性
   C. 强制性、程序性、保密性　　　D. 独立性、专业性、强制性

7. 民事诉讼活动中，诉讼代理人代为承认、放弃、变更诉讼请求的，必须有委托人的授权。该授权属于（　　）。
   A. 一般授权　　　　　　　　　　B. 无条件授权
   C. 特别授权　　　　　　　　　　D. 全面授权

8. 发生法律效力的民事判决、裁定，当事人可以向人民法院申请执行，该人民法院应当是（   ）。

    A. 终审人民法院

    B. 申请执行人住所地人民法院

    C. 被执行的财产所在地基层人民法院

    D. 与第一审人民法院同级的被执行的财产所在地人民法院

9. 下列债权请求权提出诉讼时效抗辩的情形中，人民法院可予以支持的是（   ）。

    A. 支付存款本金请求权   B. 基于投资关系产生的缴付出资请求权

    C. 工程款请求权   D. 兑付金融债券本息请求权

10. 根据《民事诉讼法》，在生效民事判决的执行中，当事人自行和解达成协议后，一方当事人不履行和解协议的，对方当事人可以（   ）。

    A. 向人民法院起诉

    B. 向仲裁机构申请仲裁

    C. 申请人民法院强制执行和解协议

    D. 申请人民法院按照原生效法律文书强制执行

11. 关于民事诉讼时效的说法，正确的是（   ）。

    A. 超过诉讼时效的，权利人的诉讼权利消灭

    B. 权利人超过诉讼时效起诉的，人民法院不予受理

    C. 人民法院不得主动适用诉讼时效的规定

    D. 普通诉讼时效期间通常为 2 年

12. 关于民事诉讼中简易程序的说法，正确的是（   ）。

    A. 第一审民事案件和第二审民事案件的审理均可适用简易程序

    B. 基层人民法院审理的民事案件，当事人双方可以约定适用简易程序

    C. 简易程序应当在立案之日起 6 个月内审结

    D. 简易程序的审理期限由本院院长批准可以延长

13. 甲建设单位拖欠乙施工企业工程款，乙发函催告甲还款。乙的催告行为在提起诉讼时产生的效果是（   ）。

    A. 诉讼时效的中止   B. 诉讼时效的延长

    C. 改变法定时效期间   D. 诉讼时效的中断

14. 关于民事诉讼管辖权异议的说法，正确的是（   ）。

    A. 人民法院受理案件后，当事人对管辖权有异议的，可以在诉讼进行的任何阶段提出

    B. 人民法院审查后，认为异议成立的，判决将案件移送有管辖权的人民法院

    C. 对人民法院就级别管辖异议作出的裁定，当事人不得上诉

    D. 当事人未提出管辖异议，并应诉答辩的，视为受诉人民法院有管辖权，但违反级别管辖和专属管辖规定的除外

15. 根据《民法典》，向人民法院请求保护民事权利的诉讼时效期间为（   ）。

    A. 1 年   B. 2 年

    C. 3 年   D. 4 年

16. 下列人员中，可以被委托为民事诉讼代理人的是（   ）。

    A. 基层法律服务工作者   B. 知名法学家

    C. 当事人的亲属   D. 建设行政主管部门推荐的公民

17. 当事人提出证据证明存在下列情形，人民法院应当准许重新鉴定的是（   ）。

    A. 鉴定人员工作有瑕疵的   B. 鉴定程序违法的

    C. 鉴定结论依据不足的   D. 经质证认定不能作为证据使用的

18. 按照各法院的辖区和民事案件的隶属关系，划分同级法院受理第一审民事案件的分工和权限，称为（   ）。

    A. 级别管辖   B. 指定管辖

    C. 地域管辖   D. 移送管辖

19. 当事人对法院管辖权有异议的，应当在（   ）提出。

    A. 第一次开庭时   B. 提交答辩状期间

    C. 法庭辩论终结前   D. 第一审判决作出前

20. 关于小额诉讼程序的说法，正确的是（   ）。

    A. 人民法院适用小额诉讼的程序审理案件，应当在立案之日起 3 个月内审结

    B. 适用小额诉讼的程序审理，实行一审终审

    C. 当事人双方不得约定适用小额诉讼的程序

    D. 人民法院审理人身关系确权案件，可以适用小额诉讼的程序

21. 施工企业与建设单位发生合同纠纷，委托律师全权代理诉讼，但未作具体的授权。则该律师在诉讼中有权实施的行为是（   ）。

    A. 提起反诉   B. 提出和解

    C. 提出管辖权异议   D. 部分变更诉讼请求

22. 关于民事诉讼中第三人的说法，正确的是（   ）。

    A. 对当事人双方的诉讼标的，第三人认为有独立请求权的，只能参加诉讼，不得提起诉讼

    B. 因不可归责于本人的事由未参加诉讼的当事人，无权向作出裁定的人民法院提起诉讼

    C. 对当事人双方的诉讼标的，第三人虽然没有独立请求权，但案件处理结果同他有法律上的利害关系的，只能由人民法院通知其参加诉讼

    D. 人民法院判决承担民事责任的第三人，有当事人的诉讼权利义务

23. 关于举证时限的说法，正确的是（   ）。

    A. 举证期限由法院确定，当事人不得协商

    B. 第一审普通程序案件的举证时限不得少于 15 日

    C. 当事人提供新的证据的第二审案件的举证时限不得少于 5 日

    D. 当事人逾期提供证据的，人民法院不予采纳，并对当事人予以训诫

24. 关于民事诉讼中证人证言的说法，正确的是（   ）。

    A. 当事人一方同意证人以其他方式作证并经人民法院准许的，证人可以不出庭作证

    B. 无正当理由未出庭的证人以书面等方式提供的证言，不得作为认定案件事

实的根据

  C. 证人作证可以以宣读事先准备的书面材料的方式陈述证言

  D. 限制民事行为能力人作为证人作证之前应当签署保证书，并在法庭上宣读保证书的内容

25. 下列纠纷案件的审理，可以适用小额诉讼程序的是（　　）。

  A. 财产确权纠纷

  B. 对诉前鉴定结果有异议的纠纷

  C. 一方当事人下落不明的纠纷

  D. 标的额为人民币 6 万元的简单金钱给付类案件

26. 在执行过程中，人民法院应当裁定中止执行的情形有（　　）。

  A. 案外人对执行标的提出确有理由的异议的

  B. 据以执行的法律文书被撤销的

  C. 作为被执行人的公民因生活困难无力偿还借款，无收入来源，又丧失劳动能力的

  D. 追索赡养费、扶养费、抚育费案件的权利人死亡的

27. 下列债权请求权中，适用诉讼时效的是（　　）。

  A. 支付存款本金请求权   B. 基于投资关系产生的缴付出资请求权

  C. 施工企业工程款请求权   D. 兑付金融债券本息请求权

28. 关于第二审程序的说法，正确的是（　　）。

  A. 当事人不服地方人民法院第一审裁定的，有权在裁定书送达之日起 15 日内提起上诉

  B. 上诉状必须通过原审法院提出，不得直接向第二审人民法院上诉

  C. 第二审的上诉审查限于当事人上诉请求的范围，不一般性地作全面审查

  D. 当事人提起上诉的，第二审人民法院可以再次发回重审

29. 关于民事案件开庭审理的说法，正确的是（　　）。

  A. 除涉及国家秘密、个人隐私的案件外，均应公开审理

  B. 原告无正当理由拒不到庭的，应当缺席判决

  C. 宣判前，原告申请撤诉的，不予准许

  D. 公开审理与不公开审理的案件，一律公开宣告判决

30. 多名劳务工人共同委托律师甲代理其进行民事诉讼讨要工资，授权委托书中代理权限仅写明是"全权代理"。依此授权书，下列关于律师甲的代理权限，说法错误的是（　　）。

  A. 律师甲获得了特别授权

  B. 律师甲未获得特别授权

  C. 律师甲无权代为承认、放弃、变更诉讼请求

  D. 律师甲无权代为变更诉讼请求

31. 关于民事诉讼证据的说法，正确的是（　　）。

  A. 在民事诉讼中，书证可以只提交复印件

  B. 凡是知道案件情况的单位和个人，都有义务出庭作证

C．未经对方当事人同意私自录制的谈话资料不能作为证据使用

D．当事人对鉴定结论有异议，鉴定人可以书面答复而不必出庭作证

32．在一起钢材买卖合同纠纷的诉讼过程中，作为买方的施工企业将钢材厂家在互联网上发布的价目表下载并打印，并在法庭上作为证据出示，该证据属于（　　）。

A．书证

B．物证

C．视听资料

D．电子数据

33．按照一定的标准，划分上下级法院之间受理第一审民事案件的分工和权限，称为（　　）。

A．级别管辖

B．指定管辖

C．地域管辖

D．移送管辖

34．关于民事诉讼回避制度的说法，正确的是（　　）。

A．司法技术人员和翻译人员不适用审判人员回避的有关规定

B．审判人员的回避，由审判委员会决定

C．人民法院对当事人提出的回避申请，可以以口头或者书面形式作出决定

D．申请人对回避决定不服的，可以在接到决定时向上一级人民法院上诉

二　多项选择题

1．关于民事诉讼管辖制度的说法，正确的有（　　）。

A．甲区人民法院受理某技术转让合同纠纷案后，发现自己没有级别管辖权，将案件移送至甲市中级人民法院审理，属于管辖权转移

B．因房屋买卖合同纠纷提起的诉讼应由房屋所在地人民法院管辖

C．房屋买卖合同纠纷案件不可约定管辖法院

D．移送管辖有可能是因为受理法院违反了级别管辖的规定所导致

E．当事人可以通过协议变更案件的级别管辖

2．在不违反《民事诉讼法》关于级别管辖和专属管辖的规定的情况下，合同当事人可以书面协议选择管辖的法院包括（　　）。

A．被告住所地人民法院

B．合同履行地人民法院

C．标的物所在地人民法院

D．合同纠纷发生地人民法院

E．合同签订地人民法院

3．根据《民法典》，关于民事诉讼时效的说法，正确的有（　　）。

A．超过诉讼时效期间，权利人的胜诉权消灭

B．诉讼时效期间届满后，义务人自愿履行债务的，不得请求返还

C．向人民法院请求保护民事权利的诉讼时效期间均为 3 年

D．当事人违反法律规定，预先放弃诉讼时效利益的，人民法院不予认可

E．超过诉讼时效期间，当事人起诉的，人民法院不予受理

4．下列情形中，可以引起诉讼时效中断的有（　　）。

A．不可抗力

B．权利人申请仲裁

C．义务人同意履行义务

D．权利人向义务人提出履行请求

E．权利人被义务人或者其他人控制

5．下列民事案件执行过程中出现的情形中，人民法院应当裁定终结执行的有（　　　）。

A．案外人对执行标的提出确有理由异议的

B．作为一方当事人的法人或者其他组织终止，尚未确定权利义务承受人的

C．据以执行的法律文书被撤销的

D．作为被执行人的公民死亡，无遗产可供执行，又无义务承担人的

E．作为被执行人的公民因生活困难无力偿还借款，无收入来源，又丧失劳动能力的

6．提起民事诉讼需符合的条件有（　　　）。

A．原告是与本案有直接利害关系的公民、法人和其他组织

B．有正确的被告

C．有合理的诉讼请求、事实和理由

D．属于人民法院受理民事诉讼的范围

E．属于受诉人民法院管辖

7．根据《民事诉讼法》，起诉必须符合的条件有（　　　）。

A．有完整的证据目录和证据材料

B．原告是与本案有直接利害关系的公民、法人和其他组织

C．有明确的被告

D．有具体的诉讼请求和事实、理由

E．属于人民法院受理民事诉讼的范围和受诉人民法院管辖

8．民事诉讼特殊地域管辖中，合同当事人对履行地点没有约定时，关于履行地点确定的说法，正确的有（　　　）。

A．争议标的为给付货币的，给付货币一方所在地为合同履行地

B．即时结清的合同，标的物所在地为合同履行地

C．合同没有实际履行的，当事人双方住所地为合同履行地

D．交付不动产的，不动产所在地为合同履行地

E．其他标的，履行义务一方所在地为合同履行地

9．关于诉讼时效中断的说法，正确的有（　　　）。

A．人民法院应当认定申报破产债权与提起诉讼具有同等诉讼时效中断的效力

B．债权转让的，应当认定诉讼时效从债权转让通知到达债务人之日起中断

C．自诉讼时效中断的原因消除之日起满6个月，诉讼时效期间届满

D．权利人对同一债权中的部分债权主张权利，诉讼时效中断的效力不及于剩余债权

E．因权利人被义务人控制，不能行使请求权的，诉讼时效中断

10．民事诉讼的基本特征有（　　　）。

A．自愿性　　　　　　B．公权性

C．程序性　　　　　　D．强制性

E．保密性

11．民事诉讼地域管辖是以法院与（　　）之间的隶属关系和关联关系来确定的。
    A．当事人　　　　　　　　　B．诉讼标的
    C．诉讼争议金额　　　　　　D．法律事实
    E．案件影响力

12．根据《民事诉讼法》，关于法院调解的调解书的说法，正确的（　　）。
    A．调解书应当写明诉讼请求、调解结果和理由
    B．调解书由审判员、书记员署名并加盖印章，送达双方当事人
    C．法院调解达成协议的，人民法院可以不制作调解书
    D．能够即时履行的案件，人民法院可以不制作调解书
    E．调解书经双方当事人签收的，即具有法律效力

13．下列情形之可以引起诉讼时效中断的有（　　）。
    A．权利人被义务人或者其他人控制
    B．不可抗力
    C．权利人向义务人提出履行请求
    D．义务人同意履行义务
    E．权利人申请仲裁

14．下列当事人提出的证据中，可以单独作为认定案件事实的有（　　）。
    A．与一方当事人或者其代理人有利害关系的证人出具的证言
    B．与书证原件核对无误的复印件
    C．无法与原件、原物核对的复印件、复制品
    D．有其他证据佐证并以合法手段取得的、无疑点的视听资料
    E．无正当理由未出庭作证的证人证言

15．某建设工程合同纠纷经第二审人民法院审理，裁定发回原审人民法院重审。属于发回重审的情形有（　　）。
    A．原判决认定基本事实不清　　B．原判决遗漏当事人
    C．原判决违法缺席判决　　　　D．原判决适用法律错误
    E．原判决认定事实错误

16．关于民事诉讼中的级别管辖的说法，正确的有（　　）。
    A．只有第一审民事案件才涉及级别管辖的问题
    B．争议标的额的大小，往往是确定级别管辖的重要依据
    C．级别管辖是划分同级法院受理第一审民事案件的分工和权限
    D．诉讼审判程序为两审终审，因此我国法院也只有两级
    E．最高人民法院为终审法院，因此只受理二审案件

17．根据《民事诉讼法》，下列民事案件中，不得由审判员一人独任审理的有（　　）。
    A．涉及国家利益、社会公共利益的案件
    B．涉及群体性纠纷，可能影响社会稳定的案件
    C．属于新类型或者疑难复杂的案件
    D．人民群众广泛关注或者其他社会影响较大的案件
    E．依特别程序审理的非讼案件

【答案与解析】

一、单项选择题

1. C;　　2. D;　　3. C;　　4. C;　　5. B;　　*6. B;　　*7. C;　　*8. D;

9. C;　　10. D;　11. C;　　12. B;　　13. D;　　14. D;　　15. C;　　16. A;

17. D;　18. C;　19. B;　　*20. B;　21. C;　　22. D;　　23. B;　　24. B;

25. D;　26. A;　27. C;　　28. C;　　29. D;　　30. A;　　31. B;　　32. A;

33. A;　*34. C

【解析】

6.【答案】B

民事诉讼的基本特征是：（1）公权性。民事诉讼是由人民法院代表国家意志行使司法审判权，通过司法手段解决平等民事主体之间的纠纷。在法院主导下，诉讼参与人围绕民事纠纷的解决，进行着能产生法律后果的活动。（2）程序性。民事诉讼是依照法定程序进行的诉讼活动，无论是法院还是当事人和其他诉讼参与人，都需要严格按照法律规定的程序和方式实施诉讼行为，违反诉讼程序常常会引起一定的法律后果或者达不到诉讼目的。民事诉讼主要分为一审程序、二审程序和执行程序三大诉讼阶段，但并非每个案件都要经过这三个阶段。（3）强制性。强制性是公权力的重要属性。民事诉讼的强制性既表现在案件的受理上，又反映在裁判的执行上。因此，B选项为正确答案。

7.【答案】C

诉讼代理人通常也可分为法定诉讼代理人、委托诉讼代理人和指定诉讼代理人。在建设工程领域，最常见的是委托诉讼代理人。委托他人代为诉讼的，必须向人民法院提交由委托人签名或盖章的授权委托书，授权委托书必须记明委托事项和权限。《民事诉讼法》规定，"诉讼代理人代为承认、放弃、变更诉讼请求，进行和解，提起反诉或者上诉，必须有委托人的特别授权"。针对实践中经常出现的授权委托书仅写"全权代理"而无具体授权的情形，最高人民法院还特别规定，在这种情况下不能认定为诉讼代理人已获得特别授权，即诉讼代理人无权代为承认、放弃、变更诉讼请求，进行和解、提起反诉或者上诉。因此，C选项为正确答案。

8.【答案】D

发生法律效力的民事判决、裁定，以及刑事判决、裁定中的财产部分，由第一审人民法院或者与第一审人民法院同级的被执行的财产所在地人民法院执行。法律规定由人民法院执行的其他法律文书，由被执行人住所地或者被执行的财产所在地人民法院执行。因此，D选项为正确答案。

20.【答案】B

根据《民事诉讼法》第165条，基层人民法院和它派出的法庭审理事实清楚、权利义务关系明确、争议不大的简单金钱给付民事案件，标的额为各省、自治区、直辖市上年度就业人员年平均工资50%以下的，适用小额诉讼的程序审理，实行一审终审。基层人民法院和它派出的法庭审理前款规定的民事案件，标的额超过各省、自治区、直辖市上年度就业人员年平均工资50%但在2倍以下的，当事人双方也可以约定适用小额诉讼的程序。根据《民事诉讼法》第166条，人民法院审理下列民事案件，不适用小额诉讼的程序：（1）人身关系、财产确权案件；（2）涉外案件；（3）需要评估、鉴定或者对诉前评估、鉴定结果有异议的案件；（4）一方当事人下落不明的案件；（5）当事人提出反诉的案件；（6）其他不宜适用小额诉讼的程序审理的案件。人民法院适用小额诉讼的程序审理案件，应当在立案之日起两个月内审结。

34.【答案】C

审判人员，包括参与本案审理的人民法院院长、副院长、审判委员会委员、庭长、副庭长、审判员和人民陪审员。依据《民事诉讼法》第47条，法官助理、书记员、司法技术人员、翻译人员、鉴定人、勘验人适用审判人员回避的有关规定。院长担任审判长或者独任审判员时的回避，由审判委员会决定；审判人员的回避，由院长决定；其他人员的回避，由审判长或者独任审判员决定。人民法院对当事人提出的回避申请，应当在申请提出的3日内，以口头或者书面形式作出决定。申请人对决定不服的，可以在接到决定时申请复议一次。复议期间，被申请回避的人员，不停止参与本案的工作。人民法院对复议申请，应当在3日内作出复议决定，并通知复议申请人。

二、多项选择题

1. B、C、D；　　2. A、B、C、E；　　3. A、B、D；　　4. B、C、D；
5. C、D、E；　　6. A、D、E；　　7. B、C、D、E；　　8. D、E；
9. A、B；　　10. B、C、D；　　11. A、B、D；　　*12. A、D、E；
13. B、D、E；　　14. B、D；　　15. A、B、C；　　*16. A、B；
*17. A、B、C、D

【解析】

12.【答案】A、D、E

B选项错误，调解书由审判员、书记员署名，加盖人民法院印章，送达双方当事人。C选项错误，调解达成协议，人民法院应当制作调解书。

16.【答案】A、B

本题考查的是民事诉讼的法院管辖。级别管辖是划分不同级别法院受理第一审民事案件的分工和权限，故C选项错误；我国法院共有四级，故D选项错误；《民事诉讼法》第20条规定，最高人民法院管辖下列第一审民事案件：（1）在全国有重大影响的案件；（2）认为应当由本院审理的案件。故E选项错误。

17.【答案】A、B、C、D

独任制主要适用于以下情形：（1）依简易程序审理的民事案件和依特别程序审理的非讼案件，但是重大或疑难的非讼案件以及在公示催告程序中作出除权判决的，应当组成合议庭。（2）基层法院审理的基本事实清楚、权利义务关系明确的第一审民事案件。（3）中级人民法院对第一审适用简易程序审结或者不服裁定提起上诉的，事实清楚、权利义务关系明确，经双方当事人同意的第二审民事案件。下列民事案件，不得由审判员一人独任审理：（1）涉及国家利益、社会公共利益的案件；（2）涉及群体性纠纷，可能影响社会稳定的案件；（3）人民群众广泛关注或者其他社会影响较大的案件；（4）属于新类型或者疑难复杂的案件；（5）法律规定应当组成合议庭审理的案件；（6）其他不宜由审判员一人独任审理的案件。

10.4 行政复议制度

复习要点

行政复议，是行政复议机关对公民、法人或者其他组织认为侵犯其合法权益的具体行政行为，基于申请而予以受理、审理并作出决定的制度。行政复议是对具体行政行为的一种法律救济制度。

1. 行政复议范围
1）可申请复议的范围

可申请复议的范围	有下列情形之一的，公民、法人或者其他组织可以依法申请行政复议：（1）对行政机关作出的行政处罚决定不服；（2）对行政机关作出的行政强制措施、行政强制执行决定不服；（3）申请行政许可，行政机关拒绝或者在法定期限内不予答复，或者对行政机关作出的有关行政许可的其他决定不服；（4）对行政机关作出的确认自然资源的所有权或者使用权的决定不服；（5）对行政机关作出的征收征用决定及其补偿决定不服；（6）对行政机关作出的赔偿决定或者不予赔偿决定不服；（7）对行政机关作出的不予受理工伤认定申请的决定或者工伤认定结论不服；（8）认为行政机关侵犯其经营自主权或者农村土地承包经营权、农村土地经营权；（9）认为行政机关滥用行政权力排除或者限制竞争；（10）认为行政机关违法集资、摊派费用或者违法要求履行其他义务；（11）申请行政机关履行保护人身权利、财产权利、受教育权利等合法权益的法定职责，行政机关拒绝履行、未依法履行或者不予答复；（12）申请行政机关依法给付抚恤金、社会保险待遇或者最低生活保障等社会保障，行政机关没有依法给付；（13）认为行政机关不依法订立、不依法履行、未按照约定履行或者违法变更、解除政府特许经营协议、土地房屋征收补偿协议等行政协议；（14）认为行政机关在政府信息公开工作中侵犯其合法权益；（15）认为行政机关的其他行政行为侵犯其合法权益
不能申请复议的范围	《行政复议法》第12条规定，下列事项不属于行政复议范围：（1）国防、外交等国家行为；（2）行政法规、规章或者行政机关制定、发布的具有普遍约束力的决定、命令等规范性文件；（3）行政机关对行政机关工作人员的奖惩、任免等决定；（4）行政机关对民事纠纷作出的调解

2. 行政复议的申请、受理和决定
1）行政复议申请

行政复议参加人	申请人	依法申请行政复议的公民、法人或者其他组织是申请人。有权申请行政复议的公民死亡的，其近亲属可以申请行政复议。有权申请行政复议的法人或者其他组织终止的，其权利义务承受人可以申请行政复议。有权申请行政复议的公民为无民事行为能力人或者限制民事行为能力人的，其法定代理人可以代为申请行政复议。申请人、第三人可以委托一至二名律师、基层法律服务工作者或者其他代理人代为参加行政复议
	被申请人	公民、法人或者其他组织对行政行为不服申请行政复议的，作出行政行为的行政机关或者法律、法规、规章授权的组织是被申请人
申请期限		公民、法人或者其他组织认为行政行为侵犯其合法权益的，可以自知道或者应当知道该行政行为之日起60日内提出行政复议申请；但是法律规定的申请期限超过60日的除外。因不动产提出的行政复议申请自行政行为作出之日起超过20年，其他行政复议申请自行政行为作出之日起超过5年的，行政复议机关不予受理
形式		申请人申请行政复议，可以书面申请；书面申请有困难的，也可以口头申请

续表

复议前置	有下列情形之一的，申请人应当先向行政复议机关申请行政复议，对行政复议决定不服的，可以再依法向人民法院提起行政诉讼：（1）对当场作出的行政处罚决定不服；（2）对行政机关作出的侵犯其已经依法取得的自然资源的所有权或者使用权的决定不服；（3）认为行政机关存在《行政复议法》第 11 条规定的未履行法定职责情形；（4）申请政府信息公开，行政机关不予公开；（5）法律、行政法规规定应当先向行政复议机关申请行政复议的其他情形
复议管辖	县级以上地方各级人民政府管辖下列行政复议案件：（1）对本级人民政府工作部门作出的行政行为不服的；（2）对下一级人民政府作出的行政行为不服的；（3）对本级人民政府依法设立的派出机关作出的行政行为不服的；（4）对本级人民政府或者其工作部门管理的法律、法规、规章授权的组织作出的行政行为不服的。除上述规定外，省、自治区、直辖市人民政府同时管辖对本机关作出的行政行为不服的行政复议案件。 国务院部门管辖下列行政复议案件：（1）对本部门作出的行政行为不服的；（2）对本部门依法设立的派出机构依照法律、行政法规、部门规章规定，以派出机构的名义作出的行政行为不服的；（3）对本部门管理的法律、行政法规、部门规章授权的组织作出的行政行为不服的

2）行政复议的决定

一般规定	行政复议机关受理行政复议申请后，依法适用普通程序或者简易程序进行审理。行政复议机关依照法律、法规、规章审理行政复议案件。行政复议期间行政行为不停止执行；但是有下列情形之一的，应当停止执行：（1）被申请人认为需要停止执行；（2）行政复议机关认为需要停止执行；（3）申请人、第三人申请停止执行，行政复议机关认为其要求合理，决定停止执行；（4）法律、法规、规章规定停止执行的其他情形
复议中止	行政复议期间有下列情形之一的，行政复议中止：（1）作为申请人的公民死亡，其近亲属尚未确定是否参加行政复议；（2）作为申请人的公民丧失参加行政复议的行为能力，尚未确定法定代理人参加行政复议；（3）作为申请人的公民下落不明；（4）作为申请人的法人或者其他组织终止，尚未确定权利义务承受人；（5）申请人、被申请人因不可抗力或者其他正当理由，不能参加行政复议；（6）依照规定进行调解、和解，申请人和被申请人同意中止；（7）行政复议案件涉及的法律适用问题需要有权机关作出解释或者确认；（8）行政复议案件审理需要以其他案件的审理结果为依据，而其他案件尚未审结；（9）有《行政复议法》第 56 条或者第 57 条规定的情形；（10）需要中止行政复议的其他情形
复议终止	行政复议期间有下列情形之一的，行政复议机关决定终止行政复议：（1）申请人撤回行政复议申请，行政复议机构准予撤回；（2）作为申请人的公民死亡，没有近亲属或者其近亲属放弃行政复议权利；（3）作为申请人的法人或者其他组织终止，没有权利义务承受人或者其权利义务承受人放弃行政复议权利；（4）申请人对行政拘留或者限制人身自由的行政强制措施不服申请行政复议后，因同一违法行为涉嫌犯罪，被采取刑事强制措施；（5）依照规定中止行政复议满 60 日，行政复议中止的原因仍未消除
时限	适用普通程序审理的行政复议案件，行政复议机关应当自受理申请之日起 60 日内作出行政复议决定；但是法律规定的行政复议期限少于 60 日的除外。适用简易程序审理的行政复议案件，行政复议机关应当自受理申请之日起 30 日内作出行政复议决定
复议决定	行政行为有下列情形之一的，行政复议机关决定变更该行政行为：（1）事实清楚，证据确凿，适用依据正确，程序合法，但是内容不适当；（2）事实清楚，证据确凿，程序合法，但是未正确适用依据；（3）事实不清、证据不足，经行政复议机关查清事实和证据。行政复议机关不得作出对申请人更为不利的变更决定，但是第三人提出相反请求的除外。 行政行为有下列情形之一的，行政复议机关决定撤销或者部分撤销该行政行为，并可以责令被申请人在一定期限内重新作出行政行为：（1）主要事实不清、证据不足；（2）违反法定程序；（3）适用的依据不合法；（4）超越职权或者滥用职权。行政复议机关责令被申请人重新作出行政行为的，被申请人不得以同一事实和理由作出与被申请行政复议的行政行为相同或者基本相同的行政行为，但是行政复议机关以违反法定程序为由决定撤销或者部分撤销的除外。

续表

复议决定	行政行为有下列情形之一的，行政复议机关不撤销该行政行为，但是确认该行政行为违法：(1)依法应予撤销，但是撤销会给国家利益、社会公共利益造成重大损害；(2)程序轻微违法，但是对申请人权利不产生实际影响。行政行为有下列情形之一，不需要撤销或者责令履行的，行政复议机关确认该行政行为违法：(1)行政行为违法，但是不具有可撤销内容；(2)被申请人改变原违法行政行为，申请人仍要求撤销或者确认该行政行为违法；(3)被申请人不履行或者拖延履行法定职责，责令履行没有意义。 被申请人不履行法定职责的，行政复议机关决定被申请人在一定期限内履行。行政行为有实施主体不具有行政主体资格或者没有依据等重大且明显违法情形，申请人申请确认行政行为无效的，行政复议机关确认该行政行为无效。行政行为认定事实清楚，证据确凿，适用依据正确，程序合法，内容适当的，行政复议机关决定维持该行政行为。行政复议机关受理申请人认为被申请人不履行法定职责的行政复议申请后，发现被申请人没有相应法定职责或者在受理前已经履行法定职责的，决定驳回申请人的行政复议请求
行政补偿	被申请人不依法订立、不依法履行、未按照约定履行或者违法变更、解除行政协议的，行政复议机关决定被申请人承担依法订立、继续履行、采取补救措施或者赔偿损失等责任。被申请人变更、解除行政协议合法，但是未依法给予补偿或者补偿不合理的，行政复议机关决定被申请人依法给予合理补偿
行政赔偿	申请人在申请行政复议时一并提出行政赔偿请求，行政复议机关对符合《国家赔偿法》的有关规定应当给予赔偿的，在决定撤销或者部分撤销、变更行政行为或者确认行政行为违法、无效时，应当同时决定被申请人依法给予赔偿
复议调解与和解	当事人经调解达成协议的，行政复议机关应当制作行政复议调解书，经各方当事人签字或者签章，并加盖行政复议机关印章，即具有法律效力。 当事人在行政复议决定作出前可以自愿达成和解，和解内容不得损害国家利益、社会公共利益和他人合法权益，不得违反法律、法规的强制性规定。当事人达成和解后，由申请人向行政复议机构撤回行政复议申请
复议决定的履行	被申请人不履行或者无正当理由拖延履行行政复议决定书、调解书、意见书的，行政复议机关或者有关上级行政机关应当责令其限期履行，并可以约谈被申请人的有关负责人或者予以通报批评。申请人、第三人逾期不起诉又不履行行政复议决定书、调解书的，或者不履行最终裁决的行政复议决定的，按照下列规定分别处理：(1)维持行政行为的行政复议决定书，由作出行政行为的行政机关依法强制执行，或者申请人民法院强制执行；(2)变更行政行为的行政复议决定书，由行政复议机关依法强制执行，或者申请人民法院强制执行；(3)行政复议调解书，由行政复议机关依法强制执行，或者申请人民法院强制执行

一 单项选择题

1. 关于行政复议决定的说法，正确的是（　　）。
   A. 行政复议一律采取书面审查的办法
   B. 行政复议决定作出前，申请人不得撤回行政复议申请
   C. 行政复议机关决定撤销该具体行政行为的，可以责令被申请人在一定期限内重新作出具体行政行为
   D. 申请人不得在申请行政复议时一并提出行政赔偿请求

2. 关于行政复议的说法，正确的是（　　）。
   A. 当事人可以向具体行政行为的作出机关申请复议
   B. 对行政复议决定不服的，不得再向人民法院提起行政诉讼
   C. 行政复议原则上采用开庭审理的办法

　　　　D．行政复议机关应当审查申请行政复议的具体行政行为是否合法与适当

　3．关于行政复议的说法，正确的是（　　　）。

　　　　A．行政复议一律采取书面审查的办法

　　　　B．行政复议决定作出前，申请人不得撤回行政复议申请

　　　　C．行政复议机关决定撤销具体行政行为的，可以责令被申请人重新作出具体行政行为

　　　　D．申请人在申请行政复议时没有提出行政赔偿请求的，行政复议机关在依法决定撤销具体行政行为时，不得同时责令被申请人赔偿

　4．公民、法人或者其他组织认为行政机关的行政行为侵犯其合法权益，可以申请行政复议的情形是（　　　）。

　　　　A．不服行政机关作出的行政处分

　　　　B．不服行政机关作出的行政处罚决定

　　　　C．不服行政机关对民事纠纷作出的调解

　　　　D．不服地方人民政府颁布的规章

　5．根据《行政复议法》，下列情形中，属于不可申请行政复议的是（　　　）。

　　　　A．对建设行政主管部门责令施工企业停止施工的决定不服的

　　　　B．对建设行政主管部门撤销施工企业资质证书的决定不服的

　　　　C．对建设行政主管部门撤销建设工程规划许可证的决定不服的

　　　　D．对建设行政主管部门就建设工程合同争议进行的调解结果不服的

　6．建设工程项目实施过程中发生的下列情形中，不能申请行政复议的是（　　　）。

　　　　A．甲施工企业参与串通投标被没收违法所得

　　　　B．乙工程监理单位转让工程监理业务被吊销资质证书

　　　　C．丙建设单位压缩合理工期被处以罚款

　　　　D．国家机关工作人员丁在建设工程质量监督工作中玩忽职守被开除

　7．国务院某部对一企业作出罚款 50 万元的处罚。该企业不服，向该部申请行政复议。下列说法正确的是（　　　）。

　　　　A．在行政复议中，不应对罚款决定的适当性进行审查

　　　　B．企业委托代理人参加行政复议的，可以口头委托

　　　　C．如在复议过程中企业撤回复议的，即不得再以同一事实和理由提出复议申请

　　　　D．如企业对复议决定不服向国务院申请裁决，企业对国务院的裁决不服向法院起诉的，法院不予受理

　8．施工企业不服建设行政主管部门对其作出的责令停产整顿决定，欲进行复议，应从企业知道该具体行政行为之日起（　　　）日内提出行政复议申请。

　　　　A．15　　　　　　　　　　　　　　B．30

　　　　C．45　　　　　　　　　　　　　　D．60

　9．建筑企业对行政处罚结果不服，可提请行政复议，对行政复议决定不服，则（　　　）。

　　　　A．不可以提起诉讼

　　　　B．可以提起诉讼，应在收到复议决定书之日起 15 日内向人民法院提起

C. 可以提起诉讼，应在收到复议决定书之日起 30 日内向人民法院提起

D. 可以提起诉讼，应在收到复议决定书之日起 60 日内向人民法院提起

10. 某施工企业对 G 省甲市 H 区住房和城乡建设局做出的行政处罚不服的，可以向（   ）申请行政复议。

A. G 省住房和城乡建设厅　　　　B. 甲市人民政府

C. G 省人民政府　　　　　　　　D. 甲市住房和城乡建设厅

11. 下列事项中，不属于行政复议范围的是（   ）。

A. 行政机关对民事纠纷作出调解的

B. 对行政机关作出的行政处罚决定不服的

C. 对行政机关作出的行政强制执行决定不服的

D. 认为行政机关滥用行政权力排除或者限制竞争的

12. 下列情形中，公民、法人或者其他组织可以申请行政复议的是（   ）。

A. 认为行政机关侵犯其经营自主权或者农村土地承包经营权、农村土地经营权的

B. 行政机关对行政机关工作人员的奖惩、任免等决定的

C. 行政机关对民事纠纷作出调解的

D. 行政机关制定、发布的具有普遍约束力的决定、命令的

13. 根据《行政复议法》，行政复议期间有下列情形，行政复议中止的是（   ）。

A. 申请人、被申请人因不可抗力，不能参加行政复议的

B. 作为申请人的公民死亡，没有近亲属或者其近亲属放弃行政复议权利的

C. 作为申请人的法人终止，没有权利义务承受人或者其权利义务承受人放弃行政复议权利的

D. 申请人对行政拘留不服申请行政复议后，因同一违法行为涉嫌犯罪，被采取刑事强制措施的

14. 适用普通程序审理的行政复议案件，行政复议机关应当自受理申请之日起（   ）日内作出行政复议决定。

A. 15　　　　　　　　　　　　B. 30

C. 45　　　　　　　　　　　　D. 60

二　多项选择题

1. A 市 B 区国土资源局以甲施工企业非法占地违规建造为由，责令甲限期拆除其建筑，退还所占土地。甲不服，欲申请行政复议。关于有权受理该案行政复议的行政机关的说法，正确的有（   ）。

A. 可以是 A 市人民政府　　　　B. 只能是 A 市国土资源局

C. 可以是 A 市国土资源局　　　D. 只能是 B 区人民政府

E. 可以是 B 区人民政府

2. 具体行政行为在行政复议期间不停止执行，但（   ）可以停止执行。

A. 被申请人认为需要停止执行的　　B. 申请人申请停止执行的

　　C. 申请人提供担保的　　　　　　　　D. 行政复议机关认为需要停止执行的

　　E. 被申请人被撤销的

3. 根据《行政复议法》，下列事项中，不属于行政复议范围的是（　　　）。

　　A. 国防、外交等国家行为

　　B. 行政法规、规章

　　C. 行政机关制定、发布的具有普遍约束力的决定、命令

　　D. 认为行政机关滥用行政权力排除或者限制竞争的

　　E. 行政机关对行政机关工作人员的奖惩、任免等决定

4. 公民、法人或者其他组织认为行政机关的行政行为所依据的规范性文件不合法，在对行政行为申请行政复议时，可以一并向行政复议机关提出附带审查的规范性文件包括（　　　）。

　　A. 法律

　　B. 行政法规

　　C. 国务院部门的规范性文件

　　D. 县级以上地方各级人民政府及其工作部门的规范性文件

　　E. 乡、镇人民政府的规范性文件

5. 同一行政复议案件申请人人数众多推选代表人参加行政复议的，应当经被代表的申请人同意，方对其所代表的申请人发生效力的事项有（　　　）。

　　A. 变更行政复议请求　　　　　　　　B. 撤回行政复议申请

　　C. 承认第三人请求　　　　　　　　　D. 代为参加庭审答辩

　　E. 代为签收法律文书

6. 下列情形中，申请人应当先向行政复议机关申请行政复议，对行政复议决定不服的，可以再依法向人民法院提起行政诉讼的有（　　　）。

　　A. 对当场作出的行政处罚决定不服

　　B. 对行政机关作出的侵犯其已经依法取得的自然资源使用权的决定不服

　　C. 申请政府信息公开，行政机关不予公开

　　D. 对行政机关作出的征收征用决定及其补偿决定不服

　　E. 对行政机关作出的赔偿决定或者不予赔偿决定不服

7. 行政复议期间有下列情形中，行政复议机关决定终止行政复议的有（　　　）。

　　A. 申请人撤回行政复议申请，行政复议机构准予撤回的

　　B. 作为申请人的公民死亡，没有近亲属或者其近亲属放弃行政复议权利的

　　C. 作为申请人的其他组织终止，没有权利义务承受人或者其权利义务承受人放弃行政复议权利的

　　D. 申请人对限制人身自由的行政强制措施不服申请行政复议后，因同一违法行为涉嫌犯罪，被采取刑事强制措施的

　　E. 行政复议案件涉及的法律适用问题需要有权机关作出解释或者确认的

8. 行政机关审理行政复议案件，应以（　　　）为依据。

　　A. 上级行政机关对案件处理的意见

　　B. 地方性法规

  C. 行政法规

  D. 法律

  E. 会议纪要

  9. 材料供应商张某对工商局违法扣押其货物的行为提起行政复议。在复议期间，工商局具体行政行为可以停止执行的情形有（ ）。

  A. 张某申请停止执行，行政复议机关认为其要求合理

  B. 工商局将扣押改为查封

  C. 工商局认为需要停止执行

  D. 行政复议机关认为需要停止执行

  E. 张某提起行政诉讼

  10. 关于行政复议程序的说法，正确的有（ ）。

  A. 行政复议原则上采取书面审查的办法

  B. 行政复议机关负责法制工作的机构认为有必要时，可以向有关组织和人员调查情况，听取申请人、被申请人和第三人的意见

  C. 申请人可以查阅被申请人提出的书面答复，行政复议机关不得拒绝

  D. 在行政复议过程中，被申请人不得自行向申请人和其他有关组织或个人收集证据

  E. 行政复议决定作出前，申请人不可以撤回行政复议申请

【答案与解析】

一、单项选择题

1. C; 2. D; 3. C; 4. B; 5. D; 6. D; 7. D; 8. D;
9. B; 10. D; 11. A; *12. A; *13. A; 14. D

【解析】

12.【答案】A

  公民、法人或者其他组织认为行政机关的行政行为侵犯其合法权益，有权向行政复议机关提出行政复议申请。该行政行为，包括法律、法规、规章授权的组织的行政行为。《行政复议法》第11条规定，有下列情形之一的，公民、法人或者其他组织可以依照本法申请行政复议：（1）对行政机关作出的行政处罚决定不服；（2）对行政机关作出的行政强制措施、行政强制执行决定不服；（3）申请行政许可，行政机关拒绝或者在法定期限内不予答复，或者对行政机关作出的有关行政许可的其他决定不服；（4）对行政机关作出的确认自然资源的所有权或者使用权的决定不服；（5）对行政机关作出的征收征用决定及其补偿决定不服；（6）对行政机关作出的赔偿决定或者不予赔偿决定不服；（7）对行政机关作出的不予受理工伤认定申请的决定或者工伤认定结论不服；（8）认为行政机关侵犯其经营自主权或者农村土地承包经营权、农村土地经营权；（9）认为行政机关滥用行政权力排除或者限制竞争；（10）认为行政机关违法集资、摊派费用或者违法要求履行其他义务；（11）申请行政机关履行保护人身权利、财产权利、受教育权利等合法权益的法定职责，行政机关拒绝履行、未依法履行或者不

予答复；（12）申请行政机关依法给付抚恤金、社会保险待遇或者最低生活保障等社会保障，行政机关没有依法给付；（13）认为行政机关不依法订立、不依法履行、未按照约定履行或者违法变更、解除政府特许经营协议、土地房屋征收补偿协议等行政协议；（14）认为行政机关在政府信息公开工作中侵犯其合法权益；（15）认为行政机关的其他行政行为侵犯其合法权益。《行政复议法》第 12 条规定，下列事项不属于行政复议范围：（1）国防、外交等国家行为；（2）行政法规、规章或者行政机关制定、发布的具有普遍约束力的决定、命令等规范性文件；（3）行政机关对行政机关工作人员的奖惩、任免等决定；（4）行政机关对民事纠纷作出的调解。因此，A 选项正确。

13.【答案】A

《行政复议法》第 39 条规定，行政复议期间有下列情形之一的，行政复议中止：（1）作为申请人的公民死亡，其近亲属尚未确定是否参加行政复议；（2）作为申请人的公民丧失参加行政复议的行为能力，尚未确定法定代理人参加行政复议；（3）作为申请人的公民下落不明；（4）作为申请人的法人或者其他组织终止，尚未确定权利义务承受人；（5）申请人、被申请人因不可抗力或者其他正当理由，不能参加行政复议；（6）依照规定进行调解、和解，申请人和被申请人同意中止；（7）行政复议案件涉及的法律适用问题需要有权机关作出解释或者确认；（8）行政复议案件审理需要以其他案件的审理结果为依据，而其他案件尚未审结；（9）有《行政复议法》第 56 条或者第 57 条规定的情形；（10）需要中止行政复议的其他情形。因此，A 选项正确。

二、多项选择题

1. C、E；　　　　2. A、D；　　　　3. A、B、C、E；　　*4. C、D、E；
*5. A、B、C；　　*6. A、B、C；　　*7. A、B、C、D；　　8. B、C、D；
9. A、C、D；　　10. A、B、D

【解析】

4.【答案】C、D、E

公民、法人或者其他组织认为行政机关的行政行为所依据的下列规范性文件不合法，在对行政行为申请行政复议时，可以一并向行政复议机关提出对该规范性文件的附带审查申请：（1）国务院部门的规范性文件；（2）县级以上地方各级人民政府及其工作部门的规范性文件；（3）乡、镇人民政府的规范性文件；（4）法律、法规、规章授权的组织的规范性文件。上述所列规范性文件不含规章。规章的审查依照法律、行政法规办理。因此，C、D、E 选项属于可以附带审查的规范性文件的范围。

5.【答案】A、B、C

同一行政复议案件申请人人数众多的，可以由申请人推选代表人参加行政复议。代表人参加行政复议的行为对其所代表的申请人发生效力，但是代表人变更行政复议请求、撤回行政复议申请、承认第三人请求的，应当经被代表的申请人同意。因此，A、B、C 选项正确。

6.【答案】A、B、C

有下列情形之一的，申请人应当先向行政复议机关申请行政复议，对行政复议决定不服的，可以再依法向人民法院提起行政诉讼：（1）对当场作出的行政处罚决定不服；（2）对行政机关作出的侵犯其已经依法取得的自然资源的所有权或者使用权的决定不服；（3）认为行政机关存在《行政复议法》第11条规定的未履行法定职责情形；（4）申请政府信息公开，行政机关不予公开；（5）法律、行政法规规定应当先向行政复议机关申请行政复议的其他情形。对上述规定的情形，行政机关在作出行政行为时应当告知公民、法人或者其他组织先向行政复议机关申请行政复议。

7.【答案】A、B、C、D

行政复议期间有下列情形之一的，行政复议机关决定终止行政复议：（1）申请人撤回行政复议申请，行政复议机构准予撤回；（2）作为申请人的公民死亡，没有近亲属或者其近亲属放弃行政复议权利；（3）作为申请人的法人或者其他组织终止，没有权利义务承受人或者其权利义务承受人放弃行政复议权利；（4）申请人对行政拘留或者限制人身自由的行政强制措施不服申请行政复议后，因同一违法行为涉嫌犯罪，被采取刑事强制措施；（5）依照《行政复议法》规定中止行政复议满60日，行政复议中止的原因仍未消除。

10.5 行政诉讼制度

复习要点

行政诉讼是指公民、法人或者其他组织认为行政行为侵犯其合法权益，依法向人民法院提起诉讼，由人民法院主持审理行政争议并作出裁判的诉讼制度。行政诉讼通过行使国家的审判权来处理和解决行政主体和行政相对人之间的行政争议，为行政相对人的合法权益提供法律保障。

行政诉讼与行政复议的区别	监督的性质不同：行政复议属于行政监督，行政诉讼属于司法监督
	权利救济的属性不同：行政复议是行政救济，而行政诉讼则属于司法救济
	审查的内容不同：在行政复议中，复议机关既审查行政行为的合法性，又审查其适当性；行政诉讼中，法院一般只审查行政主体行政行为的合法性

1. 行政诉讼的受案范围和法院管辖
1）行政诉讼的受案范围

肯定列举的范围	《行政诉讼法》第12条规定，人民法院受理公民、法人或者其他组织提起的下列诉讼：（1）对行政拘留、暂扣或者吊销许可证和执照、责令停产停业、没收违法所得、没收非法财物、罚款、警告等行政处罚不服的；（2）对限制人身自由或者对财产的查封、扣押、冻结等行政强制措施和行政强制执行不服的；（3）申请行政许可，行政机关拒绝或者在法定期限内不予答复，或者对行政机关作出的有关行政许可的其他决定不服的；（4）对行政机关作出的关于确认土地、矿藏、水流、森林、山岭、草原、荒地、滩涂、海域等自然资源的所有权或者使用权的决定不服的；（5）对征收、征用决定及其补偿决定不服的；（6）申请行政机关履行保护人身权、财产权等合法权益的法定职责，行政机关拒绝履行或者不予答复的；（7）认为行政机关侵犯其经营自主权或者农村土地承包经营权、农村土地经营权的；（8）认为行政机关滥用行政权力排除或者限制竞争的；（9）认为行政机关违法集资、摊派费用或者违法要求履行其他义务的；（10）认为行政机关没有依法支付抚恤金、最低生活保障待遇或者社会保险待遇的；（11）认为行政机关不依法履行、未按照约定履行或者违法变更、解除政府特许经营协议、土地房屋征收补偿协议等协议的；（12）认为行政机关侵犯其他人身权、财产权等合法权益。除上述规定外，人民法院受理法律、法规规定可以提起诉讼的其他行政案件。

续表

肯定列举的范围	《最高人民法院关于审理行政协议案件若干问题的规定》（法释〔2019〕17号）第2条规定，公民、法人或者其他组织就下列行政协议提起行政诉讼的，人民法院应当依法受理：（1）政府特许经营协议；（2）土地、房屋等征收征用补偿协议；（3）矿业权等国有自然资源使用权出让协议；（4）政府投资的保障性住房的租赁、买卖等协议；（5）符合规定的政府与社会资本合作协议；（6）其他行政协议
否定列举的范围	《行政诉讼法》第13条规定，人民法院不受理公民、法人或者其他组织对下列事项提起的诉讼：（1）国防、外交等国家行为；（2）行政法规、规章或者行政机关制定、发布的具有普遍约束力的决定、命令；（3）行政机关对行政机关工作人员的奖惩、任免等决定；（4）法律规定由行政机关最终裁决的行政行为。 《最高人民法院关于适用〈中华人民共和国行政诉讼法〉的解释》（法释〔2018〕1号）第1条进一步规定，公民、法人或者其他组织对行政机关及其工作人员的行政行为不服，依法提起诉讼的，属于人民法院行政诉讼的受案范围。下列行为不属于人民法院行政诉讼的受案范围：（1）公安、国家安全等机关依照刑事诉讼法的明确授权实施的行为；（2）调解行为以及法律规定的仲裁行为；（3）行政指导行为；（4）驳回当事人对行政行为提起申诉的重复处理行为；（5）行政机关作出的不产生外部法律效力的行为；（6）行政机关为作出行政行为而实施的准备、论证、研究、层报、咨询等过程性行为；（7）行政机关根据人民法院的生效裁判、协助执行通知书作出的执行行为，但行政机关扩大执行范围或者采取违法方式实施的除外；（8）上级行政机关基于内部层级监督关系对下级行政机关作出的听取报告、执法检查、督促履责等行为；（9）行政机关针对信访事项作出的登记、受理、交办、转送、复查、复核意见等行为；（10）对公民、法人或者其他组织权利义务不产生实际影响的行为

2）行政诉讼的法院管辖

级别管辖	基层人民法院管辖第一审行政案件。中级人民法院管辖下列第一审行政案件：（1）对国务院部门或者县级以上地方人民政府所作的行政行为提起诉讼的案件；（2）海关处理的案件；（3）本辖区内重大、复杂的案件；（4）其他法律规定由中级人民法院管辖的案件。高级人民法院管辖本辖区内重大、复杂的第一审行政案件。最高人民法院管辖全国范围内重大、复杂的第一审行政案件
地域管辖	行政案件由最初作出行政行为的行政机关所在地人民法院管辖。经复议的案件，也可以由复议机关所在地人民法院管辖。对限制人身自由的行政强制措施不服提起的诉讼，由被告所在地或者原告所在地人民法院管辖。因不动产提起的行政诉讼，由不动产所在地人民法院管辖
移送管辖与指定管辖	人民法院发现受理的案件不属于本院管辖的，应当移送有管辖权的人民法院，受移送的人民法院应当受理。受移送的人民法院认为受移送的案件按照规定不属于本院管辖的，应当报请上级人民法院指定管辖，不得再自行移送。 有管辖权的人民法院由于特殊原因不能行使管辖权的，由上级人民法院指定管辖。人民法院对管辖权发生争议，由争议双方协商解决。协商不成的，报它们的共同上级人民法院指定管辖。上级人民法院有权审理下级人民法院管辖的第一审行政案件。下级人民法院对其管辖的第一审行政案件，认为需要由上级人民法院审理或者指定管辖的，可以报请上级人民法院决定
管辖权异议	人民法院受理案件后，被告提出管辖异议的，应当在收到起诉状副本之日起15日内提出。对当事人提出的管辖异议，人民法院应当进行审查。异议成立的，裁定将案件移送有管辖权的人民法院；异议不成立的，裁定驳回

2. 行政诉讼参加人

诉讼参加人包括原告、被告、第三人、共同诉讼人和诉讼代理人。诉讼当事人包括原告、行政公益诉讼起诉人、被告、第三人、共同诉讼人。诉讼当事人与诉讼代理人共同构成行政诉讼参加人。

原告	行政行为的相对人以及其他与行政行为有利害关系的公民、法人或者其他组织,有权提起诉讼。有权提起诉讼的公民死亡,其近亲属可以提起诉讼。有权提起诉讼的法人或者其他组织终止,承受其权利的法人或者其他组织可以提起诉讼
行政公益诉讼起诉人	人民检察院在履行职责中发现生态环境和资源保护、食品药品安全、国有财产保护、国有土地使用权出让等领域负有监督管理职责的行政机关违法行使职权或者不作为,致使国家利益或者社会公共利益受到侵害的,应当向行政机关提出检察建议,督促其依法履行职责。行政机关不依法履行职责的,人民检察院依法向人民法院提起诉讼。行政机关应当在收到检察建议书之日起2个月内依法履行职责,并书面回复人民检察院。出现国家利益或者社会公共利益损害继续扩大等紧急情形的,行政机关应当在15日内书面回复。行政机关不依法履行职责的,人民检察院依法向人民法院提起诉讼
被告	公民、法人或者其他组织直接向人民法院提起诉讼的,作出行政行为的行政机关是被告。两个以上行政机关作出同一行政行为的,共同作出行政行为的行政机关是共同被告。行政机关被撤销或者职权变更的,继续行使其职权的行政机关是被告
	行政机关委托的组织所作的行政行为,委托的行政机关是被告
	经复议的案件,复议机关决定维持原行政行为的,作出原行政行为的行政机关和复议机关是共同被告;复议机关改变原行政行为的,复议机关是被告。复议机关在法定期限内未作出复议决定,公民、法人或者其他组织起诉原行政行为的,作出原行政行为的行政机关是被告;起诉复议机关不作为的,复议机关是被告
	当事人不服经上级行政机关批准的行政行为,向人民法院提起诉讼的,以在对外发生法律效力的文书上署名的机关为被告
	当事人对由国务院、省级人民政府批准设立的开发区管理机构作出的行政行为不服提起诉讼的,以该开发区管理机构为被告;对由国务院、省级人民政府批准设立的开发区管理机构所属职能部门作出的行政行为不服提起诉讼的,以其职能部门为被告
	当事人对村民委员会或者居民委员会依据法律、法规、规章的授权履行行政管理职责的行为不服提起诉讼的,以村民委员会或者居民委员会为被告。当事人对村民委员会、居民委员会受行政机关委托作出的行为不服提起诉讼的,以委托的行政机关为被告
	当事人对高等学校等事业单位以及律师协会、注册会计师协会等行业协会依据法律、法规、规章的授权实施的行政行为不服提起诉讼的,以该事业单位、行业协会为被告。当事人对高等学校等事业单位以及律师协会、注册会计师协会等行业协会受行政机关委托作出的行为不服提起诉讼的,以委托的行政机关为被告
	市、县级人民政府确定的房屋征收部门组织实施房屋征收与补偿工作过程中作出行政行为,被征收人不服提起诉讼的,以房屋征收部门为被告。征收实施单位受房屋征收部门委托,在委托范围内从事的行为,被征收人不服提起诉讼的,应当以房屋征收部门为被告
第三人	公民、法人或者其他组织同被诉行政行为有利害关系但没有提起诉讼,或者同案件处理结果有利害关系的,可以作为第三人申请参加诉讼,或者由人民法院通知参加诉讼。人民法院判决第三人承担义务或者减损第三人权益的,第三人有权依法提起上诉
共同诉讼人	必须共同进行诉讼的当事人没有参加诉讼的,人民法院应当依法通知其参加;当事人也可以向人民法院申请参加。当事人一方人数众多的共同诉讼,可以由当事人推选代表人进行诉讼。代表人的诉讼行为对其所代表的当事人发生效力,但代表人变更、放弃诉讼请求或者承认对方当事人的诉讼请求,应当经被代表的当事人同意
诉讼代理人	没有诉讼行为能力的公民,由其法定代理人代为诉讼。当事人、法定代理人,可以委托一至二人作为诉讼代理人。下列人员可以被委托为诉讼代理人:(1)律师、基层法律服务工作者;(2)当事人的近亲属或者工作人员;(3)当事人所在社区、单位以及有关社会团体推荐的公民

3．行政诉讼证据的种类和举证责任

证据的种类	（1）书证；（2）物证；（3）视听资料；（4）电子数据；（5）证人证言；（6）当事人的陈述；（7）鉴定意见；（8）勘验笔录、现场笔录
举证责任	被告对作出的行政行为负有举证责任，应当提供作出该行政行为的证据和所依据的规范性文件。被告不提供或者无正当理由逾期提供证据，视为没有相应证据。在诉讼过程中，被告及其诉讼代理人不得自行向原告、第三人和证人收集证据
	在起诉被告不履行法定职责的案件中，原告应当提供其向被告提出申请的证据。但有下列情形之一的除外：（1）被告应当依职权主动履行法定职责的；（2）原告因正当理由不能提供证据的。在行政赔偿、补偿的案件中，原告应当对行政行为造成的损害提供证据。因被告的原因导致原告无法举证的，由被告承担举证责任
补充证据与调取证据	人民法院有权要求当事人提供或者补充证据。对当事人无争议，但涉及国家利益、公共利益或者他人合法权益的事实，人民法院可以责令当事人提供或者补充有关证据。 人民法院有权向有关行政机关以及其他组织、公民调取证据。但是，不得为证明行政行为的合法性调取被告作出行政行为时未收集的证据。与本案有关的下列证据，原告或者第三人不能自行收集的，可以申请人民法院调取：（1）由国家机关保存且须由人民法院调取的证据；（2）涉及国家秘密、商业秘密和个人隐私的证据；（3）确因客观原因不能自行收集的其他证据

4．行政诉讼的起诉和受理
1）起诉

程序条件	对属于人民法院受案范围的行政案件，公民、法人或者其他组织可以先向行政机关申请复议，对复议决定不服的，再向人民法院提起诉讼；也可以直接向人民法院提起诉讼。法律、法规规定应当先向行政机关申请复议，对复议决定不服再向人民法院提起诉讼的，依照法律、法规的规定。法律、法规规定应当先申请复议，公民、法人或者其他组织未申请复议直接提起诉讼的，人民法院裁定不予立案。 公民、法人或者其他组织不服复议决定的，可以在收到复议决定书之日起 15 日内向人民法院提起诉讼。复议机关逾期不作决定的，申请人可以在复议期满之日起 15 日内向人民法院提起诉讼。法律另有规定的除外。复议机关不受理复议申请或者在法定期限内不作出复议决定，公民、法人或者其他组织不服，依法向人民法院提起诉讼的，人民法院应当依法立案
时间条件	公民、法人或者其他组织直接向人民法院提起诉讼的，应当自知道或者应当知道作出行政行为之日起 6 个月内提出。法律另有规定的除外。因不动产提起诉讼的案件自行政行为作出之日起超过 20 年，其他案件自行政行为作出之日起超过 5 年提起诉讼的，人民法院不予受理
一般条件	（1）原告是符合规定的公民、法人或者其他组织；（2）有明确的被告；（3）有具体的诉讼请求和事实根据；（4）属于人民法院受案范围和受诉人民法院管辖

2）受理

受理	人民法院在接到起诉状时对符合规定的起诉条件的，应当登记立案。对当场不能判定是否符合规定的起诉条件的，应当接收起诉状，出具注明收到日期的书面凭证，并在 7 日内决定是否立案。不符合起诉条件的，作出不予立案的裁定。裁定书应当载明不予立案的理由。原告对裁定不服的，可以提起上诉
	人民法院既不立案，又不作出不予立案裁定的，当事人可以向上一级人民法院起诉。上一级人民法院认为符合起诉条件的，应当立案、审理，也可以指定其他下级人民法院立案、审理
	公民、法人或者其他组织认为行政行为所依据的国务院部门和地方人民政府及其部门制定的规范性文件不合法，在对行政行为提起诉讼时，可以一并请求对该规范性文件进行审查

5．行政诉讼的审理、判决和执行
1）行政诉讼的审理和判决

一般规定	人民法院公开审理行政案件，但涉及国家秘密、个人隐私和法律另有规定的除外。涉及商业秘密的案件，当事人申请不公开审理的，可以不公开审理。 诉讼期间，不停止行政行为的执行。但有下列情形之一的，裁定停止执行：（1）被告认为需要停止执行的；（2）原告或者利害关系人申请停止执行，人民法院认为该行政行为的执行会造成难以弥补的损失，并且停止执行不损害国家利益、社会公共利益的；（3）人民法院认为该行政行为的执行会给国家利益、社会公共利益造成重大损害的；（4）法律、法规规定停止执行的。当事人对停止执行或者不停止执行的裁定不服的，可以申请复议一次。 人民法院审理行政案件，不适用调解。但是，行政赔偿、补偿以及行政机关行使法律、法规规定的自由裁量权的案件可以调解。 人民法院审理行政案件，以法律和行政法规、地方性法规为依据。地方性法规适用于本行政区域内发生的行政案件。人民法院审理民族自治地方的行政案件，并以该民族自治地方的自治条例和单行条例为依据。人民法院审理行政案件，参照规章
第一审普通程序	人民法院应当在立案之日起 5 日内，将起诉状副本发送被告。被告应当在收到起诉状副本之日起 15 日内向人民法院提交作出行政行为的证据和所依据的规范性文件，并提出答辩状。人民法院审理行政案件，由审判员组成合议庭，或者由审判员、陪审员组成合议庭
	行政案件的判决可以分为以下几种类型：（1）驳回诉讼请求判决；（2）撤销判决；（3）履行判决；（4）变更判决；（5）确认判决。人民法院对公开审理和不公开审理的案件，一律公开宣告判决。人民法院应当在立案之日起 6 个月内作出第一审判决
简易程序	人民法院审理下列第一审行政案件，认为事实清楚、权利义务关系明确、争议不大的，可以适用简易程序：（1）被诉行政行为是依法当场作出的；（2）案件涉及款额 2000 元以下的；（3）属于政府信息公开案件的。除上述规定以外的第一审行政案件，当事人各方同意适用简易程序的，可以适用简易程序。发回重审、按照审判监督程序再审的案件不适用简易程序。 适用简易程序审理的行政案件，由审判员一人独任审理，并应当在立案之日起 45 日内审结
第二审程序	当事人不服人民法院第一审判决的，有权在判决书送达之日起 15 日内向上一级人民法院提起上诉。当事人不服人民法院第一审裁定的，有权在裁定书送达之日起 10 日内向上一级人民法院提起上诉。逾期不提起上诉的，人民法院的第一审判决或者裁定发生法律效力。 人民法院对上诉案件，应当组成合议庭，开庭审理。人民法院审理上诉案件，应当在收到上诉状之日起 3 个月内作出终审判决。 人民法院审理上诉案件，按下列情形，分别处理：（1）原判决、裁定认定事实清楚，适用法律、法规正确的，判决或者裁定驳回上诉，维持原判决、裁定；（2）原判决、裁定认定事实错误或者适用法律、法规错误的，依法改判、撤销或者变更；（3）原判决认定基本事实不清、证据不足的，发回原人民法院重审，或者查清事实后改判；（4）原判决遗漏当事人或者违法缺席判决等严重违反法定程序的，裁定撤销原判决，发回原审人民法院重审。人民法院审理上诉案件，需要改变原审判决的，应当同时对被诉行政行为作出判决
审判监督程序	当事人对已经发生法律效力的判决、裁定，认为确有错误的，可以向上一级人民法院申请再审，但判决、裁定不停止执行。 各级人民法院院长对本院已经发生法律效力的判决、裁定，发现有《行政诉讼法》规定情形之一，或者发现调解违反自愿原则或者调解书内容违法，认为需要再审的，应当提交审判委员会讨论决定。最高人民法院对地方各级人民法院已经发生法律效力的判决、裁定，上级人民法院对下级人民法院已经发生法律效力的判决、裁定，发现有《行政诉讼法》规定情形之一，或者发现调解违反自愿原则或者调解书内容违法的，有权提审或者指令下级人民法院再审。 最高人民检察院对各级人民法院已经发生法律效力的判决、裁定，上级人民检察院对下级人民法院已经发生法律效力的判决、裁定，发现有《行政诉讼法》规定情形之一，或者发现调解书损害国家利益、社会公共利益的，应当提出抗诉。地方各级人民检察院对同级人民法院已经发生法律效力的判决、裁定，发现有《行政诉讼法》规定情形之一，或者发现调解书损害国家利益、社会公共利益的，可以向同级人民法院提出检察建议，并报上级人民检察院备案；也可以提请上级人民检察院向同级人民法院提出抗诉

2）行政诉讼的执行

执行	公民、法人或者其他组织拒绝履行判决、裁定、调解书的，行政机关或者第三人可以向第一审人民法院申请强制执行，或者由行政机关依法强制执行
	公民、法人或者其他组织对行政行为在法定期限内不提起诉讼又不履行的，行政机关可以申请人民法院强制执行，或者依法强制执行

一　单项选择题

1. 下列行为中，属于人民法院行政诉讼受案范围的是（　　）。
   A. 对吊销许可证不服的
   B. 对行政机关为作出行政行为而实施的论证不服的
   C. 对行政机关针对信访事项作出的受理不服的
   D. 对行政指导行为不服的

2. 根据《行政诉讼法》，法院不予受理的行政争议是（　　）。
   A. 对行政拘留、暂扣或者吊销许可证和执照等行政处罚不服的
   B. 行政机关对行政机关工作人员的奖惩、任免等决定的
   C. 申请行政许可，行政机关拒绝或者在法定期限内不予答复的
   D. 认为行政机关滥用行政权力排除或者限制竞争的

3. 下列行为中，属于人民法院行政诉讼受案范围的是（　　）。
   A. 行政机关作出的暂扣或者吊销许可证和执照、责令停产停业、没收违法所得、罚款等行政处罚
   B. 行政机关为作出行政行为而实施的准备、论证、研究、层报、咨询等过程性行为
   C. 行政机关针对信访事项作出的登记、受理、交办、转送、复查、复核意见等行为
   D. 上级行政机关基于内部层级监督关系对下级行政机关作出的听取报告、执法检查、督促履责等行为

4. 关于行政诉讼一般地域管辖的说法，正确的是（　　）。
   A. 行政案件由最初作出行政行为的行政机关所在地人民法院管辖
   B. 经复议的案件，复议机关改变原行政行为的，应当由复议机关所在地人民法院管辖
   C. 对限制人身自由的行政强制措施不服提起的诉讼，只能由被告所在地人民法院管辖
   D. 原告向两个以上有管辖权的人民法院提起诉讼的，由最先收到起诉状的人民法院管辖

5. 根据《行政诉讼法》，因不动产提起的行政诉讼，由（　　）人民法院管辖。
   A. 原告住所地
   B. 被告住所地

C. 由原告选择被告住所地或不动产所在地

D. 不动产所在地

6. 人民法院审理行政案件，不适用（   ）。

A. 调解　　　　　　　　　　　B. 开庭审理

C. 公开审理　　　　　　　　　D. 两审终审制

7. 行政案件由（   ）的行政机关所在地人民法院管辖。

A. 原告住所地　　　　　　　　B. 被告住所地

C. 财产所在地　　　　　　　　D. 最初作出行政行为

8. 关于经过行政复议案件被告的说法，正确的是（   ）。

A. 复议机关决定维持原行政行为的，复议机关是被告

B. 复议机关改变原行政行为的，复议机关是被告

C. 复议机关改变原行政行为的，作出原行政行为的行政机关和复议机关是共同被告

D. 复议机关在法定期限内未作出复议决定，公民、法人或者其他组织起诉原行政行为的，复议机关是被告

9. 关于行政诉讼中被告举证责任的说法，正确的是（   ）。

A. 被告不提供或者无正当理由逾期提供证据，由法院收集证据

B. 在诉讼过程中，被告可以向第三人和证人收集证据

C. 被告对作出的行政行为负有举证责任，但不必提供作出该行政行为的证据和所依据的规范性文件

D. 被告在作出行政行为时已经收集了证据，但因不可抗力等正当事由不能提供的，经人民法院准许，可以延期提供

10. 因不动产提起诉讼的案件自行政行为作出之日起超过（   ），人民法院不予受理。

A. 20 年　　　　　　　　　　B. 10 年

C. 5 年　　　　　　　　　　　D. 3 年

11. 关于行政诉讼起诉的说法，正确的是（   ）。

A. 不得口头起诉

B. 提起诉讼要有正确的被告

C. 当事人一并提起行政补偿诉讼的，应当有具体的补偿事项以及数额

D. 当事人不得请求一并解决相关民事争议

12. 关于行政诉讼简易程序的说法，正确的是（   ）。

A. 适用简易程序审理的行政案件，由审判员一人独任审理

B. 适用简易程序审理的行政案件，应当在立案之日起 30 日内审结

C. 人民法院在审理过程中，发现案件不宜适用简易程序的，判决转为普通程序

D. 第一审行政案件，当事人各方同意适用简易程序的，不得适用简易程序

13. 关于行政诉讼第二审程序的说法，正确的是（   ）。

A. 人民法院对上诉案件，应当组成合议庭，不开庭书面审理

B. 人民法院审理上诉案件，应当对原审人民法院的判决、裁定和被诉行政行

为进行全面审查

C．人民法院审理上诉案件，应当在收到上诉状之日起 1 个月内作出终审判决

D．人民法院审理上诉案件，需要改变原审判决的，不得同时对被诉行政行为作出判决

二　多项选择题

1．下列行为中，属于人民法院行政诉讼受案范围的有（　　　）。

　　A．行政指导行为

　　B．行政机关针对信访事项作出的复查行为

　　C．行政机关为作出行政行为而实施的论证行为

　　D．申请行政许可，行政机关在法定期限内不予答复的

　　E．行政机关解除政府特许经营协议的

2．下列情形中，属于我国法律规定的行政诉讼受案范围的有（　　　）。

　　A．对拘役不服的

　　B．行政机关工作人员对奖惩决定不服的

　　C．认为行政机关侵犯其财产权的

　　D．认为行政机关侵犯法律规定的经营自主权的

　　E．认为行政机关制定发布的具有普遍约束力的决定违法的

3．根据《最高人民法院关于审理行政协议案件若干问题的规定》（法释〔2019〕17 号），下列行政协议中，公民、法人或者其他组织提起行政诉讼后人民法院应当依法受理的有（　　　）。

　　A．政府特许经营协议

　　B．政府投资的保障性住房的租赁协议

　　C．土地征收征用补偿协议

　　D．行政机关之间因公务协助等事由而订立的协议

　　E．行政机关与其工作人员订立的劳动人事协议

4．对限制人身自由的行政强制措施不服提起的诉讼，由（　　　）人民法院管辖。

　　A．原告住所地　　　　　　　　　B．被告住所地

　　C．限制人身自由地　　　　　　　D．财产所在地

　　E．中级

5．经复议的案件提起行政诉讼的管辖法院有（　　　）。

　　A．原告住所地人民法院

　　B．被告住所地人民法院

　　C．复议机关所在地人民法院

　　D．最初作出行政行为的机关所在地人民法院

　　E．中级人民法院

6．行政诉讼期间，原则上不停止具体行政行为的执行。但具体行政行为即刻停止执行的有（　　　）。

A．被告认为需要停止执行的

B．人民法院认为应当停止执行的

C．原告申请停止执行，人民法院经审查裁定停止执行的

D．被告申请停止执行，人民法院经审查裁定停止执行的

E．原告申请停止执行的

7．关于行政诉讼审理的说法，正确的有（　　）。

A．涉及商业秘密的案件，当事人申请不公开审理的，可以不公开审理

B．人民法院审理行政案件，不适用调解

C．在行政诉讼中，人民法院认为行政案件的审理需以民事诉讼的裁判为依据的，可以裁定中止行政诉讼

D．人民法院审理行政案件，以法律和行政法规、地方性法规为依据

E．行政赔偿、补偿的案件不得调解

【答案与解析】

一、单项选择题

1．A；　　2．B；　　3．A；　　4．A；　　5．D；　　6．A；　　7．D；　　*8．B；
*9．D；　　10．A；　　*11．C；　　*12．A；　　13．B

【解析】

8．【答案】B

经复议的案件，复议机关决定维持原行政行为的，作出原行政行为的行政机关和复议机关是共同被告；复议机关改变原行政行为的，复议机关是被告。复议机关在法定期限内未作出复议决定，公民、法人或者其他组织起诉原行政行为的，作出原行政行为的行政机关是被告；起诉复议机关不作为的，复议机关是被告。因此，B选项正确。

9．【答案】D

被告对作出的行政行为负有举证责任，应当提供作出该行政行为的证据和所依据的规范性文件。被告不提供或者无正当理由逾期提供证据，视为没有相应证据。但是，被诉行政行为涉及第三人合法权益，第三人提供证据的除外。在诉讼过程中，被告及其诉讼代理人不得自行向原告、第三人和证人收集证据。被告在作出行政行为时已经收集了证据，但因不可抗力等正当事由不能提供的，经人民法院准许，可以延期提供。因此，D选项正确。

11．【答案】C

提起诉讼应当符合下列条件：（1）原告是符合规定的公民、法人或者其他组织；（2）有明确的被告；（3）有具体的诉讼请求和事实根据；（4）属于人民法院受案范围和受诉人民法院管辖。当事人单独或者一并提起行政赔偿、补偿诉讼的，应当有具体的赔偿、补偿事项以及数额；请求一并审查规章以下规范性文件的，应当提供明确的文件名称或者审查对象；请求一并解决相关民事争议的，应当有具体的民事诉讼请求。当事人未能正确表达诉讼请求的，人民法院应当要求其明确诉讼请求。起诉应当向人民法院

递交起诉状，并按照被告人数提出副本。书写起诉状确有困难的，可以口头起诉，由人民法院记入笔录，出具注明日期的书面凭证，并告知对方当事人。因此，A、B、D选项错误。

12.【答案】A

人民法院审理下列第一审行政案件，认为事实清楚、权利义务关系明确、争议不大的，可以适用简易程序：（1）被诉行政行为是依法当场作出的；（2）案件涉及款额2000元以下的；（3）属于政府信息公开案件的。除上述规定以外的第一审行政案件，当事人各方同意适用简易程序的，可以适用简易程序。发回重审、按照审判监督程序再审的案件不适用简易程序。适用简易程序审理的行政案件，由审判员一人独任审理，并应当在立案之日起45日内审结。人民法院在审理过程中，发现案件不宜适用简易程序的，裁定转为普通程序。因此，A选项正确。

二、多项选择题

1. D、E；   2. C、D；   *3. A、B、C；   4. A、B；
5. C、D；   *6. A、C；   *7. A、B、C、D

【解析】

3.【答案】A、B、C

《最高人民法院关于审理行政协议案件若干问题的规定》（法释〔2019〕17号）第2条规定，公民、法人或者其他组织就下列行政协议提起行政诉讼的，人民法院应当依法受理：（1）政府特许经营协议；（2）土地、房屋等征收征用补偿协议；（3）矿业权等国有自然资源使用权出让协议；（4）政府投资的保障性住房的租赁、买卖等协议；（5）符合规定的政府与社会资本合作协议；（6）其他行政协议。第3条规定，因行政机关订立的下列协议提起诉讼的，不属于人民法院行政诉讼的受案范围：（1）行政机关之间因公务协助等事由而订立的协议；（2）行政机关与其工作人员订立的劳动人事协议。因此，本题答案为A、B、C选项。

6.【答案】A、C

诉讼期间，不停止行政行为的执行。但有下列情形之一的，裁定停止执行：（1）被告认为需要停止执行的；（2）原告或者利害关系人申请停止执行，人民法院认为该行政行为的执行会造成难以弥补的损失，并且停止执行不损害国家利益、社会公共利益的；（3）人民法院认为该行政行为的执行会给国家利益、社会公共利益造成重大损害的；（4）法律、法规规定停止执行的。当事人对停止执行或者不停止执行的裁定不服的，可以申请复议一次。因此，本题答案为A、C选项。

7.【答案】A、B、C、D

人民法院公开审理行政案件，但涉及国家秘密、个人隐私和法律另有规定的除外。涉及商业秘密的案件，当事人申请不公开审理的，可以不公开审理。人民法院审理行政案件，不适用调解。但是，行政赔偿、补偿以及行政机关行使法律、法规规定的自由裁量权的案件可以调解。在行政诉讼中，人民法院认为行政案件的审理需以民事诉讼的裁判为依据的，可以裁定中止行政诉讼。人民法院审理行政案件，以法律和行政法规、地方性法规为依据。因此，本题答案为A、B、C、D选项。

网上增值服务说明

为了给二级建造师考试人员提供更优质、持续的服务，我社为购买正版考试图书的读者免费提供网上增值服务。增值服务包括在线答疑、在线视频课程、在线测试等内容。

网上免费增值服务使用方法如下：

1. 计算机用户

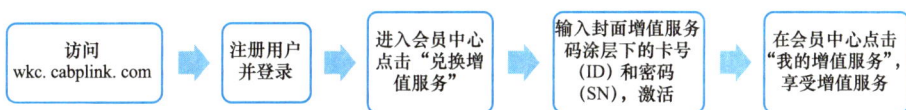

2. 移动端用户

注：增值服务从本书发行之日起开始提供，至次年新版图书上市时结束，提供形式为在线阅读、观看。如果输入卡号和密码或扫码后无法通过验证，请及时与我社联系。

客服电话：4008-188-688（周一至周五 9：00—17：00）

Email：jzs@cabp.com.cn

防盗版举报电话：010-58337026，举报查实重奖。

网上增值服务如有不完善之处，敬请广大读者谅解。欢迎提出宝贵意见和建议，谢谢！